東アジア古代国家論

プロセス・モデル・アイデンティティ

編者

田中良之
Yoshiyuki Tanaka

川本芳昭
Yoshiaki Kawamoto

序

二十一世紀ＣＯＥプログラム「東アジアと日本：交流と変容」拠点リーダー
今西裕一郎

私たちの二十一世紀ＣＯＥプログラム「東アジアと日本：交流と変容」は、事業推進の四年目にあたる今年より、二つのサブテーマ「東アジア諸国家とその形成過程の比較研究」および「内陸圏・海域圏交流ネットワークとイスラム」に研究教育体制を絞り、サブテーマごとに領域横断研究会を開催し、成果の集約に努めてきました。

そのうち、「内陸圏・海域圏交流ネットワークとイスラム」は、これまでの本プログラムが正面から研究対象とはしてこなかった東アジアのイスラムを視野に入れたテーマです。しかし、このテーマによって、私たちは研究領域を拡大しようとするのではありません。逆に、中国を中心とする東アジアのイスラム的要素に注目することにより、東アジア史研究の深化をめざすのです。

一方で、私たちは研究教育体制の国際化をめざして、中国、韓国を中心とする七大学一研究機関に呼びかけ、「東アジア史研究コンソーシアム」を立ち上げました。コンソーシアムの覚書を交換したのは、中国の北京、南京、山東、復旦、華東師範の各大学、韓国の全北、東亜両大学校、そしてヨーロッパにおける東アジア史研究拠点の一つである連合王国セインズベリー日本芸術文化研究所です。本年発足した二つのサブテーマはこれらの協定校の教員・大学院生を九州大学に招聘する一方、当方からも相手校を訪問し、研究・教育に成果を挙げてきました。

さて、第1サブテーマ「東アジア諸国家とその形成過程の比較研究」は、去る二〇〇五年六月二十七日から二十九日にかけて、コンソーシアム参加校である南京大学の教員・大学院生に加えて、吉村武彦先生を初めとする国内外の研究者をお招きして、「古代国家とアイデンティティ：東アジアモデルの可能性」と題した国際ワークショップを開催しました。

このたび、その国際ワークショップの成果が一冊の論集になりましたので、その経緯のあらましをご紹介し、ご挨拶といたします。

二〇〇六年二月

目　次

第五部　シンポジウム　古代国家とアイデンティティ――337

解　題

田中良之

本書は、東アジアの考古学・古代史学研究者が共同して、それぞれの実証研究の成果を相互に比較し、「アイデンティティ」をキーワードとしてそれぞれの特殊性と一般性を検討することによって、「東アジアモデル」というものが成立するのか、その可能性を模索しようとしたものである。

本書の内容は、二〇〇四年六月二七・二八日の二日間、九州大学で行われた国際ワークショップの報告と討論をまとめたものである。このワークショップは、九州大学21世紀COEプログラム「東アジアと日本：交流と変容」の中に設けられたサブテーマ「東アジアの諸国家とその形成過程の研究」の一環として企画されたものであり、表題のとおり、東アジアにおける古代国家の形成・成立と、東アジア諸民族、部族、氏族、あるいは個人といったさまざまなレヴェルにおけるアイデンティティの様態と変容について、考古学・日本史学・中国史学・朝鮮史学それぞれの立場から議論を行うことを目的とした。とくに、理論を所与のものとするのではなく、それぞれの実証研究に立脚し、その比較を行うことでそれぞれの特殊性と一般性を検討して、モデル化の可能性を模索しようと試みたものである。

このような趣旨のもとに、九州大学の研究者に加え中国・韓国・日本の第一線の研究者の参加を得て、報告と議論を行ったが、より密度の高い議論を行うために、通常行われるオープンなシンポジウムの形式ではなく、報告者とごく少数の関係研究者、および大学院生に限定して行った。その効果もあって、報告・議論とも充実した熱のこもったものとなり、一言でいえば「面白かった」という感想が多くの参加者から得られた。そのこともあって、単行本として刊行するはこびとなったのである。

さて、本書は五部構成となっている。これは、ワークショップが五つのセッションで行われたことを反映している。しかし、これらのセッションは別々に行われたのではなく、参加者全員が一同に会して順次進行したものであり、全員がそれぞれの問題意識を共有しながら行った点を強調しておきたい。その意味では全体を通して編集しても良かったのであるが、論者が多いこともあり、アクセントを付けるためにそのまま五部構成を踏襲した。

五部構成のうち、第一部から第四部は、日本列島、朝鮮半島、中国、東アジアにおける国家の成立とアイデンティティに関する論攷であり、第五部はそれらを総合して徹底的な討論を行った内容を採録したものである。

第一部は、当日発表を行った田中良之・岩永省三・辻田淳一郎（九州大学）、吉村武彦（明治大学）の各氏と、当日は参加できなかったため誌上参加した坂上康俊氏の五名の論攷を収録している。ここでは、田中が弥生時代から国家形成までの集団とアイデンティティの変容過程を検討し、アイデンティティが統合・集約化される一方で家族が経営単位として成立し、親族原理が階層序列によって分断された過程を提示している。次に、辻田氏は、東アジア世界の中での倭国とそのアイデンティティの変容の問題を，威信財システムを外的に依存する不安定な状態から、真の中心―周辺関係を構築して古代国家を成立させる過程の中で論じている。また、吉村氏は、「日本」国号や「天皇」称号にはじまり、和文表記や神仏習合などの日本化と、都市空間から行政形態までが中国を意識しながら整備されていったことを論じている。そして、岩永氏は、理論的検討を行った上で、五世紀後半から七世紀末までは「前国家段階」であり、「初期国家」とよばれるものがこれと内容的に同一であって、国家段階に至らないことを明らかにし、東アジアにおける国家形成が「アジア的」といった特殊なものではなく、アテナイ型に似たものであったと展望しつつ、前国家段階における族制的原理を温存した統治機構が高度に発達した点が、東アジアにおける特殊性であろうと結論した。誌上参加の坂上氏は、各地域の歴史過程の特殊性への十分な理解の必要性を強調する。いわばＥ・サーヴィスの特殊進化の重視であるが、それ自体は当然の姿勢である。ただ、一般進化は特殊進化を前提とした上でモデル化されるものであり、その問題意識をもった上での議論が本書の内容であることを強調しておきたい。

このように、第一部では、親族集団、アイデンティティ、威信材、称号、制度、国家機構などのキーワードを駆使して、本書全体の基礎となる実証的・理論的枠組みを提供している。そして、この内容は、第五部の議論の柱ともなっているのである。

第二部は、濱田耕作（九州大学）、金賢淑（韓国・高句麗研究財団）、吉井秀夫（京都大学）、李盛周（韓国・江陵大学校）の四氏による、朝鮮半島の各地域における国家形成と各々のアイデンティティの表出をめぐる論攷を収録している。ここでは濱田氏が、朝鮮半島における国家形成過程の多様性は、半島諸民族と中国王朝との相互関係に大きく規定されており、その中で高句麗の国家形成に独自性が認められることを論じている。次に、金賢淑氏は、高句麗の部族国家体制内での主力の変転とその過程のなかで、三世紀後半には中央集権的国家が成立したと考え、ここに国家形成の画期を指摘している。また、吉井氏は、百済は漢城、熊津、扶余、栄山江流域の各地域に文化的個性があり、これらの個性を持つ各地の集団が百済の中央勢力と同様の文化的個性を共用するようになるのは六世紀後半以降であり、百済の国家形成の一大画期であると論じている。さらに、李盛周氏は、新羅の国家形成の画期をＡＤ三世紀頃までの小国の成立過程、第二は六世紀前半までの周辺小国の服属と併合の過程、第三に六世紀前半以後の中央集権的律令国家成立過程に置き、各期のアイデンティティを古墳空間の変化と副葬遺物の形の変化に求めている。

第三部では、許宏（中国社会科学院考古研究所）、岡村秀典（京都大学）、宮本一夫（九州大学）の各氏が、中国先秦期における国家の様態、とりわけ中国で文献史上王朝と呼ばれる政体が表れる時期を中心に、さらに領域国家や秦漢統一帝国段階を比較対象としつつ検討を試みている。まず、許宏氏は、二里頭遺跡が宮殿区、手工業区といった街区をもつ都市であり、初期国家段階と呼べることを論じている。次に、岡村氏は、殿周においては春秋後期まで国君を頂点とする祭祀共同体の秩序が維持されていたのに対し、戦国時代後半期に卿・大夫以下の階層まで祭儀を通じて宗族を確認する行為が行われたことを論証し、新石器時代までを首長制、殿周を初期国家、戦国後半期以降の専制国家段階を成熟国家として定義した。ついで、宮本氏は、ジョナサン・フリードマンらが提起した「アジア」的国家の概念を援用しつつ、初期国家段階を規定するための首長制との最も大きな差異として王権の成立を上げ、そのための六つの要件を挙げて、二里頭文化期を初期国家の萌芽期とし、商代がその完成期であることを提起している。

第四部は、川本芳昭（九州大学）、張学鋒（南京大学）、金子修一（山梨大学）の三氏によって東アジア観と国家形成・アイデンティティの問題を論じたものである。まず、川本氏は、四—五世紀の中国における「天下」観と古代日本・朝鮮におけるその受容、およびその天下観の相違を指摘し、朝鮮・日本の「天下」がそれぞれの国々を中心とした天下であって、中国を中心としたそれでないことに注意を喚起している。次に、張学鋒氏は、南朝の高句麗、百済、新羅、倭国に対する認識と外交姿勢を考察し、南朝が伝統的な「天下意識」に基づいて東アジアの国際秩序を維持する役割を果たしたことと、倭国の国際社会における成熟度の低さが自立意識の増強を生んだことを論じている。また、金子氏（山梨大学）は、所謂冊封体制論の現状、問題点について検討し、冊封という語が、明清より前の王朝の正史にはその用例がほとんど見出せないこと、さらに漢代では異民族に対する武官の称号の授与が多く見られることに注目し、冊封体制論は、漢代以後の中国王朝と異民族との交渉の多面的な分析から、あらためて検討されなければならないことを強調している。

第五部は、ワークショップ二日目に行われた全体討論を採録したものである。ここでは、国家形成過程の比較検討と、社会組織・社会集団とアイデンティティの関係の検討という二つの主題について三時間に及ぶ活発な議論が行われた。

まず、国家形成過程については、岩永発言にあるように、中国と日本のプロセスが同一と言っていいほど類似することが明らかとなった点は重要であろう。すなわち、父系家系の明瞭化が始まり、それによって家族が自立して氏族共同体の解体が進行し、その一方で、二次的な親族集団が編成され、その系譜的秩序に基づいて階層化が進行した。国家機構はその二次的親族集団を基盤としながら、その外部に形成された、という過程が日本と中国で共通してみられることが明らかとなったのである。これは、モルガン・エンゲルス学説の大枠における検証と、周辺における国家形成が、中心からの情報だけでなく、内部的社会条件に規定されつつ進行することを確認したことになり、従来、モルガン・エンゲルス学説、新進化主義、二次国家論などの理論的援用に終始してきた国家形成過程について、実証研究に基づく比較研究とモデル化が行われた点が重要である。

それと同時に、日中韓各国における国家形成過程での王権も議論された。これを「初期国家」と呼びながら進行したわけだが、「ノンアルコール・ビール」という言葉も出たように、この段階については「国家のようで国家でない」首長制の高度な段階であることが確認された。ただ、これを国家直前だからといって「初期国家」と呼ぶことは妥当ではない。なぜなら、この段階に至ると必ず国家へと転化するとは保証されてはおらず、この段階で止まってしまう社会もまたあるからである。とはいえ、何らかの用語でこれを表現する必要もあるが、それは今後の課題として残された。

次に、社会組織・社会集団とアイデンティティの関係の検討は、「名乗り」と「名付け」をキーワードとして、自己認識と他社認識の検討から始まった。古朝鮮からはじまり『魏志韓伝』中の諸国の「名乗り」と中国による「名付け」、それに規定された社会統合・国家形成の展開があり、それは中国においても中華と周辺諸民族の関係が同様であること、そして、社会の成熟度が上がるにつれて、対外的には、斯盧国から新羅、倭国から日本国といったように、「名乗り」において中国世界における評価を上げる努力がなされ、対内的には中心が形成されて周辺は下位に置かれ、「名付け」も変化するといったことなどが議論された。後半の議論は、テーマが大きすぎて、十分に深めることはできなかったが、いくつかの有効な切り口を得ることが出来たといえよう。

これまで私たちは、「アジア」ないし「東アジア」という枠組みを前提として用いることに慎重であった。その姿勢はもちろん重要であるが、その呪縛が今回のような比較を躊躇させてきた要因でもある。これまで慎重であり続けた私たちが、今回21世紀ＣＯＥプログラムを契機として東アジアの類似と相違を抽出する試みを行ったことは、比較社会史への大きな一歩を踏み出したことに他ならず、今後もさまざまな形で特殊性と一般性の両極を十分に検討しながら東アジアの歴史研究を推進していくことになるだろう。その気分を本書から読み取って頂ければ、参加者＝執筆者一同、望外の喜びである。

（九州大学21世紀ＣＯＥプログラム・サブリーダー）

第一部　日本列島における国家の成立とアイデンティティ

国家形成下の倭人たち
――アイデンティティの変容――

田中良之

はじめに

倭人とは、中国人が日本列島住民を呼んだ名称であり、その使用は弥生時代に遡るが、七世紀末に古代国家が成立し、「日本国」と国号を変えるとともに、「倭人」は「日本人」となった。したがって、倭人とは国家成立以前の日本人と言い換えることもできよう。そして、弥生時代は部族社会段階からスタートし、中期後半頃から首長制社会へと移行して古墳時代へと連続し（田中 二〇〇〇）、その結果七世紀に「日本／日本人」が成立する。したがって、国家形成下における倭人たちのアイデンティティは、未開社会から首長制社会、そしてその成熟期をへて国家の成立に至るまで、さまざまに変容していったことが予想される。小稿では、倭人たちが国家を形成していく過程における社会集団とそのアイデンティティの諸相を検討することにより、国家形成に至る過程での集団の変容を素描してみたい。

一　弥生時代のアイデンティティ表示

弥生時代は部族社会の状態からスタートし、首長制社会へと移行する（田中 二〇〇〇）。では、このような未開社会におけるアイデンティティとは何であろうか。それは「族的」アイデンティティであり、地域集団としての部族、部族を構成するソダリティーとしての氏族・半族・胞族・結社等、居住集団としての出自集団（単系ならばリネージ）があげられる（Service 一九七一）。これらは階層などの社会の垂直的側面ではなく、水平的側面であり、衣服や帽子の文様や髪型などで表現されることから、考古学的事象としては表れにくいとされる（O'Shea 一九八四）。

我が国の考古学においては、これらの「族」について正当な理解がなされてきたとは言い難く、氏族が領域をもって盤踞するかのような記述さえなされてきたし（田中 一九八八・二〇〇四）、仮説の提示にとどまって検証を欠く研究が大半であった（田中 一九八九・二〇〇四）。ただ、縄文時代研究においては、集落や墓地の構造から二分的（双分的）であるとの指摘がなされ（林 一九九八）、近年では墓地分析と歯冠計測値をはじめとする人骨の遺伝的形質の分析を併用することで、双分社会の半族構成から氏族が形成されることが示されており（田中 二〇〇〇）、抜歯型式が「ムラ出自」を表示するという説（春成 一九七九）は否定されたものの、半族表示の可能性はなお残るという指摘がなされている（田中 一九九八）。そして、弥生時代においても、墓地構造と人骨の遺伝的形質の分析結果を受けて、北部九州弥生中期前半の列状墓が半族を示す可能性（田中 二〇〇〇）、山口県土井ケ浜遺跡の抜歯型式が氏族を表示した可能性（舟橋 二〇〇二）などが提示されている。

ところで、『魏志倭人伝』には「男子無大小皆黥面文身」「斷髪文身以避蛟龍之害」の記事があり、鮫の害を防ぐために倭人の男子はみな文身（刺青）をしており、それればかりでなく顔にも刺青（黥面）していたことが記されている。

さらに、この記事には「諸國文身各異、或左或右、或大或小、尊卑有差」とも記されており、文身は国によって異なり、かつ尊卑の差があったという。「国」の領域は、弥生時代の厚葬墓と古墳時代の首長墳の分布を見ると、基本的にはかつての部族領域を踏襲するか、それよりやや広域化したものと考えられることから（田中 二〇〇〇）、「国」ごとに刺青が異なるという地域差は部族表示もしくはその名残と考えられる。ところが、この記事には尊卑によっても差があることが記されている。つまり、領域内に複数の族表示があることになるため、部族表示起源のものではなくなってしまう。すなわち、部族を構成する複数の集団の表示に由来し、その集団とは氏族が相当する可能性が高い。したがって、本来刺青は氏族表示であったものが、氏族間の階層的序列化によって、部族領域内の階層表示へと変質した可能性が高いのである。ともあれ、弥生時代終末期〜古墳時代初頭には、身体表示が族表示として残存していたことがうかがえ、きわめて未開的現象であるといえよう。

二　古墳時代のアイデンティティ表示

筆者は五世紀後半に父系化する前の縄文時代西日本および弥生時代から古墳時代前半までの親族関係は双系であり、前半期古墳の被葬者はキョウダイ関係に基づき、必ずしも一人には絞られていないことを明らかにしてきたが、被葬者たちの背後の集団については、「家族集団」や「共同体」の語で曖昧に表現し、その実像については言及しないままであった（田中 一九九五）。ところが、これらキョウダイ関係に基づく被葬者でも、女性被葬者は骨盤に前耳状溝（妊娠・出産痕）が認められることから、キョウダイ二人の埋葬であっても、おそらくいずれも既婚であり、二組の夫婦を背景とすることになる。単純な家族像ではないのである。そして、同時期の韓国三国時代における金海礼安里遺跡（伽耶地域）の親族関係を分析した結果、四〜五世紀の段階では双系社会で家族の自立は弱く、氏族あるいはその

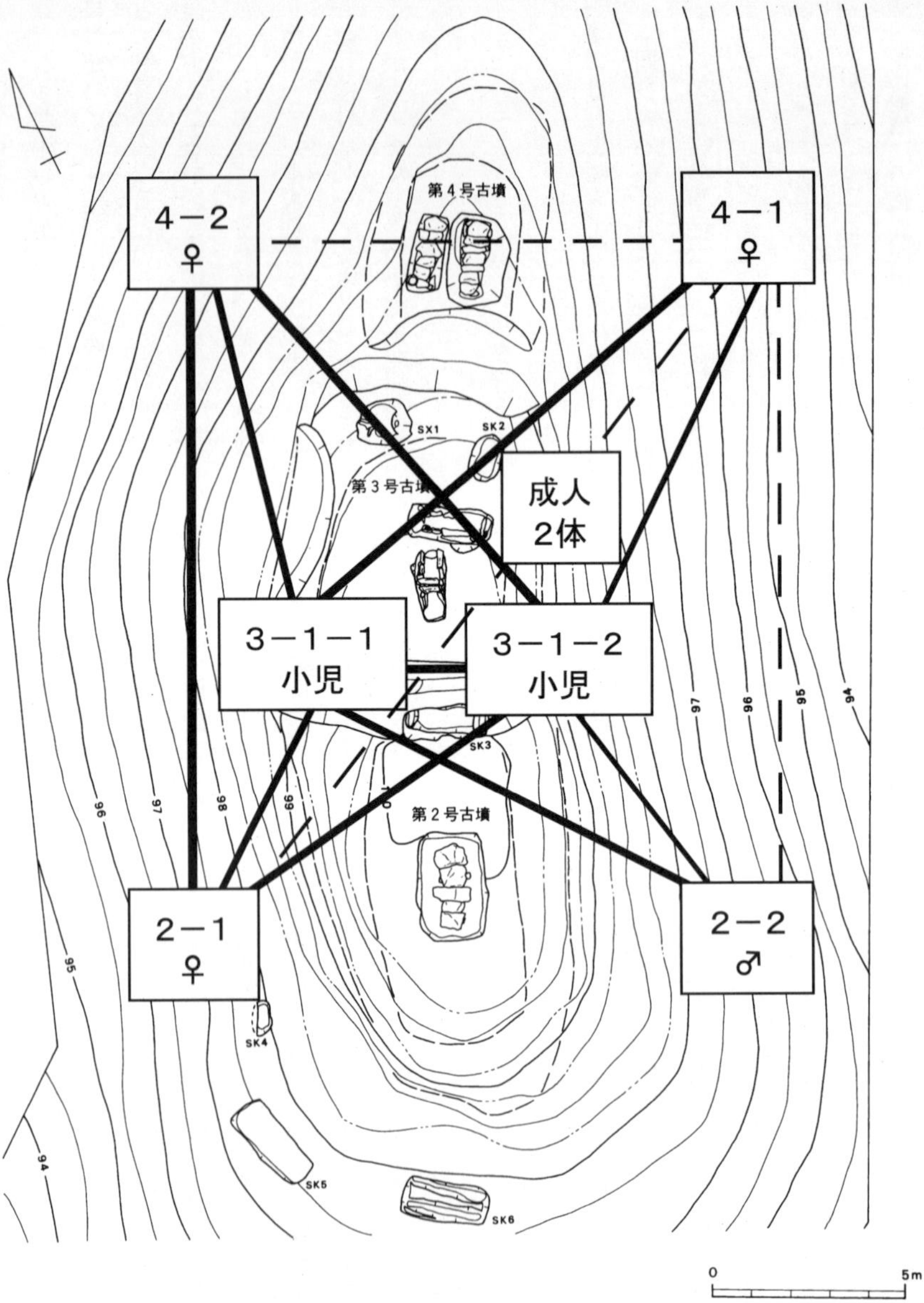

図1　山の神２～４号墳被葬者の親族関係（広島県埋文1999および田中1999より作成）
線の太さは血縁関係の可能性の大小を示す

分節（出自集団）の単位で墓の小群が形成されたという結論を得て、親族集団が家族に優越する状態が見えてきたのである（田中　一九九六・二〇〇二）。

そこで改めて前半期古墳時代の現象をみてみると、被葬者たちの関係が家族の範囲をこえるケースがあることがわかってきた。例えば、広島県府中市山の神2～4号墳は、三基の小古墳が丘陵上に短期間に連続して作られており、2号墳には男女、3号墳第一主体部から小児二体、同第2主体部から年齢・性別不明の二体、4号墳第一主体部から女性一体、第2主体部から女性一体の人骨がそれぞれ出土している。そして、歯冠計測値による分析で、それぞれの古墳の構成はキョウダイとそれに子供が加わるというものであったと考えられた。したがって、これら三基の被葬者は三組のキョウダイで相互に血縁関係を有する、イトコ程度の親族であると考えられるのである。（田中　一九九九）。

また、福岡市老司古墳は、全長約七六ｍの前方後円墳であり、福岡平野の首長墳であるが、後円部に1～3号石室、前方部に4号石室があり、いずれも四世紀末に築造されている。そして、2号石室には男性2体、3号石室は女性一体の他数体、4号石室には男性二体、女性一体が埋葬されていた。このうち4号石室は女性と男性二体には世代差があり、母と男子二人と推定されている（土肥他　一九八九）。老司古墳は、竪穴式横口式石室という初期段階の横穴式墓制が採用されている点で著名であるが、これらの被葬者構成からみると後期古墳とは異なり、四世紀後半という古墳の時期における一般的な埋葬原理、すなわちキョウダイ関係に基づく埋葬であると考えられる。したがって、それぞれの石室には複数世帯を背景とした家族が葬られており、古墳全体では親族の範囲に広がると考えられる。つまり、山の神遺跡と同様な埋葬を前方後円墳上で行っているわけである。

山の神2～4号墳は三基だけが丘陵上に立地し、鏡も出土していて、群集する低墳丘墓よりは若干上層の被葬者であったと考えられるが、老司古墳の場合は福岡平野の首長墳であり、したがって階層の上下によらず同様の現象が認められたことになる。もちろん、このような事例が多いわけではなく、一墳に一体のみの埋葬や、キョウダイから選

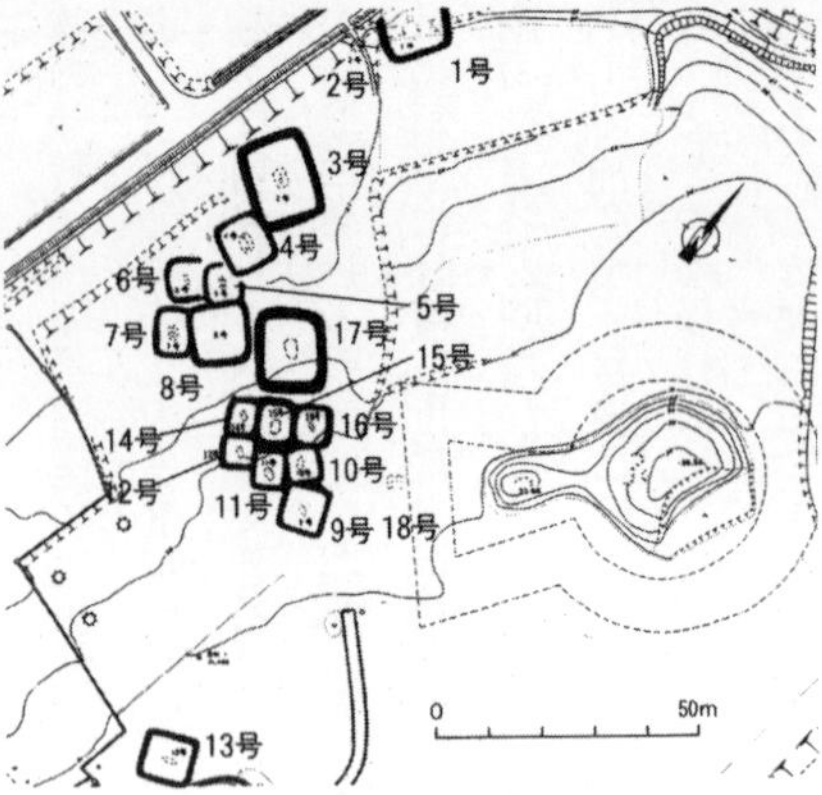

図2　赤塚古墳と低墳丘墓群（宮内2003より）

択された二体かそれ以上の人物が埋葬された事例が大多数を占める。また、山の神遺跡でも鏡を副葬したのは中央の3号墳のみであり、老司古墳でも後円部中央の3号石室が副葬品の質・量ともに優越する。したがって、数家族が同墓をなす場合でも、家族間の優劣は明瞭に表現されている。しかし、複数埋葬が集団の代表者を一人に絞り切れていないことと同様、代表となる家族を絞りきれなかった集団がいまだ存在した点は重要である。その背後に実質的な親族集団の存在がうかがえるからである。すなわち、古墳一基の被葬者たちは家族というよりは、単系ならばリネージのような出自集団を背景とすることになるのである。

さらに、被葬者を一人に絞り込んだ場合でも、大分県宇佐市川部高森古墳群のような事例がある。この古墳群には三角縁神獣鏡を多数出土したことで知られる古墳時代初頭の赤塚古墳があり、六世紀前半までの六基の首長墳が連続する。そして、赤塚古墳は、箱式石棺であるため被葬者数は不明であるが、主体部自体は後円部の一基のみであり、後続の免が平古墳も後円部に二基二体を埋葬したと考えられ、被葬者を絞り込んだ首長墓であるといえよう。ところが、図2に示すように、赤塚古墳の周辺には低墳丘墓が群集しているのである。これらは、赤塚古墳の前方部前面に北西から南東の軸線上に築造された古墳群であり、状況としては赤塚古墳と墓域を共有した観がある。そして、これら低墳丘墓群は赤塚古墳に平行する時期から後の時期まで築造が継続しており、前方後円墳の築造の有無にかかわらず、この場所がこの集団の墓域として使用され続けたことが知られるのである。さらに、赤塚古墳に後続する首長墳である免ケ平古墳においても周囲に低墳丘墓群が認められるが、ここでは赤塚古墳に平行する時期から築造が開始され、免ケ平古墳の後も継続されている。したがって、赤塚古墳と免ケ平古墳は別集団を母体としたことがうかがえ、個々の集団は墓域内で造墓を継続しながら、首長墳は集団を移動していくというパターンが導き出される（宮内 二〇〇三）。このように、それぞれの首長墳は高い突出度を示しながらも、いまだ親族集団と墓域をともにし、いわば「族墓」を形成しているのである。そして、この場合の集団とは、同一地域で族的結合をなす単位、すなわち氏族に他ならないであろう。すなわち、古墳群を構成する複数の墓群が氏族を代表する人物たちの墓で氏族のアイデンティティを示し、古墳群全体はこの地域における氏族間を統合して部族のアイデンティティを示し、したがって、川部高森古墳群は族的アイデンティティの表現の場であったと考えられるのである。

このようにみてくと、墳丘に大小あり、墳形にも変異がある古墳が群集し、ある時期には首長墳が築造されるものの、次代には別の古墳群に首長墳が移動するというあり方は、大和盆地にも認められる。すなわち、白石太一郎がかねてから主張してきたように、前期における大和盆地の首長墳は箸中古墳群（箸墓）→西殿塚古墳（大和古墳群）→鳥見山古墳群（外山茶臼山古墳・メスリ山古墳）→柳本古墳群（渋谷向山古墳・行燈山古墳）と移動しており、白石は箸中・大和・柳本の古墳群と鳥見山周辺の古墳群は別の政治的集団であると考える（白石 一九六九・一九八九・二〇〇〇）。これに対し、田中琢はこれら四つの古墳群がそれぞれ別個の集団を背景であるとしている（田中琢 一九九一）。いずれにせよ、この構成と動態は川部高森古墳群と同様であり、古墳の墳形や規模に表された階層差とともに、「族墓」として墓域を共有することによるアイデンティティの表示を行っていたと考えられるのである。

前期の古墳群が族的アイデンティティ表示と階層表示の二面性を有していたと考えることによって、その後の首長墳をめぐる動態も理解しやすくなる。すなわち、五世紀代になると、首長墳の周囲に衛星的に陪塚を配した古墳群が畿内を中心にみられるようになる。これを首長に近い家臣の墓と考えることが一般的であるが、たしかに古市古墳群にせよ百舌鳥古墳群にせよ、墓の方向に統一性を欠く中で主墳と陪塚のセットにおいては整然とした秩序を有していて、そこに主従関係をみることもできるかもしれない。しかし、後述のように、この時期中国南朝に朝貢した倭の五王たちが、宋朝に対して他の首長たちへの将軍号や郡・軍の役職を求めており、大王の権力と地位が必ずしも突出したものではないこと、大王家と氏の系譜関係に基づく序列化が五世紀中葉くらいから開始され、五世紀後半の埼玉稲荷山古墳出土鉄剣銘はその序列化の結果としてみることができること（田中 二〇〇五）、氏姓制度をへて冠位十二階、八色の姓へと至る大王と諸豪族との階層的序列化の動きを考えると、この時期に階級関係に基づく家臣の存在は認めがたい。したがって、仮に主墳と陪塚の被葬者が従属関係にあったとしても、その関係は親族紐帯を介しての階層関係であり、古墳群もまた族的紐帯に基づくと考えられる。すなわち、五世紀の古墳群においては階層表示が優先される中においてなお族的表示が残存したと考えられるのである。そして、六世紀になると、今城塚のような大王陵に端的であるが、単独で首長墳が築造されるようになる。しかし、一方では、地方や中小首長層においては首長墳の墓所こそ安定するものの、前代と変わらずに古墳群をなし、首長墳の突出度も弱いという現象も認められるのである。この事実は、五世紀後半以降それまでの親族集団を「氏」として父系直系的に編成し、その系譜関係によって階層的序列化を行う中にあって、なお親族原理が強固であったことを示すといえよう。

三　族的アイデンティティの変容

五世紀後半になると、大分県上ノ原横穴墓群において明らかにされたように、親族関係は父系へと変化し、直系的家族が現出する（田中 一九九一）。筆者は、その契機は倭の五王による中国南朝への朝貢にあるとしてきた。すなわち、中国的世界観を学習し受容していく過程で、中国的国家観・社会観を学習し、その中に家父長制イデオロギーもまた含まれていたと考察してきたのである（田中 一九九五）。しかし、上ノ原横穴墓群は農民層の墓地である。農民層は、前半期においては首長と同じ古墳群、あるいは領域内の古墳群において小古墳・低墳丘墓に埋葬され、親族紐帯を表現していたと考えられるが、彼らが父系化し、家族ごとに造墓するに至ったのは、上記の契機であるとすると、「上から」の親族関係の変化であり、上ノ原横穴墓群における現象はその結果であろう。とすると、支配層における父系化はさらに早かった可能性がある。

五世紀の倭の五王の時期は、高句麗・百済・倭ともに南朝に朝貢し、その将軍号を得て自らの活動を根拠づけた時期でもあった（坂元　一九八一）。そして、『宋書倭国伝』の元嘉二年（四二五）の倭王珍の朝貢記事に、倭隋等十三人が平西・征虜・冠軍・輔国将軍となることを求め、許されているとある。また、元嘉二十八年（四五一）の倭王済の朝貢記事にも、「二十三人を軍郡に除す」とある。倭王以外のこれらの人物は畿内外の有力首長であったことは疑いがないが、彼らは将軍・武官だけでなく文官にも任官している。そして、これらに任官できるのは男性のみなのである。したがって、倭王および首長となる要件として、実力や人望に加えて「男性であること」が付加され浸透していったことがうかがえる。

さらに、『日本書紀』允恭四年に「盟神探湯」で知られる記事が記載されているが、これは氏姓の乱れを正したものであり、諸豪族の系譜を整理するにあたって允恭すなわち倭王済の政権が中国的父系系譜を前提とした可能性は高い。そして、その結果として雄略の辛亥年（四七一年）の埼玉県稲荷山古墳出土鉄剣に八代にわたる父系系譜が記されたと考えられる。

このように、倭五王の朝貢の過程で五世紀前半から支配層において父系へと転換が始まり、後半には農民層にまで及んだと考えられる。そして、農民層までの父系化が早々に進行した要因の一つに、首長から農民層までを結びつける親族集団がいまだ健在であったことをあげることができよう。

さて、上ノ原横穴墓群においては五世紀後半に築造が開始された段階で、幅約一〇ｍの範囲ごとに各家族の家長墓が累代で築造され、約一〇〇年間継続されていた。換言すれば、五世紀後半の段階で家族ごとに墓域が割り当てられ

表1　上ノ原初期横穴墓被葬者間の歯冠計測値を用いたQモード相関係数

歯種＼被葬者	21−1 X27−3	21−2 X27−3	21−3 X27−3
UP1P2M1LP1P2M1	0.551	0.557	−0.035
UCP1P2M1	0.369	0.487	0.093
UP1P2M1	0.323	0.48	0.101
LP1P2M1M2	0.648	0.568	−0.254
歯種＼被葬者	**21−1 X30−2**	**21−2 X30−2**	**21−3 X30−2**
UP1P2M1LP1P2M1	—	—	—
UCP1P2M1	0.539	0.633	−0.303
UCP1P2M1	0.739	0.647	−0.347
LP1P2M1M2	—	—	—

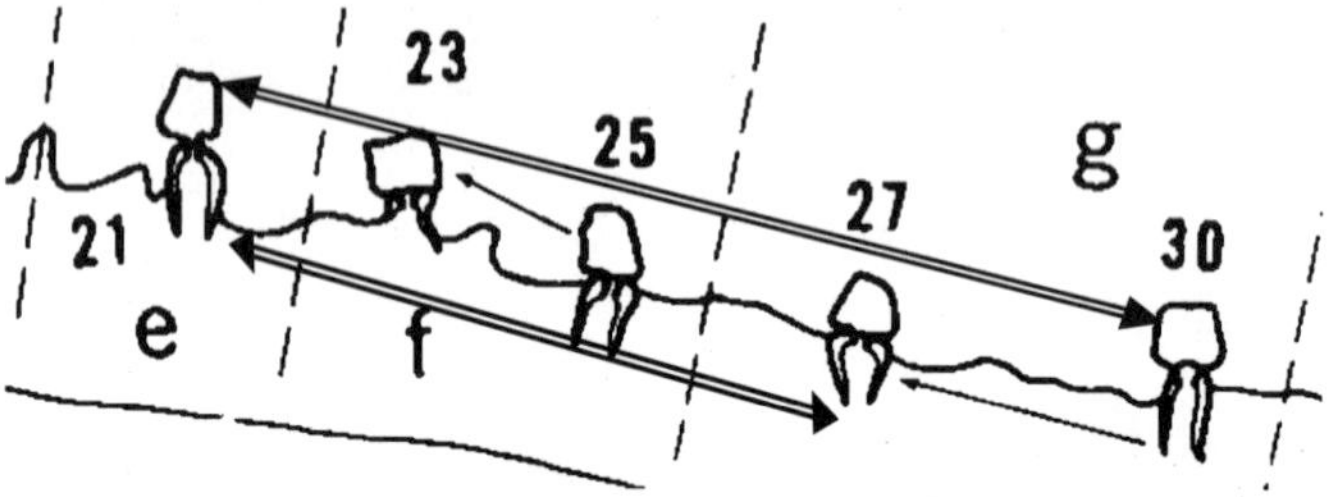

図3　上ノ原横穴墓群における初期横穴墓被葬者間の親族関係
（大分県 1991および表1より作成）

ていたのである（田中 一九九一）。これら段丘の斜面に横穴墓を造墓した集団は、上ノ原の台地上に前代から墓地を営んだ集団とは異なる新興集団であり（村上 一九九一）、直下に流れる山国川の自然堤防上に存在するいくつかの集落の住民が埋葬されたと考えられている（坂本 一九九一、上田 一九九四）。そして、分析事例は少ないものの、図3のように21号横穴墓と27・30号横穴墓といった初期の横穴墓被葬者同士に血縁関係が推定されており、上ノ原横穴墓群では、築造当初の家長たちがキョウダイかイトコ程度の血縁関係にあったものもあったことが知られる。したがって、上ノ原に墓域を割り当てられた各家族は、一家族がいくつかに分節したものを含むとともに、家族が完全に独立して任意に群集するのではなく、親族集団を基礎として群を形成した可能性が高いと考えられる。

ところで、上ノ原横穴墓群における墓における儀礼行為は、埋葬時の諸儀礼に加え、埋葬後一〇年ほどをへてヨモツヘグイ／コトドワタシの儀礼が行われたことが知られている（田中・村上 一九九四）。そして、埋葬後にも墓前や墓上のテラスで追善儀礼を行い、それは長期に及ぶことも明らかにされている（村上・吉留 一九九一）。すなわち、群あるいは小群が親族集団を単位としており、各家族は親族の関係にありながらも、これらの儀礼は家族単位で行われていて、家族の自立性をみることができるのである。

ところが、六世紀後半になると「破砕散布」儀礼が行われるようになる。これは追善供養の一つで、須恵器の大甕を破砕し、その破片を横穴墓の墓道に散布するという儀礼である。そして、図4に示された土器の接合関係によって、この儀礼が複数の横穴墓に対して行われていることが明らかになっているのである（村上・吉留 一九九一）。そして、土器の接合関係は、横穴墓群全体を覆うのではなく、隣接する四〜八家族に相当する小群をこえない範囲において認められる。破砕散布儀礼の意味については、六世紀後半に関係を再確認する必要が生じたという見解が出されているが（村上他 一九九一）、その「関係」とは右にみたように、家族をこえながらも、かつては近親者であった関係、すなわち親族関係に他ならないだろう。では、家族単位の儀礼が定着した中にあって、なぜこの時期に親族関係を強調する儀礼が登場したのだろうか。

筆者はこれを部民制の進行と関連したものと考える。というのも、首長層にあっては擬制を含みつつも自らの親族集団における上位層を氏として再編成し、大王家や有力氏族と系譜的に関係づけることによって政治的立場を確立していくのに対して、被支配層は伴造や国造が支配する部民として氏の組織の末端に編成されていく。そして、その編成は、従来の氏族の族長のもとにではなく、本来の親族集団から切り離されるかたちで任意に編成されたと考えられるからである。

上ノ原横穴墓群が位置する豊前地域は、大宝二年の戸籍が残存しているが、そのうちの一つは豊前国上三毛郡塔里戸籍であり、塔里とは福岡県築上郡大平村の旧唐原村・旧黒上村に相当し、上ノ原横穴墓群とは山国川を挟んだ対岸

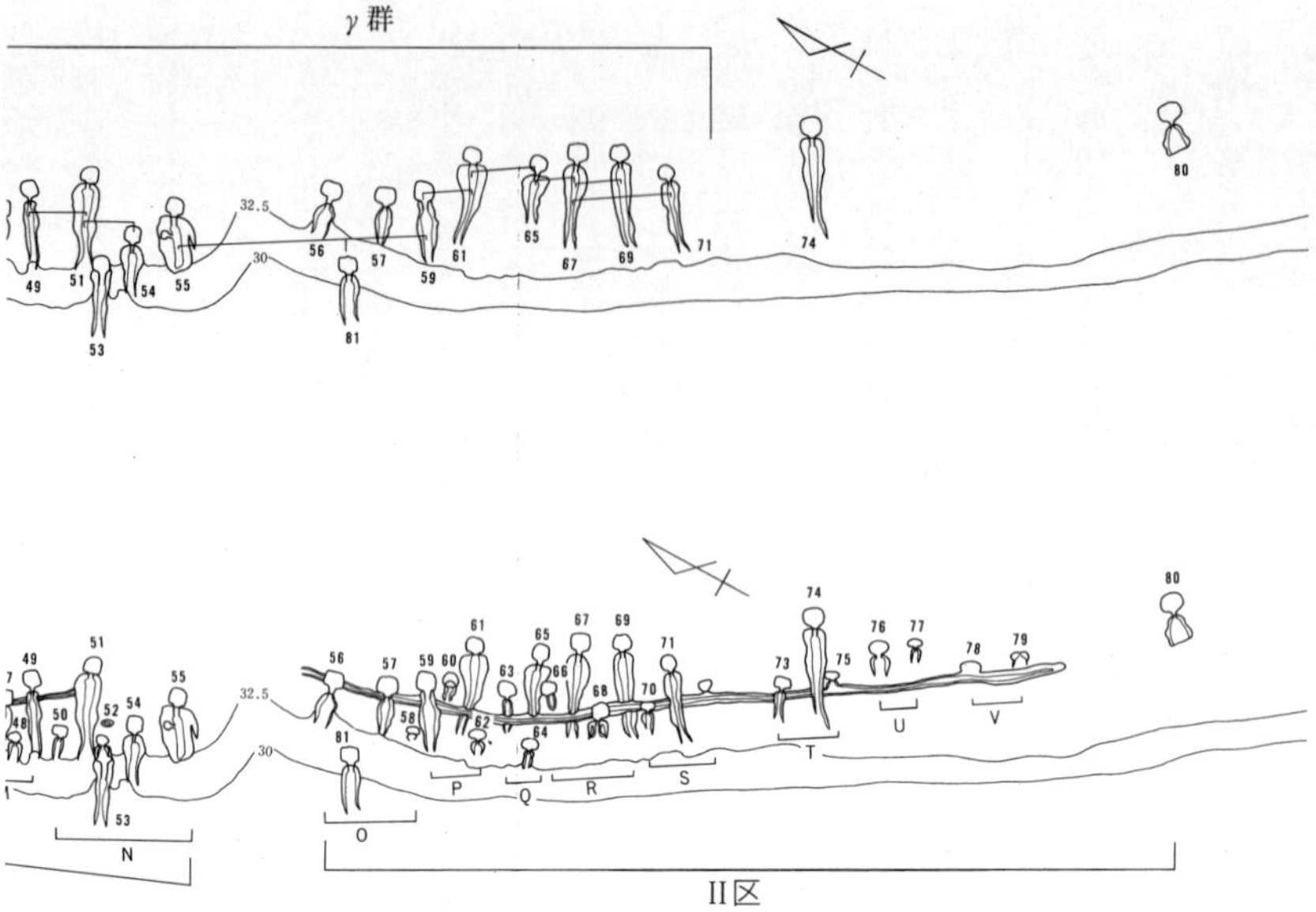

より）

のその場所にあたる。そして、豊前の戸籍では「秦部」や「〜勝」といった渡来系の氏姓をもつ者が多いことが知られており、とくに塔里戸籍では残存した一二九名のうち一二四名が「秦部」や「〜勝」なのである。そして、上ノ原横穴墓では七世紀以降にも追葬が認められ、八世紀後半〜九世紀前半にも造墓が行われていること、この地域に外部からの大規模な移住者があった形跡がないことから、上ノ原横穴墓群被葬者は八世紀初頭においては「秦部」や「〜勝」を称していた可能性が大きい。

しかし、上ノ原横穴墓群被葬者の形質は、小倉〜行橋などの北豊前から南九州へと形質が連続的に変化していく中で、北豊前と豊後の中間もしくは豊後よりであるという（土肥 一九九二）。すなわち、北豊前では高顔・高眼窩であり、南下するにつれ顔が低くなるとともに眼窩も低くなり、幅は逆に広くなるという地理勾配の中に位置づけられる。したがって、上ノ原横穴墓被葬者は、朝鮮半

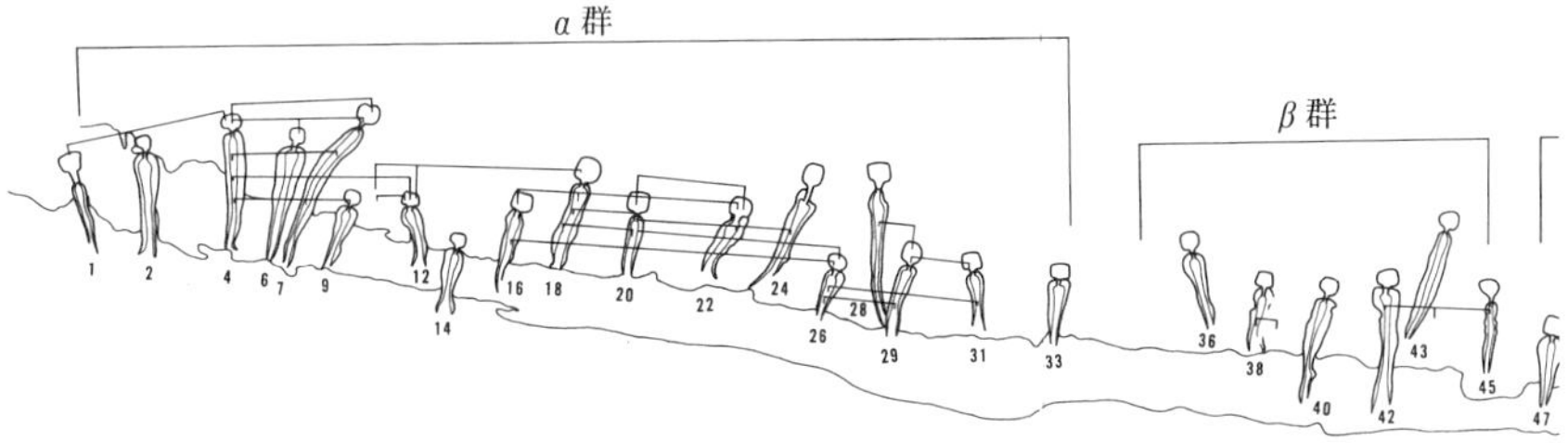

上ノ原Ⅲ～Ⅴ期土器接合図

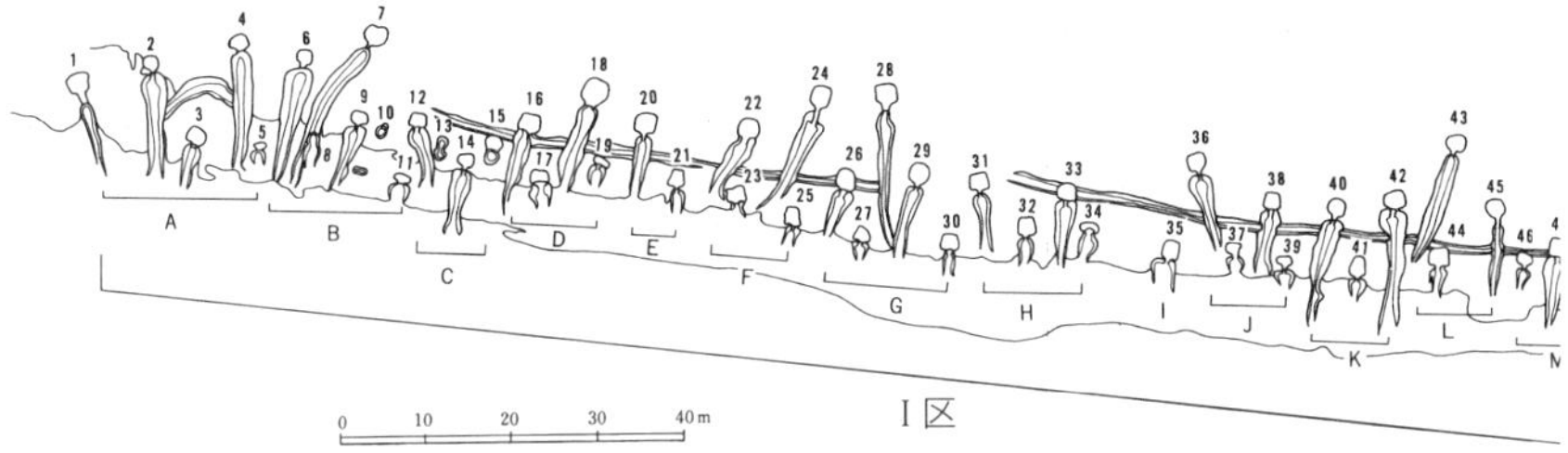

上ノ原横穴グルーピング図

図4　上ノ原横穴墓群の家族単位と破砕散布によるグループ（大分県1991および村上・吉留1991

島から渡来した集団ではなく、在来の住人であるといえ、八世紀へと至る過程でこの在来の住人を「秦部」や「～勝」として編成したことがうかがえるのである。

そして、この地域における八世紀の氏姓はほとんどが「秦部」であることを考えると、本来この地域に存在したいくつもの氏族がほぼ一つの集団として再編成されたことになる。在地の小首長たちが秦氏へと擬制的に編入されたにせよ、畿内から新たに秦氏の一族がやってきたにせよ、非支配層にとっては自らのアイデンティティを喪失することに他ならない。したがって、喪失しつつある実質的血縁集団としてのアイデンティティを再確認し強調するために破砕散布儀礼を行ったと考えられるのである。

おわりに

以上のように、日本の国家形成過程において、倭人たちのアイデンティティは大きく変容していった。すなわち、弥生時代の中期までは半族や部族といった部族社会における一般的な集団のアイデンティティが表示されていたと考えられるが、進行する階層分化にともなって、その表示は「国」すなわち部族やそれが統合された地域集団や階層の表示へと変質する。ここに、族的アイデンティティと階層的アイデンティティの二面性が生じるのである。

古墳時代になると、古墳の墳丘規模・墳形・副葬品などに階層差が顕著に反映されるものの、大小の古墳で構成される古墳群自体は親族集団の統合を表示するものであり、アイデンティティの二面性はそのままである。そして、首長墳にも中・下層の古墳においても、一基の古墳は個人や家族ではなく出自集団を背景としたと考えられ、親族原理が社会を覆っていたことがうかがえる。この状態は五世紀代にまで続くが、族的表示が残存しながらも階層表示が優越するに至り、六世紀になると単独で首長墳が築造されるようになる。しかし、一方では、地方や中小首長層においては、前代と変わらずに古墳群をなし、首長墳の突出度も弱いという現象も認められる。

五世紀後半には農民層においても家族が析出され、葬送・追善儀礼も家族単位へと変化するが、墓群自体は各家族の任意の結合ではなく、親族／出自集団を単位とする。そして、これと連動して部族／氏族アイデンティティの統合・集約化が起こり、支配層は「氏」として新たな親族集団へと擬制的に再編・整備されるが、農民層においては本来の親族集団と関わりなく部民として編成され、そのリアクションとして儀礼で親族アイデンティティの再確認も行われるが、やがてこれらの行為は表面から消滅する。

以上の過程は、親族集団が階層分化によって変形し、親族原理が階層序列によって分断された過程であり、二次的かつ擬制的な親族集団を形成しながら、実質としては共同体を解体していった過程といえよう。

引用文献

植田由美「佐知久保畑遺跡の構造と階層」『「先史学」研究会第1会研究集会資料集』「先史学」研究会　一九九四年
大分県教育委員会『上ノ原遺跡群Ⅱ』大分県教育委員会　一九九一年
坂本嘉弘「上ノ原台地周辺の集落・耕地・墓地の変遷」『上ノ原横穴墓群Ⅱ』大分県教育委員会　一九九一年
坂元義種『倭の五王』教育社　一九八一
白石太一郎「畿内における大型古墳群の消長」『考古学研究』六一号　一九六九年
白石太一郎「巨大古墳の造営」『古代を考える・古墳』（編著）吉川弘文館　一九八九年
白石太一郎「畿内における大型古墳群の消長」『古墳と古墳群の研究』塙書房　二〇〇〇年
田中琢『倭人争乱（日本の歴史2）』集英社　一九九一年
田中良之「上ノ原横穴墓群被葬者の親族関係」『上ノ原遺跡群Ⅱ』大分県教育委員会　一九九一年
田中良之『古墳時代親族構造の研究』柏書房　一九九五年
田中良之「埋葬人骨による日韓古墳時代の比較」『4・5世紀の日韓考古学』九州考古学会・嶺南考古学会　一九九六年
田中良之「出自表示論批判」『日本考古学』五号　一九九八年
田中良之「山の神第2・3・4号古墳被葬者の親族関係」『山の神古墳群調査報告書』広島県埋蔵文化財センター　一九九九年
田中良之「墓地からみた親族・家族」『古代史の論点2』小学館　二〇〇〇年
田中良之「三国の親族関係（予察）」『韓半島考古学論叢』すずさわ書店　二〇〇二年
田中良之「親族論からみた日本考古学」『文化の多様性と比較考古学』考古学研究会　二〇〇四年
田中良之「考古学からみた古代家族」『列島の古代史3　社会集団と政治組織』岩波書店　二〇〇五年
田中良之・村上久和「墓室内飲食物供献と死の認定」『九州文化史研究所紀要』三九号　一九九四年
土肥直美「上ノ原横穴墓群出土の古墳時代人骨について」『上ノ原横穴墓群Ⅱ』大分県教育委員会　一九九一年
土肥直美・田中良之・永井昌文「老司古墳出土人骨について」『老司古墳』福岡市埋蔵文化財調査報告書二〇九　福岡市教育委員会　一九八九年
春成秀爾「縄文晩期の婚後居住規定」『岡山大学法文学部学術紀要』四〇（史学編）一九七九年
林謙作「縄文社会は階層社会か」『古代史の論点4　権力と国家と戦争』小学館　一九九八年

広島県埋蔵文化財センター『山の神古墳群調査報告書』広島県埋蔵文化財センター　一九九九年
舟橋京子「土井ヶ浜井集団における抜歯の社会的意義」『古文化談叢』四五号　二〇〇〇年
宮内克己『赤塚古墳ものがたり』大分県立歴史博物館　二〇〇四年
村上久和「横穴墓の時期と形態変遷」『上ノ原横穴墓群Ⅱ』大分県教育委員会　一九九一年
村上久和・吉留秀敏「上ノ原横穴墓群における葬送儀礼の諸相」『上ノ原横穴墓群Ⅱ』大分県教育委員会　一九九一年
村上久和・吉留秀敏・田中良之「上ノ原横穴墓群被葬者の集団関係」『上ノ原横穴墓群Ⅱ』大分県教育委員会　一九九一年
O'Shea, J. M.『*Mortuary Variability*』Academic Press, Orland. 一九八四
Service, E. R『*Primitive Social Organization: An Evolutionary Perspectives*』一九七一（松園万亀雄訳『未開の社会組織―進化論的考察―』弘文堂　一九七九

威信財システムの成立・変容とアイデンティティ

辻田淳一郎

一　問題の所在

本稿は、考古学からみた「倭人」社会のアイデンティティの問題について、威信財システムの観点から検討することを課題とする。アイデンティティは、個人的・集団的なものの両者の視点を含む広い概念であり、現実に様々に提示されている多様な選択肢の中から選択され、常に再帰的に自己に投影される形で形成・再形成されるものと定義できる（cf. Giddens, 1991）。ここで扱うのは、主に三～五世紀における列島社会の様相であるが、こうした考古学的現象の評価は、「倭国」「日本」の成立を経て近現代に至る日本の民族意識、あるいは自己アイデンティティの問題とも深く関わっている（e. g. Mizoguchi, 2002）。本稿では、考古資料の分布から描き出される各地域間の関係性などの具体的なイメージが、そうしたアイデンティティやエスニシティとどのように重なるのか、あるいはそれが形成された要因や過程がどのように説明できるかといった問題について検討する。

考古学において、考古資料の分布、あるいは考古学的「文化」と「民族」との関係の問題は、長く重要な論点の一つとなってきた（cf. Childe, 1956 ; Eggers, 1959 ; Jones, 1997）。日本でも二〇〇二年には第四八回考古学研究会総会において、「地域とエスニシティ」と題した研究会が開催されるなど、この問題についての関心は高い（『考古学研究』四八―四、四九―二・三、二〇〇二に所収）。日本考古学における学史を顧みれば、本稿で扱う三～五世紀代における列島社会内部の地域間関係に関して、いくつかの具体的なイメージを挙げることができる。例えば小林行雄氏は、前方後円墳の出現と三角縁神獣鏡の配布・同笵鏡分有関係を、貴族の権威の形式の革新（男系世襲制の確立と外的承認）という観点から論じた（小林 一九五五）。これは、弥生時代から古墳時代の社会変化について、近畿を中心とした広域的な政治的関係の展開過程として説明する方向性であり、その後の研究の基礎的な理解となっている。また西嶋定生氏は、列島各地における前方後円墳や円墳・方墳などの分布とその墳丘形態や規模の違いについて、姓制を媒介とした擬制的同族関係の表示とする見方を示している（西嶋 一九六一）。古墳時代の開始当初から姓制を想定する見解は現在では必ずしも成立しないが、論全体としてみた場合、古墳時代における地域間関係を説明する枠組みとして、その後も大きな影響を与え続けているということができる。

こうした近畿を中心とした地域間関係の具体像については、大きく二つの見解がある。一つは近藤義郎氏に代表されるもので、近藤氏は、古墳時代の開始について、各地の部族連合が大和の大部族連合を中心に政治的同盟関係を結んだ部族連合体制の形成と捉え、その背景として、広域的な擬制的同祖同族関係の成立を想定している（近藤 一九八三）。もう一つは都出比呂志氏の見解で、前方後円墳の墳丘形態や規模が大型前方後円墳を頂点として序列化されており、墳丘形態が政治性を示すものであること、またその背後に鉄器流通を基礎とする必需物資流通機構の存在を認める。古墳時代の地域間関係は、このネットワークを媒介とした「前方後円墳体制」であり、「初期国家」の成立と捉えている。そして前方後円墳の分布範囲は各種共通の文化要素の存在から、後の民族形成の基礎となる可能性を指摘している（都出 一九九一・一九九三・一九九五・一九九六・二〇〇五）(1)。この前方後円墳の分布の問題について田中琢氏は、政治的諸関係というより、むしろ共通の心理的基盤をもとに出現したものと説明する（田中 一九九一）。また広瀬和雄氏は、「領域と軍事権と外交権とイデオロギー的共通性をもち、大和政権に運営された首長層の利益共同体」として、「前方後円墳国家」の概念を提起している（広瀬 二〇〇三）。

さらに近年では、古墳時代社会を近畿弥生社会発展の到達点と捉え、古墳時代的地域間関係の成立を弥生時代終末期以前に遡らせて投影し、連続的に捉える従来的な見方に対して、墓制・鉄器生産・流通など様々な観点から再検討が行われており、代案として古墳時代の開始をむしろその始発点とする見方が提示されている（北條他 二〇〇〇、溝口 二〇〇〇a）。さらに古墳時代全期間を初期国家として一括して扱うことが可能であるのか（和田 二〇〇〇・二〇〇四）、あるいは古墳時代における政治支配の実態と民族概念とがどのように整合するのか（大久保 二〇〇二）、また古墳が分布する地域とその周縁域における領域性の問題（河野 二〇〇五）といった点についても様々な議論がある。

こうした諸研究が示すのは、前方後円墳や「威信財」と呼ばれる各種の副葬品の分布範囲の実態を具体的にどのように説明するのか、そして古墳時代を通じて展開した広域的政治的諸関係と、その中に包摂される地域社会の動向との関係をどのように理解するのかという点は、理論的準拠枠により大きく変わってくるという点である。また社会統合の達成度・成熟度やその範囲をどの程度と考えるかで列島社会内部でのアイデンティティの評価も異なるものとなろう。そしてこの問題は、結局のところ、例えば古墳時代の「倭国」がのちの「日本」へとどのようにつながるのかといった大きな問題を考える上で、根本的に存在する問題の一つであるともいえるのである。

ところで文化人類学では、こうしたアイデンティティやエスニシティを考える上で、どのように他者から呼称されるのか、そして当事者がどのように自己認識するか、という点が問題とされる。これは、「名づけ」と「名乗り」という二つの概念によって整理することができる（内堀 一九八九）。例えば東アジア世界における列島社会でいえば、中国諸王朝から「名づけ」られた呼称として、「東夷」「倭人」「倭国」「親魏倭王」「安東将軍・倭国王」などがあり、逆に自らの「名乗り」として、「使持節都督倭・百済・新羅・任那・加羅・秦韓・慕韓七国諸軍事、安東大将軍・倭国王」「倭王・武」「日本」「天皇」などがある。この「名づけ」と「名乗り」の両者の関係をどのように捉えるかという点が、列島「倭人」社会のアイデンティティを考える重要な手がかりとなる。

列島の古墳時代においてこの問題と関連して重要なのは、埼玉県稲荷山古墳出土鉄剣銘などにみられる「治天下大王」の出現である。『宋書』倭国伝における倭王武（雄略大王）の遣使記事では、「臣雖下愚」というように、自らを「臣」として表現する一方、列島内部においては、「天下」を治める大王として存在し、その両者を使い分けていることがわかる。すなわち、対外的には代表者としての世俗的な王であり、内的には絶大な権力を保持する王の中の王としての存在といった、権力の二重性である。この点は、卑弥呼の王権の性格について指摘された対外的開明性と宗教的未開性の問題とも重なってくる（石母田 一九七一）。いずれも三～五世紀代における列島社会の「名乗り」・「名づけ」とアイデンティティを考える上では不可避の問題といえよう。

また「名乗り」・「名づけ」という点では、外部としての中国諸王朝や韓半島諸国との関係をどのように考えるかという点が問題となる。東アジア世界の中での倭国の位置を冊封体制という枠組みで説明した西嶋定生氏の議論（西嶋 二〇〇〇）についても、今日的な視点からの再検討の必要性が指摘されている（李 二〇〇〇、金子本書所収）。

以上のような論点をふまえつつ、本稿では、次の二つの検討課題を設定する。

①東アジア世界の中での「倭人」社会、あるいは「倭国」の変容とそこにおけるアイデンティティの問題について、威信財システム（prestige good systems）の観点から考古学的に説明するとともに、威信財システムが作動するそのメカニズムを明らかにする。

②前方後円墳や威信財の分布圏・分布範囲とその実態と、列島社会のアイデンティティとの相互の関係について説明する。

二　威信財システムの定義

ここでこれまでとくに定義することなく用いてきた威信財・威信財システムについて検討しておきたい。威信財（prestige goods）は、元来経済人類学の脈絡において使用された概念であり、その後構造マルクス主義人類学やそれに影響を受けた考古学において、首長制社会と国家形成過程を説明する枠組みの一つとして議論に取り入れられてきた。フリードマン、ローランズ両氏は、社会的諸関係に埋め込まれた生産関係という観点から、部族システム（Tribal system）・「アジア的」国家（'Asiatic' states）・威信財システム（Prestige good systems）・領域国家／都市国家（Territorial and city states）といった社会進化の後生説モデル（an epigenetic model）を提示している（Friedman and Rowlands, 1977）。新進化主義の枠組み（e. g. Service, 1971）との対比でいえば、「アジア的」国家と威信財システムが首長制社会（Chiefdom）にほぼ対応する。「アジア的」国家では、首長リニージからの血縁的系譜的距離によって社会内部が階層的に分節化される。威信財システムは、こうした首長制社会の範囲が拡大し、上位層同士が相互の政治的同盟関係を維持・確認するために、多くの場合は外来の貴重な財を分配するというものである。この場合の威信財とは、生存財ではないが、社会関係を維持するためには必要不可欠であるものを指している。

この威信財システムの特徴として、その威信財の発信源となる地域を中心として、中心—周辺関係が形成され、各地の小センターを核として拡張傾向を有するという点が挙げられる。この中心と周辺の関係性は、いわゆる一次国家・二次国家の問題とも密接に関わる問題であり、こうした状況においては、社会進化の様相としてあらわれる部族社会・首長制社会・国家というあり方も、その空間的位置において定義される一連の構造の一部として理解する方向性も認められる（Kristiansen, 1991）。

領域国家／都市国家では、こうした威信財システムの拡大において各地で成立した小センターでの専業的生産の増加、物資流通のコントロールなどでの中心化が進行した結果、独立した都市的性格を強めるとともに、センター間の競合関係も一層強まり、交易システムに依存した商業経済が出現する。商業的通貨としての財が一般化することにより、労働力や土地が譲渡可能となり、円錐クラン構造も破壊され、階級関係も大きく変容する。こうした状況は、周辺地域を取り込みながら拡大し、最終的に安定的な帝国の出現に至るというモデルが示されている（Friedman and Rowlands, *ibid*）。このモデルでは東アジア世界の具体例として、「アジア的」国家は商代、威信財システムは主に西周代、領域国家として東周代以降が挙げられており、秦・漢代が「帝国」として位置づけられている。

以上のように、威信財システムは、国家成立の前段階の、複雑化しつつある階層化社会を論ずる際に有効なモデルの一つである。威信財は多くの場合外来の、長距離交易によってもたらされたものとされるが、この点が「威信財」の必要条件であるかというと必ずしもそうではない。筆者は威信財システム成立の条件として、次の二点を重視している（辻田 二〇〇一・二〇〇五a・二〇〇五b）。すなわち、①「威信財」の入手・使用・消費が上位層に独占されていること、②「威信財」の入手・使用・消費のサイクルが社会的再生産のプロセスに不可分に埋め込まれていること、の二点である。[2] 威信財システムにおいて、上位層同士の関係を円滑に保ちまた各地域社会内部での社会的再生産が安定的に行われるためには、こうした威信財が常に上位層を通じて安定的に供給され、また消費されることが前提条件となる。このことは、裏返せば威信財の流通や消費が安定的に行われなくなると、社会的再生産自体が支障を来す（場合によっては政治支配システムが崩壊する可能性もある）ということでもあり、この点において威信財システムは不安定で流動的な側面を有するということができる（Kristiansen, 1987・1991；Hedeager, 1992）。

以上のような議論をふまえつつ東アジア世界に目を転じてみると、日本列島は東アジア世界の周辺域に位置しており、日本列島における国家形成過程の問題を議論する上では、一次国家としての中国諸王朝や、韓半島諸地域等との関係性も含めて検討を行っていく必要がある。本稿はこうした観点から威信財システムのモデルを参照しつつ、列島における社会進化の様相について検討するものである。ここにおいて本稿は、例えば前述の後生説モデルを日本列島において応用することを目的としたものというよりは、むしろそうした枠組みを参照した上で、日本列島の事例をもとにした威信財システムのモデル化、あるいは国家形成過程の一つのモデル化を意図したものであり、その上で考古学的なモデル化に基づく社会進化についての議論の深化（cf. Yoffee, 1993）を目指すものであることを確認しておきたい。

日本考古学では、穴沢咊光氏がはやく三角縁神獣鏡の配布を威信財システムの観点から説明している（穴沢 一九八五・一九九五）。そして弥生時代中期の北部九州において、楽浪郡との交渉を通じて威信財システムが出現する一方、後期にはその状況が崩壊するとしている（穴沢 一九九五）。また中村慎一氏は、北部九州弥生時代中期における階層化の進展について、威信財概念をもとに検討している（中村 一九九五）。

河野一隆氏は、威信財を大きく外来の非生産型威信財と生産型威信財の二種類に区分し、後者の価値が前者によって保証されており、非生産型威信財の流入が途絶したり、生産型威信財の生産および流通が飽和状態に至った段階で、威信財および威信財システム自体が更新されるといったモデルを提示する（河野 一九九八）。その上で河野氏は、古墳時代前期〜中期を威信財経済と捉えている。また石村智氏は、威信財システムが社会階層化を促進するのではなく、威信財システムからの脱却が社会的階層化を促進させるというモデルを提示しつつ、オセアニアにおける威信財システムとの比較検討をもとに、日本列島では古墳時代前期後半から、「威信財システムからの脱却」が始まっている可能性を指摘している（石村 二〇〇四）。威信財システムと社会的階層化や複雑化がどのように関わるのかといった点が問題でもあり、また「威信財システムからの脱却」が列島においてどのように進行するのか、またその具体的な背景等についても議論の焦点の一つといえよう(3)。

あらかじめ述べるならば、筆者自身は、穴沢氏や河野氏らが指摘するように、大枠としては古墳時代前期〜中期を基本的に威信財システムの枠組みで捉えることが可能であると考えている。そして親族関係や葬送儀礼など他の様々な文化要素の変化などと連動しながら実質的な意味での中央集権的政治支配体制の基盤整備が進行するのが古墳時代後期以降と理解している。本稿では、以上のような威信財システムをめぐる論点をふまえつつ、日本列島の弥生〜古墳時代における威信財システムの成立・変容と、そこからみたアイデンティティの問題について検討する。その際、列島規模で広域的に展開した各地域の上位層同士の関係が、具体的にどのような形で進行したと理解できるのか、そしてそれが長期的時間軸において、律令国家成立の前段階としてどのように評価できるのかといった点について具体的に論及したいと考える。

三　分　析

本章では、弥生時代から古墳時代における各時期の様相を考古学的に整理する。その際に、大きく次の四点について具体的に検討する。(1)列島社会と東アジア諸地域との関係性・対外交渉、(2)列島内での考古学的現象、特に墳墓の様相、(3)列島内での威信財、あるいは威信財的性格のものに関する動向、(4)威信財流通のメカニズム、あるいは地域間関係の実態に関する分析と解釈、である。(4)

1　紀元前一世紀代（弥生時代中期後半）

ここではまず最初に弥生時代の状況について概観しておきたい。弥生時代の特に前期から中期における列島社会の対外交渉は、大きく弥生時代開始期の稲作伝来、弥生時代前期末〜中期初頭の半島系青銅器文化の伝播、弥生時代中期後半における楽浪系漢文化の流入といった三段階として整理することができる。このうち、その後の列島社会の動きを考える上でもっとも大きな画期の一つが、前一〇八年の楽浪郡の設置に伴う漢文化との接触という点である。北部九州では、福岡県前原市三雲南小路遺跡や同春日市須玖岡本遺跡などの一部の甕棺墓地で多数の前漢鏡やガラス製の璧などを納めた大型甕棺が出現するなど、階層化の様相が発現する。ただし、こうした状況は弥生時代後期において各地で一様に連続するわけではないことから、中期後半の甕棺墓地にみられる厚葬墓や上位層の出現については未だ不安定なものであった可能性が指摘されている（溝口 二〇〇〇b・二〇〇一）。このような弥生時代中期後半の北部九州社会については、楽浪郡との交易により漢鏡などを入手した三雲・須玖などの集団が、周辺の諸集団にそれらを分配しながら相互の関係を取り結ぶ形で展開したとみられるが（岡村 一九九九）、この点において、穴沢氏（一九九五）や溝口氏（Mizoguchi, 2002）が指摘するように、威信財システムの萌芽と捉えることが可能であろう。こうした威信財システムの範囲は概ね北部九州内に収まる形で展開したと考えられる。

2　紀元一～三世紀前半（弥生時代後期～終末期）

弥生時代後期になると、北部九州では甕棺墓制自体が衰退し、石棺墓などへの転換が始まる。また中期のような舶載文物の多量副葬を行うのは福岡県井原鑓溝遺跡などの一部の墓に限られることなどから、穴沢氏が指摘するように、中期後半の威信財システムがそのまま安定的に継続したとみることは必ずしもできない（穴沢 一九九五）。広形銅矛を用いた集団祭祀としての大形青銅器埋納の盛行は、こうした動きと表裏の現象として進行したとみられる。また近畿～東海でも突線鈕式銅鐸を用いた祭祀が活発化しており、墳丘墓への転換がいち早く始まる瀬戸内・山陰などと対照的な状況が認められる（岩永 一九九八・二〇〇四）。

弥生時代後期後半になると、各地で首長層の析出過程が進行し、このことと有機的に結びつく形で上述の大形青銅器祭祀が形骸化していくという可能性が指摘されている（岩永 一九九八、田中二〇〇〇）。また被葬者の範囲もより絞り込まれていくという形で、首長制社会の様相が顕在化する（田中 二〇〇〇、溝口 二〇〇〇b・二〇〇一）。瀬戸内以東の各地でも、大形の墳丘墓が築造される。この段階では、鉄器の生産や流通は基本的に北部九州から西部瀬戸内地域が先進地域という状況である（村上 一九九八・二〇〇〇b）。また漢鏡の流入は後漢王朝の衰退とともに減少傾向にあったと考えられ、北部九州を中心に破鏡や小形仿製鏡が流通する（高倉 一九八一）。ただしこれらは集落、包含層や溝状遺構での出土事例が多く、各時期において安定的に出土したり、あるいは上位層の墓に限定して副葬されるといった形で展開するわけではないことから、威信財システムの所産としては説明できない（辻田 二〇〇一・二〇〇五a）。むしろ、上述のような形で「首長層」の析出が緩やかな形で進行しつつあった時期とみることができる。このような点から、『後漢書』東夷伝にみられる後一〇七年の「倭国王帥升等」の具体的イメージとしては、北部九州の上位層を主体とした連合体制を想定する。

またこの段階では鉄器の生産や流通の問題が重視されることが多いが、筆者はむしろ、北部九州および近畿・東海の各地において大量の大形青銅器の生産を可能にした青銅原料の流通の問題がより重要な課題と考える（大賀 二〇〇三）。そしてこの青銅原料の流通を媒介とした広域的な流通網の問題と、そのことが古墳時代開始期までの状況にどのように貢献したかということが問題となるものと考えている。これについては今後の課題としておきたい。

そして三世紀前半の弥生時代終末期段階までには、山陰・北陸では四隅突出型墳丘墓、瀬戸内から近畿にかけては前方後円形墳丘墓、東海地方では前方後方形墳丘墓などが築造され、墳墓の形態における地域性がより顕在化する。問題は、こうした弥生時代後期～終末期における地域間関係の実態と、倭人社会のアイデンティティをどのように読み取るかという点である。この段階は、文献史料から卑弥呼の共立および倭国と半島の公孫氏政権との接触が想定されるが、考古学的現象にもとづく説明に関してはいくつかの議論がある。例えば、この時期に画文帯神獣鏡が邪馬台国政権によって公孫氏政権から独占的に入手された後各地に分配され、かつそうした地域間関係が古墳時代的地域間関係に連続するという説明が行われているが（岡村　一九九〇、福永　二〇〇一など）、一方では冒頭でも触れたように墳墓や鉄器生産の実情からみて、古墳時代の開始を近畿勢力ないし大和主導による連続性の論理あるいは古墳時代からのいわば遡上の論理で説明することが困難なことが指摘されている（北條他　二〇〇〇、北條　二〇〇五）。

筆者は鏡に関しても、後漢鏡の列島へのリアルタイムでの舶載、列島内での伝世を前提とせず出土遺跡の年代をもとにみた場合、次のような別の理解が可能であると考えている。すなわち、この時期は上述の北部九州を起点とした破鏡の東方伝播の傾向に加え、完形鏡の破砕副葬が瀬戸内以東でも出現するが、特定の分布中心がみられず、散在的に分布する。徳島県萩原1号墓や兵庫県綾部山39号墓などでの画文帯神獣鏡の破砕副葬もこの脈絡において説明できる。こうした点から、筆者は対外的な交渉の窓口が近畿地方に集約化され、完形後漢鏡が列島に大量に流入し、近畿を中心に各地に分配されるのは、むしろ卑弥呼が魏に使いを送った三世紀第2四半期以降であると捉え、弥生時代終末期の段階では北部九州においても対外交渉の窓口が一つに限定されず、瀬戸内以東まで含めて複数の対外交渉の窓口が存在したようなあり方を想定する（辻田　二〇〇一・二〇〇五a）。これが『魏志』にみられる「倭韓遂属帯方」といった記述の実態と考える。

したがって、この古墳時代開始の直前段階においては、仮に近畿の邪馬台国政権を中心とした政治的同盟関係があったとみる場合でも、威信財の分配を媒介とした近畿ないし「大和主導」による広域的政治統合などを想定することは困難で、むしろ近畿・瀬戸内から北部九州までを含めた緩やかな首長連合体制が新たに奈良盆地に拠点を築きつつあった段階と理解する。いわば、弥生時代終末期段階に近畿を中心とした広域的な威信財システムの成立を想定しない立場である。代案として、この三世紀前半段階における連合体制の象徴については、「見えない神聖王」としての卑弥呼（大林　一九七七、吉田　一九九五）の存在を想定する。卑弥呼の死後における王権継承の不安定さが示すように、卑弥呼の王権における開明的な外交主体としての性格と「鬼道」に事えたという二面性は、あくまで卑弥呼という特別な個人において共存するものであり、一代限りのものであったと考えられる（川口 一九八七、仁藤 二〇〇一）。その課題を解決するための具体的方策の一つとして生み出されたのが、前方後円墳とそこで行われる葬送儀礼であり、鏡をはじめとした種々の副葬品はこれらと不可分に結びつく形で使用・消費されるようになる。弥生時代から古墳時代への変化とは、以上のような点において、不連続とある種の飛躍を伴う急激な変化であったものと捉える。

3　三世紀中葉～四世紀代（古墳時代前期）

右にみたような状況が大きく変化するのが三世紀中葉である。古墳時代前期は、完形後漢鏡・三国鏡の近畿への大量流入を契機として列島規模での完形鏡分配システムが確立した段階であり、これに伴い近畿を中心とした形での地域間関係の再編成、および大型前方後円墳での葬送儀礼の整備・「創出」が連動する形で急速に進行し、各地でそれが採用される過程として説明することが可能である。こうした古墳時代開始期における広域現象を可能にしたコミュニケーションのメカニズムについても、近年弥生墓制研究の観点からモデル化が行われている（溝口 二〇〇〇b）。以下では古墳時代前期における地域間関係の実態について、古墳や副葬品の動向をもとに具体的に検討する。

まず古墳時代前期の対外交渉について整理すると、古墳時代前期前半（三世紀中葉～三世紀末）は卑弥呼の魏への遣使に始まる魏晋王朝との交渉、そして古墳時代前期後半（四世紀代）では高句麗南下に伴う楽浪郡・帯方郡の滅亡により、韓半島南部の加耶地域との接触が活発化する。

次に前期古墳の分布と墳丘形態・規模をみると、分布中心は奈良盆地にあり、大形前方後円墳が集中的に築造されている。これ以外の各地域での最大規模墳は概ね一〇〇m前後であり、近畿周辺以外で二〇〇mを超すような大型前方後円墳は前期ではみられない。また各小平野単位程度の範囲に、古墳が時期的に連続して築かれることが多いが

（都出　一九八八）、古墳時代前期では、ある突出した大形前方後円墳が旧国単位に相当するような領域の代表者として突出するような状況ではなく、同じような規模の古墳築造系列ないし「首長（墓）系譜」が各小地域ごとで横並びに複数併存するあり方が一般的である。

弥生時代終末期以前と古墳時代以後で大きく異なるのは、古墳だけでなく、副葬品をはじめとした様々な文物の多くが近畿地方を中心に分布し、同種のものが各地に分布する点である。これについては鉄器生産遺跡などについても同様の変化がみられる（村上　一九九八、野島　二〇〇〇）。各地に流通する副葬品で特徴的なのが、三角縁神獣鏡をはじめとする種々の銅鏡であり、同様の動きを示すものとして、素環頭大刀などの鉄製武器類、鍬形石・車輪石・石釧などの腕輪形石製品、銅鏃などが挙げられる。

古墳時代前期の銅鏡は、当初は後漢鏡・三国鏡・三角縁神獣鏡といった各種舶載鏡に始まるが、程なくして列島内部においてそれらをモデルとした倭製鏡が大量に生産されるようになる。これらは古墳時代前期を通じ、面径の差異化を含みつつ大きくは大型鏡から小型鏡へという変化をたどる。こうした種々の銅鏡の流通に関しては、古墳時代初頭において完形後漢鏡・三国鏡の面径の大きさを基準とした完形鏡分配システムが成立し（辻田　二〇〇一）、これと三角縁神獣鏡を組み合わせた形でヤマト政権から各地に舶載鏡が分配されるが、こうした舶載鏡の面径を基準とした序列化という配布戦略は、それに続く倭製鏡の流通へとそのまま継承されたと考えられる（和田　一九八六、車崎　一九九三、下垣　二〇〇三など）。すなわち、これらの各種銅鏡は、古墳時代の当初より一貫して、特に大型のものは近畿地方周辺部に、小型鏡は各地にという形で地域間の格差を示すような形でヤマト政権から各地に分配されるのである（ただし三角縁神獣鏡は大きさに関係なく広域に流通する）。

ここで古墳時代の地域社会と地域間関係の具体像という観点から、こうした鏡の流通と、各地の古墳での副葬との関係について考えてみたい。古墳から出土する鏡と古墳の年代をみると、各時期の古墳にそれぞれ最新段階の鏡が副葬されている事例が多く、鏡の年代観や組み合わせが古墳の時期を考える上での指標の一つともなっている(5)。このことは、各地の上位層によるヤマト政権との接触あるいは政治的諸関係の設定が、代替わりごと、各世代ごとに行われた可能性を示唆する（都出 一九七〇、六五～六九頁、近藤 一九八三、一九二頁）。言い換えれば、首長層の死／世代交代においては、それ以前に入手された鏡は基本的に葬送儀礼の場において副葬（消費）され、配布主体であるヤマト政権中枢との接触によって新たな鏡が入手された可能性が考えられるのである。そしてその一方で、古墳時代においては年代的に古い鏡がより新しい時期の古墳に副葬される事例も非常に多く、これらは複数世代にわたって管理・継承された可能性が高い（森下 一九九八）。このように、鏡の入手および副葬の形態としては、①各世代ごとの入手・副葬、②世代間での管理・継承後の副葬という大きく二つのパターンがあることが指摘できる。

その場合、鏡の保有・管理・副葬に関わる地域社会の最小単位としては、古墳の築造系列にほぼ相当する規模の集団単位が想定できる。すなわち、各集団単位が、首長層の死を契機としてその代替わりごとに、新たな鏡の入手を通じてヤマト政権との関係を更新することによって、あるいは前の世代が入手した鏡の一部を管理・継承することによって、首長権の継承ないしは上位層の世代交代がスムーズに行われるといった可能性が考えられるのである。

この代替わりごとの政治的諸関係更新という問題を考える場合、岡田精司氏らによる大王の即位式に関する研究（岡田 一九九二、吉村 一九九六、熊谷 二〇〇一）が参考となろう。氏らによれば、時代はやや下るが、治天下大王が即位する際には、群臣による新大王の推戴と、新大王による群臣の任命／再任が行われたことが指摘されている。このことは、そうした政治的諸関係が、五世紀代以後の王権中枢においても、先代の王の死を契機とした代替わりに際し、直接的な人格的結びつきという形で更新されていた可能性をつよく示唆するものである(6)。

また各地の古墳における鏡の出土例をみると、例えば三角縁神獣鏡が多く出土する地域、倭製鏡が多く出土する地域といった地域差がみられることも多く(7)、各集団単位ごとに選択的配布が行われた可能性が想定される場合がある。

こうした選択的配布の状況と鏡入手の契機が首長層の死と世代交代という点にあることを考慮するならば、各地の集団単位による鏡等の入手形態については、各地の諸集団が近畿へ赴き入手するといった「参向型」（川西二〇〇〇、下垣二〇〇三、森下二〇〇五）がより一般的であった可能性が高いと考える。そしてここには、配布主体としてのヤマト政権による選択的配布という形での各地域集団への牽制と、威信財を入手する側の論理という二つの論理が相互作用する形で存在することが読みとれよう。特に後者においては、世代交代を通じて進行したと考えられる首長―集団成員間の／集団間の利害関係とそれによる競合関係という点が大きく作用したものと考えられる。

この財の入手を媒介とする形での各世代ごとの関係更新というあり方は、前期における首長墓の築造系列が一ヵ所に安定しないといった点も含め、この段階の上位層の性格が、一時的で不安定な側面を持つものであったことを示していると考えられる（近藤一九八三）。古墳時代の地域社会の具体像を考える上では、こうした古墳の分布や時期的変遷に加え、被葬者そのものの問題が重要な手がかりとなる。田中良之氏は、出土人骨による古墳被葬者の親族関係の分析から、古墳時代前半期においては、弥生時代以来の双系的な親族関係を基盤として、古墳被葬者層の世代間継承はいまだ不安定な側面を強く残していた可能性を指摘している（田中一九九五・二〇〇〇・二〇〇三）。ここでみた鏡の入手・副葬のあり方は、こうした親族関係の具体的イメージと一致するものである。したがって、ここで古墳の築造系列に相当する集団単位と想定するものについては、固定的・安定的な単位ではなく、それ自体が流動的なものであった可能性を考えておく必要があろう(8)。

以上にみた古墳時代前期の状況は、こうした各地での鏡の入手および消費が、近畿を中心として各地の上位層により採用された葬送儀礼の中での使用・副葬という形で社会的再生産に不可分に埋め込まれていることからも、列島規模での威信財システムの展開過程として理解することができる。ここではこれを「古墳時代前期威信財システム／求心型競合関係モデル」と呼称する。ここにおいて、鏡をはじめとする種々の威信財は、首長権の世代間継承を正当化するイデオロギー装置として理解できよう。各地の首長層は、威信財の入手・消費によるヤマト政権との関係更新、あるいは威信財の世代間継承などを通じて、自らの位置を再確認し、また正当化したものと考えるのである。

三～四世紀代の列島社会の状況は、各地の首長制社会（あるいはそれに近い段階）が威信財システムを媒介として結合した首長連合的ありかた――いわば、各地域の上位層が各種威信財とともにヤマト政権により創出された新たな葬送儀礼を積極的に採用したことの帰結であり、各地の様相は一見画一的ではあっても各地域の社会統合や複雑化の度合いは様々に異なっていた可能性が考えられる。その特質は、各地における首長層の死／上位層の世代交代を契機とした、威信財の入手をめぐる各地の上位層同士の競合関係にあるとみる。すなわち広域的威信財システムを作動させた原動力は、各地の上位層の側にあったと捉えるのである。そしてそれ自体は広域的な地域間関係を形成するものの、ヤマト政権による中央集権的な政治支配というのではなく、実質的には表層的なものであり、こうした威信財をめぐる競合関係と上位層の世代交代が、不安定で流動的な形をとりながら進行した過程と理解する。

またここには、外部としての魏晋王朝及び楽浪郡・帯方郡と倭国といった東アジア世界における中心―周辺関係と、ヤマト政権を中心とする列島内での中心―周辺関係という二重構造が存在することを確認しておく必要がある。そして前期後半には魏晋王朝の衰退・楽浪郡・帯方郡の滅亡に伴い、対外交渉の主たる対象が韓半島南部になるが、列島内での威信財システム自体は倭製鏡をはじめとした生産型威信財の分配によって継続された。この動きは古墳時代前期末まで継続するものの、前期の中心的な倭製鏡の諸系列も小型化・銅質の悪化などが進行し、前期末にその変遷がほぼ終了することから、この段階で各種金属器生産などとともに生産体制が再編された可能性が考えられる。以上のような点と次に述べる中期の様相とあわせて威信財システムという観点からみた場合、筆者は前期前半から後半の変化より、むしろ前期から中期の変化をより大きな画期と捉える。

4　五世紀代（古墳時代中期）

古墳時代前期末から中期初頭にかけては、近畿での大型古墳群の移動や各地での首長墓系譜の変動が連動することをはじめとして、列島規模での大きな変化が認められる。またこの時期は、高句麗好太王碑における倭と高句麗の交戦記事にもみられるように、列島社会が祭儀的側面から軍事的側面重視へと転換する時期ということができる。以下、具体的に検討する。

まず対外交渉についてみると、前期末〜中期初頭の実年代については不確定要素が多いため、高句麗好太王碑文にあるような交戦記事の状況と、近畿の大型古墳群の動向が時期的にどのような関係にあるのか厳密には確定できないが、この前期末〜中期初頭の変革がこうした東アジア的国際情勢の緊張とも深く関わる問題であることは疑い得ない。五世紀前半代の対外交渉は、特に韓半島南部の金官加耶とのつながりが強いことが指摘されている（熊谷 二〇〇一、田中 二〇〇五）。そして中国王朝に対しては、五世紀になると倭の五王による南朝・宋への遣使が開始される。四七八年に倭王武により遣使が行われているが、翌四七九年に宋が滅亡するためこの遣使が最後となる。その後は六〇〇年の遣隋使に至るまで中国王朝との交渉は途絶し、百済をはじめとした半島諸地域との交渉が活発化する。

古墳群の動向については、以下のような現象が指摘できる。まず中期になると、近畿の大型古墳群も含め、前期まで古墳の築造が顕著でなかった地域に新たに古墳築造系列が出現する動きが広域的に連動して起こる（都出 一九八八）。これらは前期の古墳築造系列と時期的に重なりつつ交替する場合が多いことから、地域間関係の再編成の動きとみることができる。また近畿における大型古墳群の造営域が河内平野の古市古墳群や百舌鳥古墳群などに移動し、ここでの大王墓級の前方後円墳の大型化がピークに達するが、一方で岡山県などで大王墓に準ずるような大型前方後円墳が築かれており、少なくとも古墳の規模という点では、必ずしも大王墓のみが圧倒的に突出していた状況とはいえない

（白石 一九九九・二〇〇〇）。また前方後円墳の築造域は、北は岩手県角塚古墳を北限として、古墳時代では最大に広がる。南九州では、一四〇ｍの規模を持つ鹿児島県横瀬古墳が築造されるなど、大隅半島周辺が概ね前方後円墳の南限域となる。そして両者の周縁には古墳文化を採用しない地域が存在している（河野 二〇〇五）。

各地域の状況をみると、京都府南部や岡山県などでの事例に代表されるように、五世紀前半〜中葉を中心に、各地で突出した大型前方後円墳が出現し、旧国ないしは複数の旧郡単位程度の範囲を代表する存在が出現したかにみえる状況があらわれる（和田 一九九四）。ただしこれは一時的なもので、五世紀後半以降も複数世代にわたって安定的に継続するものではない。また五世紀後半〜六世紀前半代にかけて、韓国全羅南道栄山江流域では前方後円墳（長鼓墳）が築造され、一部では円筒形土器を伴っている。これらは当該期の倭と百済との関係の中で出現した可能性が高い（朝鮮学会編 二〇〇二）。

副葬品の動向についてみると、まず中期では三角縁神獣鏡や腕輪形石製品といった前期的威信財が姿を消し、鉄製武器・武具類の副葬が主体となる。中期前半では、特に三角板革綴・鋲留短甲や衝角付冑をはじめとした帯金式の鉄製甲冑類の生産と流通が活発化し、各地で副葬される。近畿の大型古墳群の陪塚などでは、これらの大量副葬が行われており、近畿と各地での鉄器の消費量の差は顕著である。中期後半以降になると、倭の五王の宋への遣使を契機として、画文帯神獣鏡や画象鏡などの同型鏡群が列島各地で流通する（川西 二〇〇四）。また「治天下」などの銘文を刻んだ鉄剣・鉄刀などが、五世紀後半〜六世紀にかけて各地で出土している。

以上のような考古学的事象をもとに、中期における地域間関係の実態およびそのメカニズムとそこからみたアイデンティティについて検討したい。まず古墳時代前期末〜中期初頭においては古墳築造系列交替現象の広域的連動と、主要な副葬品の変化の共変動という点が確認できる。そして例えば甲冑の副葬においては、前期の鏡などと同様、基本的に最新のもののセットという原則、すなわち副葬品の時期と古墳の時期の対応がみられ（藤田 一九八八）、そこから上位層の世代交代と各世代ごとのヤマト政権との関係更新という点が想定される。また各地での突出した大型前方後円墳の出現が一時的なものであることからも、旧国単位程度での安定した地域支配の状況は想定できない。以上から、古墳時代中期の段階は、基本的に前期の状況を引き継いだ、いわば中期的威信財システムと呼ぶべき様相を示していると理解する。この点において、前期から中期への変化とは、河野氏（一九九八）が指摘するように、前期威信財システムから中期的威信財システムへの「更新」とみるのが妥当と考える。ただし、地域間、あるいは上位層同士の関係のベクトルは前期と比べより複雑なものとなり、近畿と地方といった関係以外の地方同士、あるいは地方と半島といった、各地域独自の動きがより顕在化する点が特徴といえる。大型古墳群の奈良盆地から河内平野への移動については、前期の状況から墓域の移動を各時期におけるヤマト政権の戦略の違いによるものと捉え、奈良盆地内部に本拠地＝宮を置くヤマト政権中枢が、この段階で新たな開拓を行い墓域を造営したとする立場（近藤　一九八三、熊谷二〇〇一、吉村　二〇〇三）を採る。中期においては鉄製武器・武具類といった大量の威信財が流通し、また消費されることから、多数の大型古墳の築造とともに威信財システムのピークと理解できる。

ここで問題となるのが、中期段階での列島社会の政治支配体制の成熟度や、「治天下大王」における「天下」の具体像といった点である（大津　一九九九、熊谷　二〇〇一、川本　二〇〇二・二〇〇五）。埼玉県稲荷山古墳出土鉄剣や熊本県江田船山古墳出土鉄刀の銘文など[9]から、少なくとも五世紀後半の雄略大王の段階では、各地の上位層が中央へ出仕して「典曹人」や「杖刀人」といった職掌を担当する「人制」と呼びうる政治的関係が成立していたことが考えられる（吉村　一九九三）。またこうした人制と同型鏡群の分布とがある程度一致する可能性も指摘されている（東　二〇〇二）。アイデンティティの問題との関連でいえば、この段階の前方後円墳やあるいは威信財の分布範囲と、こうした倭的「天下」観や倭王武の上表文にみられる「東征毛人五十五国、西服衆夷六十六国、渡平海北九十五国」といった表現とがどのように関係するのかという点が最も問題である。また冒頭で述べた「倭王武」の「名乗り」と「名づけ」とのズレの問題もある。これらについては、節を改めて検討したい。

5　五世紀末〜六世紀代（古墳時代後期）

五世紀後半から六世紀代は、考古学的現象において様々な変化が認められる。最も大きな変化の一つは近畿地方における「畿内型」横穴式石室の採用とその各地での普及である（土生田 一九九八）。また出土人骨の検討から、父系イデオロギーが採用されるのが五世紀後半以降であることが指摘されており（田中 一九九五）、葬送儀礼の変化のみならず、親族関係の根本的な原理転換を伴う変化が始まっていたと考えることができる。

古墳の動向でいえば、五世紀代に中心となっていた古市・百舌鳥古墳群の築造が終了し、近畿において大王墓が突出する動きが顕在化する。二〇〇mを超すような大型前方後円墳は大王墓にほぼ限定されるようになり、各地での大型前方後円墳の築造も減少する。また六世紀代になると旧郡単位ごとに一基程度の分布を示す地域が多いことから、のちの郡司に相当するような首長層の出現と理解できる。そしてこれと連動する大きな変化が、いわゆる後期群集墳の出現である。これは父系化の進展と開発に伴う傍系親族の分節運動の活発化と理解される（田中 一九九五）。六世紀後半〜末には東日本の一部をのぞく列島各地で前方後円墳の築造自体が終了するが、この動きは各地での地域支配構造の変革を示す可能性が高いと考えられる。

この時期の対外交渉としては、北魏などの中国王朝への遣使は行われず、他方で、百済をはじめとした韓半島諸地域との接触がより活発化する。また栄山江流域での前方後円墳の築造は、六世紀第2四半期には終了する（朴 二〇〇二）。

またこの時期の副葬品は、中期的な鉄製甲冑類に替わり、装飾付大刀・金銅製馬具などが主体となる。これらは六世紀代では列島近畿の政権膝下で生産されたものが中心となり、ランク差を持ちつつ各地の古墳、群集墳まで含めて流通・副葬される（新納　一九八三・二〇〇二）。装飾付大刀については、環頭などの種類により地域差が顕著であり、政権内部の有力諸氏族との関係なども含め、非常に複雑な流通の過程が想定される。

以上のような現象から、古墳時代中期から後期への変化を次のように理解する。まず大型古墳群の変化と主たる副葬品の変化がほぼ連動するといった点から、前期から中期への変化と同様に、列島規模での地域間関係の再編成が進行したことが読み取れる。また父系化の進展に伴う家族単位の具体化、経営単位の安定的析出により、ウヂの形成および地方首長層の再編が進んだと考えられる（田中　一九九五、岩永　二〇〇三）。これに関連して威信財的なものの動きをみると、前方後円墳や群集墳などにおいて装飾付大刀や金銅製馬具などの副葬が認められるが、中期以前と比較した場合、社会的階層性の基盤は、むしろ父系直系とその傍系親族という形で構成された親族原理であり、威信財の入手・消費が社会的再生産の中に不可分に埋め込まれているような中期までの状況とは異なっている。いわゆる大化前代の状況としてみた場合、六世紀代のあり方は五世紀以前の不安定で流動的な中心—周辺関係を脱し、新たにより実質的な地域支配のシステムが出現しつつある段階ということができる。こうした状況が進行する中で、部民制や国造制、ミヤケ制などが急速に整備されていったと考えられる（吉田　一九七三・二〇〇五、狩野　一九九三、岩永　二〇〇三）。

このような意味において、古墳時代中期から後期への転換は、いわば親族関係の父系化や儀礼行為の転換など様々な変化と連動する形での一大画期であり、威信財システムという観点からいえば、三〜五世紀代の威信財システム的状況から脱し、より実質的な中央集権体制の前提となるインフラが整備された段階といえる。そしてこのことが律令国家成立の基盤を準備したと考えるのである。

四　議　論

1　弥生〜古墳時代の社会変化と威信財システム

以上の議論をもとに、弥生時代〜古墳時代の社会変化を威信財システムという観点から要約すると、次のようになる。

まず弥生時代中期後半は、楽浪郡との接触を媒介とした、北部九州における威信財システムの萌芽的段階と捉える。後期前半段階は、こうした威信財システムの様相が連続せず、北部九州や近畿では大形青銅器祭祀の盛行が認められる。後期後半は首長制社会的様相が顕在化する段階であるが、特定の威信財が特定のセンターにより広域に分配されかつ上位層に限定的に使用されたような状況にはない。弥生時代終末期は、卑弥呼の共立による連合政権が成立した段階であるが、物質文化上に広域的な統合のシンボルがみられないことから、威信財システムというより、「見えない神聖王」を中心に戴く不安定な連合体制などが想定される。

古墳時代前期は、完形後漢鏡・三国鏡の近畿への大量流入を契機とする近畿を中心とした地域間関係の再編成、そして新たな葬送儀礼方式の整備・「創出」と各地での採用という点により特徴づけられる。威信財の入手・分配のセンターがヤマト政権に集約化され、各地の首長層の死／世代交代を契機とした、威信財入手をめぐる不安定で流動的な競合関係として進行する。筆者はこれを、古墳時代前期威信財システムの確立過程として理解し、その成立時期を古墳時代初頭段階と捉える。

古墳時代中期は、東アジア的国際情勢の変動と連動しつつ、中心的古墳築造系列の交替と主要な威信財の交替との共変動という形で、威信財システムが更新される。前方後円墳の大型化もピークに達する。いわば威信財システムのピークとも呼べるものであり、五世紀後半には「治天下大王」「人制」といった、各世代ごとでの広域的政治的関係が形成される。ただし、雄略大王の段階でこの動きはある種の限界に達し、宋の滅亡という点も重なって、これ以後列島内部においては不安定な政治状況が続く。古市・百舌鳥古墳群での大型古墳の築造は六世紀前半(百舌鳥古墳群は五世紀末)には終了し、中期的威信財の多くも姿を消すといった形で、中期的地域間関係が再編成されたものと考えられる。そして大阪府今城塚古墳や奈良県見瀬丸山古墳などに代表されるような、大王墓の突出という状況に至る。

古墳時代後期は親族関係の父系化の結果として、傍系親族の分節運動と開発の増大によるインフラ整備が進行する段階であり(田中 一九九五)、「威信財」的なものは存在するが、上位層による威信財の入手・使用・消費が社会的再生産の必要十分条件であるという意味での威信財システムを脱しつつある段階であるといえる。むしろ、そうした経営単位の安定的産出を前提とした、個別人身支配・より中央集権的な政治支配体制が確立されるための準備が整いつつあった段階であるといえよう。この段階まで含めて筆者は「前国家段階」(徳本 一九七五、岩永 二〇〇三・二〇〇五)の範疇で捉えておきたい。

以上のような過程において、列島社会は東アジア世界の先進地域である漢王朝およびその出先機関としての楽浪郡・帯方郡、魏〜西晋、宋、あるいは百済・加耶地域など、大陸および韓半島を主体とする外部との接触を行い、かつそれを起点として威信財システムを展開させてきたということができる。また五世紀以降においては、「治天下大王」といった、中国の「天下」をベースとした独自の倭的「天下」観のもと、ヤマト政権が威信財システムを展開させていったことが読み取れる。先に指摘したように、ここでみられるのは、東アジア世界における中国王朝を中心とした中心―周辺関係と、列島内部での近畿地方を中心とした中心―周辺関係といった、いわば中心―周辺関係の二重構造の形成である。ここに、日本列島における国家形成過程が、東アジア世界の周辺域における威信財システムの展開を一つの側面として進行したそのあり方を読みとることができよう。

2　威信財システムからみた倭人社会のアイデンティティ形成

古墳時代前期から中期（三世紀中〜五世紀代）の威信財システムは、魏晋王朝、そして四世紀代を経て中国南朝（宋）や半島諸地域との関係を取り結ぶ中で進行している。ここにおいて確認できるのは、東アジア世界における国際情勢の変化に伴い、対外交渉の主たる対象がかわりながらも、対外的代表者たるヤマト政権中枢が、威信財システムを媒介として各地の首長層と関係を取り結びながら不安定かつ流動的に進行した過程である。(10) 具体的な様相として、首長層の代替わりごとにすでにみたように古墳築造系列ほどの集団単位が、首長層の死／世代交代を契機として、首長層の代替わりごとにそのつど威信財の入手・消費という形でヤマト政権との関係を更新したといった状況を想定するが、このことは、この段階の支配層が描く倭的「天下」イメージと共存する、いわば「天下」の内側に含まれた各地域社会とそのアイデンティティは、実態としてこうした集団単位を基礎としていたことを示すと筆者は考える。先にみた『宋書』倭国伝の倭王武の上表文における「東征毛人五十五国、西服衆夷六十六国」については、この段階での「毛人」をのちの「蝦夷」との関連から倭的天下の外部とするのではなく、当時「毛人」や「衆夷」と夷族視されたのは東日本の諸勢力や西日本の倭人社会と捉える見方（石上　一九八七）、あるいは周辺地域の諸民族といった意味で理解する方向性（田中　二〇〇四）や、この東の五十五国や西の六十六国を倭的天下の内側と捉える立場（東　二〇〇二）からみた場合、すでにみたような地域社会を構成する集団単位（古墳築造系列ほどの集団単位）が、この上表文でいうところの各「国」にほぼ相当する可能性が高いと考える。

また広い意味での倭人社会のアイデンティティ形成の問題を考える場合には、観念としての「天下」と実態としての政治支配領域の両者を区別する必要がある。そして、政治的関係があるということと、政治的に支配されるということとは必ずしもイコールではない。具体的には、倭王武の「名乗り」において、「倭」に加えて「百済・新羅・任那・加羅・秦韓・慕韓」と七国となっていることからも、当時の倭国の支配層は半島諸地域まで含めた領域の政治支配を希求していたことが分かる。

しかし、最後まで「百済」が認められることはなかった。栄山江流域の前方後円墳についても、一部倭と共通する副葬品がみられる他、百済系の遺物が顕著にみられることから、おそらくはこうした半島諸地域まで含めて、実質的な意味でのヤマト政権の政治支配領域とすることは困難であろう。では列島内部の中期的威信財や前方後円墳の分布範囲がすべてヤマト政権の政治支配領域であるかというと、これも一概にはいえない。その大きな理由の一つは、ここまでみてきたように、威信財システムを媒介とした近畿を中心とする政治的諸関係は、その基本的な性格として、流動的で不安定な側面を抱えつつ進行していたと考えられることである。また例えば中期以降の同型鏡群などの分布も、点的なものであって面的なものではない。以上から筆者は、上述のような地域社会のアイデンティティを基礎とする形で、各世代（代替わり）ごとにその都度取り結ばれまた更新された各地域の首長層との点的な直接的人格的関係性自体が、この段階でのヤマト政権による政治支配の実態ではなかったかと考える。筆者は、こうした各地域社会のアイデンティティと支配層のアイデンティティが、より大きな列島規模でのアイデンティティとして一致するようになる段階こそが実質的な意味での国家形成の段階であると考える。古墳時代はその前段階であり、上にみたような質的な成熟化が段階的に進行した時期ということができる。

以上のようにみた場合、三～五世紀代の威信財システムで取り結ばれた地域間関係は、五世紀後半～六世紀代以降における中心―周辺関係とは質的に異なるものと考える。この五世紀後半～六世紀代の画期、あるいは古墳時代後期の画期は、親族関係（田中　一九九五）、儀礼行為（土生田　一九九八）、古墳群の動向・生産（和田　二〇〇三・二〇〇四）など様々な観点から指摘される質的な転換点であり、このことと実質的中央集権的政治支配体制の基盤整備とが軌を一にしている点を重視したいと考える。この点では、和田晴吾氏が指摘するように、より首長連合的様相が顕著な前・中期と、地域支配が確立する後期以降の両者を一括して扱うのは困難であるといえる（和田 二〇〇四）。すなわち、上にみたように前方後円墳の分布範囲の実態は各時期において異なっていたのであり、各地域社会のアイデンティティ形成もより複雑な形で展開したとみる。実質的な意味での国家形成への歩みは、外的権威と威信財流通に依存した不安定な威信財システムから、如何により実質的な経営単位の支配へと転換するかという点と密接に関わっていたと考えられるのである。

五　結　論

以上、威信財システムとアイデンティティという視点から弥生時代〜古墳時代への社会変化について検討してきた。ここまで論じてきた具体的なイメージは、冒頭に述べたように、弥生時代中期後半や古墳時代前・中期を大きく威信財システムとして捉える点では穴沢氏や河野氏の視点と共通するものであり、また古墳時代前・中期と後期との境を大きな画期とする点でも諸先学の指摘と重なる。こうした中で威信財システムという観点からみた場合の従来の見解との相違点あるいは筆者の論点は、特に次の三点である。

①弥生時代終末期の列島社会を卑弥呼の邪馬台国政権を中心とした威信財システム的観点から説明する方向性とは異なり、むしろ列島規模での広域的威信財システムが古墳時代初頭に成立し、前方後円墳での葬送儀礼の創出と連動する形で急速に進行したと捉える点。

②古墳時代を部族連合ないし初期国家と捉えてきた従来の説に対し、古墳時代前・中期を広域的威信財システムの確立・展開過程として理解し、その上で、古墳時代後期以降に、親族関係の変化など様々な変化と連動しつ

つ、より実質的な政治支配の基盤整備が進行すると捉える点。

③古墳時代前・中期の威信財システムの特質を、ヤマト政権を威信財の入手・分配のセンターとする形での、各地の首長層の死／世代交代を契機とした、威信財をめぐる不安定で流動的な競合関係として進行した過程として説明する点。

第二節でも述べたように、本稿は、威信財システムの議論をふまえつつ、日本列島の事例をもとに威信財システムをめぐる考古学的なモデル化を意図したものである。全体を通してみた場合、結果としてフリードマンとローランズ両氏が示した後生説モデルとは異なる社会進化のプロセスをたどっていることが理解されよう。アール氏ら（Earle, 1991）やクリスチャンセン氏（Kristiansen, 1991）の研究でも、主要産物財政 staple finance や富裕財政 wealth finance といった経済基盤の違いが首長制社会の構造やその後の国家形成過程のプロセスの違いを生み出すことが指摘されている。ここでみた社会進化のプロセスも、日本列島的農耕社会のモデルとして説明する必要があるだろう。したがって、遊牧民などを存立基盤とする威信財システムなどと単純に比較することはできない。このことをふまえ、インフラの問題を出発点とした威信財システムの比較という観点での研究の必要性を改めて感じている。

日本列島の社会進化は、新納泉氏（二〇〇二）が指摘するように、外部の民族による征服や支配ということを受けることなく、外部と一定の距離を保ちながら展開した事例として重要である。本稿でみた威信財システムのあり方が、韓半島や中国、東南アジア世界など他のアジア諸地域と比較した場合にはどうなのか、またヨーロッパや新大陸の事例と比較した場合はどうなのかといった点も含めて、今後の課題としたい。(11)

註

（1）都出氏の初期国家論や国家形成論（都出 一九九一・一九九六・二〇〇五）をめぐる論点については、以下を参照（岩永 一九九一・一九九二・二〇〇二・二〇〇三・二〇〇六、石上 一九九二、鈴木 一九九六、吉田 一九九八b、和田 一九九八・二〇〇〇・

二〇〇四、佐藤 二〇〇二、佐々木 二〇〇四など)。

(2) 日本考古学では、「威信財」という用語が、日本語のニュアンスから「権威を示す財」ないし「ステイタス・シンボル」という意味合いで使用されることが多い。したがって時代・地域を問わず、墓から出土した副葬品や長距離交易を通じてもたらされた財などは、その多くが「威信財」として扱われている。例えば縄文時代でも「威信財」が存在し、また中世の陶磁器や城館などについても拡大して「威信財」と表現する場合がある。それらはたしかに「威信財」的な性格をも持つものであるかもしれないが、ここで述べたような威信財システムという観点からいえば、おそらく縄文時代や中世の社会システムを威信財システムとは呼べないであろう。ある特定の物質文化を「威信財」的性格をもつものとして論ずる場合、最も問題となるのはそれがここでみたような威信財システムの所産として説明できるかという点であると考える。

(3) 他に最近の動向として、威信財をその流通形態から「分配型」「循環型」などに分類することが行われている(大賀 二〇〇三、石村 二〇〇四)。

(4) 本稿では実年代について、弥生時代中期後半を紀元前一世紀代、弥生時代後期〜終末期を紀元後一〜三世紀前半、古墳時代前期を三世紀中葉〜四世紀代、古墳時代中期を五世紀代を中心とする時期、古墳時代後期を五世紀末〜六世紀代を中心とする時期とする年代観に基づき議論を進める。

(5) これは三角縁神獣鏡についてはあてはまるが、倭製鏡については必ずしも全てがあてはまるというわけではない。中国鏡(前漢鏡・後漢鏡・魏晋鏡)は製作年代と副葬年代との間に開きがある例が多く指標にはできない。

(6) こうした代替わりにおける君臣間の相互承認が行われなくなるのは基本的に奈良時代以降である。

(7) 例えば山口県では前期後半に主に倭製鏡が出土する熊毛地域(柳井茶臼山古墳・白鳥古墳など)と仿製三角縁神獣鏡が出土する厚狭地域(長光寺山古墳・松崎古墳など)といった地域差が認められる(辻田 二〇〇五c)。

(8) この問題と関連して、首長墓造営地の固定化は五世紀後半以降に顕著になるといった指摘がある(土生田 二〇〇四)。

(9) 川口勝康氏は、江田船山古墳出土鉄刀にみられる銘文の形式から、こうした列島内部における刀剣の賜与が、中国王朝からの刀剣賜与の原理を受け継いだものとして、いわば相同的に列島内部でも大王(倭王)により刀剣の下賜が行われた可能性を指摘している(川口 一九八七・一九九三)。

(10) この背景として、王朝が変わりつつも周辺諸地域との関係という点においては全体として基本的な構造が維持されるといった東アジア世界の特質(西嶋 二〇〇〇)という点が想定されよう。

（11）　本稿は、ＣＯＥワークショップで発表した原稿に大幅に加筆修正を加えたものである。本稿に関わる諸問題について日常的にご指導・ご教示いただいている田中良之先生・岩永省三先生・宮本一夫先生・溝口孝司先生、また本ワークショップを通じて有益なご教示をいただいた諸先生方に厚く御礼を申し上げます。

引用文献

東　潮　二〇〇二「倭と栄山江流域」朝鮮学会編『前方後円墳と古代日朝関係』同成社

穴沢咊光　一九八五「三角縁神獣鏡と威信財システム」『潮流』四・五　いわき地域学会

穴沢咊光　一九九五「世界史の中の日本古墳文化」『文明学原論』江上波夫先生米寿記念論集　山川出版社

石上英一　一九八七「古代東アジア地域と日本」『日本の社会史第1巻　列島内外の交通と国家』岩波書店

石上英一　一九九二『律令国家と社会構造』名著刊行会

石村智　二〇〇四「威信財システムからの脱却」『文化の多様性と比較考古学』考古学研究会

石母田正　一九七一『日本の古代国家』岩波書店

岩永省三　一九九一「日本における階級社会形成に関する学説史的検討序説」『古文化談叢』二四

岩永省三　一九九二「日本における階級社会形成に関する学説史的検討序説(Ⅱ)」『古文化談叢』二七

岩永省三　一九九八「青銅器祭祀とその終焉」金子裕之編『日本の信仰遺跡』奈良国立文化財研究所学報57冊　雄山閣出版

岩永省三　二〇〇二「階級社会への道への路」佐原真編『古代を考える 稲・金属・戦争―弥生―』吉川弘文館

岩永省三　二〇〇三「古代国家形成過程と親族構造論」『九州大学総合研究博物館研究報告』1

岩永省三　二〇〇四「武器形青銅器祭祀の展開と終焉」『日本列島における青銅器祭祀』國學院大學21世紀ＣＯＥプログラム

岩永省三　二〇〇六「国家形成の東アジアモデル」本書所収

石母田正　一九七一『日本の古代国家』岩波書店

内堀基光　一九八九「民族論メモランダム」田辺繁治編『人類学的認識の冒険』同文舘

大賀克彦　二〇〇三「三世紀のシナリオ」『風巻神山古墳群』福井県清水町教育委員会

大久保徹也　二〇〇二「〈民族〉形成のメカニズムと前方後円墳の論理」『考古学研究』四九―三

大津透　一九九九『古代の天皇制』岩波書店

大林太良 一九七七『邪馬台国』中公新書
岡田精司 一九九二『古代祭祀の史的研究』塙書房
岡村秀典 一九九〇「卑弥呼の鏡」都出比呂志・山本三郎編『邪馬台国の時代』木自社
岡村秀典 一九九九『三角縁神獣鏡の時代』吉川弘文館
狩野久 一九九三「部民制・国造制」『岩波講座日本通史2』岩波書店
川口勝康 一九八七「大王の出現」『日本の社会史第3巻 権威と支配』岩波書店
川口勝康 一九九三「刀剣の賜与とその銘文」『岩波講座日本通史2』岩波書店
川西宏幸 二〇〇〇「同型鏡考」『筑波大学先史学・考古学研究』一一
川西宏幸 二〇〇四『同型鏡とワカタケル』同成社
河野一隆 一九九八「副葬品生産・流通システム論―付・威信財消費型経済システムの提唱―」『中期古墳の展開と変革』第44回埋蔵文化財研究集会発表要旨集　埋蔵文化財研究会
河野一隆 二〇〇五「古墳文化の領域論」前川和也・岡村秀典編『国家形成の比較研究』学生社
川本芳昭 二〇〇二「漢唐間における「新」中華意識の形成」『九州大学東洋史論集』三〇
川本芳昭 二〇〇五『中国の歴史05 中華の崩壊と拡大』講談社
鬼頭清明 一九九三「六世紀までの日本列島」『岩波講座日本通史2』岩波書店
熊谷公男 二〇〇一『日本の歴史03 大王から天皇へ』講談社
車崎正彦 一九九三「鼉龍鏡考」『翔古論聚』久保哲三先生追悼論文集刊行会
小林行雄 一九五五「古墳の発生の歴史的意義」『史林』三八―一
小林行雄 一九六一『古墳時代の研究』青木書店
近藤義郎 一九八三『前方後円墳の時代』岩波書店
佐々木憲一 二〇〇四「古代国家論の現状」『歴史評論』六五五
佐藤長門 二〇〇二「倭王権の転成」鈴木靖民編『日本の時代史2 倭国と東アジア』吉川弘文館
下垣仁志 二〇〇三「古墳時代前期倭製鏡の流通」『古文化談叢』五〇(上)
白石太一郎 一九九九『古墳とヤマト政権―古代国家はいかに形成されたか―』文春新書

白石太一郎 二〇〇〇『古墳と古墳群の研究』塙書房
鈴木靖民 一九九六「日本古代の首長制社会と対外関係」『歴史評論』五五一　歴史科学協議会
鈴木靖民 二〇〇二「倭国と東アジア」鈴木靖民編『日本の時代史2 倭国と東アジア』吉川弘文館
高倉洋彰 一九八一「鏡」森浩一編『三世紀の考古学』中巻　学生社
田中聡 二〇〇四「蝦夷と隼人・南東の社会」『日本史講座1』東京大学出版会
田中史生 二〇〇五『倭国と渡来人』吉川弘文館
田中良之 一九九五『古墳時代親族構造の研究』柏書房
田中良之 二〇〇〇「墓からみた親族・家族」『古代史の論点2』小学館
田中良之 二〇〇三「古代の家族」『いくつもの日本Ⅵ 女の領域・男の領域』岩波書店
朝鮮学会編 二〇〇二『前方後円墳と古代日朝関係』同成社
辻田淳一郎 二〇〇一「古墳時代開始期における中国鏡流通形態とその画期」『古文化談叢』四六
辻田淳一郎 二〇〇五a「破鏡の伝世と副葬」『史淵』一四二
辻田淳一郎 二〇〇五b「破鏡と完形鏡」『東アジアにおける鏡祭祀の源流とその展開』國學院大學21世紀COEプログラム
辻田淳一郎 二〇〇五c「弥生時代～古墳時代出土の鏡―山口県内出土鏡を対象として―」『鏡の中の宇宙』山口県立萩美術館・浦上記念館
都出比呂志 一九七〇「農業共同体と首長権」『講座日本史1』東京大学出版会
都出比呂志 一九八八「古墳時代首長系譜の継続と断絶」『待兼山論叢』二二　史学編
都出比呂志 一九九一「日本古代の国家形成論序説―前方後円墳体制の提唱―」『日本史研究』三四三
都出比呂志 一九九三「前方後円墳体制と民族形成」『待兼山論叢』二七　史学編
都出比呂志 一九九五「祖霊祭式の政治性―前方後円墳分布圏の解釈」『日本古代の葬制と社会関係の基礎的研究』大阪大学文学部考古学研究室
都出比呂志 一九九六「国家形成の諸段階」『歴史評論』五五一
都出比呂志 二〇〇五『前方後円墳と社会』塙書房
徳本正彦 一九七五「原始社会史の段階区分と前国家段階」『法政研究』四二―二・三

中村慎一一九九五「世界史の中の弥生文化『文明学原論』江上波夫先生米寿記念論集　山川出版社
新納泉一九八三「装飾付大刀と古墳時代後期の兵制」『考古学研究』三〇―三
新納泉一九九一「六、七世紀の変革と地域社会の動向」『考古学研究』三八―二
新納泉二〇〇二「古墳時代の社会統合」鈴木靖民編『日本の時代史2　倭国と東アジア』吉川弘文館
西嶋定生一九六一「古墳と大和政権」『岡山史学』一〇
西嶋定生一九九四『邪馬台国と倭国』吉川弘文館
西嶋定生一九九八『倭国の出現』東京大学出版会
西嶋定生二〇〇〇『古代東アジア世界と日本』岩波書店
仁藤敦史二〇〇一「鬼道を事とし、よく衆を惑わす」設楽博己編『三国史がみた倭人たち』山川出版社
野島永二〇〇〇「鉄器からみた諸変革」考古学研究会例会委員会編『国家形成過程の諸変革』考古学研究会
土生田純之一九九八『黄泉国の成立』学生社
土生田純之二〇〇四「首長墓造営地の移動と固定」『福岡大学考古学論集―小田富士雄先生退職記念―』
朴天秀二〇〇二「栄山江流域における前方後円墳の被葬者の出自とその性格」『考古学研究』四九―二
広瀬和雄二〇〇三『前方後円墳国家』角川選書
北條芳隆・溝口孝司・村上恭通二〇〇〇『古墳時代像を見なおす』青木書店
北條芳隆二〇〇五「基調報告：前方後円墳出現期に託された幻想としての『日本文化』成立過程」『東海史学』三九
福永伸哉二〇〇一『邪馬台国から大和政権へ』大阪大学出版会
藤田和尊一九八八「古墳時代中期における武器・武具保有形態とその変遷」『橿原考古学研究所論集』八
溝口孝司二〇〇〇a「古墳時代開始期の理解をめぐる問題点―弥生墓制研究史の視点から―」北條芳隆・溝口孝司・村上恭通『古墳時代像を見なおす』青木書店
溝口孝司二〇〇〇b「墓地と埋葬行為の変遷―古墳時代の開始の社会的背景の理解のために―」北條芳隆・溝口孝司・村上恭通『古墳時代像を見なおす』青木書店
溝口孝司二〇〇一「弥生時代の社会」高橋龍三郎編『村落と社会の考古学』現代の考古学6　朝倉書店
村上恭通一九九八『倭人と鉄の考古学』青木書店

村上恭通　二〇〇〇「鉄器生産・流通と社会変革」北條芳隆・溝口孝司・村上恭通『古墳時代像を見なおす』青木書店
森下章司　一九九八「鏡の伝世」『史林』八一―四
森下章司　二〇〇五「器物の生産・授受・保有形態と王権」前川和也・岡村秀典編『国家形成の比較研究』学生社
山尾幸久　一九八九『古代の日朝関係』塙書房
吉井秀夫　二〇〇二「朝鮮三国時代における墓制の地域性と被葬者集団」『考古学研究』四九―三
吉田晶　一九七三『日本古代国家成立史論』東京大学出版会
吉田晶　一九九五『卑弥呼の時代』新日本新書
吉田晶　一九九八ａ『倭王権の時代』新日本新書
吉田晶　一九九八ｂ「日本古代国家の形成過程に関する覚書」吉田晶編『日本古代の国家と村落』塙書房
吉田晶　二〇〇五『古代日本の国家形成』新日本出版社
吉田孝　一九八三『律令国家と古代の社会』岩波書店
吉田孝　一九九七『日本の誕生』岩波書店
吉村武彦　一九九三「倭国と大和王権」『岩波講座日本通史2』岩波書店
吉村武彦　一九九六『日本古代の社会と国家』岩波書店
吉村武彦　二〇〇三「ヤマト王権の成立と展開」大塚初重・吉村武彦編『古墳時代の日本列島』青木書店
和田晴吾　一九八六「金属器の生産と流通」『岩波講座日本考古学』3　岩波書店
和田晴吾　一九九四「古墳築造の諸段階と政治的階層構成―五世紀代の首長制的体制に触れつつ―」『ヤマト王権と交流の諸相』古代王権と交流5　名著出版
和田晴吾　一九九八「古墳時代は国家段階か」都出比呂志・田中琢編『古代史の論点4　権力と国家と戦争』小学館
和田晴吾　二〇〇〇「国家形成論研究の視点」考古学研究会例会委員会編『国家形成過程の諸変革』考古学研究会
和田晴吾　二〇〇三「古墳時代の生業と社会」『考古学研究』五〇―三
和田晴吾　二〇〇四「古墳文化論」『日本史講座1』東京大学出版会
李成市　二〇〇〇『東アジア文化圏の形成』山川出版社

Childe, V. G. 1956 *Piecing Together the Past.*（近藤義郎訳一九九四『考古学の方法』河出書房新社）

Earle, T. (ed.) 1991 *Chiefdoms:Power, Economy, and Ideology.* Cambridge University Press.

Eggers, H. J. 1959 Einfuhrung in Die Vorgeshichte.（田中琢／佐原真訳一九八一『考古学研究入門』岩波書店）

Friedman, J. and Rowlands, M. 1977 Notes towards an epigenetic model of the evolution of civilization. in Friedman, J. and Rowlands, M. (eds.) *The Evolution of Social Systems.* Duckworth.

Giddens, A. 1991 *Modernity and Self-Identity.*（秋吉美都・安藤太郎・筒井淳也訳二〇〇五『モダニティと自己アイデンティティ』ハーベスト社）

Hedeager, L. 1992 *Iron Age Societies.* Blackwell.

Jones, S. 1997 *The Archaeology of Ethnicity.* Routledge.

Kristiansen, K. 1987 From stone to bronze. in Brumfiel, E and Earle, T(eds.) *Specialization, Exchange and* Complex Society. Cambridge University Press.

Kristiansen, K. 1991 Chiefdoms, states, and systems of social evolution. in Earle, T. (ed.) *Chiefdoms:Power, Economy, and Ideology.* Cambridge University Press.

Mizoguchi, K. 2002 *An Archaeological History of Japan. 30,000 B. C. to A. D. 700.* University of Pennsylvania Press.

Service, E. 1971 *Primitive Social Organaization : an evolutionary perspective.* (*second edition*)（松園万亀雄訳『未開の社会組織』弘文堂）

Yoffee, N. 1993 Too many chiefs? (or, Safe texts for the '90s). in Yoffee, N. and Sherratt, A. (eds.) *Archaeological theory : who sets the agenda?* Cambridge University Press.

古代国家のアイデンティティ形成（覚書）

吉村武彦

はじめに

「古代国家のアイデンティティ形成」というテーマを論じる時、アイデンティティの形成とはどのように定義されるのであろうか。一般的にいえば、エスニックな同一性集団への帰属意識をもつ「自己集団の確立」と規定することが可能であろう。八一五年（弘仁六）に撰進された『新撰姓氏録』に、「皇別」「神別」「諸蕃」という三区分がある。この区分を使っていえば、日本の氏集団は「皇別」「神別」に出自をもつ氏族集団が核となる。蕃国に出自をもつ「諸蕃」も「帰化（欽化内帰）」するかぎり、日本的な氏集団への帰属を期待されている。こうした氏集団の総体を、古代のエスニック集団として捉えることになるだろう。このなかに、「皇別」（天皇・皇子を始祖）という分類があるように、古代の天皇制と密接に関係していた。

結局は、「日本」という国号のもとでの「自己確立」の問題となるが、日本の場合、東アジアという歴史的地域のなかで、対外関係に影響されながら、いわば上からの主導で氏集団が組織化されていった。しかも、「日本」というまとまりの成立意図と歴史的意味のほか、「日本」という言葉がもつ価値観自体が時系列で変化・変質していったと思われる。後述するように、十世紀になると「ヤマトの古典的国制」が成立するという議論があるが、古代国家のアイデンティティ形成という視点からいえば、律令制国家の成立こそが問題となろう。

「日本」という国号は大宝令、「天皇」という国王称号は浄御原令で制度化したが（天皇の名称は天武朝が初見）、いずれも律令制国家という官僚制国家の枠組みのなかで機能した。法・制度の設定とその実体化は区別しなければならないが、律令制国家成立の歴史的意義を正当に評価する必要がある。こうした意味では、天皇号をはじめて名乗った天武天皇が、専制君主として国家を運営したことには重要な意味があろう。天皇号と「天皇親政」とが密接な関連があったからである。

しかも、天皇統治の正統性を説く『古事記』『日本書紀』（「記紀」と略すことがある）の編纂も、律令制国家の形成とほぼ同時期に進行した。「皇別」「神別」「諸蕃」氏族も、「記紀」のなかに自らの系譜を位置づけられた。

一　「日本」「天皇」「律令法」の枠組み

日本列島は、中国大陸の東方海上に島嶼として位置している。そのため中国は、倭国を「東夷」の国として扱った（東夷伝）。大陸と列島の橋脚部の位置に朝鮮半島があり、国際的ルートとしては朝鮮半島諸国が重要な地位を占めてきた。こうした大陸・半島・列島という地理的関係から、日本列島における思考形式・思想・文化は、常に先進的な中国文化と朝鮮文化の影響を受けてきた。当時は、いうまでもなく人々の往来によって思想・文化がもたらされたので、国際関係を通じて考察することになる。

その受容のしかたは、中国・朝鮮文化の直接的影響のほか、中国文化がいったん朝鮮で変容した形態まで、多様なかたちがある。また、日本的変容を遂げてから、さらに二次的に在来文化と融合するなど、国内では重層的かつ複合的なかたちで受け入れられたと想定される。こうした東アジアのなかの日本について、これまでの議論を少し振りかえって整理しておきたい。

なお、中等教育で教えられている科目に「日本史」がある。西洋史が中心となる「世界史」と対になるものであり、今日の日本国の歴史を叙述するものである。ところが、かつては南西諸島（沖縄）に琉球王国があり、また北海道にはアイヌ民族が居住していた。こうした日本史では、古代の日本国の歴史とは必ずしも一致しない。その一方で、おもに日本列島の歴史として「日本史」を考える立場もある。この場合、東北地方北部と北海道は蝦夷の居住地域として扱うことになる。また、南西諸島の歴史は、「南島人」の問題として考察する。

1　古代東アジア地域論と日本

a　「アジア」「東洋」と日本

中国を核とするアジア（ないし東洋）と日本の文化との関係については、戦前からいくつかの諸説がでている。内藤湖南は、その著『日本文化史研究』のなかで「日本文化というものの系統は、全体からいうと東洋文化に属する」と主張した（内藤　一九七六）。ただし、内藤は「東洋」全体の文化的一体性を強調したが、日本文化の独自性自体は否定しなかった。

その一方、津田左右吉は「日本の民族生活の歴史的発展はシナとは無関係に、それとは全く離れて、進行してきたのであって、日本とシナとがそれぞれ別の世界であった」と強調した。つまり津田は、「東洋を一つの世界」として想定することを拒否した（津田　一九三八）。津田の見解では「日本の歴史は日本だけで独自に展開せられた」からである。

この日本と東洋（アジア）を峻別する津田の問題意識は、戦後にも引き継がれており、「アジヤは一つではない」ことが強調されている（津田 一九六八）。こうした津田の思想的背景には、中国に対する根強い蔑視感も存在する。

このように、戦前の東洋史（中国史）研究を代表する内藤と津田は、日本とアジア（東洋）との関係について、まったく正反対の見地に立っていたのである。

次に、戦後の東アジア地域論をとりあげよう。中国史研究者の西嶋定生は、中国を中心にした朝鮮・日本・ベトナムという東アジアの地域をとりあげ、⑴中国で発明された漢字文化、⑵政治思想としての儒教、⑶法制度の根幹となった律令法、⑷中国で翻訳された漢訳仏典を基にした仏教を、この地域の共通指標として「東アジア世界論」を展開した（西嶋 二〇〇〇）。

この所説のなかで、アイデンティティの形成を考えるとき、漢字文化の受容と日本語の表記問題が重要であろう。周知のように、日本語（和語）は中国語とは明らかに文法体系が異なった、独自の内容と構造を有している。しかも、漢字の受容以前に、日本語を表現する独自の文字を発明するまでには至らなかった。漢字を使用することによって、中国の思想・文化の受容が可能になったほか、列島内で国家ないし個人の意思を文字として表現することができるようになった。そして漢語・漢文は、中国および中国の周縁地域間の意思疎通の手段となり、相互の国際交流が可能になった。この歴史的意義はきわめて大きい。

しかし、西嶋の「東アジア世界論」は東アジア地域を「同一文化を共有する歴史的世界」と捉えるように、世界論としてはいささかスタティックである。具体的考察を行なうときは、各国・各地域の社会構造の差違などの内在的矛盾に注意する必要がある。それはともかく、西嶋の主張は内藤の議論と共鳴する。今日では、列島社会の文明化を東アジアという歴史的地域から説くことは、もはや常識的な考え方になっている。

ところで、これまで使用してきた「アジア」という言葉と、「東洋」という漢語の問題についても議論が必要である。かつて丸山真男が指摘したように、今日でも「東洋」や「アジア」の言葉は、必ずしも自明的ではない（丸山 一九九八）。いうまでもなく、「東洋」は中国語からでた歴史的な言葉であり、「西洋」が対峙する。一方、アジアやオリエントという言葉は、フェニキア語やラテン語から出た言葉といわれる。アジアと東洋とは本来必ずしも一致しないと思われるが、小稿では漠然とした慣用的用法に従っておく。

なお、丸山は「事実の問題として、単一のアジア（東洋）文化は存在しなかった」という立場をとる。「単一」という修飾語をつければ、厳密にはそのとおりであろう。

b　最近の「日本論」のなかで

次に、最近の「日本論」に関する歴史学上の議論をとりあげたい。吉田孝氏の『日本の誕生』が話題になっている（吉田　一九九七）。吉田氏は、この著書のなかで、「ヤマトの古典的な国制・文化」の枠組として次の指標をあげている。

(1)　天皇を国家の核とし、摂政・関白、院（上皇）、征夷大将軍などがその権力を代行する。

(2)　五畿七道諸国（大八州）を領域とする。

(3)　イエ（家）の制度。

(4)　ヤマト言葉（母音は五つ）、かな文字と漢字の併用。

(5)　宗教意識の基層としての神仏習合。『古今集』に代表される自然観・美意識。

当初、吉田氏は「日本における古典的国制」の成立指標として、これら五項目を提示していた。しかし、明治維新が、神武創業や大化改新に規範を求めたのではないかという批判をうけ、「ヤマトの古典的な国制・文化」と改めた。近代の日本にとって、平安時代の国制・文化は「古典的」ではなかったと認めた結果だという。

若干コメントすれば、(2)は明らかに律令制国家によって成立した。(3)のイエ制度は、各時代のイエ制度が必ずしも同一ではない。現代にまで繋がった近世的イエは、平安期のイエに淵限をもつとの評価であろう。(4)の日本語の成立は、五母音を条件にすれば平安期になる。日本語の表記では七世紀後半の天武朝以降である。ただし、各地域の方言問題も配慮する必要があるだろう（標準語は明治以降の初等教育に重要な役割があった）。(5)の神仏習合問題は、端緒的には七世紀後半の飛鳥寺付近に出現していると推測できる（後述）。

(1)は、象徴天皇制が念頭にあると思われるが、天皇号の成立を推古朝にみるか、天武朝にみるかによって大きく異なってくる。「権力代行説」でいけば、推古朝に天皇号が成立したとする吉田説では、推古朝の厩戸王子以来、中大兄にいたる「太子執政」の評価が問題になってくる（井上　二〇〇〇）。天武朝説では、最初の天皇である天武天皇が自ら政治を行なった専制君主であり、「不親政」が「古典的な国制」とは評価できなくなる。

したがって、五母音の問題と(5)の『古今和歌集』を除くと、明白に平安期に成立したといえる論点は、それほど多くはない。むしろ、(1)や(3)は近世において制度的に安定化したのではなかろうか。

以上のように、「明治日本」が否定しようとした国制・文化は、必ずしも平安期のそれではない。(1)の天皇の役割は、「親政」を重視するか「不親政」を重視するかによって正反対になる。(1)から(5)の項目は、それぞれ独自の歴史的展開・変容があるとはいえ、むしろ明治維新以降に回帰が試みられたという律令制国家の成立に至るプロセスこそ、アイデンティティを求めるのが妥当ではないだろうか。

最近、古代文学研究者の神野志隆光氏が、国号の意味と歴史から「日本」とは何かを問い、「「日本」に託された意味がその時々に生きあらたまってきたことを見なければならない」と主張している（神野志　二〇〇五）。歴史的にいえば、まさにその通りである。

2　律令制国家の成立――倭国から日本国へ

a　「日本」の成立

さて、「日本」という国号が制度的に成立したのは、大宝令である（七〇二年施行。後述）。ところが、『三国史記』新羅本紀の孝昭王七年（六九八）条には、「日本国」の記述がある。この記事が正しければ大宝令以前にも「日本」の名称がみえることになるが、『三国史記』は後世の編纂物であり誤記の可能性が強い。なお、文武王十年（六七〇）条にみられる「倭国、あらためて日本と号す」の記事は、これまで指摘されているように『旧唐書』の誤解に基づくものであり、従えない。

「日本」の名称は、後述するように、法的には公式令詔書式条にある。外交交渉において、正式に日本の国号を使用した確実な例は、七〇二年（大宝二）六月に出発した遣唐使で、任命されたのは七〇一年正月、その人は粟田朝臣真人である。真人は遣唐執節使であった。四月に拝朝し、五月に節刀が授与された。その後、筑紫に赴いて出航したが、暴風浪で渡れず、翌年六月にあらためて渡海した。楚州塩城県（今の江蘇省塩城地方）に着いた際のやりとりが、『続日本紀』に記述されている。「何処の使人ぞ」と質問されて、「日本国の使なり」と答えたこと。こうした問答の後、「海の東に大倭国有り。これを君子国と謂う」と述べたことが、記されている。この記事によれば、七世紀最後の遣唐使である六六九年（天智八）以前には、「日本国使」の呼び方を使っていなかった可能性が強い。

『旧唐書』の東夷伝には、倭国条と日本条とがあり、後者の日本条には「日本国は、倭国の別種也。其の国、日の辺に在るを以ての故に日本を以て名となす。或いは曰く、倭国自ら其の名の雅やかならざるを悪み、改めて日本となす」という説明が加えられている。そして、七〇三年（長安三）の「朝臣真人」（粟田朝臣真人のこと）の朝貢を記す。これは七〇二年出航の遣唐執節使のことであり、『旧唐書』の記事はこの時の国名改定を説明したものであろう。『続日本紀』の楚州での記事とは場所を異にするが、都でも同様な質疑があったのではなかろうか。

この「日本」の国号の概念と関連する思想問題として、『隋書』倭国伝にみられる「日出処天子」の称号がある。七世紀初頭の推古朝における対隋外交で、倭国王が「日出処天子」を名のっていたからである。「日出ずる処」とは、思想的には太陽が現れる最初の場所を意味する「日の本」と通じる認識方法であり、「日没処天子」としての隋皇帝と対峙する。「日出処」と「日没処」とは、東西の関係を意味する。こうした「日出処天子」の称号を踏まえ、西方の中国を意識した、東方「日本」の国号が設定されたのであろう。

この日本の国号が成立する以前、「倭国」の名称を使用していた。この「倭」の字に関しては、「みにくい」など、夷狄として蔑視されている漢字ともいわれたが、律令制時代の国名に「大倭国」(後の大和国で、今奈良県)の名称があり、「倭」の字は必ずしも蔑視される漢字として認識されていなかった。

なお、『日本書紀』の名称は、中国王朝を意識した歴史書の書名であるが、もう一方の『古事記』には「日本」の語がでてこない。

b　日本における律令法の制定と「日本」「天皇」

これまで述べてきたように、「日本」という国号や「天皇」称号は、律令法として制度化された。ここでは、律令法の制定の歴史をふり返っておきたい。

(1)　「近江令」(六七一年〈天智十〉)の問題

私は、体系的な法典として、近江令は成立しなかったという立場をとっている。ところが、天智朝には中央には太政官、地域行政組織として国—評(大宝令で郡)制が実施され、評の下位に五十戸制(天武朝に里)が施行された。また、六七〇年(天智九)には全国的な戸籍である庚午年籍が作成されているので、中央官制や地域行政組織などで一定の枠組を規定する単行法令群が存在したと考えている。こうした法令が、重要な制度的意味を持っていたことも認識している。しかし、「日本」や「天皇」の規定はまだ存在しなかった。

(2)　浄御原令(六八九年〈持統三〉)二二巻

最初の令法典が、浄御原令である。今日の出土史料では、飛鳥池木簡に「天皇」の名称があるので、天武朝に「天皇」号が出現したことはまちがいない。また、壬申の乱後、天武天皇は飛鳥浄御原宮で即位した。後に、

大君は神にしいませば赤駒の腹這ふ田居を都と成しつ

［皇者　神尓之座者　赤駒之　腹婆布田為乎　京師跡之都。四二六〇］

大君は神にしいませば水鳥のすだく水沼を都と成しつ

［大王者　神尓之座者　水鳥乃　須太久水奴麻乎　皇都常成通。四二六一］（新日本古典文学大系『万葉集』四、岩波書店。以下、同書を使用する）

と歌われ、天武天皇の神格化が始まった。

したがって、浄御原令において「天皇」の称号が制度化したと想定される。大宝令は、唐の永徽令を手本にしたことが判明している。六六九年（天智八）以降、遣唐使は派遣されていないので、浄御原令も永徽令との関係を考えざるをえない。また、朝鮮半島諸国からの影響も考慮する必要がある。

(3)　大宝律令（七〇一年〈大宝一〉）律六巻、令一一巻

初めて律令法がセットとして定まった。大宝律令そのものは残存していないので、養老令を注釈した『令集解』の「古記」などから復元することになる。養老儀制令の天子条に「天皇〈詔書所称〉」、公式令の詔書式条に「明神御宇日本天皇詔旨云々。咸聞」と規定されている。

『令集解』の公式令詔書式に規定された公文書様式のうち、「明神御宇日本天皇詔旨云々」の語句は、古記（大宝令の注釈書）に「御宇日本天皇詔旨。対隣国及蕃国而詔之辞」とみえ、大宝令に存在したことが判明する。古記説によれば、隣国は唐、蕃国は新羅を意味するが、隣国と蕃国に対する詔書に「日本」の国号が使われる法令になっていた。

このように、日本の国号は対外関係を意識して制度化されたのであった。

ちなみに詔書式条では、①「明神御宇日本天皇詔旨云々」、②「明神御宇天皇詔旨云々」、③「明神御大八州天皇詔旨云々」、④「天皇詔旨云々」、⑤「詔旨云々」の規定であるが、⑤以外には「天皇」の語が使用される。これは、儀制令天子条「天皇〈詔書所称〉」の文に対応する。

また、「明神」の語も、『日本書紀』大化元年七月詔「明神御宇日本天皇詔旨云々」、『続日本紀』文武元年（六九七）八月条の宣命第一詔「現御神と大八島国知らしめす天皇が大命云々」からみて、大宝令に存在した可能性がある。つまり、明神として宇内を御す天皇として、隣国・蕃国宛の文書に登場することになる。ただし、国王の称号は実際には必ずしも法令どおりに使用されず、天皇の語を使った用例が多く見られる。

(4)　養老律令（七一八年〈養老二〉。ただし、七五七年〈天平宝字一〉施行）律一〇巻、令一〇巻

現在、令は『令義解』と『令集解』のかたちで残存しており、律は名例律の前半、衛禁律の後半、職制律、賊盗律、闘訟律の一部が写本として存在する。

3　日本的文化への途

a　和文（日本語文）の表記

日本的文化を考える事例として、最初に和文表記の問題をとりあげる。日本語の表記は、日本国・日本人のアイデンティティを考える際の重要なファクターである。

『三国志　魏書』東夷伝倭人条（魏志倭人伝）に、「大夫」「都市」（市のことをつかさどる官職）というような中国的官職名がみえる一方、対馬国などの官（長官）の名称に「卑狗」、副（副官）は「卑奴母離」とある。いずれも漢字の仮借で表記した倭国の官職的な名称である。「卑狗」は「ひこ（彦）」、「卑奴母離」は「ひなもり（夷守）」をさすと推定することができる。これらの語は、倭人が発音した言葉を中国側が表記したもので、日本語的な語順で書かれている。

したがって、三世紀には話し言葉としての「日本語」が成立していたと理解できるだろう。少なくとも日本語の基層が成立していたと判断できる。

既述したように、日本列島では独自に文字を発明することがなかった。中国から、東アジア地域の「世界言語」である漢字・漢語・漢文を受容し、個人意思や国家意思を表現することになった。従来、日本語の漢字表記は、比較的容易だと考えられてきた。たとえば本居宣長は「歌と祝詞と宣命詞と、これらのみは、いと古より、古語のまゝに書伝へたり」（『古事記伝』）と述べていた。漢字を利用して日本語を表記することは、それほど困難なこととは考えられてこなかったのである。しかしながら、音声言語（話すことと聞くこと）と文字言語（書くことと読むこと）とは、質的に異なった営みである。それぞれ独自に習得しなければならない。

日本では言語の表記法として、中国の漢語・漢文をそのまま使用する方法がある。一方、日本語の和歌や宣命の表記としては、和文（日本語文）の表記法が発明された。この結果、漢文を利用する方法と和文表記の二重構造となった。その中間に、変体漢文がある。律令・格式の律令制度や『日本書紀』からはじまる六国史など、国家的業務は漢文で書記された。

中国の漢字は、固有の意味（字義）と、特定の読み方（音）をもっている。こうした漢字を日本で利用するには、三つの方法があった。第一は、漢字をそのまま日本語の文字として用いる方法。第二は「山」を「やま」と訓読するように、同じ意味の漢字を日本語で読んでいく「訓」の方法。第三は、便宜的に漢字の音を借用する音かな（仮借）の方法である。こうした音かなから、万葉がなが生まれたことになる。そのため、現在でも漢字には「音」と「訓」が存在する。ただし、周知のように中国の音には時代的な変化があり、呉音・漢音・唐音などの区別が生じることになった。

b　和歌の表記とその技術の習得

これまでの和文表記法では、和歌の研究が比較的進んでおり、万葉学者の稲岡耕二氏が研究を牽引してきた（稲岡一九九一）。問題となる和歌は、古体歌（略体歌ともいう）と新体歌（非略体歌とも）である。古体歌とは「漢文と同様に表意的に漢字を利用しつつ日本語の文を記した」表記の歌である。たとえば、

雲谷　灼発　意追　見乍有　及直相　（二四五二）

［雲だにも著くし立たば慰めに見つつもあらむ直に逢ふまでに］

春楊　葛山　発雲　立座　妹念　（二四五三）

［春柳葛城山に立つ雲の立ちても居ても妹をしそ思ふ］

というように、漢字の体言と用言を使用して歌を表記した。助詞や助動詞の補助語がなく、正確な歌の復元に困難がともなう表記である。

これに対し、「表意的にはあらわしえないテニヲハを、表音的な漢字の利用によって文字化する方法を加えた」のが新体歌である。

吾妹子之　吾呼送跡　白細布乃　袂漬左右二　哭四所念　（二五一八）

［吾妹子が我を送ると白たへの袖漬つまでに泣きし思ほゆ］

というように、補助語が書かれているので、歌を読み誤ることはない。

稲岡氏は、天武朝ころに和文表記ができるようになったと指摘し、新体歌の出現に柿本人麻呂の功績が大きかったと指摘する。こうした和文化のプロセスは、近年発掘された天智・天武朝の出土文字史料によって詳しく解明されつつある。

ところで、『万葉集』の「人麻呂歌集」（柿本朝臣人麻呂之歌集）のうち、新体歌には「庚辰年」（天武九年〈六八〇〉）の

左注があり、新体歌の制作年代を知ることができる。稲岡氏は「庚辰年」で区分し、人麻呂歌集の古体歌は天武九年以前、新体歌はそれ以降の持統朝の作品と捉えている。稲岡説によれば、天武九年前後に、助詞・助動詞の補助語を記載した和歌の表記が可能になったことになる。この稲岡説に対し、人麻呂以前の天智・天武朝に和文化が可能になったという指摘もでている。

なお、古体歌では「発雲（立っ雲）」「妹念（妹をしそ思ふ）」というように、漢語・漢文ではなく、日本語順に漢字を表記する。私はその歴史的前提として、「馬飼部」「犬養部」などの部民表記が大きな意味を持ったと考えている（吉村　一九九三、二〇〇四）。この部民制は五世紀末から六世紀前半の間に成立したが、欽明朝前後が問題になるだろう。

それでは、漢字・漢語や和文の表記（書記）は、どのようにして習得が可能になったのであろうか。注目したいのは、最近各地の遺跡から出土する『論語』・『千字文』と「難波津の歌」の「習書木簡」である。「習書」という性格からみて、漢語・漢文や和文の習得という意味が込められていただろう。

このように、『論語』と『千字文』を手本にして文字を書いた木簡（習書木簡）が、全国の遺跡から出土している。結論的にいえば、『千字文』は漢字・漢語と漢文、『論語』は漢語と漢文の習得のために利用されたのであろう。習書は単なる落書の類ではなく、文字と文章の意識的習得というレベルで理解する必要がある。『論語』も学而篇が習書されることが多く、暗誦されていた可能性も想定されている。習得に必要な漢語・漢文を暗誦することは、学習のプロセスとして当然のことであろう（東野　一九九九。吉村　二〇〇四）。

ところが、和文の「難波津の歌」の習書木簡が、全国から出土するようになった。「難波津の歌」とは、『古今和歌集』仮名序に記された「難波津に咲くやこの花冬篭り今は春べと咲くやこの花」である。木簡は都城のほか、各地の遺跡から出土している。木簡以外では、法隆寺五重塔の天井板に書かれた落書（八世紀初頭）もある。東野治之氏は、「実用的な仮名習得の暗誦用」であったと指摘している（東野　一九九九年）。このように「難波津の歌」は、和語・和文の仮名書きの習得法として活用されたと思われる。ところで、沖森卓也氏は歌謡との関連で、かな文字表記の問題を考察している（沖森 二〇〇三）。

なお、和文表記への取り組みは、日本的思想・文化の創造とも関係していた。六八二年（天武十一）八月に、「礼儀・言語之状を詔したまふ」という法令がでる。一部に「宮廷においてとるべき礼儀、使用すべき言語を規定したものであろう」という解釈もあるが（日本古典文学大系本頭注）、宮廷に限定して捉える必要はないだろう。宮外の行事や道路における礼儀作法も想定される。詔に「礼儀・言語之状」とあるように、パフォーマンスとしての礼儀と、言語のあり方は密接に関連していたからである。

c　神仏習合の端緒

次に、神仏習合の端緒的現象について、『日本書紀』における飛鳥寺（法号は法興寺）および飛鳥寺西方の広場における各種儀礼に注目してみよう。関連史料を列挙すれば、次表となる。

	年月	場所	記事
(1)	皇極三年　正月	法興寺の槻の樹の下	打毬
(2)	四年　六月	大槻の樹の下	天皇・皇太子らが群臣を集めて盟約
(3)	斉明三年　七月	飛鳥寺の西	須弥山像を作る。旦に盂蘭盆会を設け、暮に覩貨邏人に饗す
(4)	五年　三月	甘檮丘の東の川上	須弥山を造る。陸奥と越の蝦夷に饗す
(5)	六年　五月	石上池の辺	須弥山を作る。粛慎に饗す
(6)	天武六年　二月	飛鳥寺の西の槻の下	多禰島人等に饗す
(7)	十年　九月	飛鳥寺の西の河辺	多禰島人等に饗す
(8)	十一年　七月	明日香寺の西	隼人等に饗す。種々の楽を発す
(9)	持統二年十二月	飛鳥寺の西の槻の下	蝦夷男女二百十三人に饗す
(10)	九年　五月	西槻の下	隼人の相撲を観す

飛鳥寺の西方には広場があり、付近には槻の木が存在した。⑹⑺からいえば、槻の広場と河の辺が共通のオープンスペースであった可能性が強い。この槻樹付近は、自由に出入りできない王権の「禁処」であった可能性もある。槻の木は、神が降臨するといわれる神聖な樹木であるが、⑶によればその広場に須弥山像が作られ、覩貨邏人を饗応している。「神仏の習合」が見られた世界とも解せられる。その広場では、覩貨邏・蝦夷・粛慎・多禰島人・蝦夷などの夷狄への饗応が行なわれたのである。

このなかで注目されるのは、須弥山の記述である。すでに『日本書紀』推古紀に、小墾田宮の南庭に須弥山の形が築かれた記事がある（『日本書紀』推古二十年是歳条）。須弥山は、仏教世界において世界の中央に聳え立つ最高峰の山であるが、小墾田宮の南庭に構築された。王宮の関連施設に、仏教的世界が現われたのである。この推古朝の記述と斉明朝にしか須弥山の記事はない。⑸には、須弥山の高さが、「廟塔のごとし」と書かれている。相当に高い建造物であったのだろう。

⑶の「盂蘭盆会」は、推古十四年条に「是年より初めて寺ごとに、四月八日・七月十五日に設斎す」とみえ、これまた推古朝から実施された仏教儀礼である。

以上のように仏教の受容後、王宮で仏事が行なわれたばかりか、夷狄への服属儀礼に仏教的施設が用いられた。そして斉明朝になれば、飛鳥寺西方の広場で、神聖な樹木の槻の木の下で仏教的行事が行なわれ、「神仏習合」の端緒的現象が出現したのである。

二　国の成り立ちとして――対外的意識と独自性

1　大化の改新詔

ここでとりあげる大化の改新詔の問題というのは、改新が律令制国家の起点に位置づけられるかどうかという問題ではない。改新詔は大宝令で潤色されていることはまちがいないが、どのような意識と目的で潤色されたのか、という潤色をめぐる問題である。注目したい副文の条文は、第三条と第七条である。

第三条は、

凡郡以四十里為大郡。三十里以下四里以上為中郡、三里為小郡。其郡司、並取国造性識清廉、堪時務者、為大領・少領、強幹聡敏、工書算者、為主政主帳。

である。このうち前半は、戸令定郡条「凡郡、以廿里以下十六里以上、為大郡。十二里以上為上郡、八里以上為中郡、四里以上為下郡、二里以上為小郡」を変更したものであり、後半は選叙令郡司条「凡郡司、取性識清廉、堪時務者為大領少領、強幹聡敏、工書計者、為主政主帳。其大領外従八位上、少領外従八位下叙之〈其大領少領、才用同者、先取国造〉」のうち、「為主政主帳。其大領外従八位上、少領外従八位下叙之〈其大領少領、才用同者、先取国造〉」を除き、基本的に同じ構文となっている。

第七条は、

凡田、長三十歩、広十二歩為段。十段為町。段租稲二束二把、町租稲廿二束。

であるが、田令田長条「凡田、長三十歩、広十二歩為段。十段為町。〈段租稲二束二把、町租稲廿二束〉」と基本的に

同一の文である

ところで、第三条の「郡」の字は、もし改新詔の原詔が存在するとすれば、出土木簡から「評」でなければならないことが判明している。「郡」は大宝令から始まり、改新詔が大宝令によって潤色されているからである。また、第七条の「町段歩」は、当時の面積単位が「代」であり、これまた大宝令によって潤色されていることがわかっている（岸、一九八八）。

考察したいのは、この「評」と「代」の漢字である。「評」は国の下位になる行政区画で、「郡評論争」で著名になった。出土した大宝令施行以前の木簡には、すべて「評」の字が使用されており、「郡」字は使われていない。しかし、『日本書紀』では持統紀を含めて「郡」の字が用いられており、「評」の字は存在しない。この評制は、百済の評の制度に影響されたと想定されているが、『日本書紀』ではその評の実在を抹消し、大宝令で実施された「郡」の字を使用したのである。

一方の「代」は、原則的には一束の収穫を得る面積単位である。本来は田品（地味）によって面積が異なっていた可能性もあるが、早期に固定化したと思われる。一町が五〇〇代にあたるので、一町が五〇〇束の収穫となる。この代制も、朝鮮の結負制（一結＝一〇〇負、一負＝一〇束）と原理的に共通している。『日本書紀』では面積単位の「代」の字は使用されておらず、「頃」と「町」の字が使われている。

かつて指摘したように、実際に使用されていた「評」や「代」は、蕃国である朝鮮系の行政単位と度量衡に関連する用字である可能性が強い。その文字を改変し、中国を意識した文字へと変えたのである（吉村　一九八二）。こうした蕃国系の「評」と「代」の文字使用を隠蔽することは、蕃国（当時は新羅）に対する小帝国意識からでたもので、改新詔も同一の思想に基づいている。『書紀』では新しい法的支配の起点を大化改新詔に設定しているが、大化改新によって、蕃国系ではなく隣国の中国を意識した独自の仕組みを構築したことを強調したかったのであろう。

当時の唐の地方行政は州―県制を採用していたが、国郡制はむしろ漢代の郡国制と同様な名称を使用していたことが注目される。また、唐の面積単位は「諸田広一歩、長二百四十歩為畝。百畝為頃」とあるように、頃畝制が実施されていた。日本では、唐と異なる独自の単位として町段制を採用したのである。以上のように、朝貢国としての蕃国系の行政と面積単位を抹消し、日本独自の単位名称を使ったのが改新詔の潤色の特徴である。これは『日本書紀』の潤色の特徴であり、また大宝令制定の企図の一端と思われる。

なお、大化改新の歴史的意味としては、皇極王から孝徳王へ譲位が行なわれ、日本で始めて生前譲位が実現したことである。従来は群臣推挙によって新帝が即位し、終身王の地位についていた。そのシステムが否定され、王家の意思によって次の新帝が即位することになった。

2　藤原京と平城京の建設

次に注目したいのは、藤原京の建設である。藤原京は発掘調査の結果、東西が一〇坊であり、南北も一〇条の可能性が強くなってきた。つまり藤原京のレイアウトは、理念的に一〇里四方の正方形であり、宮が京の中央にあったことがほぼ明らかになった。宮が京の中央に存在するのは、『周礼』考工記にあるような中国の古い都城の思想に基づいている。また、藤原京では市が王宮の北方にあり、この「前朝後市」も『周礼』の思想に近い。このように藤原宮・京は、中国の古典である『周礼』の思想に基づいて設計された都城の可能性が強くなった。

この藤原京時代に大宝律令が施行され、やがて新律令に相応する平城京が建設された。その平城遷都の詔（七〇八年〈和銅元〉）に、「昔、殷王五たび遷して云々」というように中国殷王と周后の故事を引いている。また「子来之義」にみられるように『詩経』の言葉も引用する。この詔のなかにも、中国の古い理想への回帰の意識が顕著にみられることが特徴である。

ところで、天武朝から始まった新都の建設と並行して、新たな銭貨である富本銭（富本七曜銭）が発行された。「富本」の意味は、「国を富ますの本は、食貨に在り」（『晋書』食貨志）という思想である。また「食貨」とは食物と貨幣であり、後漢時代の「富本」に関する政治思想に影響されて鋳造されたと指摘されている。このように、貨幣発行にも中国古典の理念を求める政治思想を読み取ることができる。大海人王子は、漢王朝を開いた高祖に擬して、壬申の乱を戦い抜いたが、このように中国の古典的世界への強い憧憬を抱いていたと思われる。

さて、藤原京と平城京には京戸百姓が居住していた。京戸の特徴として、次の二つの事実をあげることができる。第一に、京戸百姓が全国各地から集住させられたことである。『続日本紀』霊亀元年（七一五）六月丁卯条に「諸国の人二十戸を京職に移し附く。殖貨に由りてなり」とあり、諸国から二十戸を単位として平城京に集住させ、京職に附貫させたことである。「殖貨」は資産を貯えた人であり、一部に「平城京の交換経済を発展させることを目的としたか」とする解釈もある。しかしながら、交換経済の発展だけであれば、全国的規模ではなく近隣の富裕百姓を集住させればいいだろう。諸国に二十戸を割り当てたのは、理念的には日本列島の「天下公民」を支配する天皇統治と密接に関係しているだろう。全国の百姓が京戸となり、天皇による「天下公民」支配が、京で実現したと解釈できるからである。

第二の事実は、本貫地に土地緊縛された諸国百姓と異なり、京戸百姓には遷都・複都時において新京への往来を認めていることである。天平十六年（七四四）二月二十六日の左大臣の宣勅は、難波宮を皇都とした法令であるが、「この状（難波宮を皇都とすること）を知りて、京戸

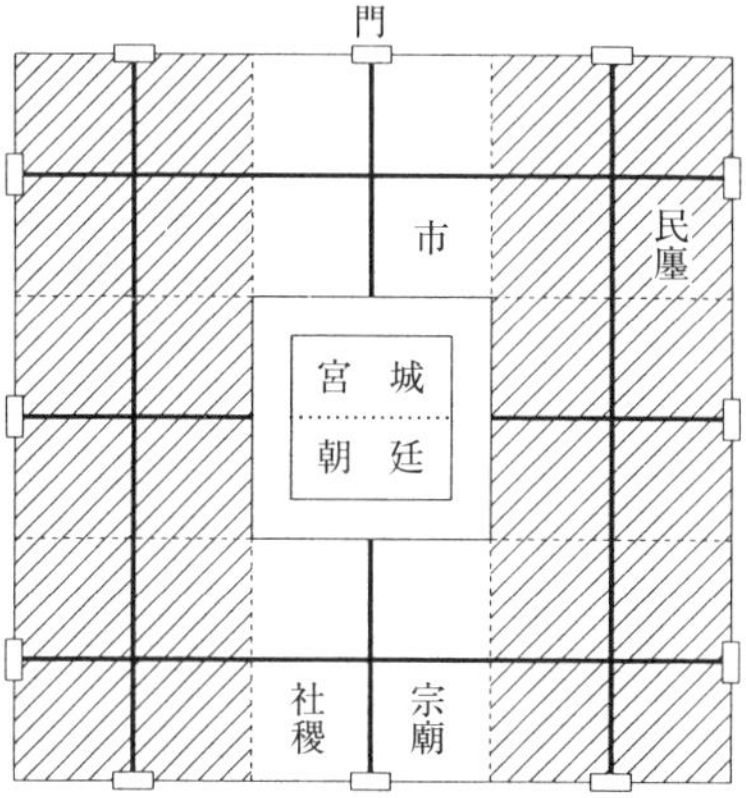

図　『周礼』考工記の概念図
＊市は宮城の後半　　斜線部分が民廛
太線が道路

の百姓意の任に往来すべし」と記述されている。すでに同月二十一日には、恭仁京の百姓本人の意志による難波京への移動を認めていた。このように京戸百姓は、本貫地に緊縛された一般百姓とは異なっていた。なお、平安遷都後には、平城京から多数の京戸が移住した。

しかし中国では、長安城などの城内居住者は、県（長安県、万年県）に所轄されていた。京内の百姓も全国一律の支配体制のもとにおかれていたのである。ところが、日本の京は国郡制下ではなく、特別に（左右）京職という中央官司のもとで管轄されていた。日中の京制度を比較すれば、日本における「京戸」支配の独自性を認めることになる。このように京において、中国における京支配システムと異なって、京職は京戸百姓を直接支配していた。こうした京戸支配は、天皇が天下公民を統治する政事的空間の縮図を、京という新たな政事的支配空間で創出したことを意味するだろう（吉村二〇〇五）。

3　条坊制と数値表記

最後に、直接アイデンティティの問題ではないが、その後の日本人の思考方法に影響したと思われる、地域名や官位等の数値表記の問題を取りあげて報告を終えたい。

日本においては、藤原京から条坊制をともなった京が成立した。この京では、中国と相違する日本独自の管理システムが採用された。藤原京では、「小治町」（平城京域出土の藤原京期の木簡）・「林坊」（『続日本紀』文武三年条）・「軽坊」（『飛鳥・藤原宮発掘調査出土木簡概報』一六）というように、固有名の坊名で呼ばれていた。ところが、平城京から何（数字）条何（数字）坊という数値の条坊呼称法になった。こうした数値表記の条坊呼称法は、きわめて合理的な呼称法である。固有名は、地名や地域特性に基づいた興趣ある命名法である。いうまでもなく固有名の場所を知らなければ機能しない。ところが、何条何坊という数字表記は、京の条坊の街並みが方格地割りであり、数値を知ることで誰でも往来が可能である。居住地の表示法として、きわめて合理的な方法といわねばならない。

なお、こうした数字による表記は条坊制だけではなく、条里制も何条何里という数値表記が採用された。この条里呼称法は、条坊制の影響で成立したと考えられている。

こうした数値表記の先駆的形態として、官人に適用する位階表記があった。『日本書紀』天武四年（六七五）条から十二年条にみえる、諸王に与えた「一〜五位」の位階である。数値によって位階の序列を表現するので、誰でも上下関係が直接理解できる。こうした数値を用いる方法が、条坊制の呼称にも利用されたのである。

当時の日本は、中国と比較してプリミティブな社会といわれるが、簡便かつ合理的な方法を採用することによって、当該社会に対応した思考方法として利点があったと思われる（吉村 二〇〇四）。

引用・参考文献

稲岡耕二 一九九一『人麻呂の表現世界』岩波書店
井上光貞 二〇〇〇「古代の皇太子」『天皇と古代王権』岩波現代文庫（吉村武彦編）
沖森卓也 二〇〇三『日本語の誕生』吉川弘文館
岸　俊男 一九八八「方角地割の展開」『日本古代宮都の研究』岩波書店
神野志隆光 二〇〇五『「日本」とは何か』講談社現代新書
津田左右吉 一九三八『支那思想と日本』岩波新書
津田左右吉 一九六六『津田左右吉全集』二八（日本・シナ思想の研究）四二四頁、岩波書店
東野治之 一九九九「出土資料からみた漢文の受容」『国文学』四四―一一
内藤湖南 一九七六『日本文化史研究』講談社学術文庫
西嶋定生 二〇〇〇『古代東アジア世界と日本』岩波現代文庫（李成市編）
丸山真男 一九九八『丸山真男講義録 四 日本政治思想史　一九六四』東京大学出版会
吉田　孝 一九九七『日本の誕生』岩波新書

吉村武彦　一九八二「大化改新詔研究にかんする覚書」『千葉史学』一、千葉歴史学会
吉村武彦　一九九三「倭国と大和王権」『岩波講座　日本通史　二』岩波書店
吉村武彦　二〇〇四「古代の文化と思想」『日本史講座　一』東京大学出版会
吉村武彦　二〇〇五「古代の政事と藤原京・平城京」『律令制国家と古代社会』塙書房

国家形成の東アジアモデル

岩永省三

一　問題の所在

1　古典学説における対立する国家形成論

国家形成過程を論じた古典的著作には、『反デューリング論』（エンゲルス　一八七八）と『家族・私有財産・国家の起源』（エンゲルス　一八九一。以下『起源』と略す。）がある。両者ともに古い著作ではあるが、理論としては今日でも有効性を失ってはいない。注意すべきは両者の国家形成の捉えかたに基本的な差異が認められる点である（熊野　一九七六）。『反デューリング論』では、「氏族制度」残存のままの国家形成を考え、氏族制度の共同職務執行機構（今日風にいえば部族社会ないし首長制の政治組織）の国家機構への直接的転化を認める。そして、国家が階級分裂以前に社会の共同利益を守り外敵を防禦するための機関として発生し（第一段階の国家）、階級分裂以後の第二段階には階級抑圧機能をも兼ねるようになったと考える。

それに対して、『起源』では、氏族組織の破壊を前提として国家形成を考える。階級分裂前はもちろん階級分裂後であっても、社会全体が階級的原理によって組織されるようになる以前の共同職務執行機構は「未開上段」の「氏族制度の機関」であって、それがそのまま国家機関に転化するのではなく、その外部にそれと並行してかつ対立して形成される新しい権力を国家と考えるに至った。この場合、氏族制度の機関に国家機関のルーツを辿ることができないわけである。

2　東アジアにおける国家機構の成立―エンゲルスの宿題

日本を含めた東アジアにおける国家形成を考える場合の理論的問題は、『起源』がアジア地域を扱っておらず、アジアの国家形成が宿題にされてしまったことである。『起源』の考え方がそのままアジアにも通用するのか否かは重大である。その場合に問題となるのが、より古い著作である『反デューリング論』で触れている「東洋的専制主義」成立の基礎である。『反デューリング論』では、支配＝隷属関係発生の二つの道の内の「第一の道」において、社会的機能の独自化＝公共的機能を遂行する人々の支配階級への漸次的転化を語り、それによって成立した共同職務執行機構を国家とみなしている。そして「古い共同体」が分解しなかった所では、この共同職務執行機構がそのまま生き残り「東洋的専制主義」が成立し、分解した所では奴隷制形成へ向けての「第二の道」が進行するとされている。

この『反デューリング論』における支配と隷属関係発生の「二つの道」と『起源』の国家形成論との関係については、「第一の道」が『起源』の国家論部で姿を消しているとの理解が一般的なようだが、「第一の道」は「古い共同体」が分解しなかった所でも、分解した所における分解以前の時期にも共通する道であり、実例として「ギリシャの部族長」や「ケルト人の族長」を挙げている点から見ても、アジア的な現象とはされていないとみるべきであろう。したがって『起源』が扱っていないのは、「第一の道」の延長上で、かつ「古い共同体」を基礎として国家形成した「東洋の専制君主またはサトラップ」の場合なのであって、「第一の道」全体を省略したのではない。

この『反デューリング論』における「第一の道」の大半、すなわち「古い共同体」分解以前の「国家」が、『起源』では氏族制度の機構に組み入れられ、国家形成以前の未開上位段階の現象とされているのは妥当として、『起源』で主張している図式――氏族制度の共同機関が破砕されて、それとは別に国家機構が形成される――が、『起源』で扱っていない「古い共同体」が分解しない場合にも適用できるのか、そうではなく、古い職務執行機構が生き残って国家機構に転化するのか、というエンゲルスが明言しなかった問題が残っているわけである。

3　生き残りか破砕か

結論的には『起源』の図式が日本を含めた東アジアの国家形成にも適用可能と考える。国家機構は支配者層が多数の族的集団を横断する形で階級的に結集する機構として、氏族の公共職務執行機関を破砕しない限り完成せず、国家形成の必要条件としては、『起源』が扱った地域と何ら変わりがない。

日本でエンゲルスが掲げた四つの指標を完備した古代国家が完成するのは七世紀末～八世紀初頭である。私はそれに先行して、徳本正彦氏が概念化した「前国家段階」（徳本　一九七五）の存在を認め、その開始を五世紀後半以降と考えるが、この時期から七世紀にかけて、空間的規模が近畿地方程度であれ、西日本程度であれ、領域的統合がなされて中央に国家機構が形成されていく場合、その統合体の中には多数の部族や首長制社会を含みこむことになる。一つの部族や首長制社会を超える広域に渡って形成された統合体の中央レベル・非中央レベルを分けて考えると、中央レベルにおいては、あらたに形成される統合的国家機構は、それ以前の個別首長制単位の政治組織がそのまま転化した物ではありえず、その外部に新たに形成された権力となるのは当然であろう。したがって、『起源』と『反デューリング論』とが齟齬していた共同職務執行機構の存続・非存続の問題については、『起源』の国家形成論の方が貫徹すると考えざるをえない。しかし、国家機構の末端に組み込まれた非中央レベルの在地社会においては、在来の政治組織がある時期まで温存された可能性は強く、石母田正の首長制論（石母田 一九七一）はまさにそこに着目するものであった。つまり、『反デューリング論』的権力形成が『起源』的国家形成と排他的関係にあるのでなく、二重の関係として進行したと見るべきである。もちろん個々の在地首長制社会は、それぞれ別個の国家となったのではなく、在来の政治組織がそのまま国家機関に転化したと言えるわけではないから、権力形成ではなく国家機構形成については、『反デューリング論』には、やはり無理があると考えざるをえない。

そして、『起源』と『反デューリング論』とが齟齬していた二つ目の問題、すなわち共同体＝氏族組織の分解・非分解の問題についても、やはり広域統合体の中央レベル・非中央レベルを分けて考える必要があり、排他的関係にあるのでなく、二重の関係として進行したと見るべきである。前者においては、二次的（擬制的）組織への改変を経過した分解への動向が先行し、後者では根強い残存もあり得るという見通しが得られる。

以上の観点から、日本の国家形成を考える場合の問題点は、首長制・ウヂ・国造制・屯倉制・部民制など律令制成立以前の支配機構に関わる議論である。律令国家の領域支配の基本は何であり、またその前身は大化前代あるいはさらに古い段階のいかなる政治組織の継承であるのか。こうした議論は皆、人民の領域的編成・官僚制・常備軍・徴税組織などの国家機構がいかに出現したかに関わっている。

4　破砕の諸形態

『起源』では「氏族制度の廃墟のうえに国家がおこってくる三つの主要形態」としてアテナイ・ローマ・ドイツ人の場合があげられている。アテナイがもっとも純粋で、氏族社会そのものの内部で発展する階級対立から国家が発生する。ローマでは、征服した地域に住み古いローマ氏族の外部にいる無権利・有義務の多数の平民（プレブス）と、古いローマ市民（ポプルス）との闘争により、氏族制度が破砕されることにより新しい国家制度が設けられる。ドイツ人の場合、広大な外部領域を征服したため、被支配者を氏族制度によっては支配できず、「氏族制度の諸機関は、国家機関に転化せざるをえなかった」。

ローマ人とドイツ人の場合が、征服により氏族外部の人間を多数社会の中に抱え込んだことが国家形成の契機となっており、アテナイの場合と異なるように見える。この部分を根拠に征服国家論が成立すると見ると、社会の内部矛盾から国家形成を説明する『起源』の国家形成論の基本と理論的不整合と見る説（徳本　一九七四）や、ドイツ人の国家形成時における「氏族機関の国家機関への転化」が東洋的専制主義発生の理解に重要とする説（吉田晶　一九七〇・一九七三）が出てくる。しかし『起源』9章前半の国家形成論を念頭に置けば、国家形成の主要三形態は本質的に同一の過程、すなわち一つの社会が相容れない利害を持った人間集団から構成されるに至ることが国家形成の原因とされていると見るべきである。

では主要三形態相互の論理的連関をどう捉えるべきであろうか。鬼頭清明氏は「内在的契機（氏族社会内部の）と外在的契機の両極性の軸の上に相互に位置づけられている」と解したが（鬼頭　一九七六）、鬼頭氏が一貫して追及する「外在的契機」は「氏族社会をとりかこむ国際的諸条件」であり、それが「内在的契機」そのものに与えた促進要因的影響力のことであるから、ドイツ人のような征服による国家形成を「外在的契機」によるものと捉えるのは妥当ではない。征服した結果国家を形成せざるを得なくなるなら、それは氏族社会を超えた拡大社会にとっての内在的契機によると捉えるべきである。したがって、主要三形態相互の論理的連関は、社会が氏族制度の枠を超えて取り込んでしまった集団や領域の規模の大小や構成の差による、氏族制度の破砕のされ方の差によって配列されているとみなすべきである。東アジアで成立した国家の場合、氏族制度の破砕のあり方は、上記三形態なのか、第四の形態なのか、後に検討することにする。

5　国家の前段階の社会

もう一つ検討すべき課題は国家の前段階の社会組織であり、国家形成にいたるプロセスである。後に専制国家を生み出したアジア地域では、いわゆる軍事的民主制ではなく、身分制および部族間の階層制が発達した政治制度が考えられており、「部族的統一体」「軍事王権」「首長制」などと概念化されているが、ここではそれらを包括して、徳本正彦氏が提唱した「前国家段階」と把握する（徳本 一九七四・一九七五）。

徳本氏によると、エンゲルスが依拠したモルガンの政治的発展段階説は、societas（社会的段階）＝氏族社会→civitas（政治的段階）＝国家の二段階説であり、国家の成立を地縁的社会の成立、政治的社会の成立と同一視している。またモルガン・エンゲルスは、国家を政治の実存形態として、その成立を政治なき社会から政治社会への質的転換の画期としてとらえている。この二段階論は、国家なき社会と国家が成立した社会とを、巨視的に発展段階の相違として位置づける限りにおいて正しく、国家を政治的発展の完成形態と見るという範囲においてのみ、政治的段階の巨視的位置づけとして意味をもつが、政治の成立をとらえる場合には不十分であり、政治現象の発生が国家の成立にはるかに先行し、政治の完成形態として国家が成立するに至るまでの長い政治的発展過程を見逃し、政治社会の成立と国家の成立とを同一視することによって、政治の成立をあいまいにし、政治概念と国家概念の混同を招いていると言う。

二段階論の克服のために徳本氏は「公権力」概念を設定した。これは「社会機構員の統一秩序への共通の意志にはじまり、特殊利害の発生につれて、それが対象化されて幻想上の共同利害に転化していくもとでの、物理的強制力を背景とするところの、社会構成員の行動様式に対する統制力」であり、国家は「一定の地域における階級的矛盾をかかえた広域共同体を、民族的共同性を基礎として実力的に統一し支配する（統治する）、公権力の制度的完成形態」と定義される。

この「公権力」は原始共同体の自治組織が、共同体間の衝突や共同体内における特殊利害の発生の過程において、物理的力を背景にした強制力装置に転化していく中で生まれるが、「公権力」の成立がただちに国家の成立を意味するのではない。「公権力」はしばらくの間は部分的に特殊利害と対立しつつも、全体的には社会の共同利害を反映しているが、そのもとで階層分化と階級の形成が進むことによって、また実体としての権力構造の拡大強化と、具体的な領域の観念の成熟を経ることによって、擬制的共同体へと転化し、制度的完成を遂げることによって国家が成立するという。この特殊利害の発生から階級対立の進展を経て階級的国家権力の成立へと至る、ゆうに一時代を画するに足るほどの歴史的過渡期が「前国家段階」である（徳本　一九七五）。つまり「前国家段階」とは、政治現象の発生が国家の成立にはるかに先行し長い発展過程をもつことを重視し、社会集団の内外における特殊利害の発生と進展によって公権力が成立して以来、それを通じての統一と支配と衝突という政治現象を生み出しつつ、国家として制度的に完成に至るまでの長い歴史過程を指す。

論を先取りして述べておく。いわゆる首長制社会は円錐クラン構造をもつとされるが、J・フリードマンは、カチン族のグムラオ型部族システムから直接的に進化して成立した円錐クラン構造をもつアジア的国家として商・周王朝を評価した（フリードマン　一九七五）。後述するように、この段階はいまだ前国家段階と評価すべきであり、この段階の統治組織がそのまま国家機関になったと考えるのではなく、それが春秋～戦国期に、氏族制社会の崩壊、激しい人口の集中や移動、社会的分業の発展、商品経済の進行、などによって機能不全に陥って破砕され、原理転換を余儀なくされ、戦国期以降、商鞅の変法（前三五九）などの模索を経て国家機構が樹立されたと考える。

二　東アジアにおける国家形成プロセス

それでは、東アジアの国家形成はどのような特徴を持つのであろうか。

東アジアにおいて、完成した最初期の国家の具体的形態として、いわゆるアジア的専制国家と捉えるかどうかは別にして、中央集権的専制国家が成立した理由は依然として問題である。そしてそれらの国家の経済的基礎として、アジア的生産様式と呼ぶかどうかは別にして、古典古代的奴隷制でも封建制でもない生産様式が成立したことは事実で、それを何らかの概念で把握する必要性も消えてはいない。東アジア各地の国家形成前後にも奴隷は存在したが生産の決定的担い手ではなく、中国秦漢代の小作農、豪族地主の隷属民や日本の班田農民が、奴隷とも農奴とも異なることはつとに指摘されてきた（増渕　一九六〇、吉村　一九八四・一九九六）。

そうした国家の形成プロセスの理解上で問題となるのは、『起源』と対比した場合の『反デューリング論』の論理の意義であり、先述したように後者のモデル（氏族社会の公共機能執行機関がそのまま国家機関に移行する）は、真の国家機構形成の論理としてではなく、在地社会における権力の形成と維持の論理として活かすべきであろう。

大枠では、共同所有・共同労働を基本とする共同体（成員の耕地〈分有地・ヘレディウム除く〉所有権未形成）＝氏族組織を基礎的社会集団とし、その階層分化・解体に向かう趨勢の中で成長した首長による共同体規制を利用した搾取と支配が行われ、政治的統合の進展につれて、最終的には首長権力のピラミッド的集約として突出した権力を持つ最高首長による専制的支配が出現したと理解しておく。

以下具体的に、社会的統合原理とその変遷、統治機構の形成過程を、中国・朝鮮・日本について跡づける。

1　中国での国家形成

江村治樹氏（一九九八）、太田幸男氏（二〇〇三）、岡村秀典氏（一九九七・一九九八・二〇〇〇）、川本芳昭氏（二〇〇五）、鬼頭清明氏（一九七九）、竹内康浩氏（二〇〇三）、鶴間和幸氏（二〇〇三・二〇〇四）、西江清高氏（二〇〇三）、平勢隆郎氏（一九九八・二〇〇三）、増淵龍夫氏（一九六〇・一九七〇）、松丸道雄氏（一九七〇・二〇〇三）の研究によりつつ、新石器時代後期から秦・漢の統一へ向けての流れを整理する。

※新石器後期　社会構造の複雑性の進展には地域的格差があるが、重層化した集落間構造が石家河文化・良渚文化で明瞭に発達し、集落内の階層化は良渚文化で顕著であった。しかし、前三千年期後半の気候変動と生産基盤の動揺などを引き金として、これらの文化の多くは衰退してしまった。

※夏　？　二里頭文化期：黄河中流域でのみ文化発展が連続し、二里頭遺跡を中心とした統合体が出現する。

※殷　　王族は十氏族からなる閉鎖的血縁集団を中核とする。王は絶対的専制君主ではない。王権は氏族の連合体であり、王が出る氏族は固定しておらず次々交代するから、氏族間での持ち回りに近い。

王朝は諸氏族の連合体であり、王と服属した族長間に、通婚による親族関係や擬制的親族関係を設定し、祖先祭祀に参加させ支配秩序に編入した。王と諸族長との関係は擬制的兄弟関係である。王室の祖先祭祀の外延化すなわち、王室の祖先神をみずからの祖先神として祭らせることによって支配秩序構造にあることを確認させた。祖先祭祀が盛大かつ重要であったのは、各王族・氏族を王朝の支配秩序構造につなぎとめ、秩序構造を維持存続するのに不可欠だったからである。とすれば、この構造は真正な円錐クランにはなっておらず、それが成立するのは周代になってからということになる。

中央も地方も王族あるいは有力氏族が統治し、職務の分化がある程度は進んでおり、各氏族が特定の職務を世襲的に帯びて王権に参加した。

近年、殷代を初期国家とする議論が優勢であるので、特に言及しておく。

この時期の社会の基本は族集団であった。二里岡文化期には、王都では多くの族集団が集住し、地方でも異文化集団の雑居状態が見られるようになる。殷後期には、殷墟西区や戚家荘地区では、さまざまな族集団ごとにまとまって墓地が形成されている。王墓では多数の族集団が共同儀礼を行い、宮殿区の四方の各区域には、それぞれ異なる氏族とその郎党が住んでいた。さまざまな族集団が王室に奉仕する体制が成立した。人民の編成原理はまだ地域的にはなっていない。

岡村秀典氏は商・西周を「初期国家」と見る。氏が指摘する「王都や地方の拠点を舞台に祭祀儀礼を目的または媒介とした下から上への貢納・奉仕と上から下への贈与・恩寵という双方向的な贈与交換が行われ、王を頂点とした礼秩序が重層的に形成されていた」という点は、支配者層内部の組織原理を示すが、族制的職務分掌、首長制的再分配原理を示しており、官僚組織・徴税制度の不在を示す。

また岡村氏は、張光直氏の説「中国初期の都市は、経済の飛躍的な産物ではなく、政治領域における装置であった。ただし、それは被支配階級を圧迫するための装置であったというよりも、むしろ支配階級が政治権力を獲得し、維持するための装置であったといえる」を評価している。張氏の主張の要点はマルクス主義的観点の否定にあるが、その主張が正しければ、社会的分業と階級分化の未成熟とを意味し、中国初期都市を生み出した社会が国家段階に達していないことを告白しているに等しい。

その一方岡村氏は、二里岡期の鄭州商城・偃師商城と地方城郭を西周前期の諸侯の封建と同様に、政治的ないし軍事的要地に城郭を新たに建造し、造営に非征服民を含む多くの人を動員したものとみた。とすれば、都市の主体的住民の移住による形成と労働力の大規模な動員ということになるが、彼らの編成原理が居住地域によるのか血縁原理によるのかを解明する必要がある。

※西　周　王族・諸侯・貴族（卿大夫）・国人・庶民ともに氏族を単位とし、氏族は祖先祭祀で団結し、生活の基盤・軍の単位として機能した。王室では宗法（嫡長子相続制に基づく宗族の組織理念）に基づく塁層的支配秩序を貫徹させようとした。

占領地の大都市「国」に周の一族を派遣し、そこを核に群小の都市と農村を支配させる封建制が成立した。王と諸侯との関係は、血縁関係を基軸とし、世代の深化とともに疎遠になっていった。「国」の構成は単純な同族集団ではなく、多くの諸族を含む複雑な構成となっており、封建された諸侯は、伝統的秩序のもと中小の都市や農村をまとめた。王都の状況は不明だが、周原では王宮の周囲に多くの族集団が雑然と居住していた。官制は卿事寮（司馬・司土・司工など）・大史寮などに整備されていたが、職務の区分は不十分であった。

※春　秋　いまだ氏族制的秩序が基本であり、大小の都城、農民層、工人層でも氏族的組織が基本であり、政治・軍事は氏族を単位としていたが、しだいに結合力は弛緩し始める。都市の大規模化と人口流入、都市住民の頻繁な移動によって、人的構成が複雑化し、氏族的秩序の維持が困難化した。諸侯の「姓」と都市民の「氏」が使われだし、宗族の分化が進み氏の増加がみられた。

都市（諸侯国）の独立度がまだ高いが、いくつかの諸侯をまとめる「大国」が出現する。「小国」が氏族的伝統と秩序を維持したまま「大国」に服属する盟の形式に加えて、春秋中期から「大国」が都市の諸侯国を滅ぼして県とする動き（滅国）が開始された。ただし、県に派遣された県大夫は軍権を継承し独立度が高く、独自権力を形成する場合があった。滅国兼併が進むにつれて中央官制・地方官制の整備が進んだが、氏族制的秩序の残存で地方官の官僚化には制約があった。

※戦　国　急激に氏族制社会が崩壊した。都市住民の頻繁な移動による氏族的秩序維持の困難化がさらに進ん

だ。社会的分業の進展や商業の発展も影響を与えた。

「大国」が都市の諸侯国を滅ぼして県とする滅国が進み、それらの領域支配化が本格化した。旧来の諸侯は没落し、あらたに七雄国王から封君が封建された。封君と従来の諸侯の差は、統治方式が県制になっている点である。県が増加したため、統括機構として郡を設置するようになり、中央官制および地方官制の整備が図られた。官僚は血縁的関係や世族による世襲よりも、民意を反映した個人的能力の評価で任用されることが多くなった。

氏族制の解体と農業生産力の発展とが、農民の小経営単位の自立を促し、徴税などの行政と軍事の編成単位とされ始め、戸籍が作られた。小諸侯が族的原理で掌握する都市住民兵から、農民の歩兵に主力が移ると、小諸侯排除の動きが加速された。こうして常備軍が形成されると、その維持のために、租税としての賦の収取が始まった。

※商鞅の変法（前三五九・三五〇年）　魏の李悝の「法経」をモデルに作成したといわれている。①住民の地域的編成を推進する。②人為的行政単位としての県を設置し官僚を通じて支配する、③商業を抑制し軍事力の担い手でもある小農経営（単婚家族）を形成し生産力を向上させ税収を確保する。戦国期の秦では、都市に打撃を与え独立性を否定し、貴族による都市支配を基礎とした体制から、君主の手足となる官僚による地域支配への転換がめざされた。

※秦の統一　郡県制の全国的施行と直接統治、官僚制が完成した。三公・九卿の中央官制を整え、法令中心主義が徹底され、官僚・県令は秦の法令の遵守・貫徹を要求された。城壁破壊や兵器製造権限奪取によって都市の独立性が否定され、商工業者の強制移住や統制強化によって弱体化が図られた。

※前　漢　郡県制による集権的支配を秦から引き継ぐとともに、一族・功臣の封建を復活した（郡国制）。中央

官制は秦制を受け継ぎ、三公諸卿の職掌が定められたが、皇帝の家政関係と国家行政関係に大別できる。郡県制における地方官僚は中央からの派遣と県での任命とを併存させた。人頭税・地税・財産税からなる税制と徭役・兵役の制を整えた。

※後漢　前漢の郡国制を引き継ぐが、国の減少により実質郡県制となる。中央集権化を進めるが、豪族勢力が地方政治の実権を掌握していき、一部は中央政界に進出した。

以上は統治機構の形成過程の略述であるが、基層社会の組織原理の変容をまとめておく。殷周代には氏族制が強固に残存し、貴族が農民の氏族組織を維持したまま総体的に支配していた（白川 一九五六）。氏族制度は春秋中期以降分解し始めるが、それと並行して、放出された家々や個々人など非血縁者を再び結びつける新しい社会秩序（人的結合の習俗的関係）が成立し、血縁関係の擬制化と家父長制的支配関係を同時に内包しつつ、あらゆる階層内・階層間の結合紐帯として作用し、特に諸侯と官僚間、豪族・土豪などの民間組織、官僚層内の党派、地方官僚と豪族勢力、などの結集原理となっていった（増渕 一九六〇）点に注目すべきであろう。秦漢の専制国家においても、かつて通説的に理解されていたように、一切の媒介的社会組織なしに皇帝が人民を直接に支配するのではなく、専制国家の中央集権的支配、個別的・人身的支配を支える官僚制や郡県制も、土豪・豪族などの在地勢力による社会秩序の維持に多くをよっていた（増渕 一九六〇）。

後漢に至るまで、制度的には中央集権化した官僚体制・郡県制が目指され（鶴間 二〇〇三）、戸（家父長制的世帯共同体）を単位とする小農民経営を被支配者とする編戸斉民・個別人身支配を理念として出発したが、農民層はしだいに分解して大土地所有者（豪族）が出現し、国家権力の規制を受けつつも、しだいに地方官吏を輩出し中央政界へも進出して政治勢力となった（太田 二〇〇三）。そのような成層化の動きが秦漢の一君万民的構造を揺るがし、後漢以降の公権力の弱体化を引き起こした（川本 二〇〇五）。増渕龍夫氏は、かつて氏族制的共同体が保持していた政治的・軍事的・社会的・経済的諸機能が、秦漢代の専制国家に吸収され尽くしたのではなく、豪族・土豪などの新たな形の土着勢力が周辺の農民に対して及ぼす社会的規制力を一種の共同体的規制、彼らを中心とする自律的な組織・民間秩序を共同体の代替物と評価した。増渕氏の説は発表年次が古く、現在の東洋史学界での評価を追跡調査していないが、私は妥当と考える。共同体＝氏族組織の解体に伴なって形成された二次的・擬制的社会組織が専制国家の支配の受け皿となり、地方官僚の出身母体となり、その規制力・組織力が地方官僚機構の中に取り込まれたと見る増渕説は、日本古代史における石母田正氏の首長制論の中国版とも言うべき考え方であり、日本の古代国家と中国の成立期専制国家の形成過程の質的並行性を示す。

2　朝鮮半島での国家形成

鬼頭清明氏（一九七六・一九七九）、井上秀雄氏（一九七二）、鈴木靖民氏（一九九四）の研究によりつつ、統合体ごとに統合への流れを整理しよう。高句麗・百済・新羅ともに、王都周辺に居住する支配者集団が排他的に国内を支配する体制を維持した。支配領域の拡大に伴って地方支配の組織を整備し、族制的体制から官僚機構への転換、一元的集権的機構の形成を目指したが、新羅以外では途中での挫折を余儀なくされた。がいして階級関係の進展の割には官僚機構や常備軍の形成は遅れがちであった。

※高句麗　王都に集住する支配者集団の共同統治体制を長く維持した。三〜四世紀前半は魏や慕容氏（燕）との抗争で勢力を伸ばせなかったが、四世紀後半から攻勢に転じ、百済・新羅・倭と対抗し五世紀に最盛期を迎えた。六世紀から南北での軍事的停滞によって王権の専制化ができなかった。概して軍事的には強大だったが、騎馬民族の部族的性格の賜物であって、国家機構・官僚機構は最後まで未成熟だった。

この間、他に先駆けて三世紀から十等の官位制の整備を行い、四世紀に成立した十三等の冠位制が最後まで続いたが、族制的職務執行の性格は払拭できなかった。四世紀頃から、支配領域の拡大に伴い、臣従した周辺諸族からの貢納制が成立し、六世紀末には編戸制に基づく租税制度と地方官制（内評・外評など）が整備されたが、終始、中央官僚機構は未発達だった。

※韓　族　一～三世紀に部族の統合が進展しかけるが、帯方郡の支配が強く抑制されていた。三一三年に楽浪郡・帯方郡が滅ぶと統合が進展した。馬韓地域では百済が有力となり南方へと拡大を続け、辰韓地域では新羅が勃興した。弁韓地域では統合がある程度まで進んだが、百済と新羅に圧迫され最終的には新羅に征服された。

※百　済　一～二世紀は帯方郡の支配を受けていた。三一三年の楽浪郡の滅亡後に部族の統合を進展させ王権を伸張させた。終始、王族と門閥貴族（佐平）が権力を握り、合議制の形をとった。四七五年以降、高句麗に圧迫され支配領域を移動・南下させつつ韓族社会を征服・支配した。六世紀の支配領域の拡大に伴い、韓族支配の必要性から中央集権を進め、高句麗・新羅に先駆けて中央の行政機関・官僚機構を形成したが、他国との軋轢が激化し外征は必ずしも成功せず、権力の孤立・不安定が深まった。

四～五世紀に六佐平制が成立して貴族が職務を分掌し合議する体制ができたが、熊津遷都後の支配領域の拡大に伴い、しだいに中央支配機構の族制的性格からの脱却と機能分化、地方支配を分掌する五方の制度の整備が図られ、六世紀後半には十六品の冠位制と二十二部の中央官司とそれを支える収取制度が成立していた。

※新　羅　四世紀から部族の統合が進んだが、五世紀まで倭と高句麗に圧迫されていた。六世紀からの南北における領土の拡大のなかで、十七等の身分制を整備したが、慶州の王家と門閥貴族（大等）が権力を独占し、有力貴族の合議制機関（和白）が七世紀前半まで権力を保持したため、中央の官僚機構の整備は遅れた。六世紀後半からの対外的発展のなかで地方軍政官・行政官の整備は進んだが、中央の機構は大等会議の分科会が設

定されたにとどまる。七世紀に入ると、三国対立の激化と貴族の階層分化の中で少数貴族に権力が集中し内乱(六四七年)となったが、収束後、王を中心に貴族全体・地方勢力を糾合すべく、衣冠制(六四九)・律令制的官制(六五一)・律令制的兵制(六七二)・格の制定(六五四)・均田制(七二二)など唐制に倣った支配体制・行政制度の樹立が模索されたが、王権の絶対化はできず貴族勢力が温存された。

3　日本列島での国家形成

初期農耕社会たる弥生時代六〇〇年間に、共同体の首長層が政治的に成長を遂げ、三世紀後半から四世紀にかけて首長層の広域的政治的連合体が形成された。その規模は血縁的あるいは擬制的血縁関係を結び得る範囲を遙かに超えており、結合の紐帯は未だ明らかでないが連合は緩いものであっただろう。その後、六世紀までに軍事的あるいは平和的手段によって、大王家の優位性が確かとなっていった。しかしこの間、部族・部族連合や首長制社会を超えた広域社会の形成のなかで、社会の内外における利害関係の分裂・対立が先鋭化し、そうした矛盾を抑え込むより強力な統治機関設立の要請が生じた。それとともに、対外関係の緊張は公的領域観念や民族性意識(これらがまさに支配者集団のアイデンティティー形成に関わるが、被支配者層のそれとは別)を醸成した。こうして中央集権的支配体制の確立のために必要な、権力構造(政治機構+特定人間集団)の制度的体系化と国家を支え動かす意志の形成が準備されたのである。

しかし実際にそれが可能になるには幾つかの条件が必要であった。

まず、大王家の側に、大王家が諸豪族に対して獲得した優位性を固定化・強化するために、大王家を頂点として諸豪族を再編しようとする強固な意志と、それを実現し得る力の蓄積(中央政権内部での王権の伸長、地方に対する優位の確立と直接支配)があったことは前提として見逃せない。しかし、権力機構の中枢部として、①支配者層の大王を中心とする階級的な結集と、②支配者層を支える安定的な社会組織・秩序の形成がなぜ可能だったのかが重要な問題である。

①まず支配者層の大王を中心とする階級的な結集について。

五世紀後半を境に首長位の（父系直系による）継承が安定化し、個々の政治的有力集団がそれぞれ族組織として安定化したことが重要である。そしてそれを前提に、複数の有力集団が父系原理を基本とする擬血縁集団の形をとって結集した。支配者層の政治的結集がそのような特殊な形を取った原因として、田中良之氏は、五世紀台の対外的緊張関係と中国から導入した父系イデオロギー・家父長制イデオロギーの影響下で、支配者層において強い父系出自観念が形成され得たことを指摘した。この動きは倭国の中枢部・周辺部を問わず進行したと見られるが、中枢部ではウヂの形成として把握できる。ウヂに相当する集団が形成されてもすぐにそれを取り込んだ機構が形成できたのではなく、五世紀段階では地方豪族を王宮に出仕させて、稲荷山古墳出土鉄剣の銘文（杖刀人）が示すように、「〇〇人」などの職務に任じて奉仕させるに留まっていたが、六世紀に入ってようやく、ウヂの形成を前提に、各ウヂがカバネ名を負い特定の職掌を帯びて王権に対する奉仕関係に入り、部民の保有を認められる体制、すなわち宮廷でのさまざまな職掌をウヂごとに担う体制が構築された。社会の基層構造の変化を基礎に上部構造が構築されるまでには若干のタイムラグがあったのである。

各ウヂの統率者にはカバネという身分表示が与えられ、宮廷内での序列化がなされた。このウヂを基本に、中央ではウヂによる政治的職務の分掌体制が形成され、ウヂの統率者たちの集団が律令体制期の官僚機構上層部の基礎となった。各ウヂどうしの関係、あるいは各ウヂと大王家との関係は、七世紀後半に至るまでに神話の中での祖先神どうしの系譜関係として擬制的に表現・系列化されていったと考えられる。首長層の階級的連携と首長層間の階層的序列形成が、擬制的同族関係の形成という形をとることによって、首長層の平等対等の連携（元老院型）でなく、擬制コニカルクラン的ピラミッド体制となることによって、その頂上の首長（天皇）を専制君主とする体制護持のイデオロギー的正当化が達成されることになる。

地方では、五世紀段階では地方官が存在していなかったが、六世紀にはいると、在地首長層が国造・伴造として組織され、物資を調達・貢納し労働要員の徴発・動員に携わるとともに、領域内に設定された部民の管理・支配を承認される体制が出来上がり、ゆくゆくの郡司層―官僚機構末端部・地方官僚の基礎となったのである。

もちろん、この段階のウヂごとの職務分掌あるいは国造・伴造を介した人民の分割支配（伴造・部民制）は「タテ割リ」的体制であり、七世紀後半における集中的・重層的権力体系（官僚制）および公民的編戸（人民の地域的編成）への原理転換は、前者の行き詰まりと解体の結果ではあるにせよ、五世紀後半から六世紀の段階で王権を中心に結集しえた畿内・近国のウヂ統率者集団が推古朝の群卿・大夫層の基礎となり、さらには律令官僚制の骨格を形成したことは、奈良時代初期に一ウヂから一議政官を出す原則があったことにも表れている。また、この段階で族制的ではあっても在地首長層の取り込みに成功したことが国司―郡司制の実施を可能にした。

②つぎに、支配者層を支える安定的な社会組織・秩序の形成が可能になった理由について。

五世紀後半までに鉄製農工具の普及によって農民の生産力は上昇しており、それを前提に可能となった未開発地の開発が傍系親族の独立運動を引き起こし群集墳の増大をもたらしたが、五世紀後半以降八世紀初頭までには基本的に安定した経営単位が成立していたのである（田中　一九九五）。こうして農民層の基本的経営単位の範囲が安定していたことを前提にしてはじめて、それを権力の側で掌握する対象として認知し、のちの徴税単位、常備軍の兵士の徴発体制が設定され得た。近年、古墳時代の武器・武具類に基づく軍事編成論が盛んであるが、組織原理の族制的編成から領域的編成への変質がより重要である。ここでも大化前代の「タテ割リ」的体制の整備が、その克服としての律令軍制（徴兵制に基づく軍団制）を準備したのである。

こうしてみると、五世紀後半～六世紀の時期に、首長の政治的地位や家長の地位の安定的父系継承システムが成立したのを基礎にして、大王を中心とした支配者層の階級的結集とそれに基づく全国的統治・支配機構が樹立されるとともに、安定した経営単位の成立を前提にして、収取システムが形成された。この段階の統治・支配機構や収取システムは、族制的「タテ割り」体制であり、やがて原理転換を余儀なくされたとはいえ、古代国家の律令体制は、まさに、その前提・基礎の上にしか形成されえなかった。地域による人民の区分、常備軍、徴税制度、官僚機構といった国家に不可欠な属性すべてについて、その確立に必要な条件を、支配者層の族組織としての安定、被支配者としての農民層の経営単位としての安定が準備したのである。そのような意味で、親族構造変動と国家形成は密接に連動しており、文献史学者の主流的見解のように、古代国家が未開社会の上に忽然と形成されたのではなかった。

いっぽう見方を変えると、その共同体（＝族的集団）、およびそれをベースにした首長の支配が、非中央地域では解体されずに根強く残る。これこそ石母田正氏が在地首長制概念で捕らえようとしたものであり、これは律令国家の地方支配制度における、郡司による在地支配として継承された。人民支配では個別人身支配を一応達成したかに見えるが、その支配システムの作動・維持には在地首長の権力が不可欠であり、それを解体させきらずに国家権力機構中に温存してしまった点で官僚制としては不徹底であった。

三　国家形成の東アジアモデル

以上の、日本・中国・朝鮮半島での国家形成過程はそれぞれ独自性を持つが、そこから共通性を抽出することによって、国家機構の形成に至るまでの長期わたる前国家段階における権力集中と族制的機構の漸次的整備と最終的な破壊の過程として、国家形成の東アジアモデルを提示することが可能である。

1　前段階のプロセス

以下に、まず中国でのプロセスをA～Eとして整理し、無理は承知で、大枠でそれと対応する形で、朝鮮半島・日本列島におけるプロセスを纏める。

1　中国における国家機構の形成過程

A．殷　：王族・支配者集団の（擬制的）血縁的原理による結集。
　西周：王と封建された諸侯との円錐クラン的構造が出現。諸侯の在地領主化。氏族制が強固に残存。

B．春秋：いまだ族制的秩序が基本だが、都市では秩序維持が困難化。
　大国による諸侯勢力の解体、県の設置、長官の派遣が始まる。

C．戦国：氏族制社会の崩壊が進む。
　諸侯の没落、大国あるいは一部県大夫の領域支配が本格化。中央・地方の官僚機構・常備軍の整備。

　徴兵・徴税の開始。

D．秦の商鞅変法以後：①住民の地域的編成の推進、②人為的行政単位としての県の設置、③徴兵・徴税の対象たる小農経営の形成、④官僚による地域支配への転換。

E．秦の統一後：全国的郡県制の施行と直接統治、官僚制の徹底を目指す。制度的完成は前漢・武帝期。
　収奪の激化による基層社会の動揺―階層分化の激化（農民の疲弊、豪族の形成）、大土地所有制の展開―による統治機構の原理転換（住民編成・徴税法・官僚機構・軍制）。

2　朝鮮半島における国家機構の形成過程

A．王都周辺の支配者集団が結集し、合議体を形成。
B．支配領域の拡大に伴い、身分制を整備するが、族制的職掌分担の色彩が強い。
C．六世紀：(高句麗) 編戸制に基づく租税制度と地方官制の整備。
　　(新　羅) 地方支配の機構を中央に先立ち形成。
　　(百　済) 中央の行政・官僚機構を整備。地方支配制度を整備。
　　　支配機構の族制的性格からの脱却と機能細分を図る。
D．七世紀：(新　羅) 律令制的官制・兵制・田制の導入。
E．八世紀：律令制度化の不徹底、貴族政治への揺り戻し。

3　日本列島における国家機構の形成過程

A．三〜四世紀：広域の有力首長の連合が成立。結合の紐帯は不明。
B．五世紀：大首長の弱体化を図る。ウヂが形成されるも機構は未形成で、服属首長の王宮奉仕（人制）にとどまる。
C．六〜七世紀前半：中央・地方の族的集団の明確化を前提にした支配組織の整備。組織による支配を目指す。
　中　央：氏姓制度→ウヂごとの職掌分担を制度化。王権直属の生産組織を部民制で整備。
　　　推古朝に官司制・冠位制を整備するが、ウヂの職務分掌の性格を脱せず。
　地　方：在地首長の族制的支配を前提として国造制・屯倉制・部民制による地方支配を樹立。
D．七世紀後半：族的原理に基づくタテ割的支配体制の原理転換、官僚機構による一元的支配を目指す。
　全　国：住民の地域的編成。

中　央：官僚制の整備↑ウヂの経済基盤の改変・俸給化。
地　方：国造支配の解体↓評の設置。
E．八世紀〜：公民制、官僚制、国郡制の完成。郡には在地首長を温存。
収奪の激化による基層社会の動揺によって、土地公有制・軍団制・官僚制の弛緩、原理的ゆり戻し現象が進行。

以上の中国・朝鮮半島・日本列島における国家形成にいたるプロセスA〜Eを比較すると、国家機構の形成に至る相当の長期にわたる前国家段階における、①族制的原理下の権力集中（A→B）、②族制的原理を保持したままでの統治機構の漸次的整備（C）、③その機能不全の露呈と中央政府による強引な原理転換・改組（D）として、国家形成の東アジアモデルを提示することが可能である。完成とその後の変容（E）は今回は触れない。とくにC段階における族制的原理を温存したままの制度・機構の形成が重要である。

このA〜Cの過程を「初期国家」と概念化する研究が近年の大勢を占めつつある。たとえば都出比呂志氏（一九九六）は、日本の古墳時代を「初期国家」とし、①階級関係、②余剰の存否、③権力の形態内容、④社会統合の原理、⑤物資流通、の五指標について、「初期国家」の属性を示した（ここではe①〜⑤とする）。

e①階級的支配者が存在する。
e②社会的余剰が恒常的に存在し、収奪が可能である。
e③中枢的政体が存在し公権力の要素をもつ。人民の武装とは区別される軍事的編成がある。
e④地縁編成原理がよりすすんでいる。中間首長による間接支配が存在する。
e⑤流通に上下関係が生じる。共同体の内外で貢納関係が存在する。

一方、氏の「首長制」の属性は以下の五件である（ここではc①〜⑤とする）。

c①階層はあるが階級的支配者ではない。

c②社会的余剰が発生している。

c③首長はビッグマンのように個人的色彩が強く不安定な場合と、円錐クランの階層序列により決定される場合とがある。

c④血縁・地縁ともにある。血縁関係を基礎とする場合でも、平等関係でない円錐クランが統括する。

c⑤流通は互酬原理にもとづく。共同体内では再分配原理を基礎とし、共同体間の交易は平等の関係にある。


e①〜e⑤、c①〜c⑤を対照させると、氏は未発達の首長制のみを「首長制」に残し、発達した首長制を「初期国家」と呼び変えようとしている。しかし、e③では中心的政体や公権力の要素があるだけでは、c③との本質的な差とはいえず、中枢的政体を構成する集団の編成原理、軍事的編成の編成原理の如何が問われなければならない。e④では中間首長の支配の存否ではなくその支配の原理が問題である。e②で収奪が可能なほどの恒常的な剰余が存在しても、その剰余の行き所、e⑤での貢納物資の行方が問題である。c⑤で再分配原理を共同体内に留め、それが共同体間に及ぶものを暗黙に国家の指標にしようとしているが、本来首長制の再分配は共同体間のものでなければならないから、e⑤の「共同体の内外」での貢納関係が再分配的性格であればそれは首長制の指標である。

以上の点において、都出氏の「首長制」と「初期国家」の間より、「初期国家」と「成熟国家」の間の方に重大な差異があり、「初期国家」から「成熟国家」への転換期における、基礎的社会集団の編成、支配者集団の結集、中央統治機構の組織、地方支配機構の組織における原理転換を重視し、「初期国家」を前国家段階と把握したい。言い換えれば、前述のA〜Cの過程における根本的原理転換を経ないと秦・漢、あるいは朝鮮半島・日本列島の七世紀代の国家機構が形成できないことから見て、このA〜Cの過程を「国家」の初期段階としての「初期国家」と見るのでなく、あくまで「前国家段階」の範疇に含めておくべきであろう。

2　氏族制度の破砕のあり方

次に、東アジアで成立した諸国家の場合、『起源』が描き出した氏族社会の共同職務執行機関の破壊の諸形態とは異なるのであろうか。

日本列島の場合、王宮周辺に結集した支配者集団が倭全体を統治したとはいえ、氏族社会を形成していた征服者（古い市民）とその外部の被征服者（平民）との激しい闘争が原因となったローマ型ではなく、少数の征服者が広大な征服地の多数の被支配者を支配できなくなったドイツ人型でもなく、三〜四世紀に形成した緩い政治的統合を強化すべく樹立した縦割り的族制的原理に基づく諸機構の機能不全によって全領域を統治できなくなり、原理転換を余儀なくされた点で、しいて言えばアテナイ型であり、あえて第四の類型を提唱するには当たらない。朝鮮半島の場合、高句麗・新羅・百済ともに顕著な領域の拡大を経験しており、それによって王都周辺の支配者集団合議体が統治原理の転換を余儀なくされた点でドイツ人型に近い。中国の場合、秦の統一時に領域の広大化があるにせよ、戦国期の諸国がそれぞれ領域支配の樹立を目指して原理転換を目指しており、秦にしても商鞅変法は戦国期になされていた点から見てアテナイ型と言える。

こうして見ると、東アジアの国家形成の特殊性は、前国家段階における、族制的原理を温存した統治機構の高度な発達と持続性にこそある。この段階の統合規模が新進化論でいう首長政体よりはるかに大きいことをもって「首長制」でなく「国家」とする説もあるが、規模は本質的要素ではなく、統合原理面の質的相違を重視すべきであろう。

3　国家形成後のプロセス

さきに中国での国家形成を見たさいに、日本の古代国家と中国の成立期専制国家の形成過程の質的並行性を述べた。

この点との関係で、足立啓二氏の専制国家論（足立　一九九八）の問題点をまとめておく。

Ⓐ、専制国家と封建社会を極端に対比的に扱っている点が要注意である。これは日本・西欧―封建社会、メソポタミア・中国―専制国家を対比させたK・ウィットフォーゲル（森谷・平野訳　一九三九、アジア経済研究所訳　一九六一）、梅棹忠夫「文明の生態史観」（梅棹　一九五七）の説と、両国家の対比的取り扱いの点では共通する。ウィットフォーゲル・梅棹氏の論はともに環境決定論ないしそれに近いもので、旧世界の発展コースを二つに分け、専制主義を特定の環境要因に結びつけ、日本と西欧を同類型に含め、後者の先進性、前者の停滞性を強調した（廣松　一九八六）。足立氏は環境要因と結びつけてはおらず、「共同体」の存否と対応させているのだが、その対応のさせ方が、F・エンゲルスの「古い共同体の存続→専制主義、古い共同体の解体→奴隷制」、あるいはM・ウェーヴァーの「氏族の残存固定→アジア的停滞、氏族の解体→西洋的発展」という考え方と逆転しており、共同体の不在→専制国家、共同体の存在→封建国家となっている。

Ⓑ、封建社会・専制国家の社会の基盤として、「共同体」の有無を対応させているが、足立氏が言う「共同体」は、二次的・目的的に組織された自立的共同団体・自治組織のことであり、専制国家にそうした組織が不在であるとの主張は、民衆の強制移住の徹底などによってそうした組織が解体されきった段階、すなわち皇帝専制が徹底し国家と民衆とを介在する中間的政治組織が解体されきった明・清の段階を専制国家のモデルとしたことに基づく。氏が用いる「共同体」不在の事例は中華民国期の調査を主とし、中国村落の記述も明清以降のものである。しかも、明・清を専制国家の典型とし、それ以前の専制国家（氏の言う前期専制国家）を重視していないため、特に隋代に郷官が廃止され州県の下級官吏に至るまで中央からの任命派遣となり中央集権・皇帝専制が制度上は強化されるようになる前の、在地豪族が地方官に任ぜられた南北朝以前の専制国家について、その基底にあってその支配を支えた媒介的社会組織が存在したことを重視していない。特に後漢までは、それら組織が地方官僚機構や行政編成の基盤として決して侮れな

い役割を果たしたことは、つとに指摘されている。土豪や豪族が民に対して社会的・共同体的規制力として作用することによって専制国家の人頭支配を現実化したとする増淵氏の指摘（増淵 一九六〇）は無視し得ないと考えるが、足立氏はそれらを意図的な「共同体探し」の結果に過ぎないと見るのであろうか。足立氏も成立期専制国家では、なお集団性を温存していた社会が、行政編成の基礎となり官僚機構を支えたことを指摘してはいるが、それが後漢末までに解体することの方を重視し、後漢～唐の変質を経て成立した明清の専制国家こそを典型とする。

Ⓒ、しかしむしろ、後期専制国家が特殊なものであって、前期専制国家の方が地域を越えた普遍性を持つものとは言えまいか。足立氏は日本を典型的封建社会とするが、日本でも封建制社会の前に、族制的原理を温存したまま統治機構の漸次的整備を経て専制国家が成立し、その基盤には、共同体（＝族的集団）、およびそれをベースにした首長の支配が、解体されずに根強く残り、律令国家の地方支配システムの作動・維持には在地首長の権力が不可欠であり、封建社会の基礎となると足立氏が考えた「共同体」が根強く存続していたことになる。

こうして見ると、むしろ、日本と中国との差が生じたのは、いったん氏族制度（一次的共同体）の解体趨勢の中で専制国家が成立した（日中で共通）後に、自立能力を持った共同団体（二次的な共同体）が成立し強固に存続した（日本）か、その成長が徹底的に阻止された（中国）かという点である。

4　他モデルとの相違

ここで述べた国家形成の東アジアモデルと、他地域での国家形成にいかなる相違があるかを全般的に検討する余裕はないので、ローマの国家形成と比較する。弓削達氏（弓削 一九七七・一九八九）、鈴木一州氏（一九六九）に拠りつつ略述しておく。

Ⓐ、前七世紀に集落の統合がなされ、三部族（tribus）—一〇クリア（curia）を形成した。その後統合規模が拡大し、

住民の拡大再編成の必要から前六世紀中葉にセルウィウス王によって四地区（tribus）制、戸口調査（census）制が実施され、市民資格が部族―クリア所属から地区所属に変わった。セルウィウス体制によって都市国家ローマが出発した。地区―ケンスス制によって市民団への新規編入が可能になり、前六世紀末までに近隣の首長が土地・住民とともにローマ傘下に入り、tribus は二〇に増加した。領域と市民の増大はその後も進んだが、市民団の分解も進んだ。

Ⓑ、地中海沿岸地域に定着した諸族の共同体が、階層分化の進行、市場との接触の拡大による商品貨幣関係への巻き込まれ、私的土地所有の増加とそれに伴う共同所有の後退、奴隷所有の拡大、慢性的戦争状態などが原因となって共同性を失って分解し始めるが、発展の不均等によって先行して都市化したポリスが周辺共同体を巻き込み、連鎖反応的に分解が加速された。

Ⓒ、セルウィウス体制下で重装歩兵密集戦法が完成したが、負債による市民団の分解の過度の進展（無産者の増加）は、平等な政治的・経済的・社会的・軍事的権利義務を有す成員を前提とする政治形態の動揺、武装自弁の兵士の疲弊による防衛力の減退をもたらし、市民団存立の危機をもたらすことから、様々な分解阻止あるいは復旧のための施策が採られた。

没落市民に再度土地を割り当て私的土地所有の比較的均分を回復するために、前五世紀後半以降、土地獲得の戦いに乗り出した。ローマの場合、市民権・市民団の閉鎖性を特徴とするギリシャと異なり、植民者がローマ市民権を保持したまま殖民できたため、植民市が独立国とならず、また征服による獲得地の共同体成員にも負担と引き換えにローマ市民権（数等級あり）を付与したため、ローマ市民団の地理的・人的拡大が可能となった。このため、ローマはギリシャポリスのように衰退せずに広大な領域を保持できた。しかし、征服で獲得した新領地に殖民市建設の形で土地割当てを実施することは、新トリブス（区）の形成に伴う新興指導者の台頭を警戒した旧来指導者層の反対で容易には進まず、その反面、公有地のうちの余り地などの富裕者による先占・開墾を誘発し、かえって富裕者と土地喪失市民への階層分解を促進する皮肉な結果となった。

Ⓓ、前四世紀後半以降の戦争によって勢力範囲を拡大し、とりわけ前三世紀中葉の第一次ポエニ戦争以降、広大な海外領（属州）が獲得されたが、都市国家以来の官僚制の未発達（一年任期・同僚制）というローマの特殊事情から、騎士階層が属州の統治に関わる各種国家事業の請負業者となり、クラウディウス法（前二一八）で商業活動を禁じられた官職貴族（元老院議員）層は出資者となり、両者が属州支配で獲得した富と奴隷をもとに奴隷制大農場経営を開始した。前二世紀後葉に、大土地所有を制限し土地を再割り当てするグラックス兄弟の諸改革が失敗し、市民団の分解に対する歯止めがなくなった。

Ⓔ、しかし、前一一三年の対ゲルマン戦争の連敗の後に、無産市民の志願兵による軍隊の編成、退役兵への土地割当・殖民という新方式がマリウス（前一〇四～一〇一コンスル）によって始められ、以後、有力武将がその方式を踏襲すると、武装義務を土地所有から解放したうえで、あらたに軍務の報償としての土地割当による重装歩兵農民の再建が果たされ、殖民・土地割当の推進は、共同体の分解を阻止し再建する効果をもった。この兵制改革（市民軍団制→職業軍人制）は将軍と兵士（下層市民・農民）との私的な従属関係、恩顧と義理の patronus-clientes 関係（保護隷属関係＝クリエンテーラ clientela）を生み出し、これが社会の基底をささえることになった。有力将軍にとって、自己の軍の合法化→海外の征服による土地獲得→殖民・土地割当の実績→優秀な clientes の獲得→権力闘争への勝利→さらなる征服→……というサイクルが必須のものとなり、有力武将を頂点とするピラミッド状の党派（factio）間の激しい抗争と統一（帝政の樹立）への動きが、前一世紀の内乱の実態だった。

Ⓐ～Ⓔから、国家属性の形成についてまとめておく。

※人民の地域的編成について。ローマにおいてはセルウィウス王の地区―ケンスス制によって達成され、都市国家ローマが出発した。

前三世紀のカルタゴ撃破以後、統合領域が急激に拡大し、とくに前九一～八七年の同盟市戦争以後、イタリア人がすべてローマ市民となると、都市国家から領土国家へと変貌を遂げた。こうした社会の変質にもかかわらず帝政期まで都市国家的な制度・機構を変えなかった。

前一世紀の、特定の将軍を頂点とするピラミッドが覇を競う状態は、中国では秦漢帝国成立以前の戦国時代に類似した現象が見られる。問題はこのピラミッド状組織の統合原理である。弓削氏が指摘するように、土地を持ち兵役に従事する農民の再生については「共同体の再建」という面をもつにせよ、そもそも地区―ケンスス制以後の市民団はもはや血縁原理を主とする一次的共同体（氏族・部族）そのものではないし、ピラミッド内の組織原理たるクリエンテーラは、なおさら、二次的に形成された関係であった。

このクリエンテーラは、中国の戦国～漢代の任侠的関係（増渕　一九六〇）―すなわち氏族制的邑共同体の崩壊から放出された個々の家族や人々（無産の遊民など）を再組織化して有力者の周囲に結び付けた新しい人的結合の習俗的関係であって、家父長制的血縁関係を拡大した形で擬制化する―にまさに相当する。中国では、任侠的関係が戦国期以降のあらゆる政治・社会・経済の諸関係の基底に根を張ったが、ローマにおいても、共和政期の寡頭制社会の中で、クリエンテーラ、あるいは政治・社会生活全体を覆うパトロキニウム（patrocinium）が発展し、征服の進行につれて、保護―庇護関係が兵士のみならず、属州の有力者など（属州クリエンテーラ）に広がっていった。

※官僚機構の成立について。中国では戦国時代に生まれる官僚制が、君主や貴族と任侠的関係で結びついた側近家臣に由来し、官僚制が完備した漢代においても、国家権力の制度的機構の現実の運営を規定した（増渕　一九六〇）。ローマでは共和政期までの行政は、任期制の各種行政官が行い、高位行政官はしだいに貴族から有力平民に拡大されたとは言いながら、官僚機構は発達しなかった。特に共和制後期の急激な領土の拡大に伴う徴税事務の膨張に、官僚機構の整備が追いつかず、徴税請負人が活動した。他方で有力政治家を頂点とするクリエンテーラあるいはパトロキ

ニウムは、機構によるものというより私的支配従属関係であり、諸党派の統合に伴ってそれをいくら束ねても、ただちに国家機関になるわけではないが、帝政期に皇帝を中心に発展する官僚制の基礎となった。

それと同時に諸党派の統合の帰結として、その頂点に強大な権力をもって支配する元首あるいは皇帝の地位が成立した。オクタヴィアヌスはカエサルの挫折を考慮して、共和政期の公職機構を維持しつつ、高位官職を兼任する形で権力を集中した。

※常備軍の成立について。マリウスの改革後、軍隊は政争を続ける有力将軍の私兵となり、内乱の一世紀の間に各将軍が外征を進めたため、数が増加しすぎた。内乱の終結後オクタヴィアヌスは私兵の集合体の性格を転換し、平和の維持、財政的維持に適切な規模まで削減し、ローマ市民・外人からなる常備軍として組織し、主として辺境に配備した。ただし、しだいに駐屯地で兵士を集めるようになると、各地の軍隊の人種構成に地域差が生じ、それぞれが皇帝を擁立しようとする軍人皇帝時代を現出した。

こうしてみるとローマにおける帝政の成立は、中国の秦漢帝国の成立に相当し、王制から共和制を経て帝政に至るプロセスは、階級分化と支配領域の拡大に伴って人民の組織原理・支配原理を転換させ、権力を集中し新しい統治機構が普遍化する過程の帰結という点で、国家形成の基本プロセスでは、東アジアモデルと共通しつつも基本的な差異がある。①人民の地域的編成をいち早く行って族制的原理から脱却したので、権力集中あるいは統治機構の形成に際して族制的擬制の形をとらなかった。②職務機構は役職者の短任期制のため、各種国家事業の請負業者が代役を勤め、官僚機構の形成が遅れた。③王制、共和政期（実態は寡頭政）を通じて突出した権力者を生み出さず、前一世紀に覇を競った有力将軍にしても、民会での合法化が覇権掌握の条件だった。帝政前期（元首制・プリンキパトゥス）に至ってなお、その権力は元老院や民会の公職諸権限の付与による合法化を必要とし、帝政後期（専制君主制・ドミナトゥス）に至ってようやく専制体制が確立した。

これらは平等で自立した分割地所有民からなる共同体から出発した社会の特性に規定されており、階級分裂に際しても、分解を阻止しようとする内的力が相対的に大きく、共和制の実態が寡頭制であったにせよ、特定個人への権力集中が妨げられた。その意味で、階級分裂後の支配形態、ひいては国家形態を規定するのは、「共同体」の形態であることに、あらためて思い至る。

参考文献

足立啓二　一九九八　『専制国家史論―中国史から世界史へ』柏書房
石母田正　一九七一　『日本の古代国家』岩波書店
井上秀雄　一九七一　「朝鮮・日本における国家の成立」『岩波講座世界歴史』6　岩波書店
ウィットフォーゲル（森谷克己・平野義太郎訳）一九三九　『東洋的社会の理論』日本評論社
〃　（アジア経済研究所訳）一九六一　『東洋的専制主義』論争社
梅棹忠夫　一九五七　「文明の生態史観（序説）」『中央公論』一九五七年二月号
江村治樹　一九九八　「戦国時代における都市の発達と秦漢官僚制の形成」『岩波講座世界歴史』3　岩波書店
太田幸男　二〇〇三　「秦」「前漢」『世界歴史体系　中国史』1　山川出版社
岡村秀典　一九九七　「長江中流域における城郭集落の形成」『日本中国考古学会会報』7
一九九八　「農耕社会と文明の形成」『岩波講座世界歴史』3　岩波書店
二〇〇〇　「古代城郭都市の研究」『中国古代都市の形成』
川本芳昭　二〇〇五　『中国の歴史〇五　中華の崩壊と拡大』講談社
鬼頭清明　一九七六　『日本古代国家の形成と東アジア』校倉書房
一九七九　『律令国家と農民』塙書房
熊野　聰　一九七六　『共同体と国家の歴史理論』青木書店
白川　静　一九五六　「詩経における農事詩」『立命館文学』一三八―九
鈴木一州　一九六九　「ローマ共和制の成立と発展」『岩波講座世界歴史』2　岩波書店

鈴木靖民一九九四「東アジアにおける国家形成」『岩波講座日本通史』2　岩波書店
竹内康浩二〇〇三「西周」『世界歴史体系　中国史』1　山川出版社
田中良之一九九五『古墳時代親族構造の研究』柏書房
都出比呂志一九九六「国家形成の諸段階」『歴史評論』五五一
鶴間和幸二〇〇三「新・後漢」『世界歴史体系　中国史』1　山川出版社
二〇〇四『中国の歴史〇三　ファーストエンペラーの遺産』講談社
徳本正彦一九七四「政治及び国家の成立と人類学」『国家論研究』五一九七五「原始社会史の段階区分と前国家段階」『法政研究』四二―二・三
西江清高二〇〇三「先史時代から初期王朝時代」『世界歴史体系　中国史』1　山川出版社
廣松　渉一九八六『生態史観と唯物史観』ユニテ
平勢隆郎一九九八「殷周時代の王と諸侯」『岩波講座世界歴史』3　岩波書店
二〇〇三「春秋」「戦国」『世界歴史体系　中国史』1　山川出版社
フリードマン（山崎カヲル編訳）一九七五「部族システムの動態と変換―カチン族の事例」『マルクス主義と経済人類学』拓植書房
松丸道雄一九七〇「殷周国家の構造」『岩波講座世界歴史』4　岩波書店
二〇〇三「殷」『世界歴史体系　中国史』1　山川出版社
増淵龍夫一九六〇『中国古代の社会と国家』弘文堂
一九七〇「春秋戦国時代の社会と国家」『岩波講座世界歴史』4　岩波書店
弓削　達一九七七『地中海世界とローマ帝国』岩波書店
一九八九『ローマはなぜ滅んだか』講談社
吉村武彦一九八四「古代の社会構成と奴隷制」『講座日本歴史』2　東大出版会
一九九六『日本古代の社会と国家』岩波書店

〈追記〉日本と中国の社会に大きな差異を認識する研究者は、両者を一括して「東アジアモデル」を構築することに抵抗感が強いであろう。しかし小稿三3で論じたように、日中の差（日本―封建社会、中国―専制国家）が生じる前の、古代国家形成に至るプロセスのエッセンスは、「東アジアモデル」の成立を可能にするほど類似している。

日本列島は「東アジア」なのか

坂上康俊

はじめに

我々のCOEの全体のテーマは「東アジアと日本：交流と変容」、その方法は「比較社会史」、我々のサブテーマは「東アジア諸国家とその形成過程の比較研究」、そして今回のワークショップのテーマは「古代国家とアイデンティティ：東アジアモデルの可能性」であるということを踏まえた時、「日本古代史の諸問題は古代が崩壊する時代の分析からのみ正しく提起される、古代から中世への転換時代の研究は古代史研究の終末ではなくして、むしろその出発点でなければならぬ」（石母田正『中世的世界の形成』初版跋、『石母田正著作集　第6巻　中世的世界の形成』岩波書店　一九八八年　二九七頁。初発表一九四六年）、つまり、古代史はそれ自体で完結した歴史ではなく、それに続く中世社会への転換を内在したものとして理解さるべきであり、古代史の研究課題は任意に選ばれるべきものではなく中世を基点として導き出されるべきものだ、という石母田正の主張（石井進「『中世的世界』と石母田史学の形成」『石井進著作集　第6巻　中世社会論の地平』所収　岩波書店　二〇〇五年、一一六頁。初発表一九八六年）は、あらためて顧みる価値があるように思う。主として文献史料に基づいて日本古代国家の特質を探ってきた者の一人として、ワークショップの場に身を置きながら思い悩んでいたことの一端を、この機会に極めてラフな形でメモしておきたい。

一　中世国家への転換とアジア

現在の古代史研究の出発点とも位置づけられる石母田正『日本の古代国家』には、つぎのような有名な一節がある。

（『石母田正著作集　第3巻　日本の古代国家』岩波書店　一九八九年　三二五〜六頁。初発表一九七一年）。

律令制国家は、「二つの生産関係」の上に成立しているといわれる。私は、この問題をつぎのように理解している。第一は、国家対公民の関係、つまり「最高の地主」としての国家と班田農民との関係、租・庸・調・雑徭の収取者としての国家と被収取者としての公民との関係において成立する生産関係である。第二は、右の国家的収取・支配が実現するための条件として存在し、徭役労働についてみたように、それなしにはいかなる国家的収取も可能でないところの社会における階級的な支配と秩序である。問題を単純化していえば、それは、在地における首長層と人民のあいだに存在する人格的な支配＝隷属として存在する生産関係である。（中略）このうち国家すなわち第一の生産関係を代表するものは国司または国衙機構であり、第二の生産関係を制度的に代表するものが郡司である。

その古代国家が中世国家へと変容していく過程について当該書では具体的には述べられていないが、見通しとしては以下の記述が参考になる（同前三三九頁）。

東洋的専制国家としての律令制国家の消滅は、それらの諸制度の解体によってではなく、そのもとで一時背景にしりぞいたかにみえた第一次的生産関係、本稿の立場からすれば「総体的奴隷制」の封建的生産様式への移行によってのみおこり得るといわねばならぬ。

ここで言う「総体的奴隷制」とは、

> 農民の耕地に対する私有が実現したギリシア・ローマ的（古典古代的）形態とゲルマン的形態とちがって、アジア的形態のもとでは共同体的所有のみがあり、個人はそれから自立していないが、それら共同体の上には、その統一を具現する「総括的統一体」が上位の、唯一の所有者としてあらわれるので、個々人は統一体（多くのばあい、専制君主）の財産、奴隷になる。

とするものであり（堀敏一「近年の時代区分論争」唐代史研究会編『中国歴史学界の新動向』所収　刀水書房　一九八二年　五七頁）、石母田は、この総体的奴隷制の崩壊が中世封建制の成立を導き出すとするのである。この見解は、石母田自身の『中世的世界の形成』での奴隷制・封建制理解とは必ずしも整合的と言えないが、石母田の最終的な見方と受け止めて良いだろう。問題はこの展開を「アジア的共同体」の語に引かれて「東アジア」モデルとして一般化できるかどうかである。「東アジアモデル」は中世国家への移行まで視野に入れたものでなければ、その有効性は古代国家形成過程のみに局限され、ひいてはそのモデルとしての有効性自体が問われることになるだろうからである。

この場合考慮しなければならない見解で、かつ石母田の依拠した理解に、以下のような対比的類型化がある。

> 初期の支配形態は、大づかみには、二つの類型に分類される。共同体の「共同性」が首長によって「代表」される型と、成員相互の関係として、すなわちなんらかの形の「民会」によって「代表」される型である。後者には古典古代的・ゲルマン的類型が属し、前者には、いわゆる共同体の「アジア的形態」が対応し、そこでは王＝首長は多かれ少なかれデスポティックな性格をもつ。
>
> （石母田『日本の古代国家』（前掲）一六頁に、マルクス『資本制生産に先行する諸形態』よりの引用として紹介する）

（ゲルマン的）共同体の「共同性」が、首長によって「代表」されるのではなく、私的土地所有にもとづく自立的主体間の相互関係として、民会という一個の機関によって「代表」されるのである。（中略）少なくとも民会という体制の存在が、アジア的共同体を基礎にしながら、その対立物に転化したゲルマン的共同体の特徴的な国制であることはあきらかである。それにたいして、日本の古代社会の特徴は、他のアジア的共同体と共通して、戸相互間の共同体的結合が、民会によってではなく、首長の人格によって「代表」される点にあり、かかる生産関係のもとにおいて、集落共同体等がなんら公的地位を占めていないのが特徴である。（同前二七八頁）

さて、その後の研究の進展により、「首長制」概念は、石上英一によれば以下のように定義しなおされ、日本の古代社会を説明するのに有効な概念とされてきた。

日本古代社会は、階級的社会の最初の段階の一形態としての〈首長制の生産関係〉の段階であった。首長制の生産関係とは、新進化主義人類学が提唱した首長制論を参考としながらも、それを奴隷制・農奴制と並ぶ前近代階級関係の第三の範疇として再構成した概念である。首長制の生産関係とは、次のように規定される。

①共同体が占地するところの大地と共同体の諸機能を共同体首長が私的に領有し、共同体成員は大地の分割的占有・用益のみを行い、その労働は首長による指定・強制として行われ、かつ首長が流通を支配する階級的生産関係である。

②首長と共同体成員が生産活動において取り結ぶ意思関係は、共同体の唯一の代表者＝首長に対する生産物の貢納と労働の奉仕という人格的支配隷属関係として現象する政治経済的関係である。

③また、首長制の生産関係を基礎とする社会構造は、共同体が首長により代表され、共同体は首長を媒介にしてより上位の共同体首長に隷属し、この共同体間の支配従属関係が王権を頂点とするピラミッド型階層構造を構成する。

④そしてこの共同体の階層的編成が、最高首長に権利を集中し、共同体成員が無権利状態に置かれる専制的政治秩序を生み出すのである。

（石上英一「律令国家論」『律令国家と社会構造』所収　名著刊行会　一九九六年　八八～九頁。初発表一九九三年）

このような首長制の生産関係の経済構造が変化するのは、共同体成員の経営体が個別経営としての自立性を増大させ、個別経営の結合体としての村落共同体を構成し、かつかかる個別経営との双務的な関係を有する領主がそれらを村落共同体として支配する中世的な経済構造が形成されることによる。領主は、個別経営の階層分解、共同体首長からの転化、都市貴族階層の土着などにより形成される。

（石上英一「比較律令制論」『同書』所収　一四二頁。初発表一九九二年）

同じ石上英一は、吉村武彦の所説への導入として以下のようにも述べている。

アジア的生産様式＝原始共同体社会の生産様式に続く「古代的生産様式」が日本においてはどのようなものとして現れたのかを次に考えてみよう。／フランス語版『資本論』第一巻は、そのドイツ語版第一巻のフランス語訳にマルクスが手を加え、かつ多くの重要な書き改めを行ったものである。林直道が指摘したように、そこには、古代的生産様式を考えるうえで重要な記述がある。すなわち、「古アジアの生産様式」＝原始共同体社会のアジア的生産様式とは別に、「古代一般の生産様式」が存在すること、この「古代一般の生産様式」は「専制主義および奴隷制の諸条件にもとづいている」ことが、新たに述べられている。マルクスは、「古代一般の生産様式」には、「専制主義」と「奴隷制」の二形態があることを論じている。言いかえれば、古代社会には奴隷制ではない専制主義の社会が存在するということが示されている。この「専制主義」は、マルクスの用語例や他の叙述から考えて、「東洋的専制主義」のことであり、原始共同体社会のアジア的共有形態が、階級社会に移行した後も存続し、階級支配の基礎として機能した社会の生産様式である。／東洋的専制主義は、マルクスが「資本主義的生産に先行する諸形態」において提示した、奴隷制でも農奴制でもない「東洋の総体的奴隷制」に相当するが、マルクスのその後の古代アジアの生産様式についての認識の発展を考えれば、奴隷制の一変種と考える必要はない。東洋的専制主義に基づく古代社会（日本も含まれる）にも奴隷は存在したが、それは東洋的専制主義の基本的な直接生産者ではない。吉村武彦は、東洋的専制主義を、マルクスが『剰余価値学説史』24章において「直接的奴隷制」と区別したところの「政治的従属関係」に相当するものとして認識し、「アジアの古代的生産様式」は「奴隷制や農奴制と区別されたカテゴリー――いわば第三範疇」であり（吉村「アジア的生産様式論」『日本史を学ぶ』1原始・古代　有斐閣　一九八二年）、「アジア的古代隷農制」であると定義した（吉村「古代アジア社会と日本」『講座史的唯物論と現代』3世界史認識　青木書店　一九七八年）。

（石上英一「日本古代における所有の問題」『同書』所収　一六一頁。初発表一九八八年）

ここで述べられた見解は、一見整合的のようには見えるが、この首長制は「アジア的」なのか、特殊日本的なのかの議論がとりあえずは棚上げされており、また土地所有の面で律令法制との緊張関係の説明を欠くし、かつ最低ランクの首長は共同体成員をどう把握するのか、すなわち成員個々か、家父長制を基礎に置くのかが不明ないし保留されている。首長制の重層構造という構想は、石母田が出雲を例として提示しており、吉田孝の「公」＝「オホヤケ」論（吉田孝『律令国家』と『公地公民』」『律令国家と古代の社会』岩波書店　一九八三年）とは整合的であるが、吉田説のそもそもの出発点が、中国にはこのような重層性は無いのではないか、少なくとも「公」＝「官」と「私」＝「民」の対比は決定的であると看破した点にあることを想起すれば、いわゆる「アジア的古代隷農制」論は、中国を包摂しえずに特殊日本化するうえ、上部構造（専制国家、封建国家といった国制）との対応をどう説明するかが課題として残るだろう。

また、石上が紹介した吉村武彦の隷農制論は、隷農制＝「アジアの古代的生産様式」＝東洋的専制主義＝政治的従属関係≠直接的奴隷制＝古典古代社会という図式となり、隷農制でもって日本も中国も説明しうると考えているようで、これだと確かに石母田が徭役労働等を強調して公民＝奴隷とした苦労は省けるが、逆に「政治的従属関係」としてしまった以上、生産様式論としての直接生産者の剰余労働の収奪と、生産手段の所有についての議論が落ちてしまい、いかなる条件のもとで、その生産様式から次の段階に移行可能なのか、またそれは汎アジア的に可能なのかどうかが不明とならないだろうか。更には日本の古代国家を中国のどの段階に相当するものと考えるかという議論も避けて通れないだろう。

二　首長制と家父長制

ここで問題となるのが、自立した経営を営む主体の存在形態である。石母田自身の認識は以下のようであった。

古代日本の家長権が、一般人民はもちろん、それが形成された中央および地方の支配層内部の家族においてさえも、ローマ的古代家族のように強力な権力に発展しなかったのは（おそらく日本の場合は中国の古代家族に比較してもそうであろう。律令が、中国的な家父長的秩序を上から導入しようとしたことも想起されたい）、後者が単婚家族として、すなわち私的所有にもとづく自立的主体として分離したのにたいして、前者では前記のように、そのための物的条件が未成熟であったことと関連しよう。古典古代では都市に集住した自立的な単婚家族の家長間の秩序として構成される第二次的共同体としての「市民共同体」が、日本ではそれとは異質な秩序、たとえば「土地の付属物」としての村落とその「長老制」的または年齢階層的編成や同族的・血縁的結合という自然生的秩序が支配的とならざるを得ない。

（前掲『日本の古代国家』一九七～八頁）

この問題に関して石上英一は、以下のように説明する。

「首長制の生産関係」の階級的収取関係の実現の基礎は、首長層が、共同体の統一を具現する、すなわち共同体の唯一の代表者であるという資格において、領域内の山林原野河海・耕地などの一切の土地の領有者として存在すること、したがって共同体成員は共同体が占地する大地の分割地の占有者として存在することにある。

共同体成員は家族共同体として存在し、政治的には民戸として支配される。この共同体は首長と民戸が構成する地縁的結合体としての集落共同体を形成している。しかし、その民戸の集落共同体は、共同体成員の物質的生産における自立性の弱さ（農民的小経営の未成立）と共同体からの非自立性により、自立した小経営の結合体としての村落共同体とはなっていない。

（前掲「日本古代における所有の問題」一六四頁）

これらの諸見解が一致して指摘するのは、奈良平安時代の家族の小経営体としての自立性が著しく小さいことである。経営自体が共同体からの自立性が小さいところでは、経営の主体自体が所有を実現していないわけで、当然その主体を家父長制という概念で捉えることを躊躇せざるを得ないであろう。

日本古代社会のこの特質は、中国だけでなく、古典古代や古ゲルマン社会の共同体との比較研究の上でも興味深い論点を導くことになる。アジア的共同体から（古典古代的または〈石母田同前二八五頁〉）ゲルマン的共同体が分かれたと考え、ゲルマン的共同体において私的土地所有が発展した原因について、家畜という動産所有の契機の存在に注目している石母田は（同前二七六〜七頁）、アジア的共同体はその共同性が首長によって体現され、首長によって代表されるものであるのに対して、古典古代・ゲルマン社会の共同体は、所有を実現した家の家長が構成する「民会」によって共同体が代表されるという対比を強調している。しかし、帝制時代中国の家族は家父長制を実現し、したがって村落共同体はある程度成立しているが（村正の存在などに明らか）、それでも自立した小経営体の代表による民会的なものの影はかなり薄いように思われる。果たして共同体のあり方と家族結合のあり方との間には、どのような関連性があるのか、これは比較社会史にとって大きな課題の一つになるだろうし、また日本古代社会を検討する際に、安易に「アジア」ないし「東アジア」という枠組みを前提として用いることに慎重でなければならないことを示すだろう。

三　封建制と「東アジア」

さらに大きな問題は、封建制への移行の問題である。ここで取り上げる封建制は、領主と農奴との間で取り結ばれる所謂「封建的生産様式」を含みつつも、法制的な意味での、即ち主君が家臣に封土（領地）を与えて保護するかわりに、家臣は主君に忠誠を誓って軍事的奉仕の義務を負うという、封建的主従関係（レーン制）を中心とする。西欧で広くとって八～九世紀に成立し、十三世紀ころまで続いた西欧中世社会の基本的な枠組みとなったこの土地を媒介とする主従関係は、ローマの恩貸地制とゲルマンの従士制とが結合して成立したといわれているが、ほぼ似たような制度が中世日本においても見られることをどう評価するかという古典的な問題があり、これと「東アジア」という枠組みとの関連が問題となる。

「封建制」という概念にはマイナスのイメージが重ねられる時と、プラスのイメージが付与される時とがある。前者は明治維新によって克服された幕藩体制・武家社会の仕組み、あるいは明治維新によっても払拭できずに残存した後進的要素と評価される時代相であることは言うまでもない。これに対して後者は、これを経過したが故に日本の歴史は西欧と基本的に同様のコースをたどったとみて、ここに日本史の中に資本主義化すなわち近代化が可能な素地を見出すというものである。特に後者を強調する場合には、当然のことながら「他のアジア諸国とは異なり」という枕詞がつくことになり、この点が「東アジアと日本」を考える際の重要な問題として浮上することになる。ここでは専ら後者の観点に立つ、ないしはそれを批判する立場を採り上げざるを得ない。

石井進の要を得た整理によれば、日本史の中に西欧と相似形の「封建制」を見出し、日本と西欧においてのみ封建制度が共有されたという見方の濫觴は、福田徳三（『日本経済史論』宝文館　一九〇七年。ドイツ語原版一九〇〇年）・内田銀蔵（『日本近世史』富山房　一九〇三年）ら経済史家の提唱にあり、原勝郎の『日本中世史』（富山房　一九〇六年。のち講談社学術文庫　一九七八年）や中田薫の一連の著作（「王朝時代の庄園に関する研究」『国家学会雑誌』二〇―三～一二　一九〇六年、「コムメンダチオと名簿捧呈の式」『法学協会雑誌』二四―二　一九〇六年。ともに後に『法制史論集』第2巻所収　岩波書店　一九三八年）等に受け継がれて常識化され、第二次世界大戦後はジョン・ホールや特にエドウィン・ライシャワー（『日本近代の新しい見方』講談社　一九六五年）などの近代化論、およびこれを積極的に擁護した堀米庸三（「封建制再評価への試論」『展望』一九六六年三月号。のち『歴史の意味』所収　中央公論社　一九七〇年）へとつながる（石井進a「日本史における「中世」の発見とその意味」『創文』93号　一九七一年、b「日本の封建制と西欧の封建制」堀米庸三編『学問のすすめ一一　歴史学のすすめ』筑摩書房　一九七三年、c「中世社会論」『岩波講座日本歴史8　中世4』岩波書店　一九七六年。のち三編ともに『石井進著作集　第6巻　中世社会論の地平』所収　岩波書店　二〇〇五年）。

中国古代帝国の辺境にあたる日本の、そのまた辺境にあたる東国から中世が成立したとの原勝郎のモチーフは、石母田正を正嫡として、地球儀の上で線対称の構図を示す梅棹忠夫の『文明の生態史観序説』（中央公論社　一九六七年）にまで至る。こういった流れは、中世暗黒時代観や日本特殊論を柱とする皇国史観とは対立し、日本が帝国主義列強ないしは欧米資本主義諸国と肩を並べることができる素地を持つという鼓舞を伴うアイデンティティを用意したが、それ故にアジア諸国との共通の歴史を拒否するものであるとして、いわゆる普遍的な「世界史の基本法則」を強調し、かつアジアとの連帯を模索する立場からは、猛烈な批判を浴びた。ただし法制的な意味ではなく、領主制という概念の適用などの場面では、マルクス主義歴史学の中での石母田正『中世的世界の形成』（前掲）も、成立すべき日本中世社会を、西洋的な領主―農奴関係として捉えようとしている点で、この流れの中に置くことが十分に可能である（石井進前掲ａｂｃ論文）。

中国史の時代区分論争がなかなか明確な像を結ばないという現実がある一方で、十一世紀くらいから後の日本の社会制度についてみれば、それがほぼ同時代の西欧との比較研究を通じての対話が可能ではあっても、ほぼ同時代である宋代の中国社会との比較研究は、そもそも取りかかりようがなかったと言って良い。試みにかつての『古代史講座』（学生社　一九六一〜六六年）の構成と、『中世史講座』（学生社　一九八二〜九六年）の構成を比較してみると、後者においては、問題意識の共通性から入って、比較を通じた対話が成立しているのは西洋史と日本史なのであって、中国史・朝鮮史は単に並列されているか直接の交渉史に限られていることに歴然としているように、さほどに日本社会は、同時代の「東アジア」から浮いているのである。実際日本中世史の研究と同時代を扱う中国・朝鮮史をはじめとするアジア諸国史の研究との間には、交流史以外の接点は無いといって良いのに対し、日本中世史の研究と西欧中世史の研究との間には、「自由」や「異端」をめぐる対比から（阿部謹也他『中世の風景（上）（下）』中公新書　一九八一年）、史料論に至るまでの（最近では鶴島博和・春田直紀「『日英中世史料論』シンポジウム報告」『古文書研究』五六号　二〇〇二年。ユーディト・フレーリッヒ「日欧中世史料論についてのノート」『九州史学』一三一号　二〇〇二年、など）、直接の交渉とは全く離れた論題が容易に成り立ちうるのは、そこに本質的な類似と、それにも関わらず細かい点での相違があるからである。

もちろん、西欧中世の主従関係と日本中世のそれとの間には、相違点があることは周知のことである。今、仮に石井進の説明を簡潔に紹介するならば、日本の中世社会は、確かに法の分立＝裁判権の分立、「公方」の分立＝公権力の分立、裁判における当事者主義（「獄前の死人、訴なくんば検断なし」）、敵討の公認等の自力救済やアジールの広汎な存在、強固な共同体としての惣が多数存在していた事実に見られるように分権的・多元的側面があり、この点は西欧中世社会と共通の側面と評価できるが、一方で主従制において日本の方が契約性が弱く、また職の体系（永原慶二『日本の中世社会』岩波書店　一九六八年）あるいは「権門体制」（『黒田俊雄著作集　第1巻　権門体制論』法蔵館　一九九四年）として日本中世の国家権力機構の全体を捉えうること、領主の階級的結集の媒介項としての「公田体制」の存在（入間田宣夫「公田と領主制」『歴史』三八輯　一九六九年）、更には律令制下の公民の流れをくみ、領主のイエ支配になかなか取り込まれない、自らを国家ないし天皇の直属民として位置づける「百姓」の広汎な存在などといった、反領主制説につながる集権的・求心的側面が無視できない（但し、職の体系の不安定性の指摘など、必ずしも石井はこれらに同調していない。a論文　五二～六頁）などの西欧との相違点も考慮しなければならず、この後者の方は、見ようによっては日本中世のアジア的側面の重視、アジア的封建制の一環として捉えようとする指向性を持つものという評価が可能である。

最近では保立道久のように、「封建制」という概念自体の有効性を問い、「封建制」という範疇は、農村が社会の地盤となったヨーロッパ中世の歴史に局限されるべきもので、世界史上、日本とヨーロッパのみが封建制を経過したという議論は、日本の資本主義的発展に幻惑された神話であり、首長制社会、荘園制社会、幕藩制社会などの範疇を鍛え上げるべきだとする見解も表明されている（保立道久「現代歴史学と「国民文化」――社会史・「平安文化」・東アジア」『歴史学を見つめ直す』所収　校倉書房　二〇〇四年　一八頁。初発表二〇〇〇年。同「封建制概念の放棄と日本社会論」『同書』所収　初発表二〇〇一年）。この見解と、保立が共感を示す内藤湖南・宮崎市定の時代区分論とを重ね合わせれば、漢までを首長制、後漢～隋唐を荘園制、宋以後を幕藩制という中国史の時代区分が成立してしまうが、中国専制国家の極点を究めた君主・雍正帝（宮崎市定「雍正帝」『宮崎市定全集14　雍正帝』所収　岩波書店　一九九一年。初発表一九五〇年）を日本近世に見出そうとすることは、国制レベルとしては殆ど徒労というべきではなかろうか。その保立は一方で、

日本の平安時代から室町時代まで持続した荘園制的な社会構成は、封建制ではなく、国家的・都市的な特質をもった独自の社会構成であると考えている。それは日本前近代史を通じて、江戸時代まで一つの経済関係として自己運動し続け、天皇制と氏的国制はそのような都市的な諸関係が身分的に持続される中で持続したのではないか。

という注目すべき見解も披瀝しているが（同前四五頁）、これでは日本特殊論に陥り、時代区分として中国と対比させることはかなり困難ならざるを得ないのではあるまいか。したがって「都市的・国家的な国土領有の体系は、中国・

朝鮮における国家的土地所有とは形態を異にするものであるが、やはり東アジア的な社会構成の一類型に対応するものであったというべきであろう」という主張は、説得力が乏しいように思う。むしろ、日本と西欧の中世社会が封建制の概念で説明できることを再確認したうえで、中国史にこれをあてはめるとすれば紀元前五世紀以前であるとみた水林彪の主張（「封建制概念とアジアの封建制」『歴史学研究』六一八号　一九九一年）の方が、はるかに説得力を持つように思う。

荘園制をも含めて、西欧中世と日本中世とでは様々な比較、あるいは方法や術語の相互適用がかなりの程度可能であるのに（「日欧封建制の類似が比較を可能ならしめるほど近いことは確かであるが、それはかえって両者の差の大きさを浮きぼりにしてくれるのではないだろうか」石井進b論文　二八頁）、秦漢帝国以降の中国専制国家に関しては、封建制ないし荘園制という概念を用いることによって日本との類似性を所与のものとし、そのうえで相違点を摘出しようという試みは、おそらく成り立たないだろう。それほどに違う秩序構造を組み立ててしまったのである。その由来を説明しようとすると、どこかで所謂「東アジア」モデルから日本と中国とは分岐したと考えざるをえず、ということは元来分岐を免れない要素をお互いに抱えていたという可能性もまた考慮しなければならないことになる。郷村社会における自作農の広範な存在を基盤にした専制官僚国家としての宋朝以降の集権的支配の成立をみた中国社会・国家と（柳田節子『宋元郷村制の研究』『宋元社会経済史研究』ともに創文社　一九八六年・一九九五年）、中世以降の日本社会・国家との対照的なあり方は、いかなる条件がもたらしたのか、明確にする必要が生じてこよう。石井進は、日本武家社会は一見すれば西欧封建制に似ているものの、実体は全く相違しており、古代から一貫する氏族制度・宗教組織の上に成立した封建的傾向にすぎない、というラフカディオ・ハーンの言説（「日本――一つの試論」平井呈一訳『全訳小泉八雲作品集』11巻　恒文社　一九六四年）を紹介しているが（石井進前掲書二三頁）、むしろこれを逆手にとり、その古代から一貫した氏族制度・宗教組織の存在形態の特殊性を暴き、そこに他のアジア諸国とは異なる封建的傾向の契機を見出していかなければならないのではあるまいか。

四　氏と家

かつて吉田孝は、『日本の古代国家』にまとめられた石母田正の所説と、井上光貞「律令国家群の形成」（『井上光貞著作集　第5巻　古代の日本と東アジア』所収、岩波書店　一九八六年。初発表一九七一年）とを対比して次のように述べている。

二人の仮説を比較すると、まずその構成が非常に近似していることに気が付く。第一に、律令国家形成の国際的契機を重視する点で、両者の認識は非常に近い。（中略）第二に、井上が、律令国家は「律令制」と「氏族制」とによる二元的国家であったとみるのに対して、石母田も、律令国家は「国家対公民の関係」と「在地首長層対人民の関係」との二重の生産関係の上に立っているとするので、両者の仮説は、形式的には非常に近い。また内容的にも、井上が氏族制的要素の一つとして郡司をあげるのに対して、石母田も在地首長制の生産関係を制度的に代表するものは郡司であるとするので、理論の背後に想定されている実態も、相当に近いとみてよいだろう。（中略）第三に、井上は律令体制の崩壊過程が同時に氏族制的諸要素の衰滅の過程であったとするが、石母田も律令制国家の消滅は、第一次的生産関係、すなわち総体的奴隷制の封建的生産様式への移行によってのみおこり得るとするので、両者の構想は非常に近く、第二にあげた構造的特質の把え方と整合的に対応している。

（「古代の政治と経済」『日本史研究入門』Ⅳ　東京大学出版会　一九七五年　二一〜二二頁）

ただしかし、実際に井上が用いている「氏族制」という概念は、「家族より範囲の大きな何らかの血縁的集団」をひとつの属性として指示しつつも（一五二頁）、非常に曖昧なものと言わざるをえない。むしろ日本古代の「氏族制」の重要な要素をなす「ウヂ」結合の論理そのものは、「イヘ」への結集の論理の中に脈々と受け継がれているのであって、この点が中国と全く異なる「家」を成立させたと考える余地はないだろうか。このように考えるのは、近世以降の「イヘ」についての、次の家族社会学者の説明と、法制史学者の説明とは、相俟って一つの像を結びうるように思えるからである。即ち中根千枝は、

日本の伝統的な考え方（少なくとも〝家〟というものが概念の上でもまた経験的事実としても一般に確立された江戸時代以降であるが）によれば、一度設立された〝家〟は不分割の単位で、その単位の代表者であり責任者である家長によって代々受け継がれていくものである。そして、土地、財産は、家の構成員個々人でなく、家そのものに属していると考えられている。したがって財産を分割して次の世代の個々人が相続するというような考えは出てこない。（中略）このような日本の財産に対する考え方と対照的なのは、インド・中国にみられる「兄弟均分相続」の原則である。これによると、財産はあくまで個人の権利に属するものである。大家族制を発達させたこれらの社会においては、その父系血縁制の原理にもとづき、息子（たち）は父親とともに家族の骨格を形成するものという強い理念に支えられている。これを可能にするのは、同じ両親から生れた兄弟は同等の権利をもつという大前提である。したがって、兄弟のうち、誰が生家に残り、誰が出ていくかなどということは原則として問題にならない。

（中根千枝『社会人類学――アジア諸社会の考察――』東京大学出版会　一九八七年　一〇二～三頁）

と主張し、また滋賀秀三は、

比較法制史的考察としては、（中国の家族組織と）ローマ法の家族組織との間の実質的な類似性――類似性が提示されて始めて差異も明らかになる――と、日本の家族制度との間の原理的な相反性に注目する。

（滋賀秀三『中国家族法の原理』創文社　一九六七年　七頁）

家なる概念のうちに家それ自体の価値・目的という要素が内在すればこそ、現時点におけるそれの担い手として、家の当主という概念が生じ、当主の交替を称して家の相続という用語法も生ずるわけである。（中略）中国に

は、かような「形式的に思惟せられたる家の観念」が存在しなかった。そこでは、家とは広義においても狭義においても、同宗者の集団以上のものではなかったのである。（同前書六一頁）

一言にしていえば、日本人は家名によって、己の社会的地位が祖先の偉業のたまものであることを思ったに対して、中国人は姓によって、己の体内にそして同族の体内に――生き続ける祖先の生命を感じたということができるであろう。（同前書六六頁）

と主張している。これらの見解に依拠すれば、日本近世に明確に成立した「家」は、秦漢以後の帝制中国の家族結合のあり方とも、インドのそれ、古代ローマのそれとも異なっており、かつ後三者には類似性が著しいということになろう。しかも注目すべきであるのは、特に滋賀が取り上げた「家名」は、そのまま「ウヂ」への結集の原理である「祖名」（松木俊曉「祖名と部民制――大和政権における人格的支配の構造――」『史学雑誌』一一一編三号　二〇〇二年　参照）に遡るものである点である。

この点に関して参考になるのは、保立道久の「これまでの常識では、氏族組織が解体して「家」が成立し、日本は東アジアとは異なる道、つまり封建制への道を歩んだとされ」ていたが、

日本の「家」は一種の他律的な目的団体として、ヨーロッパにおけるような貴族的特権性よりも、「職分」概念の下に国家的に拘束されている側面が強いといわれるが（石井紫郎『日本人の国家生活』東京大学出版会　一九八六年）、それは「家」がこのような「氏」を媒介した形式をもっていることに関係している。日本の中世国家は貴族・官僚の氏的結合をもって構成されており、そして、天皇はその氏的結合を象徴する頂点にいたのである。

という見方であろう（「現代歴史学と「国民文化」――社会史・「平安文化」・東アジア――」前掲　二七頁）。ここで展開されている、家父長制の成立時期如何という論義をとりあえず棚上げしたうえでの、「氏」的組織、擬制的「氏」が「家」と名を変えても連綿として中世を貫通しており、だからこそ天皇はその頂点として存続しえたのであるという論旨展

開（同前二八～九頁）は極めて明快で説得的であるが、ここで着目されている「家」のありようと、前記の家族社会学・法制史学の観点からする日本近世の「家」のありようとは矛盾無く接続しうるものであると同時に、保立の主張とは力点の置き所を変えて、そういった日本の「家」は、中国の家族結合とは全く異なるものであることをこそ強調してしかるべきなのではあるまいか。

もっとも中根千枝は、中国の紳士、朝鮮の両班、日本の武士を取り上げながら、

官僚制を基軸とした文化・社会こそ、私は東アジアの特色であると思う。きわめて、政治的・倫理的文化である。これに対しては、宗教も経済も学問も芸術も従属あるいは譲歩せざるをえないのである。この点、西欧やインドと東アジアは明確に異なる。（同前書二二三頁）

とも主張しており、この見解にも十分に注意を払わなければならない。まさに官僚制の問題こそが、律令法制とその背後の政治文化を中国から取り入れたことの直接の結果として、古代のみならず中世以降の日本にも大きな影響を与えたからである。先に石井進の見解を紹介する形で日本中世社会の集権的側面として挙げた職の体系・公田体制等は、直接に律令官僚制とその文書主義の遺産とも言えるのである。

しかしながら中国的な中央集権的官僚制が、果たして日本において中世以降にどの程度実質的な意味を持ち得たか、という点になれば、これをかなり疑問視するべきであろう。その際、最も根拠とするべき現象は、史料残存のあり方そのものである。周知のように、中国や朝鮮半島にあっては、前近代の史料、特に権利証書とでも言うべき文書の残存が日本よりかなり少ない。日本では九・十世紀以降時代を降るに従って次第に多くの権利証書とでも言うべき文書が、主として寺社に残されているが、これは何らかの権利が記されているために残さなくてはならないとして意図的に残されてきたものである。これに対して、中国にそのようなものを求めることは、石碑に刻んだ単発的な事例を除けば、宋代のものを含む徽州文書まで降るし（中島楽章『明代郷村の紛争と秩序――徽州文書を史料として――』汲古書院　二

〇〇二年、など)、朝鮮半島にあっても高麗時代のものはきわめて稀で、ほとんどが李朝時代を遡るものではない(田川孝三「朝鮮の古文書」『書の日本史　9』所収　平凡社　一九七六年)。王朝の交替や戦乱等のさまざまな原因はあろうが、果たしてそれらの理由で説明できるものなのか、むしろ原因は土地所有その他の権利保有を証明しうるものとしての文書という観念が中国・朝鮮では相対的に薄く、その分官僚機構の、すなわち官府所在の帳簿に依拠した保証体系が一定程度維持されてきたからなのではあるまいか。残らなかった原因を探るのは容易ではないが、権利証書ともいうべき文書群の極端な亡失は、修道院等、日本と同様の主体によって権利証書が保存されてきた西欧と対比してみても、いわゆる中央集権的官僚制の発達と表裏の関係を想定することが可能である。逆に言えば、紐帯の表象、ないし身分表象としての意義はともかく、実質的な意味での官僚制は日本および西欧の中世社会には無かったのであって、その代わりに権利証書としての文書に依拠する所有保証体系の共通理解＝暗默知が存在したのではあるまいか。

おわりに

ここに記した雑駁なノートは、誤解のないように敢えて言えば、日本特殊論を述べようとしたものではなく、グローバルな観点から人類の社会と、その上に成立させてきた国家を幾つかの類型に分けて説明しようとする志向性を堅持することを表明したものである。その上で、更に念のために付言すれば、それぞれの社会・国家の有する特殊性をも十分に把握し、その所以を説明しようという志向性も持つものである。幾つかの類型を立てようという試みにおいては、歴史的に生起した現象それ自体によって類型化すべきであって、「東アジア」という枠組みの有効性は、この観点から幾度も吟味し直さなければならないという点については、最後に念を押しておきたい。

第二部　朝鮮半島における国家の成立とアイデンティティ

「東夷」諸民族の王権形成
――夫餘族系諸族と郡県統治との関係性の諸相――

濱田耕策

はじめに

近年、俄に東アジアの古代史研究にあって、高句麗の歴史を民族主義的観点から捉える論調に対面して、この歴史をどのように把握し、かつ評価するかの問題が注目を集めている。中国の歴史学界、殊に東北地区の学界では、現代の多民族国家としての中国を歴史的に形成された国家と規定するから、その東北地域における古代史の主要なモデルとしての高句麗が中核的な位置にある歴史として高く評価されるのである(1)。

一方、韓国では高麗王朝以来の正統意識において、正統王朝が初期の高句麗から中期以降では新羅に遷りながらも、この高句麗が百済を加えた三国時代を構成するひとつの歴史として把握されてきた。しかも、朝鮮王朝時代にはこの三国時代の前史に檀君朝鮮に始まる古朝鮮を置く民族史の構成が称揚されたが、今日、この古朝鮮の称揚を継承する史観ではやはり高句麗の歴史は朝鮮史の体系に不可欠の歴史として強く意識されるのである。

また、北の朝鮮の学界でも、韓国と共通した高句麗史の理解であるが、特には古代三国の中では、高句麗が隋、唐と激しく抗争した歴史が照射されて、外圧と侵略に対する高句麗の抵抗戦こそ今日的にも教訓となすべき民族的経験として高く誇示され、高句麗の歴史が三国の歴史のなかの中核として重要視されかつ賞揚されるのである。

さて、高句麗史をめぐる今日の中国、韓国、北朝鮮それぞれの民族史的な関心から距離を置いてこの歴史を見るとき、五〜六世紀前半の高句麗は王権の頂上期にあったと見てよい。その後にも外圧によく抵抗しながらも、七世紀に入ると王権は内部矛盾から瓦解の方向に進む。その原因を唯に戦略の過誤、戦力の劣勢やそれに起因する内部抗争に求めるばかりではなく、高句麗の社会構造の変容にも要因があるのではないかと予測される。

それは高句麗の王権は高句麗族の上にのみ形成されてはおらず、高句麗国家の内部には王権の成立の過程から異民族を多く内包し、また多く異民族の内徙があり、またその外周にも他民族との間で強弱の統属関係を構成していたことがあり、高句麗の内部矛盾の深化とともにこの他民族、異種族との関係がもろくも瓦解に向かった時に、高句麗王権は崩壊の道を進んだものと考えられるのである。

そこで、四〜五世紀の高句麗と統属関係を結んでおり、高句麗王権の「天下」世界[(2)]を構成した周辺の民族社会について、これに先行した三世紀末までの王権の諸相を『三国志』東夷伝を中心に考察し、高句麗王権が異民族を内包し、またその外周の異民族を統属する諸関係の上に成立する特質が生まれた内的・外的条件をここでは予備的に考察したい。

夫餘族系諸族の習俗と王権

1　第一の事例・夫餘の王権

紀元前後から五世紀初に至る東アジアの諸民族社会を大きく区分するならば、中国東北部の夫餘族系民族と半島の韓族系民族、それに列島の倭族系民族という三つの民族社会に区分されるであろう。ただ、中国東北部の地域では所謂「古朝鮮」の社会について文献考証学的と考古学的検討の問題がなお残るが、ここでは広義に解釈される先秦時代の中国東北部の社会としての「古朝鮮」以後、即ちＢＣ二世紀末以後の社会とその王権の性格について概観することにする。

まず、夫餘族の社会と歴史は朝鮮古代の歴史と文化を考える際には、これを除外することはできない。その中心地は今日の吉林省長春の西部に位置する農安や北に上がって黒龍江省のハルピンの東に位置する阿城県とも比定される地域一帯である。(3)三世紀末の陳寿が撰述した『三国志』巻三十・「魏書」の「烏丸鮮卑東夷伝」のなかの「夫餘」条、「魏志倭人伝」の略記に倣えば、「魏志夫餘伝」には「東夷の域において最も平敞」な土地であると夫餘の地理的環境を言う。

さて、前漢の武帝が朝鮮半島の北部に設置した四郡のひとつに玄菟郡があるが、この郡治はＢＣ一〇七年に朝鮮の咸鏡南道の咸興付近に設置された以後では、ＢＣ七五とＡＤ一〇六の二度にわたり、中国の遼寧省永陵、ついで撫順付近に移動している。それは郡に属する主県に高句麗県があったことに窺われるように、郡の統制を受けた高句麗族が郡県統治に抵抗を絶え間なく続けて、郡治を中心とした中国王朝の統治勢力がこの高句麗族に手を焼いたからである。高句麗族が郡県統治に向けた抵抗は単にその勇猛性の発露に求めるのではなく、後述するように、戸と正丁を対象として、これに賦役を課す個別人身支配を基本とする中国王朝の中央集権的統治の根幹である郡県制統治は、部族的な紐帯によって自治された高句麗族の社会とは相容れなかったと考えられる。その為、高句麗族が郡県の統治に向けた抵抗は止むことはなかったのである。

「魏志夫餘伝」によれば、夫餘の地は玄菟郡郡治の遼寧省撫順からは「千里」の地にあるという。また、その地は

「二千里」の四方と言うから、今日の吉林、黒龍江の二省の中心部の大半を占めることになる。「山陵、広澤多し。東夷の域において最も平敞」の形容も肯けるが、この地では「戸八万」が郡に把握されていた。

夫餘には「君王」の下に「加」を語尾とする四等の官と大使、大使者、使者という計七等の官があり、それぞれが広域な「平敞」の地を走る幹線の交通路の沿道に所在する「数千家」あるいは「数百家」を統率していた。その延長では東北千余里にあって玄菟郡の支配力の波及に対応して夫餘の「君王」に従属する挹婁を「臣属」させていたのであるが、「君王」の統治を実行するこの「加」層は主導的な邑落の「豪民」でもあり、これに属する「下戸」を奴僕の如くに統率し、また軍事をも担当していた(4)。

この諸「加」の戦死をはじめとした葬送では「百」をも数える殉葬を行うほどの厚葬が執り行われたが、諸「加」に支えられた王権は「国中の大会」である正月の「祭天」儀礼において刑獄を決し、また「囚徒」を開放することや軍事に際しても「祭天」の儀礼を執行したように、夫餘の王権には司祭者の性格が尚強く保持されていた。

また、一方では、夫餘族は玄菟郡に属したから、王の葬送に使用する「玉匣」を郡治から受けたように、王位の継承のことは郡治へ報告することによってその承認を得ることが欠かせなかったのである。ここには夫餘の王権が郡治に依存しなければならないと言う自律性の限界があり、その脆弱性の一端が窺える。それは広範囲かつ四隣を異種族、なかでも南には高句麗、西には鮮卑に囲まれた夫餘の地政的条件の故も軽視できないと考えられる。

そこで、二世紀末に遼東に公孫氏が台頭すると、強盛化する高句麗と鮮卑とに接する夫餘は公孫氏に通交した。夫餘王の尉仇台は公孫氏の宗女を妻に迎えてこれに強く依存することとなったのである。遼東において郡県に代わった勢力者の公孫氏にやはり依存せざるを得ない夫餘王権の脆弱性は克服されていないのである。

尉仇台の死後にはその嫡子であろうと思われる簡位居が王位を継承したが、これには嫡子がなかったから、孽子の麻余が「加」層に推挙されて王位に即いたが、王権は「牛加」の子の位居がおおく左右していた。その背景には「水旱調わず、五穀熟ら」なければ、王はその咎を帰せられたり、また王は交替させられ、或いは殺害されるほどに、夫餘王権の内部では「加」層が王権を左右する側面も続いていた。(5)

この麻余の後には六歳の依慮が王となったが、これはまさに「加」層の共立であり、夫餘の王権が郡治やその上位の公孫氏に依存し、かつ「加」層からは十分には超越した段階には至っていないのである。このように夫餘の王権は内外の条件に制約されて、自律性を十分には獲得できていなかった。

中国王朝の出先の郡県（玄菟郡）やその後の遼東の公孫氏政権に依存する夫餘王権の対外的制約は魏が遼東を収めた後にも依然として継続している。二四四～五年に魏の幽州刺史・毌丘倹が高句麗に一大遠征を断行した時には夫餘王の麻余と牛加の子の位居は遠征軍を迎えてこれに軍糧を提供している。

この魏のみならず晋にも夫餘は傾斜したから、その王権の強化は進行してはいない。二八五年に慕容廆の前燕に攻められた若い夫餘王の依慮は自殺し、新王の依羅は晋の護東夷校尉に依存した。しかし、前燕に頻りに攻略されたから、夫餘の王権は崩壊し、その民は前燕の内部に徙民され、また沃沮にも流入したのである。

ところで、夫餘の古老は自らを「古の亡人」と認めていたと言う。裴松之はこれを後漢の王充が著録した『論衡』の東明王神話と結びつけて、「古の亡人」とは放浪を経て即位したと伝わる夫餘の始祖王とされる東明王とその一団であると解釈している。(6)始祖・東明の王権が天に由来するとする王権の神聖観の故に、夫餘社会での水旱の不調と五穀の不熟とは王の責任とされ、王の交替や王の殺害が謀られたと言う前述の王権の脆弱性が想起される。しかし、王権が玄菟郡やその根源の中国王朝に依存し、かつその承認を欠かすことができず、また公孫氏や晋に対しても、高句麗や鮮卑に備えてやはり依存する事態は王権の超越性を進める道を阻害して行ったものと考察される。この夫餘の王権の限界性では、夫餘族とこれに「臣属」する挹婁の社会において東明王神話の絶対性が揺らぎ、これがやがて高句麗の始祖神話に改作され、かつ再生される道が開かれたものと推考される。

2　第二の事例・東沃沮の社会(7)

前述の夫餘の南に位置する東沃沮は細長い海辺の地に五千戸の社会があった。「大君王」を生んでおらず、邑落には「長帥」がいたが、ＢＣ一〇九年の前漢武帝の朝鮮遠征によって、翌ＢＣ一〇八年にこの地に玄菟郡が置かれると、郡県の統制を受けることとなった。このことから東沃沮社会の戸数は把握されたのである。この社会では次に述べる挹婁族の社会と同じく大君長を生まなかった要因は、この地域の邑落の長帥は初めには衛満朝鮮の統制下にあり、これが前漢の武帝の軍によって滅亡されると、沃沮の中心地に置かれた玄菟郡の統制を受けることとなった環境と外圧が、この父系氏族社会のなかから「長帥」を超越する王権の誕生を阻害していたからであろうと考えられる(8)。

この郡の統制は玄菟郡がＢＣ七五年に西に移動すると、沃沮は楽浪郡に属することになって継続した。郡県下では戸籍を基本とする個別人身支配が浸透し、部族長の統制が削がれるなかで、「邑落」のなかに郡県統治が浸透して行ったのである。

その実際は、沃沮の地が楽浪郡の郡治からは遠地であることから、朝鮮半島の東部は郡の東部都尉が治めた。しかし、ＡＤ三〇年にはこの都尉が廃止されると、大邑の「不耐、華麗、沃沮」ではその「渠帥」は県侯となり、その地は「侯国」となって、自律性を少しく保持していたと推測されるが、その間に、相互に興亡をかけた戦いの後では、南部の「不耐濊侯」が勢力を強め、濊人を功曹、主簿の官に置いて三世紀末まで存続していた。東は海に迫り、南北に高句麗と夫餘、挹婁に接した沃沮は後には高句麗に臣属したから、高句麗の命令を受けた邑落の「大人」が高句麗から「使者」の官を受け、互いに邑落を統制し、部族の長である「大加」が布、魚や塩、海産物などを租税として邑落から徴収し、これに美女を加えて高句麗に貢納することで自己を保全していた。

しかし、この関係は前述した魏の幽州刺史・毋丘倹が二四四〜五年に高句麗に一大遠征を断行した時には、沃沮の地は高句麗王・宮の避難地となったから、沃沮の邑落は遠征軍から大被害を被ることとなった。

このように東沃沮の社会には「大君王なし」と伝わるように、王権の誕生をみなかったことは、その地形が東北は狭く、西南に長く、千里ばかりと言う地形的な制約のほかに、北では挹婁と夫餘、南では濊とに接し、西では高句麗が控えていた地政学的条件のほかに、衛氏朝鮮国、その後は玄菟郡、楽浪郡そしてこれに続いた高句麗王権の統制が邑落の長を媒介としてこの社会に引き続いて浸透して来た事情を考慮すべきである。

それ故に、この地は後述する濊族の社会にも類似して、邑落の「渠帥」が「三老」を自称していたことに見られるように、渠帥を中心として封建と郡県制が併存した「故の県国の制」が保持されていたと言う、謂わば〝郡県に準ずる〟社会であったと見ることができる。その中心部分に「衛氏朝鮮国」以来の流入漢人がかなりの数居住していたであろうことを留意すべきである。

3　第三の事例・挹婁族の社会(9)

今日の朝鮮半島の東北部の咸鏡道から沿海州南部の海浜の地は「山険、多し」とは言え、南の沃沮と同じく五穀に適しており、この地には体形が夫餘に似た勇敢な挹婁が居住していた。漢以来、この挹婁はその西南方の夫餘に重い租賦の税を担ったほどにこれに臣属していたが、後漢末から三国に至る三世紀初には挹婁に固有の毒を塗った弓矢の戦法に加えて、山険の多い地を利用して、夫餘に抵抗を続けていた。

また、挹婁は玄菟、楽浪郡からは遠く離れており、その社会形態からも、東夷のなかでは唯一人戸の記録を見ないように、前述の二つの種族とは違って玄菟郡や楽浪郡に接するには夫餘や高句麗が介在しており、郡からの直接的な統制は受けなかったものと推考される。その為か、「魏志挹婁伝」では、この社会は穴居生活が行われ、防寒や衣服の形態などについて「其の人、不潔」などと評されており、中華の文化の及び難い異質なことが強調されている。

その地理的かつ社会的条件からか、この地ではついに「大君長」は誕生しなかった。邑落の「大人」以下の階層は父系氏族社会の範囲の中で穴居の規模に差があり、この「大人」を中心として「乗船」し、北沃沮などの近隣へ「寇盗」を得意としていたという。この海浜と山険の地を点々と結ぶ移動性の高い民族性とその社会では、海浜の社会を単位とする「大人」層を超越する王権は誕生しなかったと考えられる。(10)

4　第四の事例・濊族の社会(11)

朝鮮半島の東北部の沃沮の南の海浜地帯に居住した濊族は、その戸は二万であると楽浪郡は把握していた。この濊族の社会で注目されることは、「魏志濊伝」には聖人箕子が周の武王に封ぜられて朝鮮の地に東遷し、その民を教化したという伝説が強調され、「八條之教」の一つである「相殺以當時償殺」（『前漢書』巻二十八・地理志）のままに「殺人者償死」であり、「寇盗少なく」「民、盗をなさず」と言う社会であり、また「邑落相侵犯すれば、すなわち生口牛馬を相罰責す」るというように、「大君長無し」の社会のなかで、邑落間の伝統的な秩序維持の力が活きていたと評価されていることである。(12)この背景には、この地には沃沮と類似して漢人の移住がかなり及んでおり、その中心的な社会層を形成していたであろうことである。「朝鮮之東は皆その（濊）の地なり」と言う「朝鮮之東」とはＢＣ八〇〇年頃に箕子が周の武王から封建されたと伝わる今日の朝鮮半島西北部の地の東を言う。この朝鮮の地には秦末には河北、山東、山西から「数万口」の避難民が移住している。

濊族の社会では文明への開化が進んでいたことは注目される。官には「侯」「邑君」「三老」があったが、「三老」は漢代では孝悌を旨とする道徳や礼儀を推奨する役割を担っていた。(13)

太白山脈以東の地で、濊族は楽浪郡の東部都尉が統治し、都尉が廃止されて以後では「渠帥」は「侯」に封ぜられた。この点は前述の東沃沮にも見ることができるが、漢の統制を受ける面がありながらも自主性も少しく保てたのである。

二世紀末には、後漢の内部混乱から郡の統制が弛むと、濊は勢力を強めた高句麗に付属したから、二四五年に魏の攻撃を受け、かの不耐侯は降伏した。しかし、二四七年に魏に朝貢すると、その外臣としての不耐濊王と昇格されたが、格別な王宮を構えるまでには至らなかった。それは濊族の社会では二郡に軍征や賦・調を納めたから、それはあたかも楽浪郡の民とは異なることはなかったと言う程に、換言すれば濊族の社会は東沃沮とともに「郡県に準ずる」社会であった側面があり、不耐濊王のように楽浪郡の一属県であった不耐県に由来する規模では、侯王のレベルを超越して王権へ成長する動向を見るには至っていない。

5 第五の事例・高句麗の社会(14)

高句麗の名はBC一〇七年に設置された玄菟郡を構成する三つの属県のなかの主県となる高句驪県として現れる。この玄菟郡は高句麗族を統治することに苦しみ、郡治はBC七五年とAD一〇六年に朝鮮半島東北部から遼寧地方に移動した。漢からみれば後退したことになる。それは玄菟郡が遠方の地にあったことばかりでなく、個別人身支配の郡県制支配が部族制を強固に保つ高句麗族の社会には整合せず、部族の抵抗を継続して受けていたからである。

「魏志高句麗伝」には高句麗族は「夫餘の別種」であるという伝承を記録する。始祖の鄒牟王が夫餘の地に誕生し、その迫害から逃避して高句麗を建国したとする王権神話は、東北アジアの諸民族のなかで早く王権を誕生させていた夫餘が西の鮮卑に圧迫され滅亡した三四六年に至る過程で高句麗族が獲得し継承した神話であろう。夫餘に代わって台頭する高句麗が太陽と水に由来する夫餘の王権神話の核心を自己の王権神話のなかに矛盾なく継承したものと推測される。水と太陽、それは夫餘族が広く居住した自然環境を代表する松花江の大河と冬至を境に生命の再生を意識させる太陽に生を受けた聖者としての王者の正統性を表現する。高句麗がこの王権神話を獲得したのは、高句麗が早く夫餘の政治文化圏のなかにあり、同じくそのなかにいた沃沮、濊、挹婁らの種族を高句麗が次第に確保し、かつそれらに超越するものとして神話を再生、強化したものと推考される。

四一四年に建立された「広開土王陵碑」の冒頭には「始祖の鄒牟王」は父を「天帝」とし、母を「河伯（かわのかみ）の女（むすめ）」として卵から誕生し、その地から「南下」して、大河を渡って「沸流谷」の「山上」に都を建てたと伝わる建国神話が記録されている。これは『論衡』に載る夫餘の東明王の建国神話が高句麗において再生したものである。五世紀半ば、長寿王の世に亡くなった中堅氏族である牟頭婁の墓誌の冒頭にもこの神話の核心は承け継がれていた。また、五五四年に編纂された『魏書』の高句麗伝にも豊かな構成で記録されており、高句麗王権の神聖性が強調されている。

さて、『魏書』巻一〇〇・高句麗伝では朱蒙は烏引と烏違の二人の従者と逃避行の苦難を共にし、また、大河を渡るや麻衣、衲衣、水藻衣の三人の迎えを得て紇升骨城に建国したと物語る。さらに、『三国史記』高句麗本紀でも朱蒙は「烏伊、麻離、陜父」の三人の従者とともに夫餘を離れて、卒本水に建国したとある。(15)

こうした朱蒙の建国事業に協力した人物が建国神話に登場するに至る背景には、朱蒙に凝縮された建国者とこれに参加した有力部族がその始祖を王権神話の中に置いて、王権を構成する自己の地位をも神聖化した作業のことが考えられる。

王権の始祖の建国事業に参加する部族の先祖は『三国史記』高句麗本紀では、二代王の瑠璃明王の王子時代にこれに協力した三人の友や、また、瑠璃明王の巡幸を迎える部族長に姓を賜ってこれを侯に封じたと言う建国事業の記録にも窺える。王権と土着部族との融合過程を反映する伝承と考えられる。

その融合を支えた事情は王権と部族の結合を促進させた高句麗と玄菟郡との長期にわたる抗争であろう。「魏志高句麗伝」には、三世紀半ばの高句麗の王権は涓奴部、絶奴部、順奴部、灌奴部、桂婁部の五部の上に成り立ち、その部長である「大加」が王権を直接に支えていたことを伝えている。初期では国王は涓奴部の部長であったが、三世紀半ばでは桂婁部の部長に交替し、王妃族は絶奴部が引き続いて占めていた。王室の宗族の部長は「加」を統率する「大加」であり、古鄒加と称しており、初期の王族であった涓奴部では嫡系の部長がこの古鄒加を称し、王妃族の絶奴部の大加もやはりこれを称した。「古鄒」とは「大」を意味する高句麗の音訳であろうが、王権との血縁関係の有無や濃淡によって「大加」層が分化していたことが推察される。

新旧の王族と王妃族のなかの大部長である「大加」が「古鄒加」を称したが、この大加の古鄒加に支えられた王権には「相加、對盧、沛者、古鄒加、主簿、優台丞、使者、皁衣先人」の官が置かれていた。對盧と沛者とは併置できない官であったが、また五部の「大加」もそれぞれの下に前記した官の下位にあたる「使者、皁衣先人」を置いていた。(16)ここで注意したいことは、この段階では官位と官職が十分には分離せず、王権を担う官職が官位へと進化する段階であったことである。そのことは王権の官の下部には大部族長に属するものとも同じ名称であったことからも窺われるが、そのことは王権が未だ五部から完全には超越していない段階であることをも暗示する。

しかし、王権がこの段階を克服する方向にあったことは五部の大加に所属する「使者、皁衣先人」の名簿は王に通知されており、この二者は王家のそれとは同席することができなかったと言う制限から判断される。

部族長の加やその上位の大加は多数の下戸を隷属させており、犯罪には加や大加が評定してこれを罰したことはやはり王権の下に国法が定立しておらず、換言すれば部族の慣習法が保持されていたのである。(17)また、「魏志高句麗伝」には、軍事においても大加が配下の下戸等の属民を率いて参戦した二世紀後半の事例が見られるほかにも、この軍事の体制は三世紀に入っても尚、変わってはおらず、景初二年（二三八）に魏が司馬懿を派遣して公孫淵を伐つと、先王の伊夷模の妾子であった高句麗王宮は大加と主簿に命じて数千の兵を引率させて司馬懿の軍を援軍していた事例のように、三世紀半ばまで高句麗の王権はいまだ五部を中心とした部族制の制約を大きくは克服できてはいないのである。司法や軍事の面に見られたように高句麗王権は五部の連合の上に成り立っていたと考察される。ところが、この部族連合に立つ高句麗王権の構造が大打撃を受けたのは二四四年から翌年にわたる魏の毌丘倹の率いた遠征軍による高句麗王都への一大遠征である。毌丘倹の軍によって高句麗の都の丸都城は陥落し、高句麗王の宮は妻子とともに東沃沮を経て北沃沮の地に非難したから、これまで高句麗に属していた沃沮や濊の離反を招くことになった。(18)

ここで、一旦は弱まった高句麗の王権は魏の滅亡を境に、また五胡十六国が高句麗の西隣で興亡する国際関係の多様な変動のなかで次第に復興することになる。そのエポックは四世紀初の美川王の治世である。四世紀を通して五部制を克服し、広開土王と長寿王代には軍事を紐帯として、五部から分離して成長する個別の氏族が王に隷属する専制主義的古代王権が形成されるに至ると展望される。

おわりに

東アジアの諸民族のなかで、三韓諸地域の王権形成の特徴について述べるには稿を改める予定であるが、この問題については先行論文の論点を深く整理し検討した武田氏による優れた研究がある。(19)前漢以来の郡県の統制は郡県から適度な地理的距離にある馬韓の月支国に居した辰王を媒介として緩やかに浸透していた。馬韓五四国、辰韓一二国、弁韓一二国のように小国が地理的条件のなかで各地に散在した三韓の社会であったから、一つの王権がこれらに超越し、これに集中させる外的要因は楽浪と帯方の二郡が朝鮮半島から撤退する四世紀前半までには見い出し難い。楽浪、帯方郡が政治・文化の吸引力を失うまで待たなくてはならず、三韓の王権が百済、新羅のそれぞれに集中し、或いは伽耶の小国群が成立する過程は高句麗の王権形成に対抗する四世紀前半のことと推考される。ただ、伽耶の母体である弁韓一二国が馬韓と辰韓、さらには百済と新羅に接して、また海浜地域の通交を介して倭国の国家形成の動向もこの地域に波及したことは、伽耶の国家形成過程を対内・外的に複雑にしていた。こうした三韓地域と倭国における国家形成過程の比較については筆者の次の課題としたい。(20)

註

(1) 高句麗史をめぐる「歴史論争」の政治動向については下記の解説を参照。
金　光林「高句麗の帰属をめぐる韓国・朝鮮と中国の論争」(『新潟産業大学人文学部紀要』第一六号　二〇〇四年六月)
澤　喜司郎「中国の領土的覇権主義と高句麗史歪曲」(『山口経済学雑誌』第五三巻第四号　二〇〇四年十一月)
また、歴史学からの解説では下記を参照。
李　鎔賢「〝東北工程〟と韓国の高句麗史の現状」(『東アジアの古代文化』一二三　二〇〇五年二月)
井上直樹「高句麗史研究と〝国史〟」(上)(下)(『東アジアの古代文化』一二二、一二三号　二〇〇五年二、五月)
(2) 武田幸男「第10章　高句麗〝太王〟の国際性」(『高句麗史と東アジア』岩波書店　一九八九年六月)
盧泰敦「第3部　第3章　金石文に見られる高句麗人の天下観」(『高句麗史研究』四季出版社　一九九九年三月　ハングル版)
(3) 池内宏「夫餘考」(『満鮮史研究』上世第一冊(吉川弘文館　一九五一年九月初版　一九七九年五月三版)
日野開三郎「夫余国考―特にその中心地の位置について―」(『史淵』第三十四輯　一九四六年一月。後に(『日野開三郎東洋史学論集』第十四巻・東北アジア民族史(上)　三一書房　一九八八年十一月)に所収)
(4) 李址麟「朝鮮古代社会の性格」(『歴史科学論文集』二　朝鮮　社会科学出版社　一九七一年。後に、邦訳されて『古代朝鮮の基本問題』学生社　一九七四年十一月)に収録)
(5) 森谷克己「朝鮮歴史経過の大要とその諸時代の経済的社会的構成」(『中国社会経済史研究』一九六五年十一月)
井上秀雄「朝鮮の初期国家―三世紀の夫餘国―」(『日本文化研究所研究報告』第十二集　東北大学　一九七六年三月)
孫進己『東北民族源流』(黒竜江人民出版社　一九八七年五月)
(6) 白鳥庫吉「夫餘国の始祖東明王の伝説に就いて」(『白鳥庫吉全集』第五巻　岩波書店　一九七〇年九月)
依田千百子「朝鮮の王権神話の構造―外来王・国譲り―」(同『朝鮮神話伝承の研究』瑠璃書房　一九九一年九月)

井上秀雄「夫餘国王と大使—東アジアの古代王者1—」（柴田実先生古稀記念『日本文化史論叢』一九七六年一月）

(7) 日野開三郎「沃沮考」（『日野開三郎東洋史学論集』第十四巻・東北アジア民族史（上）　三一書房　一九八八年十一月）

(8) 楊保隆『粛慎挹婁合考』（中国社会科学出版社　一九八九年四月）

(9) 三上次男「古代東北アジアの諸民族と挹婁人の民族的性格」（『帝国学士院報告会記録』第六号　一九四二年。後に〔三上『古代東北アジア史研究』吉川弘文館　昭和四十一年八月〕に所収）

(10) 楊保隆註（8）著書

(11) 三上次男「穢人とその民族的性格について」（『朝鮮学報』第二輯　一九五一年十月、後に、〔三上『古代東北アジア史研究』吉川弘文館　一九六六年八月〕に所収）。及び、同「東北アジアにおける有文土器系社会と穢人」（『朝鮮学報』第三輯　一九五二年五月、後に〔三上『古代東北アジア史研究』吉川弘文館　一九六六年八月〕に所収）

日野開三郎「東濊考」（『日野開三郎東洋史学論集』第一四巻・東北アジア民族史（上）　三一書房　一九八八年十一月）

(12) 李址麟、註（4）論文

(13) 李成市「穢族の生業とその民族的性格」（武田幸男編『朝鮮社会の史的展開と東アジア』山川出版社　一九九七年四月。後に〔李『古代東アジアの民族と国家』岩波書店　一九九八年三月〕に所収）

(14) 三上次男「高句麗史概観」（〔三上『高句麗と渤海』一九九〇年十二月　吉川弘文館〕）

三上次男「満洲地区における支石墓社会の推移と高句麗政権の成立」（『古代研究』第一　東京大学教養学部人文科学科紀要第二　一九五二年十二月　後に〔三上『満鮮原始墳墓の研究』吉川弘文館　一九六一年二月〕に所収）

(15) 依田註（6）論文

(16) 武田幸男「第一三章　高句麗官位制の史的展開」（『高句麗史と東アジア』岩波書店　一九八九年六月）

(17) 深谷克己「朝鮮原始社会の転形期における〝東夷〟諸種族の状態」（『歴史科学』第五巻第七号　一九三六年七月）

(18) 池内　宏「曹魏の東方経略」（池内『満鮮史研究』上世第一冊　吉川弘文館　一九五一年九月）

(19) 武田幸男「三韓社会における辰王と臣智（上・下）」（『朝鮮文化研究』二、三　一九九五年三月、一九九六年三月）

(20) 三韓の国家形成過程については既に次の成果がある。

武田幸男「朝鮮三国の国家形成」（『朝鮮史研究会論文集』一七　一九八〇年三月）

木村誠「朝鮮における古代国家の形成」（新版〔古代の日本〕第二巻『アジアからみた古代日本』角川書店　一九九二年五月。後

に〔木村『古代朝鮮の国家と社会』吉川弘文館　二〇〇四年五月〕に所収〕

李成市「東アジアの諸国と人口移動」〔新版〔古代の日本〕第二巻『アジアからみた古代日本』角川書店　一九九二年五月。後に〔李『古代東アジアの民族と国家』岩波書店　一九九八年三月〕に所収〕

高句麗の国家形成とアイデンティティ

金　賢　淑
（一宮啓祥／訳）

ある集団や国家の正体性〔訳注：アイデンティティ〕を表わすものとしては、物質文化と精神世界、生活風習、種族上の差異、自らの集団に対して持っている共同体意識などがある。ここには他集団に対する区別と排他的・差別的認識が内在している。従って、ある集団の正体性を歴史の上で具体的に確認しようとする際に最も有効な接近方法は、他集団、他国との関係を調べることである。そうすることで、相手の存在によって自らの正体性が明らかになるからである。多くの関係の中でも戦争は、ある集団や国家の正体性が最もよく表出する行為の場であると言える。

高句麗は、濊貊族の中で鴨緑江中流域に居住していた貊族と濊族、そして扶余地域から移住してきた濊族が結合して興った国である。高句麗も、種族集団を形成して国家を成立、発展させていく過程で、共同体の生存と自立、発展をはかるために外部勢力と絶えず戦争を行った。国家形成期の高句麗の戦争は、中国郡県の駆逐と周辺地域集団の征服という二つの方向へ進行した。この中で高句麗の正体性をより反映するのは前者である。

「高句麗族」の結集と高句麗の国家形成及び発展は、中国の政治勢力と対決し交流する過程で成し遂げられた。これについて本考では、国家形成期の高句麗の発展過程の中で、高句麗と中国郡県との関係がどのように変化したのかについて概観し、それによって高句麗の正体性を確認してみようと思う。

一　高句麗種族集団の浮上と玄菟郡高句驪県の設置

漢が古朝鮮を滅ぼして郡県を設置した紀元前二世紀初め、鴨緑江中流域には「句驪」という名称で記録された政治勢力が存在した。(1)「句驪」は玄菟郡開設当時、「濊貊」とは区別される実体として別個の政治集団を形成していたのである。(2)これは濊貊、または貊という種族名称で包括して称されていた段階とは違い、すでにこれらが政治的・文化的に周辺の他国とは性格の異なる存在として浮き彫りにされていたことを意味する。

高句麗初期の積石塚が鴨緑江中流域とその支流である渾江・禿魯江流域一帯に集中的に形成される時期がまさしくこの頃であった。(3)積石塚は独自的性格が強い墓制で、高句麗の文化的正体性を表わす象徴的な遺跡である。積石塚を造成した種族集団は、後に高句麗を建国したということで、他の濊貊族と区別して「高句麗族」と呼ばれることもある。(4)「高句麗族」は当時、種族集団としての結束性を持ち、他の種族と文化的な面で区別されうる差別性を見せていた。しかし、このときにはいまだ勢力を大きく強化することができなかったため、国家を形成することはできなかった。

二　鴨緑江中流域の「高句麗族」の結集と第一玄菟郡の移置

しかし、中国郡県の支配を受ける過程で「高句麗族」は内部の結束を強化するようになった。これは即ち、自らの正体性を認識するに至ったことを意味する。これらは力を結集して玄菟郡を攻撃し、紀元前八二年と七五年の間に沃沮城にあった玄菟郡を句驪の西北方面に駆逐した。『三国志』などに玄菟郡を攻撃したとある「夷貊」がまさに鴨緑江中流域に居住していた濊貊族、即ち「高句麗族」であった。[5] このとき、玄菟郡は蘇子河沿岸にある新賓（永陵鎮古城）[6]に移った。これを一般的に第二玄菟郡という。

玄菟郡の移置は、鴨緑江中流域にいた「高句麗族」の政治的発展を物語る証拠である。これらは各地域別に小国を形成したのちに連盟体を結成して力を結集することによって、玄菟郡を駆逐し得たのである。このとき「高句麗族」を牽引していた勢力は『三国史記』にある松譲王の沸流国、即ち『後漢書』と『三国志』魏書東夷伝高句麗条に消奴部、または涓奴部として現われる政治勢力であった。[7]

玄菟郡は鴨緑江中流域から東海岸に及ぶ地域を統治範囲としており、郡治は沃沮城（咸興）に設置されていた。鴨緑江中流域の「高句麗族」が力を結集して郡県を攻撃したことにより、隔絶していた郡治がさらに孤立し、玄菟郡自体が切り離された状況に置かれたのである。これに対して漢では、玄菟郡治を句驪の西北方面に移して「高句麗族」を監視・統制させ、沃沮城一帯は楽浪郡に含めて管理するようにした。

当時の高句麗と玄菟郡の関係について『三国志』には、〝漢時賜鼓吹技人、常従玄菟郡受朝服衣幘、高句麗令主其名籍〟と叙述してある。高句麗人をして玄菟郡に来て朝服衣幘を受けしめ、高句麗県令が、玄菟郡に来て朝服衣幘を受ける者の名が書かれた帳簿を管理するようにしたということである。これは、高句麗県が「高句麗族」即ち高句麗種族からなる諸小国内部の統治を直接遂行できなかったということを意味する。これについて、高句麗県令が高句麗人の戸籍を管理したと解釈し、統治の証拠と見るのは正しい理解ではない。史料の前後の部分とともに解釈すれば、「高句麗族」全体の戸籍ではなく玄菟郡に来て朝服衣幘を受けた人々の名簿のみを管理したと見るのがより妥当である。

また朝服衣幘の賜与という文句を、高句麗の官吏が中国の官服を着て統治を代行したと理解する場合もあるが、これもやはり誤った理解である。『三国志』韓伝には、その風俗は衣幘を着ることを好み、下戸たちも郡に行き朝謁した際にはみな衣幘を借りて着て、自らの印綬を帯びて衣幘を着用する者が千余名にもなったという内容がある。これは当時、郡県に来て外交や貿易をしようとする者ならば、郡県から衣幘と印綬を受けて着用したということを表わしている。このことを通じて、朝服衣幘の賜与が郡県の直接統治を表わす証拠ではないことが分かるのである。

つまり『三国志』高句麗伝の記事は、玄菟郡が句驪の西北に移ったという『漢書』の記事とともに、当時の「高句麗族」が排他的な居住空間を持ち、独自に政治を運営していったことを表わしているのである。漢にあっては、高句麗連盟体の代表者を介することなく、多くの集団の代表者たちがそれぞれ個別に玄菟郡に至り、朝服衣幘を受けるようにした。「高句麗族」の結束が強化されるのを防ぐために、政治集団別に個別の交流を行うようにしていたのである。これは郡県が貿易や外交を通じて「高句麗族」を分離・統制しようとしたことを表わしている。この方法が奏功したのか、高句麗はしばらくの間、郡県を攻撃することはなかった。高句麗と第二玄菟郡が平穏な関係を維持していたのである。

しかしながら　その平穏は長くは続かなかった。「高句麗族」の結束力はさらに強化されていき、中国側の分離統制策は次第に効力を喪失していった。その裏には「高句麗族」社会における変化があった。即ち、扶余からの流移民勢力が結集して興った卒本扶余が、沸流国に代わって小国連盟体の盟主となったのである。これが史書にあらわれる高句麗の建国である。

卒本扶余主導の小国連盟体は、沸流国が主導していた時代とは差異があった。「高句麗族」内部の結束が以前よりも強化されたのである。時間が経つほどに盟主国の位相は高まっていき、それに伴って諸小国の自律権は漸次弱まっていった。中国郡県との関係も変化した。個別集団との物品交易を通じて維持されてきた安定状態が崩れたのである。

このような状況をよく表わしている記事が『漢書』にみられる。王莽が匈奴の侵攻にあたって高句麗兵を強制的に動員しようとしたが、高句麗人たちが拒否して逃亡する事件が西暦十二年に起こった。この時、高句麗人を率いた指導者が騶であった。王莽が騶に責任を問おうとすると、厳尤が「これは貉人が法を犯したのであり、騶に過ちがあるのではない」とし、さらに「彼に大罪を着せればむしろ反発があるであろう」と言った。しかし王莽は厳尤に騶を討たせた。騶が死ぬと王莽は「高句驪」を「下句驪」とし、「高句驪王」を「下句驪侯」におとしめたという(8)。これは琉璃王代に起こった事件であった。

この事件を通じて次のような事実がわかる。第一に、句驪は今や高句驪という国名で呼ばれており、中国側で王という呼称を使用するほどに政治的発展を成し遂げていた。第二に、しかしながら、厳尤はその代表者たる騶が句驪兵全体を直接統制し得る存在ではないと認識している。第三に、しかし王莽は騶を実質的な「高句麗族」の代表者、即ち、王と認識している。第四に、王莽の要求に従って高句麗兵が動員されはしたが、郡県の意志通りに動くことはなかった。

これは、この時期の状況が以前とはかなり変化したものであることを表わしている。即ち、連盟体の盟主国の位相が以前よりもずっと強化され、これを漢でも認定しているのである。また漢の軍動員要求を無視はしなかったものの、全面的に従ってもいない。沸流国主導の連盟体と異なり、中国郡県に対して非協調的な姿勢を見せているのである。しかし、それにも拘わらず琉璃王代までの高句麗王は、連盟体の構成集団内部の統治に直接関与することはできなかった。対外的な事項に関しても全的に統制権を行使し得なかった。玄菟郡との交流や接触も、窓口を単一化することはできず、有力勢力が個別に行う状況が継続していた。

三　那部体制の確立と幘溝漊の設置

大武神王代（一八―四四）に至って、高句麗内部の状況が変化した。大武神王代の高句麗は、扶余との戦争を通じて長いあいだ抱いていた対扶余コンプレックスから脱却できるようになった。これに力を得て、王は高句麗内部の諸々の政治勢力に対する支配権を強化した。

大武神王代には、独立性が強かった諸政治勢力を那部に編制して桂婁部の下に位置づけた。この王代にはすでに沸流部、椽那部などが見られることから、桂婁部とともに五那部の中で最も強い三つの那部が成立したことが分かる。[9]これは、半独自的な運動性を持った那部の結集により国家が構成され、那部を通じて統治が行われ、また那部を中心に社会が運営される体制が成立し始めたことを意味する。このような体制を那部体制という。[10]那部体制の基本が大武神王代に形成されたことは、桂婁部・沸流部・椽那部の存在と左右輔制の運用、諸加会議の本格的な稼動などから確認できる。[11][12]

大武神王代に基礎が置かれた那部体制は、以後、太祖王代（五三―一四五）に至って完成した。那部体制は連盟王国段階よりも国王の権限がさらに強化されたが、小国の王や首長出身の諸家たちが依然として自らの独自の勢力基盤を保有したという点で、中央集権的体制とはその性格が異なっていた。高句麗全域に対する統治は、国王の主導の下に、桂婁部の代表者と那部の代表者たちで構成された諸加会議を通じて共同で政治を運営する方式となった。しかし他の那部に対する桂婁部の優位は確定した状態であり、その代表者たる王は他の那部の長たちとは区別された上位の存在であった。王は高句麗全体の王として那部を通じて全高句麗人に支配権を行使し得たのである。

那部体制期には、領域全体が自主運動性を持った五つの那部に編制された。[13]これら那部それぞれの内部には、またいくつかの勢力集団が存在した。五つの那部は規模に大小の差異があったが、単一の集団として構成されてはいなかった。個々の那部と那部を形成する諸政治集団は、みな半自治的に運営された。[14]那部体制の特徴は、独自性の温存、間接統治、及び合議に基づく共同政治運営方式などに要約される。

一方、高句麗内部の体制整備と発展に力を得て、高句麗の国際的位相も高まった。大武神王代になされた後漢との通交と王の称号の認定はそのような状況を反映するものである。[15] 外交・貿易・戦争などの窓口単一化も確実に行われた。これを『三国志』では〝後稍驕恣、不復詣郡、于東界築小城、置朝服衣幘其中、歳時来取之〟と表現した。この記事は、高句麗で外交や貿易など中国との交流があるときにのみ、玄菟郡の東部境界に別途に築いておいた小さな城に行き、朝服衣幘を持って来て使用したということを表わしている。幘溝漊を通じた交流は、高句麗の対外交渉が中央政府中心に一元化されたことを意味する。[16] 高句麗が玄菟郡からいかなる政治的・軍事的関与も受けていない独立国家であったということ、玄菟郡に対し堂々とした姿勢を取っていたということをこの記事を通じて知り得るのである。

四　太祖王の中国郡県攻撃と第二玄菟郡の移置

那部体制が確立した太祖王代から、高句麗は五那部地域を脱して外郭地域へと本格的に進出し始めた。まず、東沃沮と濊を服属させることが優先的に行われた。これは高句麗に不足する物産を獲得するために行われた。以後、東沃沮と濊は隷属民になり、高句麗に貢納しなければならなくなった。[17] 太祖王代の高句麗の領域は、南は薩水、即ち清川江以北まで拡大した。[18]

太祖王はまた、中国郡県に対する攻撃を本格的に進めた。在位五十三年（一〇五）に漢の遼東六県を掠奪し、秋九月にも再度攻撃を浴びせた。太祖王は五那部の軍のみならず、濊貊・馬韓・鮮卑など多様な集団を動員した。五十九年（一一一）三月と六十六年（一一八）六月には濊貊とともに玄菟と華麗城を攻撃し、六十九年（一二一）四月には鮮卑八千名とともに遼隊県を討ち、この年十二月には馬韓・濊貊の一万余騎を率いて玄菟城を包囲しもした。七十年（一二二）にも馬韓・濊貊とともに遼東を討った。[19]

このような過程で、玄菟郡は再び渾河方面に移るほかなかった。これが第三玄菟郡である。太祖王は五那部民の外に周辺のいくつかの種族集団と政治勢力までも結集して、中国郡県と闘争を繰り広げた。玄菟郡を駆逐して以後、戦闘の範囲もさらに拡大した。これにより、中国人は太祖王、即ち宮に対して強力な印象を持つに至った。

特に六十九年（一二一）に遼東太守蔡諷を殺害したことで、太祖王は中国人の脳裏に非常に凶暴な王として刻まれた。このとき幽州刺史馮煥、玄菟太守姚光、遼東太守蔡諷は高句麗が遼東郡と玄菟郡にとって害になるのではと考え、軍を興して高句麗を討とうとした。ところが高句麗は欺瞞戦術を用い、軍を別の場所に留めおいて、逆に玄菟郡と遼東郡を奇襲し、城郭を燃やし、二千余名を殺害し、あるいは捕えた。そしてこれに驚き、軍を率いて駆けつけた蔡諷までも殺害したのである。

太祖王以後も高句麗は遼東郡・楽浪郡などに対する攻撃を敢行し続け、領土をしだいに拡大していった。美川王代に至って、楽浪郡と帯方郡までも完全に駆逐した[20]。その過程で、高句麗の正体性はさらに確固たるものとして定まったのである。

一方で高句麗は、内部的には那部とその他の政治集団の独自性を無くし、王権を中心に中央集権化する政策を本格的に推進した。これに伴い、三世紀後半頃になって那部体制が解体された。このときから全国を地方行政区域に編制し、地方官を派遣して直接統治を施行した。宗教的には王室の祖先神を国の始祖神へと格上げし、王族を神聖視する神話を作り上げた。那部の長らが所有していた兵力を国家の軍事力へと集結させた。各那部で施行されていた慣習法の上位に王法を置き、普遍的な法律を施行した。

また官等制に依拠して貴族を序列別に編制した。貴族は国王の臣下たる官僚的貴族となった。那部民は国家の公民となり、貴族―平民―賤民の三階層に分けられた身分制が確立した。四世紀に入ってからは律令制が施行され、仏教が導入された。これによって中央集権的古代国家体制が完成した。以後、広開土王と長寿王が領域をさらに拡大し、国際的な位相もさらに高まり全盛期を謳歌することとなった。このとき高句麗王族は、自分たちは天の子孫（天帝之子）であると自負した。そしてその事実を建国神話に求め、六・三九ｍにも及ぶ巨大な石碑である広開土大王碑に刻んで満天の下に公布した。このことは以前から独自に挙行してきた祭天行事[21]に込められている認識をさらに拡大・継承したものであった。

註

(1)『漢書』巻二十八　地理志八下　玄菟郡条。『後漢書』巻八十五　東夷列伝高句驪条。

(2)『漢書』巻二十八　地理志八下　にある〝玄菟楽浪、武帝時置、皆朝鮮濊貉句驪蛮夷〟という一節を通じて、濊貊族の中でも句驪、即ち高句麗族は独自の政治勢力と認識されていたことを知ることができる。

(3) 池炳穆「高句麗 成立過程考」『白山學報』三四　一九八七　五二頁の註七五。

(4) 東潮・田中俊明編著『高句麗の歴史と遺跡』中央公論社　一九九五　一七頁。
余昊奎は、これを「句麗種族」と称し、句麗種族社会が遅くとも紀元前三世紀末には形成されたと見た（「高句麗 初期 那部統治體制의 成立과 運營」『韓國史論』二七　一九九二　二二頁）。

(5)『後漢書』巻八十五　東夷列伝　東沃沮条。『三国志』巻三十　魏書　東夷伝　東沃沮条。『漢書』巻七　昭帝本紀　元鳳六年条。

(6) 白鳥庫吉・箭内亙「漢代の朝鮮」『滿洲歴史地理』（一巻）一九一三　八五—八七頁。徐家国「漢玄菟郡二遷址考略」『社会科学輯刊』一九八四—三　一九八四。田中俊明「高句麗の興起と玄菟郡」『朝鮮文化研究』一　一九九四。

(7)『後漢書』巻八十五　東夷列伝　高句驪条には消奴部、『三国志』巻三十　魏書　東夷伝　高句麗条には涓奴部とあるが、これは『三国史記』高句麗本紀にあらわれる沸流国と同一の実体であると見ている。これについては、李丙燾『韓國古代史研究』博英社　一九七六　三五九—三六〇頁参照。

(8)『漢書』巻九十九中　王莽伝

(9) 拙稿「高句麗의 解氏王과 高氏王」『大丘史學』四七　一九九四　二五—二八頁。

(10)『三国史記』巻十四　高句麗本紀二　大武神王　八年二月条、十年正月条。
左右輔制の成立と運営については、李鍾旭「高句麗初期의 左・右輔와 國相」『全海宗博士華甲紀念史學論叢』一九七九。
林起煥「高句麗 集權體制 成立過程의 研究」慶熙大博士学位論文　一九九五　三九—四六頁参照。

(11) 盧重國「高句麗國相考（上）—初期의 政治體制와 關聯하여—」『韓國學報』一六　一九七九。

李鍾旭「高句麗 初期의 中央政府組織」『東方學志』三三　一九八二。

琴京淑「高句麗 初期의 中央政治構造—諸加會議와　國相制를　中心으로—」『韓國史研究』八六　一九九四。

尹成龍「高句麗 貴族會議의 成立過程과 그 性格」『한국고대사 연구』（韓国古代史研究）』一一　一九九七。
(12) 拙著『고구려의 영역지배방식 연구（高句麗の領域支配方式研究）』 도서출판 모시는 사람들（図書出版モシヌンサラムドゥル）二〇〇五。
(13) 『三国志』巻三十　魏書　東夷伝　高句麗条、〝本有五族　有涓奴部絶奴部順奴部灌奴部桂婁部本涓奴部為王　稍微弱　今桂婁部代之〟。
(14) 盧泰敦「三國時代의〝部〟에 관한 研究—成立과 構造를 中心으로—」『韓國史論』二　一九七五　三一—三三頁。
(15) 『三国志』巻三十　魏書　東夷伝　高句麗条　〝漢光武帝八年　高句麗王遣使朝貢　始見称王〟。
(16) 余昊奎は、個々の集団の対外交渉権を強力に統制することに反発して、蚕支落大加・戴升が楽浪に投降したものと見た（余昊奎「高句麗의 國家形成과 漢의 對外政策」『軍史』第五四号　二〇〇五　三一頁）。
(17) 『三国志』巻三十　魏書　東夷伝　東沃沮条、濊条。
(18) 『三国史記』巻十五　高句麗本紀三　太祖大王四年七月条　〝拓境東至滄海　南至薩水〟。
(19) 『後漢書』巻八十五　東夷列伝　高句驪条。『三国志』巻三十　魏書　東夷伝　高句麗条。
(20) 『三国史記』巻十七　高句麗本紀五　美川王十四年条、十五年条。
(21) 『三国志』巻三十　魏書　東夷伝　高句麗条。

考古学から見た百済の国家形成とアイデンティティ

吉井秀夫

百済は、朝鮮半島の南西部に位置する漢江下流域を基盤として出現・成長し、六六〇年に新羅・唐の連合軍によって滅ぼされるまで、高句麗・新羅と朝鮮半島において覇を競った国である。本稿に与えられた課題は、百済の国家形成過程において、その支配下にいた人々のアイディンティティがどのように変容したのかを、考古資料を通して検討することである。

百済の国家形成に伴い、そのアイデンティティがどのように変容したのかを考える際には、大きく二つの問題を検討する必要があろう。一つは、王族をはじめとする百済の中心を占める集団（以下、「百済中央勢力」と呼ぶ）が、どのように成立し、その集団の実態がどのように変化したのか、そしてその過程で百済に対するアイデンティティがどのように変化したのか、という問題である。百済の中央勢力は、漢城を中心とする漢江下流域に出現した。しかし、四七五年の漢城陥落以後、百済の王都は錦江下流域の熊津・泗沘に移ることになる。百済中央勢力の基盤であった地域を、外部的な要因によって突然失ったことにより、彼らの文化とそのアイデンティティはどのように変化したのだろうか。

もう一つの問題は、百済中央勢力の支配下に取り込まれていった、各地の諸集団におけるアイデンティティの変容

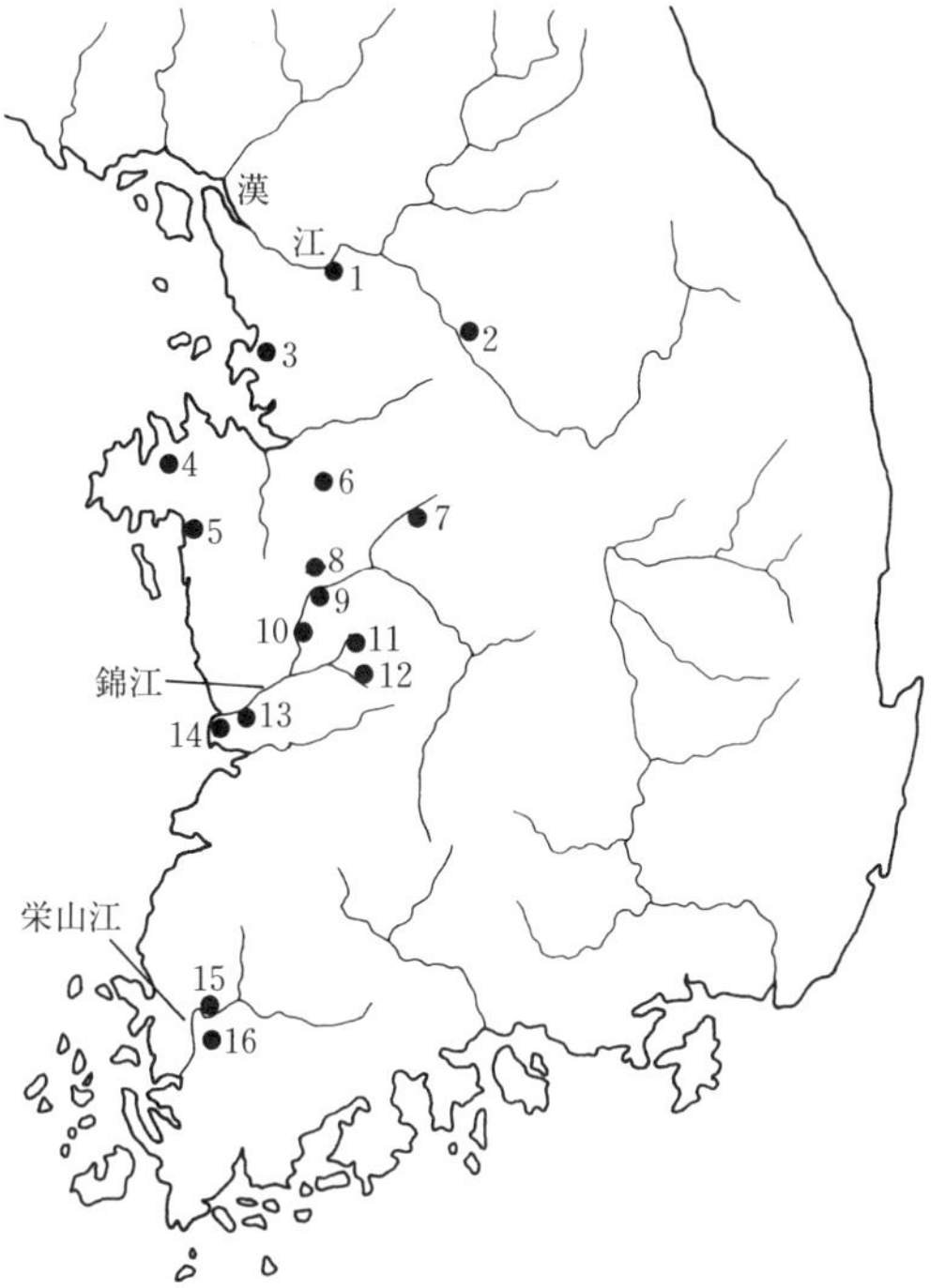

図1　関連遺跡分布図（筆者作成）
1：漢城（風納土城・夢村土城）　2：法泉里古墳群　3：馬霞里古墳群　4：富長里遺跡　5：神衿城　6：龍院里・花城里古墳群　7：新鳳洞古墳群　8：水村里古墳群　9：熊津（公山城・艇止山遺跡・宋山里古墳群・大通寺跡）　10：泗沘（陵山里古墳群・陵山里廃寺）　11：表井里古墳群　12：新興里・茅村里古墳群　13：笠店里・熊浦里古墳群　14：山月里古墳群　15：伏岩里古墳群　16：新村里9号墳

の問題である。四七五年までの百済の領域は、漢江流域を中心として、少なくとも錦江流域まで広がっていたと考えられる。熊津遷都以後、百済は漢江流域の版図を失った反面、栄山江流域を完全に領域として取り込み、さらにその影響力を洛東江以西地域にも及ぼそうとした。こうした百済の領域と関わる三つの河川の流域の範囲は、『三国志』魏書東夷伝にみえる馬韓諸国の広がりとほぼ重なっている（図1）。しかし、考古学的にみた場合、先史時代以降、漢江・錦江・栄山江の各流域は、異なる文化圏に属していたことが多い。こうした文化圏の背後に、異なるアイデンティティをもつ集団を想定することが許されるならば、百済の国家形成過程の中で、これらの諸集団と百済中央勢力の関係がどのように変化したのかを考古資料を通して検討することで、彼らのアイデンティティの変化について間接的にアプローチすることが可能であろう。

　筆者は、百済の国家形成過程を考古学的にどのように理解することができるのかについて、すでにおおまかな検討をおこなったことがある（吉井 二〇〇五）。本稿は、その成果に基づきつつ、主に考古資料を用いて、(1)百済中央勢力の変化とアイデンティティ、⑵各地域における諸集団と百済中央勢力との関係の変化、という二つの問題を検討することを通して、百済の国家形成に伴うアイデンティティの変遷について、考えてみたい。

一　百済中央勢力の変化とアイデンティティ

1　漢城都邑期

『三国史記』によれば、百済の始祖である温祚王は、高句麗から南下して紀元前一八年に河南慰礼城に都を置いたという。ただ、実際の問題として、百済中央勢力がどのような系譜をもつ集団であり、いつ、どのようにして漢江下流域で百済を支配する勢力として成長したのかについては、意見の分かれるところである。百済中央勢力が漢江下流域における政治的な中心勢力として登場したことを示す考古学的な指標としては、朴淳發（二〇〇一）が指摘するように、①夢村類型と呼ばれる百済土器の成立、②王墓と考えられる葺石封土墳の築造、③風納土城・夢村土城などの大規模な土城の出現、といった要素に注目する必要があるだろう。

百済中央勢力の出現を考える上で特に注目されるのが、風納土城における最近の発掘調査の成果である。風納土城は漢江南岸に位置し、土塁の総延長が約三・五㎞をはかる平面長方形の土城である。一九九七年以降、城の内部及び土塁の調査がおこなわれ、現在も国立文化財研究所による発掘調査が進行中である。これまでの発掘調査により、東側の土塁は、基部の幅四三ｍ、高一一ｍを測ることが明らかになった（尹根一他二〇〇二）。土城内部の慶堂地区では、丁寧な地業がおこなわれた、東西一六ｍ、南北一四ｍ以上の主建物と、それに附属する一辺三ｍの建物からなる大型建物（44号遺構）や、一〇匹分の馬頭骨と共に馬形土製品や大量の土器が出土した土壙（9号遺構）が発見された（権五

栄他　二〇〇四)。詳細は不明であるが、これらの遺構は城内における恒常的な祭祀の存在を推測させる。また、瓦の出土も興味深い。これまで知られていた夢村土城や石村洞古墳群出土例と同様、丸・平瓦製作技法や、軒丸瓦の文様や製作技法からみて、その系統は楽浪や高句麗に求めることができそうである(亀田　一九九六)。これらの瓦が、具体的にどのような構造・機能をもった建物に用いられたのかは不明であるが、王宮ないし官衙に関わる特定の建物に用いられた可能性を推定してみることができる。

風納土城内部の調査区の下層からは、中島式土器が用いられた時代の溝や、平面「呂」字形の竪穴式住居跡が発掘されている(尹根一他　二〇〇一、李南珪他　二〇〇三)。このことから、この場所は、原三国時代において、すでに拠点集落として機能していたことが想定される。その上層において、現在残されている土塁が築造され、先述したようなさまざまな施設がつくられた段階が、風納土城が百済中央勢力の政治的な拠点として機能するようになった時期であったと考えることができよう。

漢城都邑期における百済中央勢力の性格を考える上で重要なもう一つの要素として、陶磁器をはじめとする中国系考古資料の搬入と受容をあげることができる。まず陶磁器については、これまでも石村洞古墳群(図2―3・4)や夢村土城(図2―1・2)において、硯・壺などの出土が知られていた。さらに、風納土城の慶堂地区196号土壙から、六個体以上の大型施釉甕が出土したことは、当時の中国との活発な交渉の存在を印象づける発見であった。出土した大型施釉甕のうち、肩部に銭文が打捺された土器は、夢村土城(夢村土城発掘調査団　一九八五)や、洪城・神衿城(李康承他　一九九四)からも出土している。この土器は、中国では三世紀代の年号をもつ資料を伴う墳墓から出土することが多く、土城が築造された時期を考える上での重要な手がかりを提供している。また、夢村類型と呼ばれる漢城都邑期の土器の中に、中国陶磁器や青銅容器を模倣したと思われる例があることが指摘されている(定森　一九八九、権五栄　二〇〇一)。そして後述するように、中国陶磁器やその影響を受けたと考えられる夢村類型の百済土器は、漢江流域から錦江以北にかけての特定の墳墓にも埋葬された。高句麗や楽浪との関係が考えられる資料も少なくないものの、漢城都邑期における百済中央勢力を象徴する文化の形成には、三国～東晋時代における中国文化の影響が、少なくなかったことが窺われる。

2　熊津・泗沘都邑期

漢城都邑期における中央勢力およびその文化は、外的な要因により大きく変容することを余儀なくされる。つまり、高句麗の攻撃で四七五年に漢城が陥落したことにより、百済中央勢力は、それまでの基盤であった漢江下流域を失い、錦江流域の熊津（現在の公州）に遷都せざるをえなくなったのである。遷都後の三代の王は、いずれも在位期間が短く、そのうち文周王と東城王が暗殺されたことは、当時の王権および中央勢力が不安定であったことを示している。

そうした不安的な状況から百済を中興したのが、五〇一年に即位した武寧王である。王は、内政を安定させるとともに、中国の南朝や大和政権との関係を緊密にしながら、南下政策をとって百済の勢力を回復させていった。これと対応するように、百済の中央勢力のアイデンティティを反映していると考えられる文化は、大きく変化していく。その状況を象徴的に示すのが、武寧王陵であろう。熊津都邑期の百済の王陵を含む宋山里古墳群では、漢城都邑期に盛行した積石塚ではなく、玄室の平面が正方形で穹窿状天井をもつ横穴式石室（宋山里型石室）を埋葬施設とする封土墳が採用された。宋山里型石室が成立し、王陵級古墳の埋葬施設に採用された過程については不明な点が多い。しかし、漢城都邑期まで遡りうる横穴式石室は、漢江上流域や牙山湾沿岸、清州周辺などの各地で類例が増加しており、それらの石室が、宋山里型石室を生み出す母胎となった可能性は高い。それに対して、武寧王陵の埋葬施設は、中国南朝の墳墓に系譜が求められる、玄室平面が長方形でトンネル天井をもつ横穴式塼室を採用している。さらに、誌石の使用、石獣や五銖銭を用いた葬送儀礼、武寧王と王妃の二人を主軸に並行して安置する埋葬方式、中国陶磁器のみの副葬などは、被葬者を中国南朝からの亡命貴族ではないかと思わせるほどである。こうした要素は、百済に全てそのまま受容されたわけではなかった。しかし、塼室を石材で模倣した扶餘・陵山里古墳群中下塚を介して成立したと考えられる、板石造で平斜天井をもつ陵山里型石室は、泗沘都邑期の代表的な墓制として、百済の領域内に広がることになる（吉井 一九九一・一九九三）。

熊津都邑期以降の百済文化を特徴づけるもう一つの要素としては、仏教文化をあげることができよう。『三国史記』によれば、百済に仏教が伝来したのは三八四年のことである。しかし、これまで確認されている、塔・金堂からなる本格的な伽藍をもつ最古の寺院は、公州・大通寺跡である。大通寺跡や、王宮があったと推定されている公山城、武寧王の喪屋の可能性が指摘されている艇止山遺跡（金鍾萬他 一九九九）などで用いられた軒丸瓦は、武寧王陵に用いられた文様塼と同様の素弁蓮華文であり、漢城都邑期の軒丸瓦とは大きく異なるものである。泗沘に王都が移ってからは、陵山里廃寺（金鍾萬他 二〇〇〇）をはじめとして多くの寺院が王都の内外に築造されることになる。日本において一般的に「百済文化」と認識されているのは、まさにこの時期の文化なのである。

以上、概観したように、百済中央勢力は、漢城に土城を築造する時期に前後して、独自の文化を生み出した。しかし、高句麗の攻撃という外的な要因により、その基盤となる地域を移動したことを契機として、その文化の様相は少なからず変化した。こうした百済中央勢力の文化の変遷が、百済中央勢力のアイデンティティの変化とどのように対応するのかを推し量ることは容易ではない。ただ、現代の我々が、考古資料を通して百済中央勢力のアイデンティティについて議論しようとする時、百済中央勢力の文化が変化していったのと同様に、そのアイデンティティの実態も絶えず変化していった可能性が高いことを、十分に認識する必要がある。また、各時期における百済中央勢力を特徴づける文化を構成する要素の多くが、同時代の中国の文化要素を新たに導入して、それを取捨選択していくことによって成立していることも指摘しておきたい。

では、これまで概観したような特徴と変化を示す百済中央勢力の文化は、百済の領域を構成していた漢江流域・錦江流域・栄山江流域の諸集団の文化とどのような関係があり、関係の変化を通して、各集団のアイデンティティはどのように変化したと推定することができるのだろうか。次章では、この問題を流域ごとに検討してみたい。

二　各地域における諸集団と百済中央勢力との関係の変化

1　漢江流域

まず、百済の中央勢力が位置した漢江下流域に接する漢江上流域や、京畿道南部から忠清南道北部の海岸部にあたる、牙山湾沿岸地域の状況をみてみたい。これらの地域は、百済中央勢力の文化が登場してから、最初にその影響が強く現れる地域である。その具体例として、夢村類型とよばれる、四・五世紀の漢江下流域でみられる土器様式の広がりがあげられる。夢村類型は、朴淳發が夢村土城で出土した土器から、百済土器を抽出するために設定した土器様式である。主な器形としては、高杯・三足杯・三足盤・肩部に格子文帯をもつ直口短頸壺・広口長頸壺・筒形器台などがあげられる。また、直口短頸壺を中心として、外面を黒色磨研する土器がみられるのが特徴である。黒色処理がされていない土器の中でも、風納土城慶堂地区9号遺構出土土器（権五栄他 二〇〇四）のように、外面を丁寧に磨研した土器が、漢城都邑期を通じて製作されていた。

京畿道各地では、原三国時代においては中島式土器が用いられていたが、三国時代になると夢村類型の土器が用いられるようになることが明らかになりつつある。ただ、最近の調査研究によると、漢江流域から牙山湾沿岸にかけての地域の土器には、風納土城・夢村土城で出土した土器とは、細部の形態や製作技法に違いが存在することが指摘さ

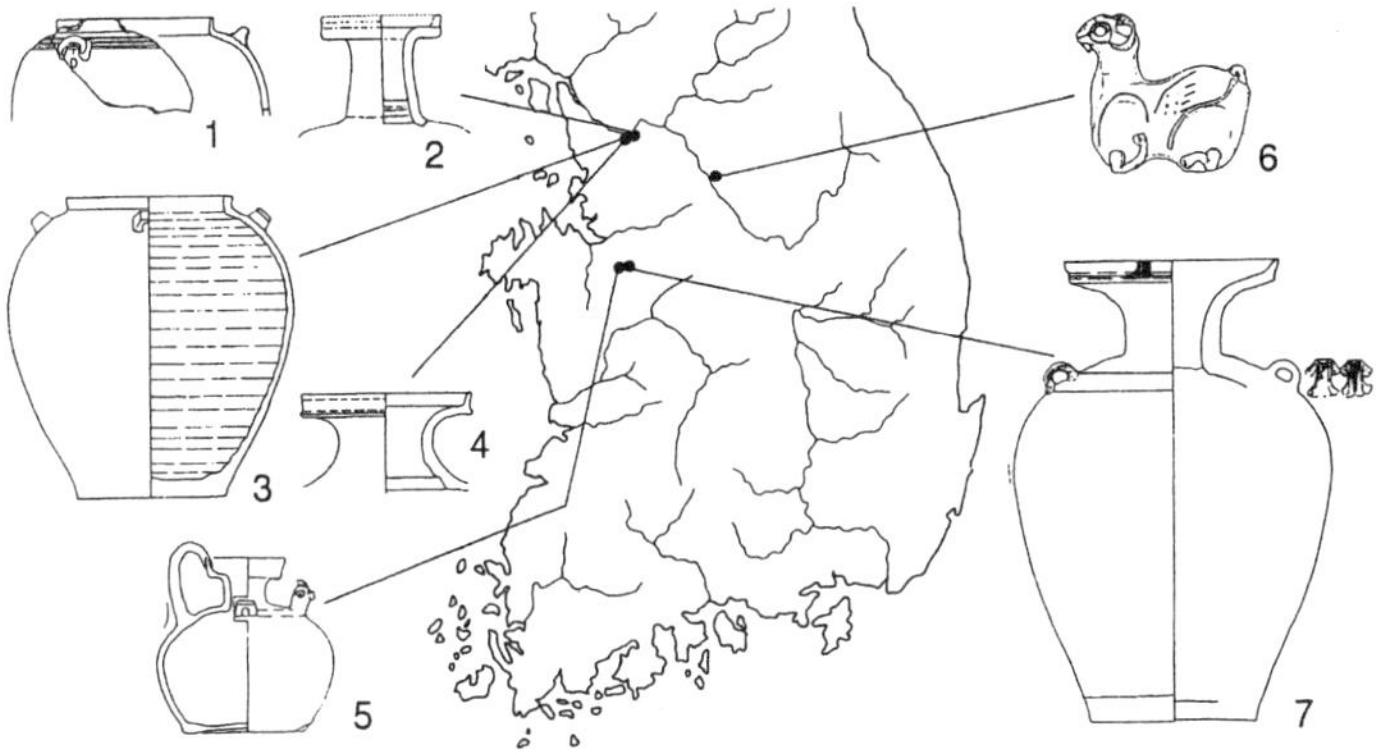

図２　漢城都邑期における中国陶磁器の分布（吉井2004：図３を一部改変）
１・２：夢村土城　３：石村洞３号墳東側古墳群８号土壙墓　４：石村洞３号墳
５：龍院里９号石槨墓　６：法泉里２号墳　７：花城里

れている。今後の詳細な検討が期待されるところであるが、こうした違いは、百済中央勢力以外の諸集団が、在地の技術により夢村類型土器を受容・生産していたことを示唆していると考えられよう。

次に、百済中央勢力と各地方勢力の有力者との関係を示すと考えられるのが、墳墓に副葬された中国陶磁器・黒色磨研土器・金属製装身具・象嵌大刀などの遺物である。中国陶磁器については、原州・法泉里2号墳出土の羊形青磁（図2―6）（金元龍 一九七三、三上 一九七六）や、天安・花城里古墳群出土の青磁盤口壺（図2―7）（三上 一九七六、小田 一九八三）が古くから知られていた。最近では、龍院里古墳群（李南奭 二〇〇〇、任孝宰他 二〇〇一）でも、黒褐釉鶏首壺（図2―5）や青磁椀が出土した。こうした陶磁器の入手経路としては、各在地勢力が個別に中国に出向いて入手した可能性と、百済中央勢力が入手して、各勢力に再分配した可能性が考えられる。ただ、最近、風納土城でかなり大量の中国陶磁器が出土していることからみて、後者の蓋然性が高いとみてよいだろう。これらの古墳群では、肩部に格子文帯をもつ直口短頸壺を中心とする黒色磨研土器も共伴する。黒色磨研土器は、可楽洞2号墳をはじめとして、漢城地域に特徴的な土器と考えられ、製作技術的にも一定の規則性をもつようである。そのため、周辺地域での出土例についても、百済中央勢力からの搬入、もしくは技術移転による生産を想定することができよう。

金属製装身具類の中で特に注目されるのは、金銅製の冠帽と沓であろう。金銅製沓の場合、これまでは錦江以南の

古墳でのみ確認され、その中心時期は熊津都邑期であった。ところが、最近の発掘調査により、原州・法泉里古墳群(宋義政他 二〇〇〇)や公州・水村里古墳群(강종원他 二〇〇四)で、複数の出土が報告されている。これらの沓は、T字文や龍文の透彫をもつ点が特徴的であり、公州附近出土と伝えられる梨花女子大博物館所蔵品(梨花女子大学校博物館 一九八七・遺物番号二三三五)も同様の特徴をもつ。側板をつま先とかかとで固定する百済系の沓のうち、透彫で装飾された例は、従来、武寧王陵の王・王妃の沓しか知られていなかった。法泉里・水村里古墳群出土例は、武寧王陵例に先行する可能性が高く、両例との比較検討が待たれる。冠帽は、天安・龍院里9号石槨墓から、覆輪と付属金具の一部がみつかった。また最近、公州・水村里古墳群や瑞山・富長里遺跡(李勲他 二〇〇五)でも冠帽が出土したことが伝えられており、今後の整理作業が期待される。従来、新羅では、山字形冠をはじめとする金属製装身具類が慶州を中心として各地に分布することが知られ、それらは新羅中央勢力の地方支配と関連づけて解釈がなされてきた。今後の類例の増加により、百済においても、金属製装身具の分布と系統をめぐる同様の議論が可能となるであろう。

中国陶磁器や金属製装身具が出土する古墳では、百済地域における初期馬具や、象嵌大刀なども出土する場合が多い。そして、このような考古資料の分布様相を、朴淳發や成正鏞は、四・五世紀の百済の領域の拡大と、地方支配の進行を示していると解釈する(朴淳發 二〇〇一、成正鏞 二〇〇一)。こうした考古資料が副葬される墳墓は、地域的にも、あるいは同一古墳群の中においても限られている。各地域集団の首長と目されるこうした古墳の被葬者は、百済中央勢力との政治的・社会的な関係を結ぶことによって、上記のさまざまな文物を入手し、副葬することができたのであろう。ただ、こうした古墳は、周辺の古墳と立地・規模的に大きな違いをみいだすことが難しい。この段階における各地域の首長は、百済中央勢力との関係によって、各地域における自身の地位を確保しえたと想定される。

ただし、このような漢城都邑期における百済中央勢力からの影響は、各地域集団の文化の伝統、あるいはアイデンティティを根本的に変化させたわけではないと考える。それをよく表すのが、各地域における墳墓の埋葬施設構造の多様性である（図3）。漢城都邑期における百済中央勢力の墓制を代表するのは、石村洞古墳群でみられる葺石封土墳や積石塚である。しかし、こうした墓制は、周辺地域ではほとんどみつかっていない。京畿道南部から牙山湾沿岸地域における主要な墓制は、前代の周溝土壙墓の系譜を引くと思われる木棺・木槨墓（図3―2）である。その後、やや遅れて竪穴式石槨（1・4）、そして横口式石室（3）・横穴式石室が出現する。また、同じ範疇に分類される埋葬施設の中でも、具体的な構造には共通しないところが少なくない。例えば、竪穴式石槨の場合、平面形や木棺の構造、副葬品の配置様相などからみて、同じ古墳群内にある木棺・木槨墓との関係が深いと思われる華城・馬霞里古墳群（金載悦他　一九九八、李鮮馥他　二〇〇四）の石槨墓（図3―1）と、幅に比べて深くて側壁が持ち送られた石槨の中に釘と鎹を用いた木棺を安置する天安・龍院里古墳群の石槨墓（図3―4）は、同系統の竪穴式石槨であるとは考えがたい。横口式石室・横穴式石室についても、玄室の平面形や羨道の取り付く位置、玄室内における埋葬方法には多様性がみいだされる。漢城都邑期のある段階から、百済中央勢力が横穴系墓制を受容していたのかどうかにより、解釈は大きく変わるであろうが、横穴式石室という被葬者を安置する新たな「入れ物」が導入されたとはいえ、その中でどのような葬送儀礼をおこなうのかについては、集団ごとに対応が異なっていたのではないかと予測する。このように、副葬品の一部にみられる様相とは違い、埋葬施設の場合、百済中央勢力のものと、その構造を共有するような関係はみいだしがたい。熊津都邑期・泗沘都邑期の様相と対比したとき、漢城都邑期における地方の諸集団は、墓制・葬制、あるいは葬送観念における相違点が少なくなかったと考えられる。

以上のように、漢城都邑期における漢江上流域や京畿道南部は、百済中央勢力の登場と共に、その文化の影響を大きく受けるようになったことがわかる。しかし、墓制における地域性などからみる限り、この時期における諸集団のアイデンティティが、完全に百済中央勢力を志向していたわけではないと考える。各地域の集団自体に対する帰属意識と、百済中央勢力に対する帰属意識がどのような関係にあったのかについては、今後のさらなる検討が必要であろ

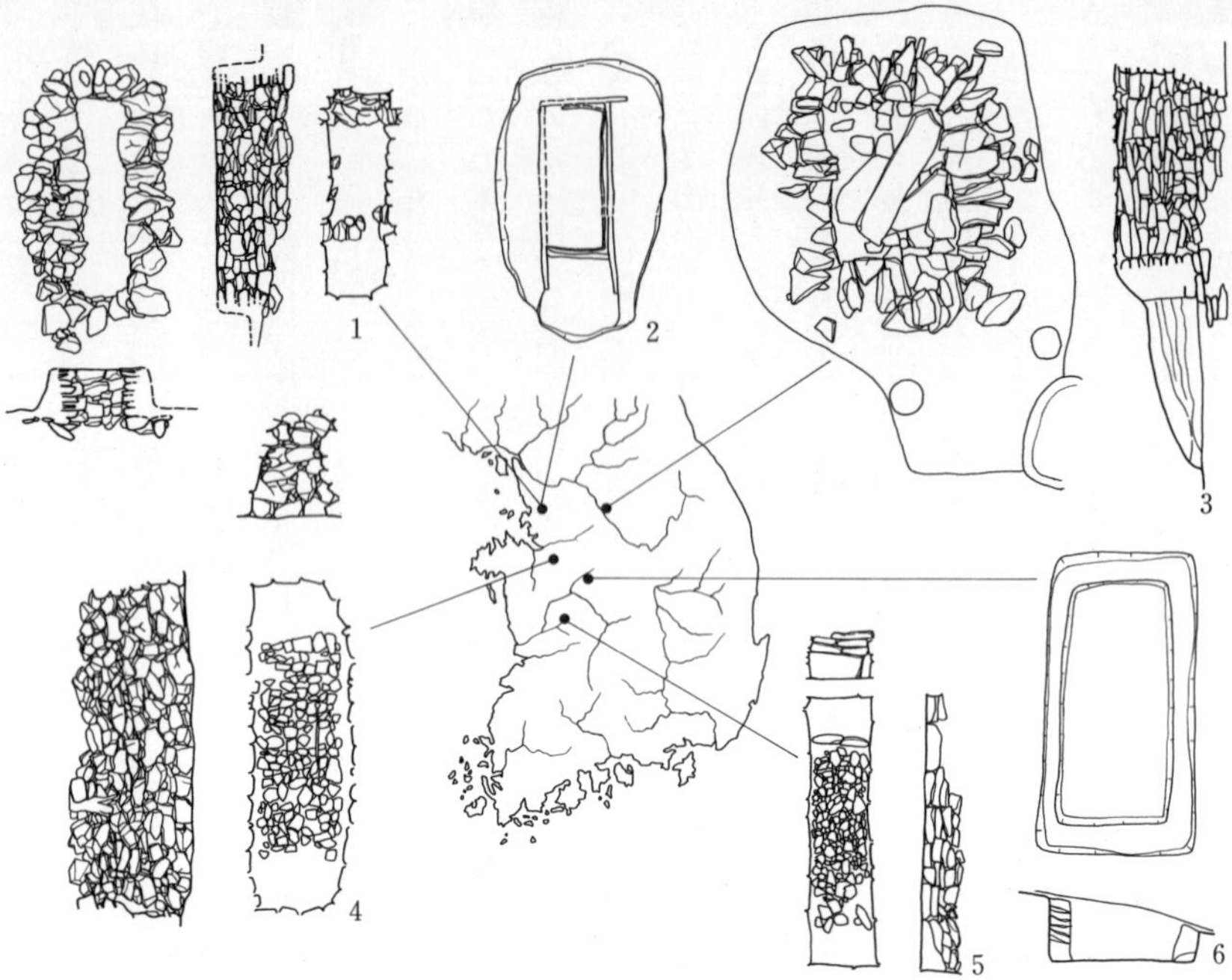

図 3　漢城都邑期における漢江流域～錦江流域の埋葬施設の多様性（筆者作成）
1：馬霞里 4 号石槨墓　2：馬霞里 1 号木棺墓　3：法泉里 4 号墳　4：龍院里 1 号石槨墓
5：表井里85-16号墓　6：新鳳洞95-109号墓

う。

漢江流域における諸集団のアイデンティティの変遷についてもう一つ問題とすべきは、四七五年以降の状況であろう。漢城の陥落を前後して、高句麗の勢力がさらに南下したことは、漢江の北岸で発見されている堡塁遺跡の広がりや、夢村土城における高句麗系土器の出土、そして忠清北道の各地で高句麗系の土器を出土する遺跡がみつかったことで知ることができる。さらに、六世紀以降、漢江流域や忠清北道に新羅がその勢力をのばしてくる。それに対応するかのように、ソウル周辺でも、新羅系の古墳や土器、山城が少なからず発見されている。これまでの研究では、こうした百済系・高句麗系・新羅系の文物の消長は、各地域における政治的な支配勢力の変動と連動することを前提として進められてきた。しかし、例えば夢村土城で発掘された遺構の中には、百済系土器と高句麗系土器が一緒に出土している場合が少なくない。発掘報告書においては、こうした例は遺構の埋没過程における混入と判断され、型式学的に分離して検討がおこなわれている（金元龍他 一九八八）。しかし、両系統の土器の共伴が、同時期に両者が一緒に使用・廃棄された結果である可能性は、排除できないのではないだろうか（定森 一九八九、白井 一九九二）。政治的変動と共にある程度の集団が移動したとしても、やはり多くの人々は、自分たちの生活基盤のある地域にとどまったと考えられるからである。四七五年まで百済中央勢力の支配下にあり、百済に対するアイデンティティを抱きながらこの地に留まった人々のアイデンティティがどのように変容していったのかは、今後さらなる検討を要する問題である。

2　錦江流域

次に、錦江流域の状況をみていきたい。この地域における漢城都邑期に並行すると思われる墳墓においても、副葬品の中に、百済中央勢力との関係を推定させる遺物がみいだされる。特に、天安と公州を結ぶ交通路に沿って立地する公州・水村里古墳群から、複数の中国陶磁器や金銅製装身具が出土したことは、漢城陥落以後に百済中央勢力がなぜ熊津に移動したのかを考える上でも、重要な手がかりを提供してくれるのではないかと期待される。築造時期についての検討が必要であるが(1)、錦江河口付近に位置する益山・笠店里1号墳（趙由典他 一九八九）から出土した中国陶磁器・金銅製冠帽および沓などの出土遺物の評価も問題となるであろう。錦江の支流である美湖川流域に位置し、天安からも地理的に近い清州周辺では、中国陶磁器の確実な出土例はないものの、馬具や象嵌をもつ環頭大刀、黒色磨研土器や三足杯などの夢村類型の影響を受けたと思われる土器の出土に、百済中央勢力の影響をみいだすことができる。独特な竪穴式石槨が築造された論山・連山地域の墳墓でも、装飾大刀や一部の土器類などの、百済中央勢力との関連を推定しうる遺物がみいだされる。ただ、そうした遺物の出現は、漢江流域にくらべてやや遅れるように思われる。

一方、錦江流域の墳墓に副葬される土器の中には、高杯形器台や把手付鉢など、百済中央勢力よりは、むしろ慶尚道の加耶・新羅との関係が想定される器種の存在が確認される。さらに埋葬施設の構造をみても、論山表井里・新興里・茅村里古墳群の例のように、平面細長方形の竪穴式石槨（図3―5）や、新鳳洞古墳群にみられる大型木槨（図3―6）のように、慶尚道との関係が想定できる例がある。こうした要素は、政治的な関係ではなく、それ以前から存在したと考えられる、隣接地域との相互交流の過程で伝わった要素であると評価したい。漢城都邑期における錦江流域の諸集団にとって、百済中央勢力との結びつきは強まらざるをえなかっただろうが、それ以前から存在したであろう、隣接地域との関係にもとづくアイデンティティも、根強く残っていたのではないかと推測する。

四七五年以降、錦江流域は、百済の王都に接する地域となった。それと共に、この地域の文化も、百済中央勢力の文化を本格的に受容していくことになる。まず、古墳に副葬される土器は、在地的なものから三足杯・瓶・直口短頸壺などの器種を中心とするものに変化していった。また、埋葬施設に構造の違いがあるのにもかかわらず、釘や鐶座金具を用いた木棺が受容されはじめたことは、百済中央勢力の葬送儀礼・葬送観念を受容する方向で変化が進んでいったことを示している（吉井 一九九一）。一方、埋葬施設に注目すると、(1)公州周辺の古墳群や、群山・山月里古墳群（郭長根他 二〇〇四）のように、宋山里型石室を中心とする横穴式石室を中心とする古墳群、(2)益山・笠店里古墳群のように、少数の宋山里型石室と、平面長方形の横穴式石室からなる古墳群、(3)論山・表井里古墳群一九八一年度調査区（徐聲勲他 一九八四）や、益山・熊浦里古墳群（崔完奎 一九九五）のように、少数の横穴式石室と、竪穴式石槨・横口式石室から構成される古墳群など、いくつかの類型が確認される（図4）。横穴式石室の導入の度合いが、百済中央勢力との関係を反映していると理解できるのであれば、熊津都邑期における百済中央勢力と在地の諸勢力との関係が、この段階においても一様ではなかったことを示していると考えられよう（吉井 一九九七）。

熊津都邑期になり、板石を用いて断面六角形に構築する陵山里型石室が成立すると、周辺勢力の墓制の「百済化」

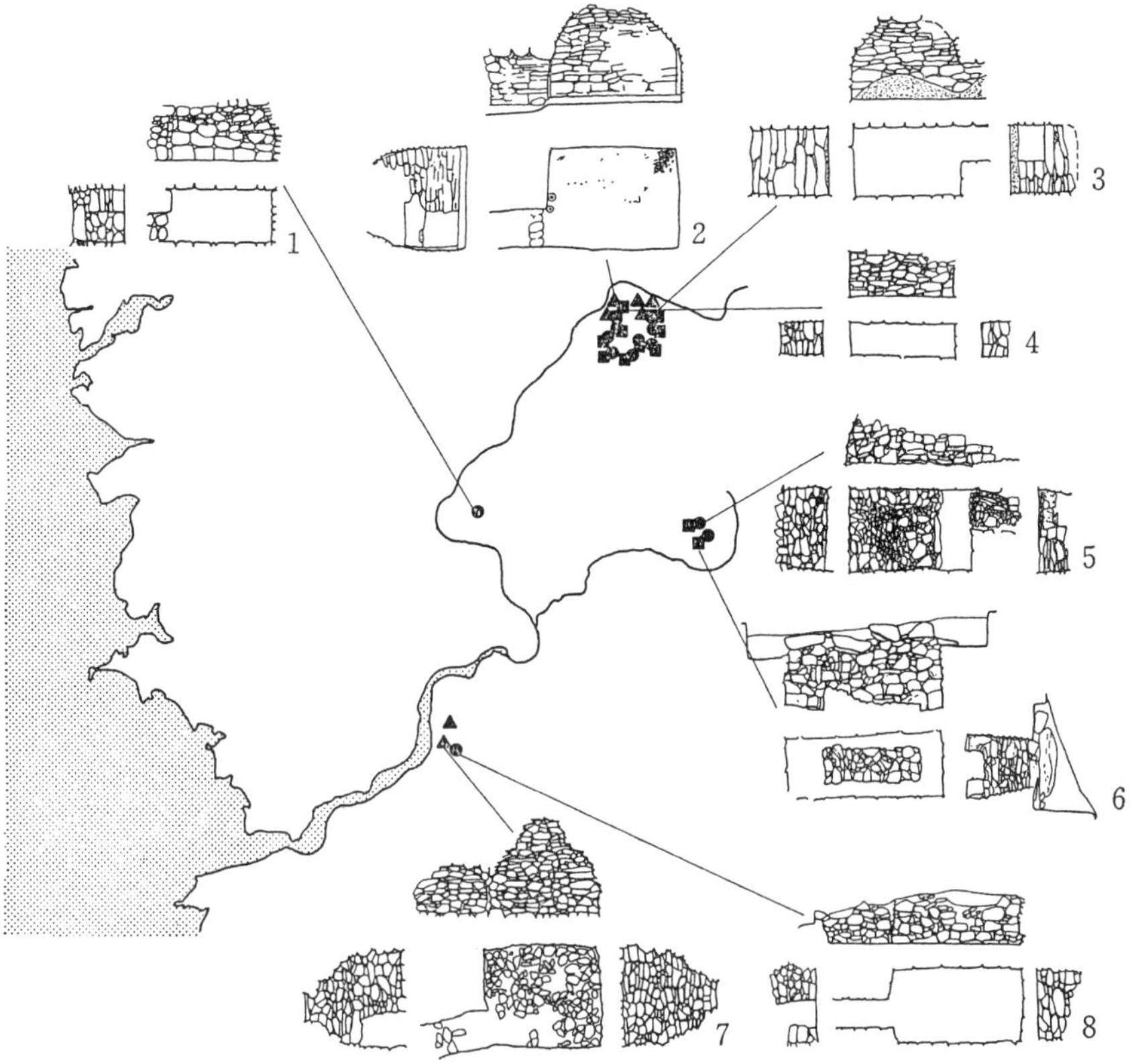

図4　熊津都邑期における錦江流域の埋葬施設の多様性（吉井1991：図8を一部改変）
▲：宋山里型石室　●：玄室平面長方形石室　■：竪穴系の石室
1：陵山里割石塚　2：宋山里1号墳　3：牛禁里1号墳　4：宋山里8号墳　5：表井里79-13号墳　6：表井里81-1号墳　7：笠店里1号墳　8：笠店里7号墳

はさらに進むことになる。つまり、各地の古墳群は、板石によって築造された陵山里型石室を採用する場合が多くなる。また、塊石を用いて石室がつくられた場合も、石室の断面形や玄門の構造が、陵山里型石室を志向するようになることが認められる（図5）（吉井 一九九三）。また、山本孝文（二〇〇二）によって検討されたように、石室の規格性・木棺の鐶座金具の形状・花形冠飾の有無などを基準としてみたときにいくつかの階層性が想定され、その背景としては、官位制の存在をあげることができよう。石室の閉塞方法などに、それ以前の墓

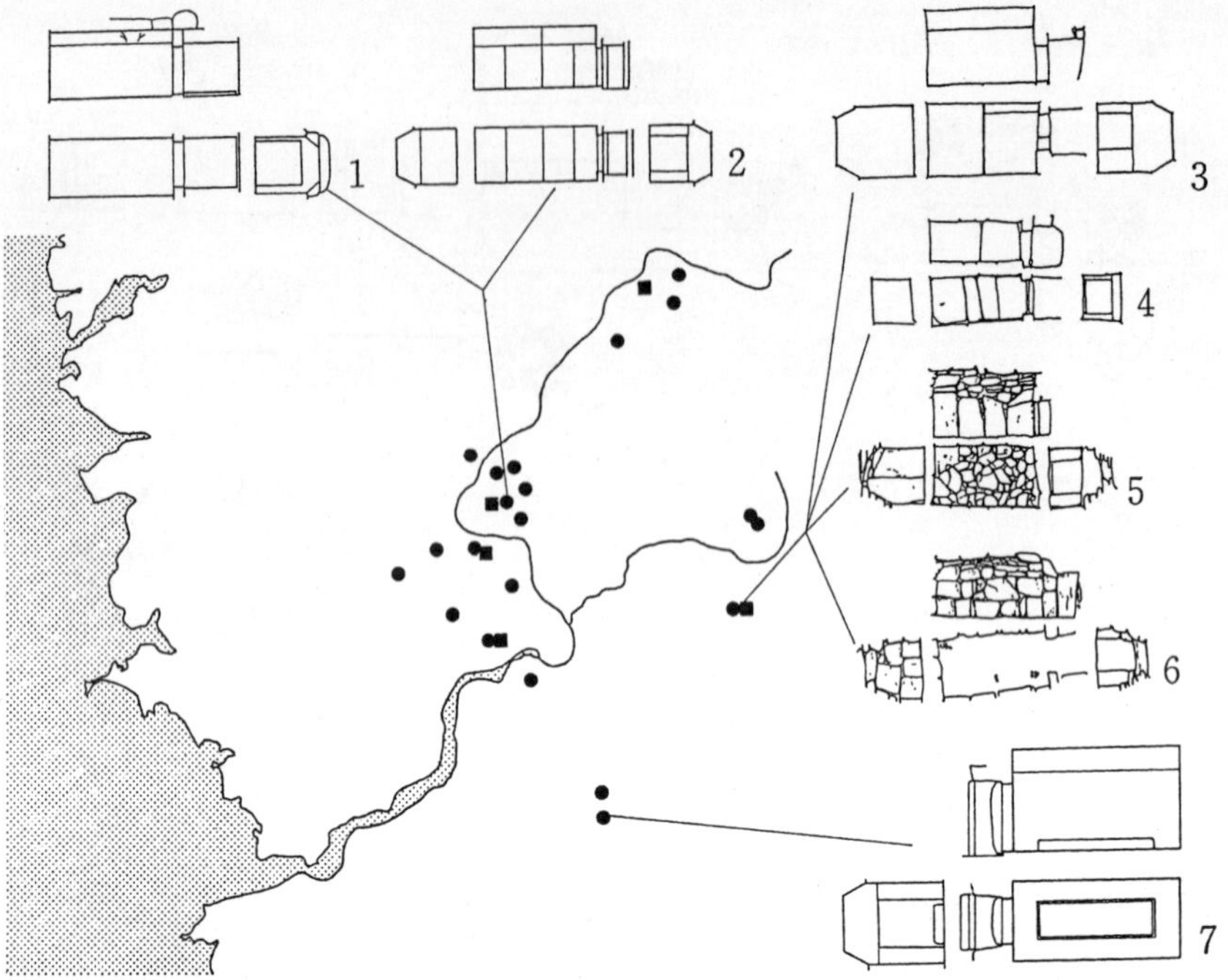

図5　泗沘都邑期における埋葬施設の多様性（吉井1991：図10を一部改変）

●平斜天井石室　■平天井石室

1：西下塚　2：陵山里7号墳　3：六谷里7号墳　4：六谷里6号墳　5：六谷里12号墳　6：六谷里1号墳　7：益山大王墓

制の伝統をみいだすことはできるものの、熊津に遷都して約一〇〇年後に、錦江流域の諸勢力の文化は、百済中央勢力の文化とほぼ一体化したとみなすことができる。

3　栄山江流域

最後に、栄山江流域の状況をみてみたい。四・五世紀を通して、この地域では、成人を伸展葬できる大型の甕棺を埋葬施設とし、平面楕円形で周溝をもつ低墳丘墓が多くつくられたことが明らかになりつつある。副葬された土器も、一部で百済中央勢力との関係が指摘される器種があるが、それはむしろ、百済中央勢力出現以前の錦江流域の土器との共通性によるものが多いのではないかと考えられる。その一方で、土師器を模倣したと考えられている小形壺や、𤭯・蓋杯のように、慶尚南道の南海岸地域や日本列島との関係も想定できる土器が存在する。四・五世紀の段階に、栄山江流域が百済の影響下に入っているかどうかについては、文献史研究者の中でも意見がわかれるところである。しかし、少なくとも文化的な面では、この地域の集団は、百済中央勢力とは異なる別個の集団とみなすことができるだろう。

こうした墓制の様相が大きく変化したと考えられるのが、五世紀末から六世紀前半の段階である。その変化の様相を象徴するのが、前方後円形の墳丘をもった古墳の築造である。これまでおこなわれてきた発掘調査の成果により、これらの古墳は、墳丘の形態のみならず、北部九州とのつながりが想定される横穴式石室を埋葬施設とし、中には、日本の埴輪とその形状や使用方法が類似した円筒形土製品が用いられたものがあることが明らかになっている。こうした古墳の評価については、これまでは主にその被葬者の性格が問題となり、この地域に移住した倭人説、在地勢力説、この地域の支配のために派遣された倭系百済人、といったさまざまな説が唱えられてきた。これらの説に対する検討は本稿では割愛せざるをえない。

ただしここでは、前方後円形墳とそこに認められる倭系の要素にのみ注目していては、この時期における栄山江流域の諸集団の関係の実態は明らかにしがたいことを指摘しておきたい。たとえば、前方後円形墳が出現する時期には、一辺、あるいは径が三〇ｍを越す大型古墳も出現する。これらの主たる埋葬施設は、この地域に伝統的な専用甕棺であるが、羅州・伏岩里3号墳（金洛中他編 二〇〇一）のように北部九州系の横穴式石室を受容する例や、新村里9号墳（尹根一他 二〇〇二）のように、円筒形土製品（日本の埴輪とは異なる形状をもつ）を墳丘上に立て並べた例がある。また、前方後円形墳・方形墳にかかわらず、冠・沓をはじめとする金銅製装身具やガラス玉類、木棺に用いられた鐶座金具と釘をはじめとする、百済中央勢力と密接な関係をもつと思われる考古資料が、本格的に栄山江流域に出現しはじめるのもこの時期である。このような、さまざまな地域の文化要素が錯綜する歴史的背景は、百済が熊津に遷都して以降、栄山江流域、さらには加耶に勢力を伸ばそうとし、その動きに対して、加耶・新羅・倭がさまざまな駆け引きをおこなった六世紀前半の政治的・社会的情勢が反映されているのであろう。この段階における古墳築造集団のアイデンティティを理解するためには、特定の系統の文化要素にのみ注目するのではなく、多用な文化要素が混在するという実態を踏まえた上で、検討を進めるべきであることを強調したい。

六世紀後半になると、栄山江流域にも、陵山里型石室、あるいはその影響を強く受けた埋葬施設をもつ古墳が大部分を占めることになる。また、銀花立飾や、鐶座金具と釘からなる木棺の使用がみられることからみても、百済中央勢力の墓制が、この時期になって体系的に受容されたことが認められる。ただ、その一方で、木棺を用いずに石枕を用いて被葬者を玄室内に直接安置したり、玄室内に二回以上の追葬を行うような埋葬例も少なからず確認される。(2) それ以前の様相から比較したとき、六世紀後半の段階になって、栄山江流域の百済化は、基本的に完了したとみても大過ないと考えられるが、百済の滅亡に至るまで、この地域の文化的伝統は、断片的とはいえ引き継がれていったと考えられよう。

三　百済の国家形成における画期とアイデンティティの変化

以上みてきたように、風納土城をはじめとする最近の発掘調査の成果からみて、考古学的には、漢江下流域で百済中央勢力独自の文化が成立した段階を、百済中央勢力が政治的・社会的な優位性を確立した段階と想定することができる。それと共に、漢江・錦江・栄山江の各流域、さらにはその中での小地域ごとに存在した諸集団の文化は、さまざま形で百済中央勢力の文化の影響を受けることになった。中国陶磁器や金属製装身具などの出土様相からみて、百済中央勢力は、各地域の諸集団における首長との間に関係を結ぶことにより、その影響を及ぼしはじめたと推測される。また、地域的にみれば、百済中央勢力の文化の影響は、まず漢江流域に及び、次に錦江流域へとその範囲が広がったのであろう。こうした段階を、都出比呂志のいう初期国家段階、あるいは朴淳發（二〇〇一）のいう連盟王国段階としての国家段階と理解することは、ある程度の説得力をもつ。しかし、少なくとも墓制を中心とする文化レベルでみた場合、漢城都邑期における周辺の諸集団の文化には、それ以前の各地域における文化の伝統、あるいは地理的に隣接した集団との関係による地域性がみいだされる。漢城都邑期において、周辺の諸集団は、百済中央勢力に対する帰属意識を高めていったと思われるが、その実態は、集団ごと、あるいは集団内の階層ごとにに少なからず異なっていたのではないだろうか。

そうした百済中央勢力と周辺の諸集団との関係が大きく変化する契機は、四七五年の漢城陥落、という外的要因によりもたらされたと考えられる。まず六世紀にはいり、南朝を中心とする中国系の文化を取捨選択しながら、百済中央勢力の文化は大きく変化した。その背景としては、遷都以後の混乱期を経て、武寧王が百済を中興する過程で、新たな百済の中心地域となった錦江流域の諸集団を巻き込むような形での、新たな文化の創出が必要であったのではないかと推測する。そして、この段階に新たに成立した百済中央勢力の文化は、錦江流域のみならず、栄山江流域の諸集団にも、広く受容されていき、各集団の地域性は影を潜めることになる。墓制の様相からみる限り、各地の諸集団の文化が百済中央勢力の文化とほぼ共通するようになるのは、墓制の地域性がほとんど払拭される、六世紀後半以降のことであると考えられる。この段階において、百済に対するアイデンティティは、領域内の諸集団の間で広く共有されるようになったと理解しておきたい。

以上、本稿では、百済中央勢力の成立と変化、そして周辺の諸集団における文化の変化に注目することで、百済に対するアイデンティティのあり方の変遷を推測してみた。今後、こうした問題を考古学的に深めるためには、地域ごとの文化の詳細な変化の様相の検討や、四七五年を前後として、百済中央勢力の文化が具体的にどのように変化していったのかに対するより具体的な検討が必要である。また、百済滅亡後の復興運動や、後三国時代における後百済の建国にあたって、「百済」に対する記憶が、アイデンティティ形成にどのような役割を果たしたのかについても考えてみる必要があろう。こうした問題は今後の課題として、とりあえず本稿を終えたい。

註

（1）笠店里1号墳の築造年代については、熊津都邑期とみる考えが一般的であったが、京畿道や牙山湾沿岸地域の調査研究の進展を受けつつ、漢城都邑期に遡ると考える説も主張されている。笠店里1号墳の年代は、百済古墳の年代観をめぐる問題のみならず、漢城都邑期における百済の領域を考える上でも重要であり、今後、さらなる検討が求められる。

（2）石室内に二回以上の追葬をおこない、被葬者が三人以上である例は、四基の甕棺が安置された伏岩里3号墳九六年石室で確認され、その源流は、墳丘内に複数の甕棺を埋葬する風習に求めることができると考えている。

参考文献

（韓国語文献）

강종원・이형주・이창호　二〇〇四「公州水村里遺跡調査概要」『第四七回全国歴史学大会考古学部発表資料集』六五～八三頁　韓国考古学会

郭長根・趙仁振　二〇〇四『群山山月里遺跡』（群山大学校博物館学術叢書三四）　群山大学校博物館・群山市・文化財庁

権五栄　二〇〇一「伯済国에서 百済로의 전환」『역사와 현실』第四〇号　三〇―五六頁　韓国歴史研究会

権五栄・権度希・韓志仙　二〇〇四『風納土城―慶堂地区9号遺構에 대한 発掘報告―』（한신大学校博物館叢書第一九冊）　한신大学校博物館

金洛中・曺美順編　二〇〇一『羅州伏岩里3号墳』　国立文化財研究所

金元龍　一九七三「原城郡法泉里石槨墓와出土遺物」『考古美術』一二〇

金元龍・任孝宰・朴淳發　一九八八『夢村土城　東南地区発掘調査報告』　서울大学校博物館

金鍾萬・李漢祥・申英浩・安敏子　一九九九『艇止山』（国立公州博物館学術調査叢書第七冊）　国立公州博物館・（株）現代建設

金鍾萬他　二〇〇〇『陵寺　扶余陵山里寺址発掘調査進展報告書』（国立扶余博物館遺跡調査報告書第八冊）　国立扶余博物館・扶余郡

金載悦・金邱軍・辛勇旻・李根旭　一九九八『華城馬霞里古墳群』（湖岩美術館遺跡発掘調査報告第五冊）　湖岩美術館

夢村土城発掘調査団　一九八五『夢村土城発掘調査報告』

朴淳發　二〇〇一『漢城百済의誕生』　書景文化社（木下亘・山本孝文訳　二〇〇三『百済国家形成過程の研究―漢城百済の考古学―』六一書房）

徐聲勳・申光燮　一九八四「表井里百済廃古墳調査」『中島Ⅴ』（国立博物館古蹟調査報告第一六冊）　国立中央博物館

成正鏞　二〇〇二「四～五세기百済의地方支配」『韓国古代史研究』二四　七七～一一〇頁　韓国古代史学会

宋義政・尹炯元　二〇〇〇『法泉里Ⅰ』（古蹟調査報告第三一冊）　国立中央博物館

山本孝文　二〇〇二「百済泗沘期石室墳의階層性과政治制度」『韓国考古学報』第四七輯　九三～一三六頁　韓国考古学会

吉井秀夫　一九九七「横穴式石室의受容様相으로 본 百済의中央과地方」『百済의中央과地方（百済研究論叢第五輯）』　一八七～二〇二頁　忠南大学校百済研究所

尹根一・金洛中・曺美順　二〇〇一『羅州新村里9号墳』、国立文化財研究所

尹根一・申熙権・崔聖愛・申鍾国　二〇〇一『風納土城Ⅰ―現代連合住宅 및 Ⅰ地区再建築敷地―』　国立文化財研究所

尹根一・申熙権・崔聖愛　二〇〇二『風納土城Ⅱ―東壁発掘調査報告書―』　国立文化財研究所

李康承・朴淳發・成正鏞　一九九四『神衿城総合発掘調査報告』（忠南大学校博物館叢書第一〇輯）　忠南大学校博物館

李南珪・権五栄・李基星・李明燁・申誠恵・韓志仙　二〇〇三『風納土城Ⅲ―三和連立再建築事業敷地에 대한 調査報告―』（한신大学校博物館叢書第一五冊）　한신大学校博物館

李南奭　二〇〇〇『龍院里古墳群』（公州大学校博物館学術叢書〇〇―〇三）　公州大学校博物館・天安温泉開発・高麗開発

李鮮馥・金成南　二〇〇四『馬霞里古墳群』（京釜高速鉄道上里区間文化遺跡発掘調査報告書）　崇実大学校博物館・서울大学校博物館・韓国鉄道施設工団

李勳・이재욱　二〇〇五「瑞山富長里遺跡発掘調査概報」『第四八回全国歴史学大会考古学部発表資料集』　九七～一一六頁　韓国考古学会

梨花女子大学校博物館　一九八七『梨花女子大学校創立一〇〇周年記念　博物館所蔵品目録』

任孝宰・崔鍾澤・윤상덕・장은정　二〇〇一『龍院里遺跡C地区発掘調査報告書』　서울大学校博物館・서울大学校人文学研究所・（株）高麗開発

趙由典・崔猛植・尹根一 一九八九『益山笠店里古墳発掘調査報告書』文化財研究所
崔完奎 一九九五『益山熊浦里百済古墳群―一九九二、一九九三年度発掘調査―』百済文化開発研究院・円光大学校博物館

（日本語文献）

小田富士雄 一九八三「越州窯青磁を伴出した忠南の百済土器―四世紀の百済土器・その二―」『古文化談叢』一二 一九五～二〇八頁 九州古文化研究会
亀田修一 一九九六「百済漢城時代の瓦と城」『第二回百済史定立のための学術セミナー―第一部 百済の建国と漢城時代―』九七～一二七頁 （財）百済文化開発研究院
定森秀夫 一九八九「韓国ソウル地域出土三国時代土器について」『生産と流通の考古学（横山浩一先生退官記念論文集Ⅰ）』四四三～四六六頁
白井克也 一九九二「ソウル・夢村土城出土土器編年試案―いわゆる百済前期都城論に関連して―」『東京大学文学部考古学研究室研究紀要』第一一号 四九～八〇頁 東京大学文学部考古学研究室
三上次男 一九七六「漢江地域発見の四世紀越州窯青磁と初期百済文化」『朝鮮学報』第八一輯 三五七～三八〇頁 朝鮮学会
吉井秀夫 一九九一「朝鮮半島錦江下流域の三国時代墓制」『史林』七四巻一号 六三～一〇一頁 史学研究会
吉井秀夫 一九九三「百済地域における横穴式石室分類の再検討―錦江下流域を中心として―」『考古学雑誌』第七九巻第二号 六二～九八頁 日本考古学会
吉井秀夫 二〇〇五「朝鮮半島西南部における古代国家形成過程の諸問題」『国家形成の比較研究』、一二〇～一三八頁 学生社

考古学からみた新羅の成立とアイデンティティ

李　盛周
（岡田裕之／訳）

序　論

三国時代の新羅は、高句麗や百済より相対的に遅れて古代国家体制を完成する。それでも新羅は、不完全ながら三国を統一しつつ、国家と民族のアイデンティティを確立した。そのことが、現在までつながってきたと、今日の韓国人は認識するのである。文献からみると、新羅と称する政治・社会的集団意識の発生は、開国当初からである。『三国史記』によれば、開国時期の国号は、徐那伐、斯羅、斯盧、あるいは新羅と呼んだという。もちろん、初期の小国新羅は、古代国家新羅と非常に大きな差異があっただろう。俗にいう新羅は、少なくとも古代国家成立期の六世紀初めに国号を新羅と確定し、その領域内に所属する民に共有された意識として現れたもの（朱甫暾　一九九八：二三六—二四〇頁）に近いのではないかと思う。したがって、当時においても新羅のアイデンティティは持続的に変わっていったことがわかる。もちろん、我々の再解釈をとおしても、新羅は変わりうるほかないだろうが、時期ごとの新羅のアイデンティティと、それに対する当代人の意識の変化は興味深い研究主題である。

古代国家は、規模とレベルが異なる多くの地域集団が統合され、形成されたとみられる。古代国家は、それ以前のどんなものよりも、地域集団がより広範囲に統合、かつ階層化され、複雑な権力関係に絡まれていった。この地域集団は、古代国家成立以前にもあり、それ以降もそのアイデンティティをすぐには喪失しなかった。一方、新羅古代国家の成立以前には、多くの地域集団が統合された辰弁韓の「国」が存在した。そのなかでも新羅は、他の国々に比べて、規模と組織が並外れて大きな初期国家、あるいは「部体制」国家に到達した。本稿では、相互に関連する二種類のアイデンティティに関して論議したい。第一に、新羅古代国家の形成に至るまで、地域集団が形成され、階層化し、統合されながら、社会的アイデンティティ（social identity）がどのように表象されるのかについて検討したい。第二に、新羅国家の中心的な位置にあった新羅六部のアイデンティティがどのように表現されるのかを検討し、地域集団と小国を統合して、新羅というアイデンティティを形成させていく過程と、そのことが国家形成においてどのように作用するのかについて論議したい。

もちろん、古代国家の形成を地域集団の統合と理解するのが適切なのかという疑問もありうるが、我々が扱う資料の性質と問題の本質に相応しいようである。第一に、文献資料において、新羅古代国家の形成過程は、規模とレベルが異なる多くの地域集団、すなわち○○国、あるいは○○村などを統合する過程として記述されている。第二に、青銅器時代から三国時代に至るまで、もっとも豊富に調査されている考古資料は、墳墓群、または古墳群である。本稿においても、この資料を分析するつもりだが、墳墓群および古墳群は、一般的に一つの地域集団によって共有され、築造されてきたことが前提となる。第三に、理論的な観点からも、競争的な地域集団の政治的な過程として古代国家の形成を説明すると（Brumfiel and Fox eds. 1994）、地域集団はより広域に統合された政治社会組織内にあって、その社会的アイデンティティを新たに表象しようとするだろう。そして、小国、初期国家、古代国家は、多くのレベルの地域集団を統合しながら、理念的な操作を試みようとするだろうし、物質文化に社会的アイデンティティを表現しようとするだろう。

一　社会的アイデンティティと物質文化

最近、考古学において顕著な傾向の一つは、考古学のすべての論議が現在的関心と問題意識から出発しているという点を認識したことである。考古学が解釈学的立場に転換するなかで、この提案は格別に重要と考えられてきた。考古学において活発に進行するアイデンティティに関する論議こそ、国家、種族、人種、ジェンダー、世代に関する現在的な問題意識と緊密に関連しているといっても過言ではないだろう。

アイデンティティは、実に多様な方式で定義されうる。まず、本稿における概念的な定義を決めるとすれば、「個人だろうが、集団だろうが、独立的で自律的な自我の反応あるいは表現」としておけばどうだろうか。とにかく、自我とは、異なる他者に対しての区別と対抗の表現だとすると、それはアイデンティティの政治学に進まざるをえなくなる。この点から、アイデンティティは、現代のポスト構造主義の問題提起と無理なく結びつけることができる。ポスト構造主義において、自我の構成の問題や集団の権力関係に関する言説を分析すると、アイデンティティは論議の中心に浮かび上がる。ところが、しっかりと見据えておかなければならない点は、アイデンティティとは、固定的ではなく流動的であり、絶えず一つのものから、ほかの一つに転移するという事実である。第一に、個と集団の関係において、第二に、自我と他者の差異において、第三に、時間的、空間的な過程において、そうなのである。もちろん、グローバル化される現代においてさらに深刻ではあるが、過去の社会においても同様であろう。

規模とレベルを論ぜずに、個別集団は社会的、あるいは種族的なアイデンティティに対する意識をもつということを主張できることもあるし、できないこともある。たとえば、特定の地域集団が統合され、大規模で高レベルの社会を構成するとき、アイデンティティに対する主張は、その社会を維持するのに重要である。そして、ある集団が他の集団と競争的な関係にあれば、集団意識が現れ、そのアイデンティティが主張されうるだろう。自律的な自治集団であっても、地理的に近接しているときや、相互の政治的、理念的ネットワークを形成していれば、一つの自治体としてではなく、広域に及ぶ社会的アイデンティティを共有できることもあろう。したがって、集団内部と集団間、そして広域の集団とその下位集団の社会的アイデンティティは、それぞれ複雑に重なり合って（overlapping）いるだろうし、当時の政治的、社会的与件によって流動的であろう。とりわけ、国家形成期の新羅のように、きわめて動的な社会においては、なおさらそういえよう。

伝統的に、考古学においては、物質文化が個別集団を表象するという前提を疑うことなく受け入れてきた。考古学は、種族や社会的実体を固定的な単位のようなものとみてきており、形態を備えたその文化的対応物もあると考えるのである。だから、物質文化の特性は、種族や社会集団の固定的な実体を反映すると主張してきた。しかし、このような思考は、文化特殊主義、人種主義、象徴主義、そのいずれかに起源するアイデンティティに関する理論的な論議には障害と考えられる。たとえば、考古学者が新羅のアイデンティティを論じようとすれば、物質文化の特定の様相を地域集団、さもなければ新羅国家、新羅連合などのような政治的実体の存在、または社会的アイデンティティと直接に関連させようとするだろう。しかし筆者は、この前提が妥当だとは考えず、ひいてはアイデンティティに対する論議を制限させる憂慮があるという点も指摘したい。

人々が物質文化を生産、分配し、消費する間に残っていた物質的な対象には、彼らの社会的な行為の過程と、個人あるいは集団のアイデンティティが刻印されていると前提できる。しかし、先に述べたように、アイデンティティの意識は重層的に重なり合っており、固定的ではなく流動的である。そして、国家形成期のような動的な社会ではなおさらである。したがって、特定の遺物の様式や形態、あるいはその組合せが、ある一つの固定的な社会的実体を反映するとは主張しがたい。また、その関係は、社会的、歴史的脈絡（context）によって流動的である。そして、個人あるいは集団と物質的な対象との関係は、一方的なものではなく、相互作用的な関係にある。いうなれば、個人あるいは集団は、物質文化を生産、使用しながら、社会的アイデンティティを表象しようとするが、物質文化のアイデンティティは、社会関係や過程に重要な役割を果たそうとする。

二　新羅国家形成論

三国の古代国家形成に対する歴史学の論議においては、社会進化を一つの段階から次の段階に発展するもののように描写してきた。整理してみると、小国、（小国）連盟体、古代国家とみてきたが、最近、古代国家の前段階として初期国家、あるいは部体制国家を入れることもある。これについて、一つの問題を指摘すると、連盟というものを政治社会的な実体と認識しにくいため、社会進化に対する図式的な理解に適切ではないということである（李盛周 二〇〇二）。新羅の国家形成を過程として区分すると、第一に、小国の成立過程、第二に、周辺小国の統合過程、第三に、中央集権化された古代国家の成立過程といえる。第一段階はAD三世紀頃まで、第二段階は六世紀前半まで、第三段階は六世紀前半以降と時期区分したい。ただし、各過程は、その境界において、一部時間的に重なり合っている。

『三国史記』の記録および金石文資料にもとづいてみると、新羅の場合、古代国家以前の段階を理解するのに、「部体制国家論」は十分な意味がある。この「部体制国家」は、初期国家と類似した政治システムと理解される。しかし、部体制が成立したとして、すぐに初期国家の状態に進んだのではない。新羅六部が統合して斯盧国が成立するのは、最近の論議によると、三世紀後半と推測されている（金在弘 二〇〇一）。辰弁韓の権力分布内において、六部の統合という、他の小国に比べてはるかに広域に政治システムを組織した状態で、斯盧国が他の国々に比べて優越した国であるという点は否定できない。しかし、この三〜四世紀の斯盧国を初期国家と理解するのではない。部は最初、邑落レベルの地域集団であるが、しだいに小国レベルに拡大するものと理解される。したがって、新羅六部が成立した後にも、周辺の地域集団を統合して規模を拡大したものと理解される。

四〜五世紀において、洛東江以東の諸小国と地域集団に、政治的影響力をより直接的に拡大していく過程が進行する。とくに、五世紀には、中心地の新羅六部と洛東江以東地域の諸小国が政治的なネットワークを形成していったが、この時期の新羅を初期国家と定義できる。六世紀中葉におこなわれた中央集権化をとおしての新羅古代国家の形成は、四〜五世紀過程の延長線上にあるといえる。六世紀前半に、律令が頒布されることが、新羅の国家形成において一つの画期となることは否定できない。しかし、律令の頒布と同時に、中央集権の一元的支配構造は、ただちには成立しえなかっただろう。中央集権化が徐々に完成していくのにともない、政府の権力が隅々まで及ぶが、これと同時に、諸地域集団や小国の解体と再構成も顕著な現象として現れるのである。

三　新羅の国家形成と地域集団のアイデンティティ

1　地域集団としての邑落の形成

『三国志』魏志東夷伝は、三韓の諸「国」が複数の邑落によって構成されていることを明らかにしている。この邑落は、複数の集落が統合され、形成されており、政治経済的な側面のみならず、儀礼的な面からも自己完結的な単位といえる（権五栄 一九九五）。三韓の「国」を形成する地域集団でありつづけ、後に古代国家も、まさにこの基礎的な自治体を統合して形成されたと理解されている（盧泰敦 二〇〇〇）。したがって、邑落を基礎政治体と呼ぶ研究者（李

熙濬　二〇〇〇ａ）もいる。

複数の集落が統合された基礎政治体、すなわち地域集団が、韓半島南部地方に登場するのは青銅器時代からである（李盛周　一九九八、李熙濬　二〇〇〇ｂ）。青銅器時代中期における韓半島南部地域の支石墓群を規模と分布から観察してみると、一定地域内の支石墓群の間に階層があり、一定の地理的景観の中に群集しているのが認められる（李盛周　一九九九）。とくに、昌原徳川里支石墓群、泗川梨琴洞支石墓群、それに最近発掘された馬山鎮東里支石墓群（崔憲燮・河承哲　二〇〇五）の存在が注目される（図1）。徳川里支石墓群は、約一kmにわたって形成された支石墓群で、そのうち中心的位置にある一号支石墓は、石積みして区画した墓域の規模が一一〇×三五ｍに達する（李相吉　一九九三）。泗川梨琴洞支石墓群は、臥龍山の山裾に沿って、約一六kmにわたって、一・五km前後の間隔で分布する多くの支石墓群のうちの一つである。梨琴洞支石墓群は、約八〇〇ｍにわたって形成されているが、発掘調査された区間から検出された連結墓域の長さは約一〇〇ｍに達し、そのうち、規模がもっとも大きな一号支石墓の墓域のみ三二×一〇ｍ程度となる。また、連結墓域と並んで、長さが三〇ｍに近い巨大な木造建物を築造していた（慶南考古学研究所　二〇〇三）。

泗川梨琴洞の場合、中間の平野地帯を挟んで対峙する集落が、お互いを意識しないまま、巨大な石積み、あるいは木造記念物を築造したとみることはできない。すなわち、一つの個別集落が単独で築造し、儀礼を遂行した記念物とは決してみることができない。この地域の多くの集落が、数百年間居住するなかで、儀礼の反復をとおして、支石墓群という巨大な記念物ベルトを造成していったと理解できる（李盛周　一九九九）。泗川湾に面して、南北に長く形成された平野地帯に沿って分布する、青銅器時代中期の集落間には、緊密な相互作用のネットワークが形成されていた。そして、共同儀礼の反復をとおして、互いに統合されて地域集団を形成していったと推論することができる。昌原徳川里のような巨大墓域の支石墓も、一つの集落共同体によって築造されたとみるのはむずかしい。この盆地一帯の集落が統合された、地域集団の儀礼の中心地として築造されたのであろう。この地域集団の統合は、規模の面から、三

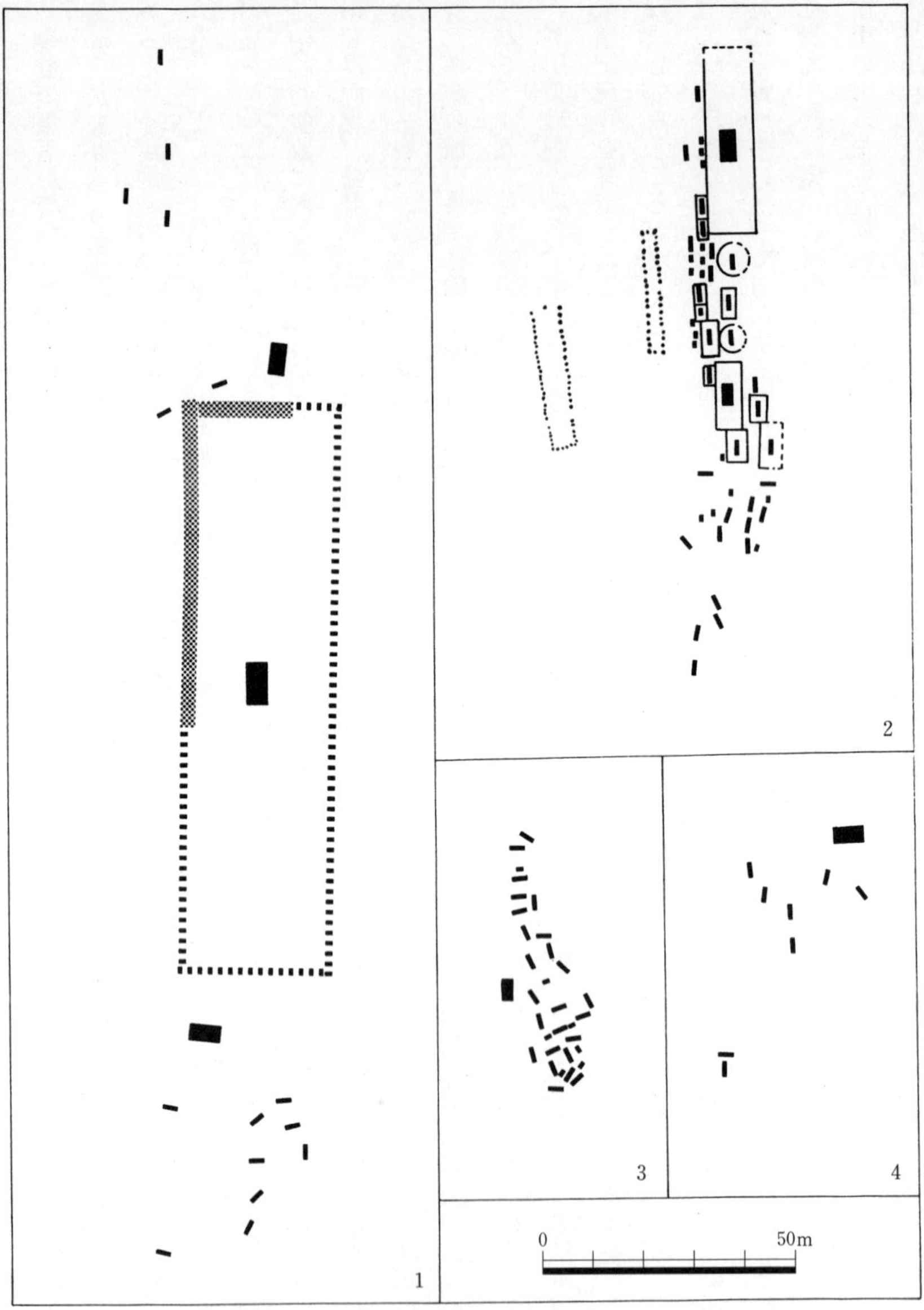

図１　地域集団の形成（韓半島南部支石墓群）
1．昌原徳川里、2．泗川梨琴洞、3．咸安梧谷里、4．昌原上南洞

韓の邑落ほどと推定されているが（李熙濬 二〇〇〇b）、大きな場合には、三韓の国と匹敵するレベルに達することもあったのではなかろうか。このように形成された邑落は、そのアイデンティティが、他の政治社会的な実体、あるいは単位と、時間─空間的にオーバーラップしながら、変化を経てきたようであるが、基本的な地域集団としてのアイデンティティは、国家形成の時期まで維持される。

2　邑落のアイデンティティとその変化

無文土器時代中期において、一定地域内に分布する複数の集落が統合されて、地域集団の中心地が登場したという点を確認することができた。多くの集落が共同して、一定の地理的景観内に記念物的な支石墓群を築造していくという行為を持続しながら、共同体的アイデンティティを表現し維持した。このような地域集団の存在を指し、後に『三国志』魏志東夷伝では、邑落といったようである。

青銅器時代以来、基礎単位として、邑落はそのアイデンティティを維持し、権力の空間的な分布上に占める位置が時期ごとに変わっていくものと理解される。三韓時代に、小国の統合が進行するなかで、ある邑落は成長して小国の国邑となり、ある邑落はそうならない。一つの地域集団として、邑落は、他の隣り合う邑落とある関係においては共存しながら成長した。青銅器時代以来、複数の邑落は、ある相互作用のネットワークの中に組み込まれており、三韓小国の成立とは、その網の中の邑落が階層的秩序に統合されることを意味する。この過程において、邑落は他の邑落に対して、相互に異なる階層に位置づけられるようになり、個別の邑落を内部で統合する権力の様相も差別化されるものとみられる。このような変化は、一地域集団の支配権力と関連した、共同体の埋葬儀礼に表象する方式が変わる様相をとおして探ってみることができる。

三韓時代の初めまで、権力の空間的な分布において、この時期の社会が、その直前の社会や支石墓社会と大きな差異があるとは一見みえない。しかし、墳墓群の組成および分布などを参考にすると、地域集団、親族、個人間の権力関係においてはある変化があったことを推論できる。三韓時代にも、地域集団のすべての構成員が、墳墓群（木棺墓群）に葬られるわけではなかったとみられる。おそらく、特定の親族集団が墳墓群を形成させた可能性が高いとみられる（李盛周 一九九八）。三韓の墳墓群が、青銅器時代の巨大支石墓群のように、共同体的儀礼の持続によって築かれたものだとしても、儀礼の方式は変化したと推測される。たとえば、木棺墓の築造時期には、支石墓群のような連結墓域による一つの記念物としての墳墓群ではなく、三韓時代前期の木棺墓群の中には個人空間が確保されている。そして、特別に共同体的儀礼をおこなう墳墓とそうでないものとに区分されると理解される。この木棺墓群のなかでも、昌原茶戸里一号墓のように、相対的に多量の威信財的性格の遺物（漢式遺物、青銅製および鉄製武器と工具類）を含んだ個人墓が存在する墳墓群と、そうではないものとに差別化される。

三韓時代には、邑落の中のごく低いレベルでさえ階層化が進行した。邑落と国邑は別々に存在しても、国邑は邑落を制御できないという『三国志』の叙述は、この時期の社会に該当する記録のようだ。しかしながら、三韓時代末、三世紀後半頃には、特定の地域集団が国邑の中心的位置を強化する。金海地域の例をあげると、良洞里古墳群と大成洞古墳群は、それぞれ多くの集落が統合された邑落の支配集団による古墳群であり、この二つの地域集団は競争的な関係によって成長してきた。しかし、このような並立的関係は、三世紀後半になると終結し、大成洞二九号墓のように、景観的立地、規模、最大型墓の副葬様相において、周辺邑落に対して国邑の絶対的優位を表象する埋葬儀礼がおこなわれている。このような現象が三世紀後半には起こったが、すべての地域がそうなのではない。そして、すべての地域において起こるのでもない。たとえば、尚州地域の場合、新興里、青里、屛城洞など、主要邑落の古墳群においては、五世紀まで支配権力のアイデンティティを表現できなかったともいえる。五世紀中葉以降にはじめて、武器と馬具類を相対的に豊富に副葬する木槨墓が古墳群の一定区域に築造される（図2）。すなわち、五世紀以前には、国

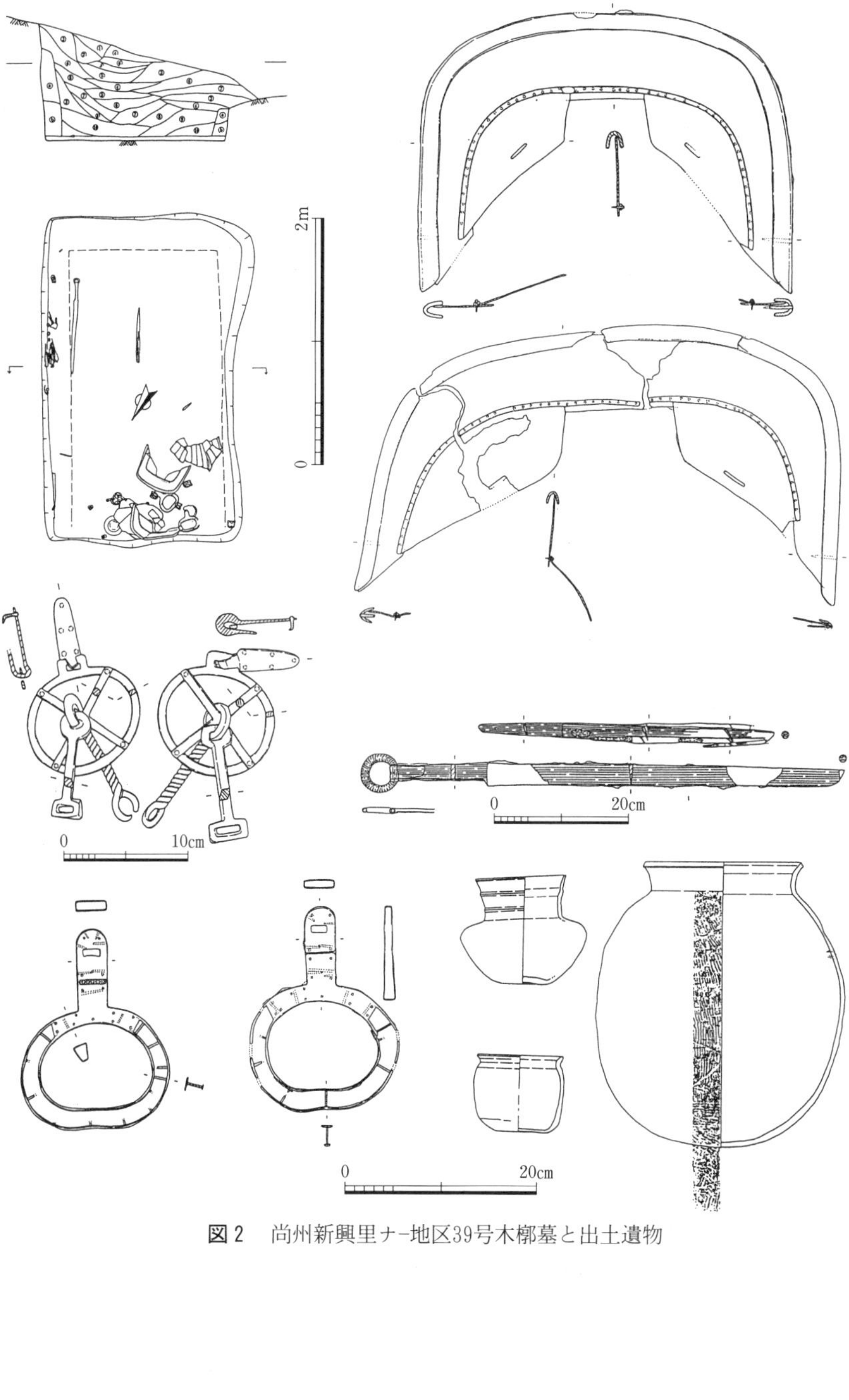

図２　尚州新興里ナ-地区39号木槨墓と出土遺物

邑の支配権力のアイデンティティを表象する大型墓が築造されないということである。そして、五世紀後半になってはじめて、大型墓に近いものが邑落の古墳群に登場し、六世紀になってはじめて、高塚の封土墳が立ち並ぶ邑落の古墳群の築造が盛行する。六世紀に入って、高塚が密集する古墳群が築造されるのではあるが、そうして統合された小国の支配権力を表象する、つまり、政治単位としての小国のアイデンティティを表現する古墳群は指摘しがたい。

3　新羅古代国家内の邑落

地域集団としての邑落は、三韓時代後半からは、統合された小国の下位集団であり、新羅古代国家が成立した後にも地域共同体として存続した。邑落の古墳群が解体されず、持続的に築造されていったとすると、埋葬儀礼をとおして地域集団のアイデンティティを維持していったとみてもいいようである。これまでの研究においては、古墳および古墳群の空間的な階層を客観的な尺度で測定して、政治社会的秩序を機械的に解釈してきた。古墳群の階層のように、物質的な様相に表現された個人、あるいは集団の文化的な行為が、政治社会的な現実の規制によってのみおこなわれていったとみるのは適切ではない。すなわち、物質文化の様相を政治組織や制度の単純な反映としてのみ理解しては混乱するだろう。それよりは、個人や共同体が社会構造とその変化を読み、物質文化の様相にそれらのアイデンティティを表現したと理解するのが適切である。もちろん、文化的表象には政治社会的な構造が反映されているだろうが、そのことは再び政治的な現実に影響を与えるだろう。邑落、あるいは小国共同体の埋葬儀礼として築造された大型墓は、一種の文化的な表象である。そのことは、政治的現実を解釈する個人、あるいは共同体がそのアイデンティティを表現した結果であり、社会の構造化に寄与するであろう。

新羅古代国家の形成期である六世紀には、新羅のほぼ全域の古墳群において、三種類の現象が明らかとなる。第一は、王墓、すなわち個々の小国の最大型墓の築造が中断されるということ、第二には、五世紀からの現象であるが、小型墳墓群の分布密度が増える一方で、すべての古墳群において小型墓の築造が爆発的に増えること、第三は、一つの古墳群を地域集団全体が共有して使用するより、古墳群の空間が家族、あるいは親族と推定される単位によって分割使用されるということである。

五世紀には、周辺小国と緩やかなネットワークで結びついていた新羅が、古代国家を形成したということは、中央集権化した政治システムを定着させたという意味である。原則的に、小国の自治的な権力関係が解体し、それによって小国の支配権力も意味がなくなるのであり、物質的な様相として、独自的な国の王墓がそれ以上築造されないのは自然な結果である。小国の自治的な権力関係が解体するなかで、小国のアイデンティティはもちろん、邑落のそれにも変化が現れる。五世紀から、小型墓を主とする古墳群が所々に新たに築造されるが、これは邑落レベルの地域集団に該当するのではないようである。すなわち、邑落より下位レベルの共同体が、小型古墳群をとおしてアイデンティティを表明したと理解される。

六世紀を経るなかで、小国の中心古墳群には、非常に大きな変化が現れる。慶山地域の場合、林堂洞古墳群では、六世紀前半まで維持されてきた大型高塚の築造が中断され、若干の中大型の高塚と、数多くの小型墓が密集する。これに比べて、邑落の墓地と推測されてきた古墳群の場合、ある古墳群は中大型墓を築造しながら、邑落の社会的アイデンティティを維持することもあるが、ある古墳群は中大型墓の築造が中断され、小型墓のみが集中的に築造されるという現象も現れる。この時期に、小型古墳群が新たに形成されることもあるが、既存の古墳群にも、小型古墳が集中的に築造される。たとえば、慶山地域の林堂洞と時至洞古墳群には、五世紀に築造された古墳群の一〇倍ほどの古墳が六世紀に築造される（図3）。このように、爆発的に増える古墳群はいずれも小型墳に属する。新羅が中央集権化した古代国家として登場するなか、小国の支配権力のアイデンティティを表象してきた各地の中心古墳群が、異なる邑落レベルの古墳群に格下げされる。そして、古代国家に編入された後、邑落の古墳群は、その社会的アイデンティ

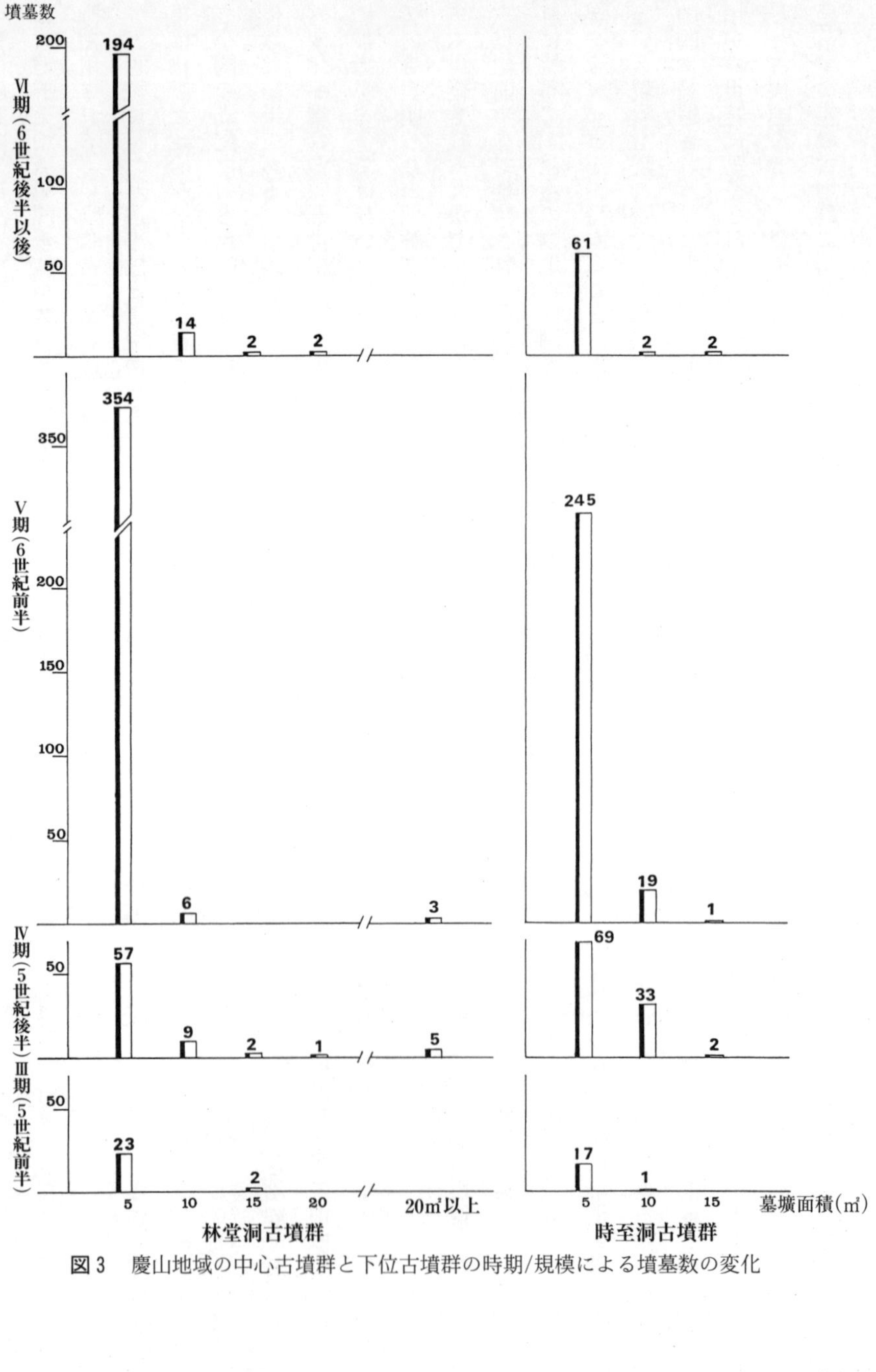

図3　慶山地域の中心古墳群と下位古墳群の時期/規模による墳墓数の変化

ティを維持するが、内部的な変化が現れる。とくに、古墳群内に小型墓の築造が爆発的に増え、したがって、新たな下位共同体の小型古墳群との区別がむずかしいこともある。

六世紀中葉頃、新羅古代国家に含まれる領域内では、ほとんどすべての古墳群において、個々の古墳の分布と配置に共通した変化が現れる。つまり、一定期間、区域別に古墳が結集しながら築造されていくという点である。以前までは、小国の中心古墳群や邑落の古墳群において、大型墓が順次に丘陵の稜線部を占有していき、残る空間に小形墓が埋めていくという様相で古墳群が築造されるが、五世紀後半以降は、古墳群が多数の小区域に分割され、その区域内に、古墳が一定の配置類型を保ちながら密集する。このような現象は、邑落全体、あるいは小国全体、すなわち地域共同体全体の儀礼によって、古墳が築造／再築造されるのではなく、各地域集団の下部単位、たとえば、家族あるいは親族レベルの共同体が、独自に一定区域を使用しながら墳墓を築造していったことを意味する（李盛周・孫徹 二〇〇五）。そして、その配置には、その小共同体構成員の相互関係が反映されるのである。すなわち、以前の小国、あるいは邑落の古墳群が持続的に築造されるのではあるが、それらのアイデンティティを表象するための儀礼ではなく、より分化した家族、あるいは親族を単位とする埋葬儀礼を遂行するようになる。

五　周辺小国と新羅のアイデンティティ

1　新羅六部のアイデンティティ

これまで、地域集団が階層化していく過程、すなわち、権力関係の空間的な構造が変化する過程において、地域集団、すなわち邑落が社会的アイデンティティを果たしてどのように表象するのかを検討した。ここでは、地域集団ではなく、それを統合した小国、または新羅古代国家のアイデンティティについて論議したい。

三世紀頃まで、『三国志』魏志東夷伝が伝えるように、嶺南地方には規模とレベルにおいて不均等な多数の地域集団が分布する。すなわち、『三国志』が伝える「国」、「邑落」、『三国史記』が伝える村などが分布していた。この地域集団が局地的に統合されて、〇〇国という政治体が形成されたのである。しかし、嶺南地域は、境界を接する辰弁韓二四カ国によって分割占有されなかったのである。国邑が邑落をまともに統制できないという『三国志』の記述は、そのような事情を示しているものと判断される。所属が曖昧な地域集団も分布しただろうし、それより小規模な自治体も存在しなかったのだろうか。これに比べて、狗邪国や斯盧国のように、当時、相当な範囲で政治的統合をおこなった国々もあった。そのなかでも斯盧国は、三世紀後半頃にすでに六部体制を成立させたと推定されている（全徳在 一九九六、金在弘 二〇〇一）。部は、最初、邑落程度の地域集団であったようだが、斯盧国が成長するなかで、「国」に次ぐレベルに発展する。四～五世紀の斯盧国は、六つの部が統合された「部体制」国家といえる（盧泰敦 一九七五、全徳在 一九九六、姜鍾薫 一九九七、金在弘 二〇〇一）。このように、部体制を成立させた「国」は、他の周辺の「国」より広域に政治システムを組織し、隣合う国々に政治的な影響力を行使したのである。四～五世紀の新羅は、そのような政治システムによって組織されていた。これを部体制国家と呼ぶ。

社会的アイデンティティの表現は、物質文化の空間的な様相に現れる。新羅の中心勢力とされる六部は、自身を新羅六部人とし、周辺地域人を奴人と区別するほどの種族意識をもっていた。慶州を中心として、浦項、安康、蔚山、永川東部などの地は、四～五世紀の新羅六部の範囲と主張されてきた（金在弘 二〇〇一、李漢祥 二〇〇二）。この一帯では、他の地域と区別される大型墓のスタイルが、三世紀後半から四世紀にかけて流行する。この地域の四世紀代の小型墓は、他地域のそれと特別な差異はないが、大型墓の場合は、主副槨式で非常に細長い平面プランであり、墓壙と木槨の間に石を挟むいわゆる新羅式木槨墓である（図4）。そして、この領域では、蕨手文鉄矛などをはじめとして、

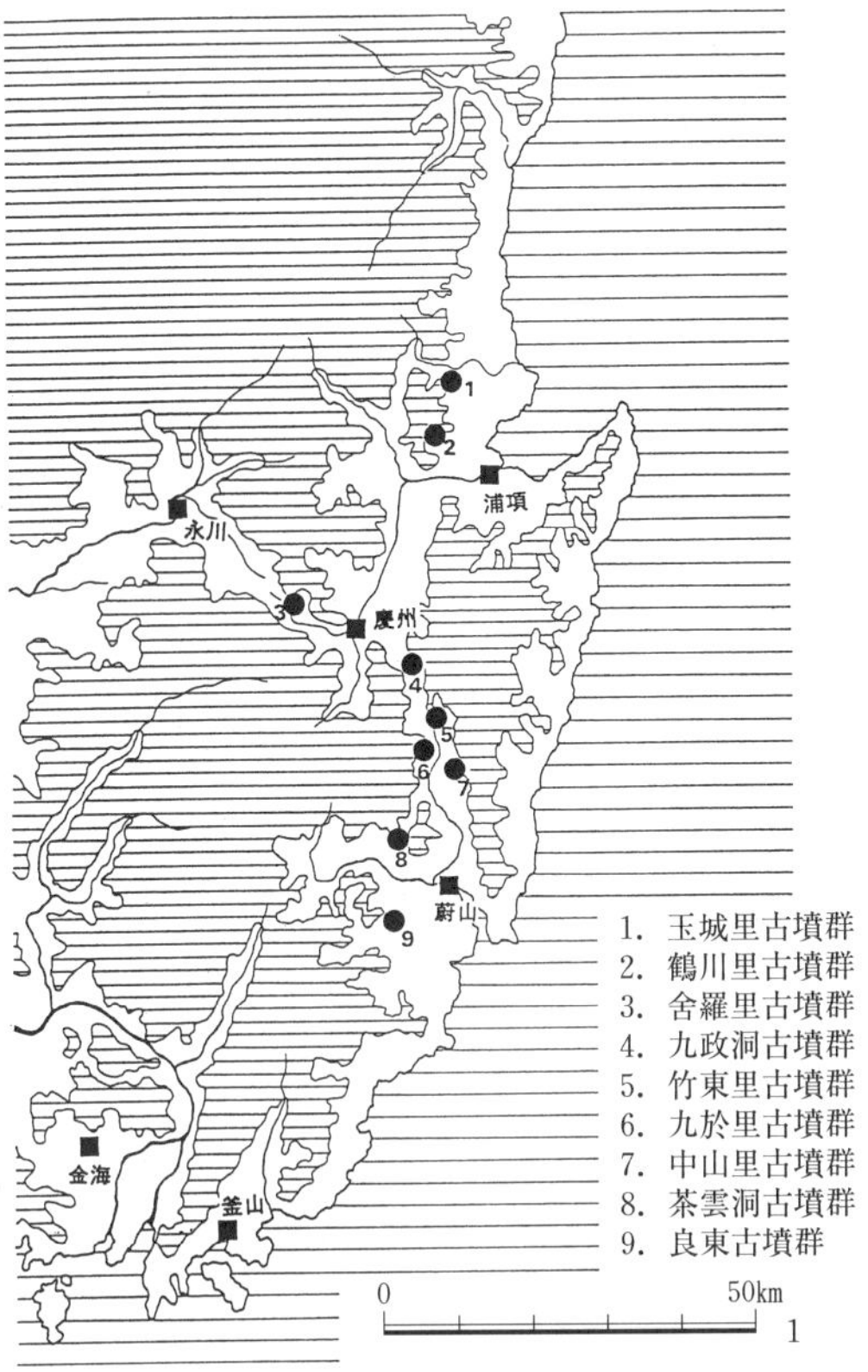

1：新羅式木槨墓発生期の遺跡分布

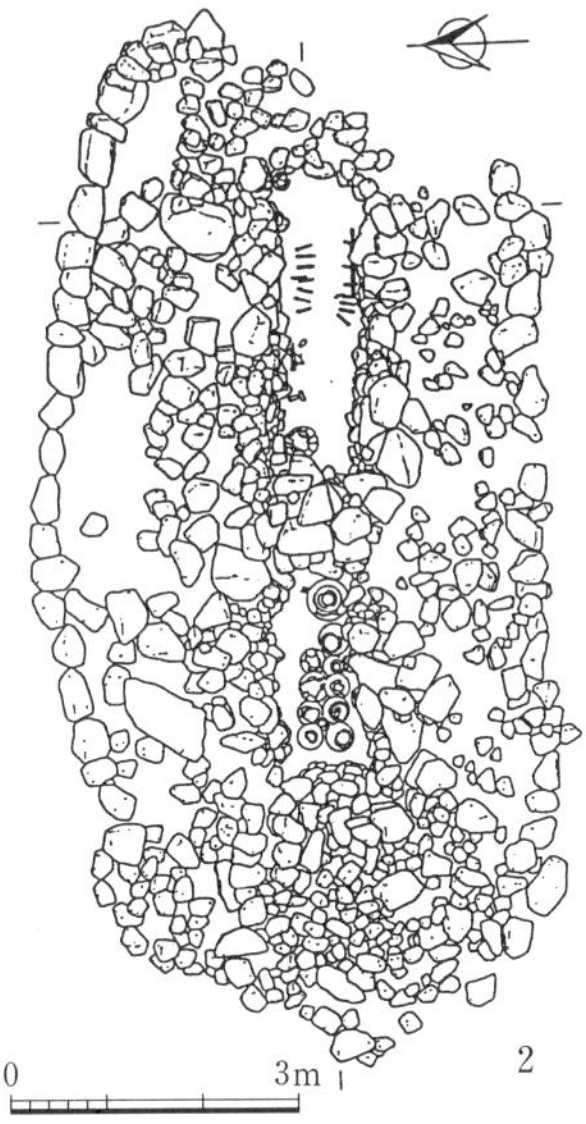

2：蔚山中山里1A-26号

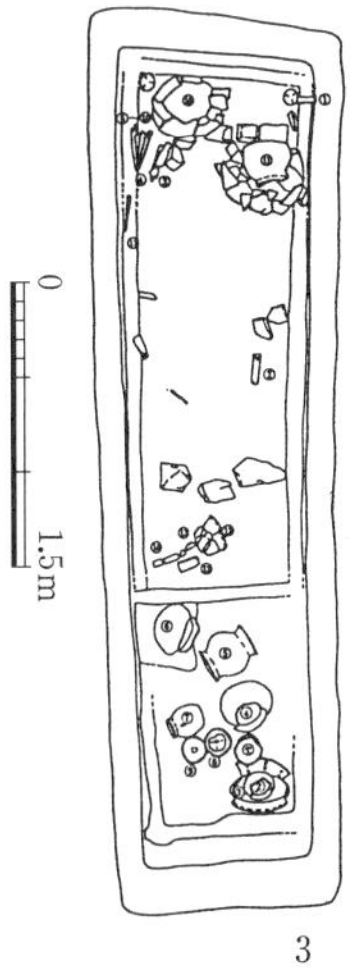

3：慶州竹東里１号

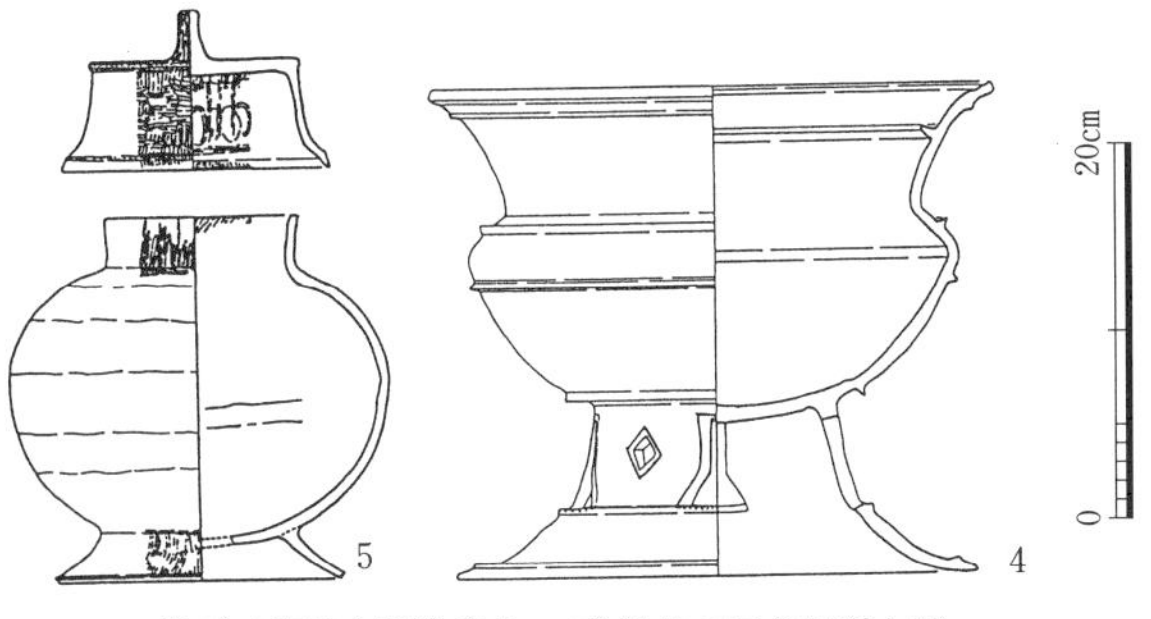

4・5：浦項玉城里古墳群出土の4世紀代の灰色軟質土器

図４　斯盧国（新羅六部）のアイデンティティ（１）

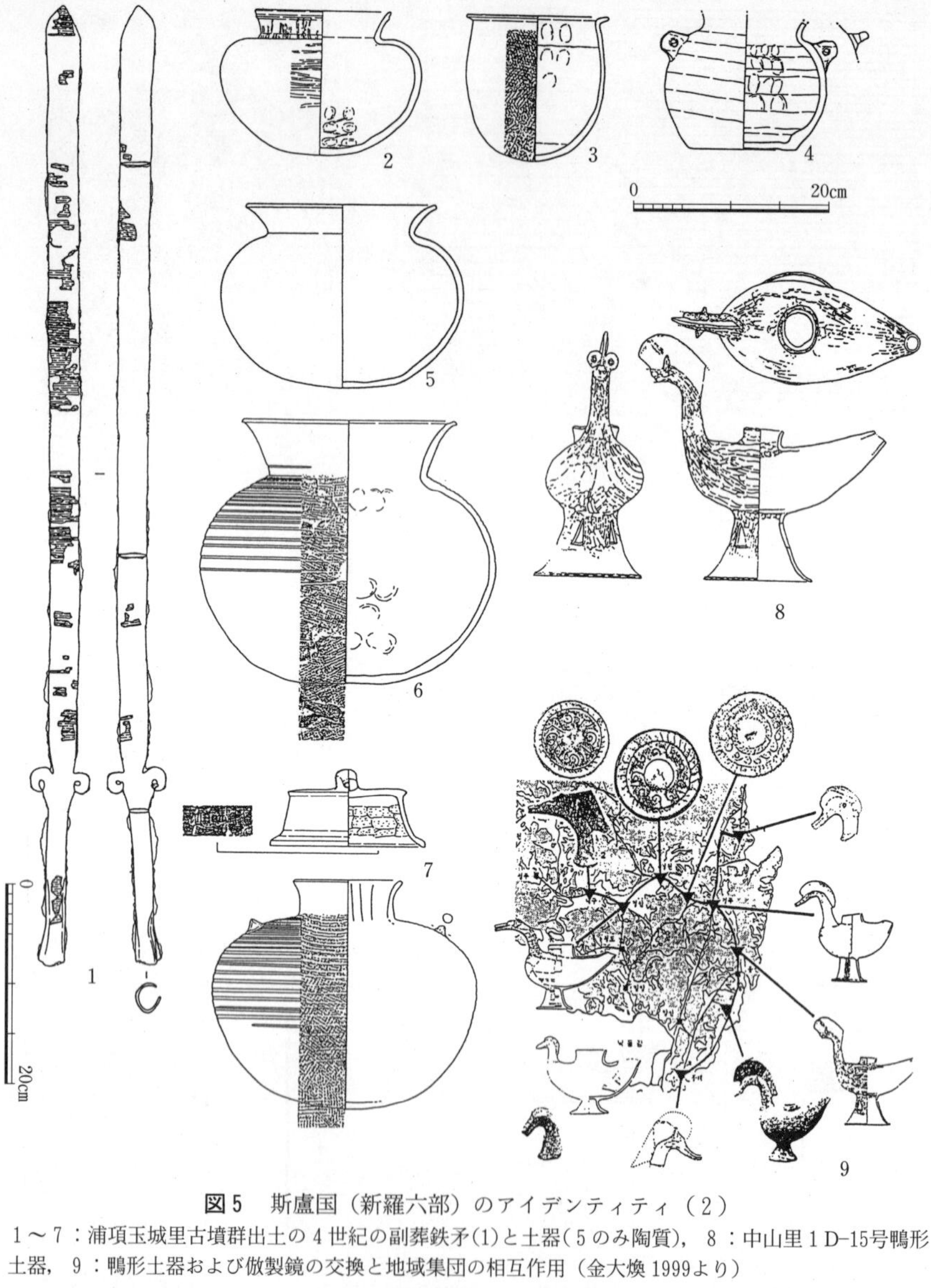

図５　斯盧国（新羅六部）のアイデンティティ（２）
１～７：浦項玉城里古墳群出土の４世紀の副葬鉄矛(1)と土器(５のみ陶質)，８：中山里１D–15号鴨形土器，９：鴨形土器および倣製鏡の交換と地域集団の相互作用（金大煥 1999より）

長身形あるいは板状などの独特な鉄矛が多量副葬される場合がある。また、土器は短頸壺類を主として副葬がおこなわれており（図5）、木槨は配置が異穴合葬形となっている場合が多い。さらに、ほぼ標準化した慶州様式土器が流通することもある（金大煥 二〇〇一）。いうなれば、新羅の中心勢力となる六部の範囲内には、墓制、土器、鉄器およびその他の遺物などにおいて、空間的アイデンティティの表現といえるほど、三世紀後半から五世紀まで共通的な特徴が現れる。これは、六部の集団が競争的に成長しながら、斯盧国の統合関係を形成したり、相互間の緊密な情報交換がなされ、その領域内の生産、分配システムが統合されながら、内部の交換体系を組織化したためと考えられる。

2　古代国家形成期における新羅のアイデンティティ

複数の邑落を統合した小国や、以後、多くの邑落と「国」を統合した古代国家は、さまざまな方法で統合を維持しようとしたはずである。その方法に関して、多くの研究者が制度化、あるいは貢納や交易などのような物理的な体系の形成についてのみ注目してきたが、最近では、四方意識、または天下観が重要な役割を果たしてきたことが、しばしば指摘されている（盧泰敦 一九八八、朱甫敦 一九九八）。いうなれば、文化的な実践と理念的な操作をとおして、一つの政治的実体として統合しようとする試みについて注目するようになったということである。

地理的に相互に近接している洛東江以東の「小国」が結びついて、後に新羅古代国家を形成する。古代国家の成立以前から、これらが辰韓の構成員という意識を共有したのかもしれないが、各小国は独自の政治体として社会的アイデンティティを維持してきた。新羅古代国家の成立以前から、洛東江以東地域に統合された社会的アイデンティティの意識が、はっきりと維持されてきたとはいえない。古代国家が形成される過程において、共通した地理的領域、共同祖先（あるいは共通の種族起源）、そして、共通の文化的、理念的象徴などが設けられたと考えられる。いうなれば、新羅の政治社会的アイデンティティが成立し、理念的な主張をとおして、新羅のエスニシティ（ethnicity）が形成されたのである。これまで考古学では、しばしば物質文化の分布をとおして、社会集団の領域を定義しようとする傾向が強かった。もちろん、文化的な表象には社会現実が反映されていようが、そのような文化的な実践が、社会的再生産に非常に重要な役割を果たすという点は、十分に認めなければならない。

五世紀の部体制国家は、周辺小国を服属国、あるいは侯国として、新羅六部を中心に緊密な政治的ネットワークを形成した。およそ研究者は、この政治的ネットワークにおいて、中央の新羅六部が周辺の小国に行使する影響力を強調してきた（朱甫暾 一九九六）。考古資料に現れた文化的表現からも、その間の研究においては土器様式、金工品、装飾武器などの分布を根拠に、服属と統合の状態、すなわち新羅社会のアイデンティティのみを確認しようとした。すなわち、洛東江以東地域には、慶州において発生した新羅様式の土器が分布する（図6）。また、帯冠、耳飾、銙帯など威信財（prestige goods）的な金工品が中央から賜与されたというのである（崔鍾圭 一九八三、朴普鉉 一九九五）。最近では、このような中央からの賜与が、きわめて厳格な身分秩序にもとづいておこなわれていったと主張されることもある。すなわち、金工品を着装用威信財とみると（咸舜燮 一九九九）、その組合せ関係は、中央から地方に至るまで、非常に厳格な秩序によっていたとする（李熙濬 二〇〇二）。月城路カ—13号墳の遺物をみると（図7）、金工品の発生は慶州地域が断然早く、新羅の支配権力の象徴と認めている樹枝形帯冠の型式も、皇南大塚南墳において完成されたのである。したがって、金工品が中央から賜与されたものと結論づけるのは当然である（李漢祥 二〇〇二、二〇〇四）。

しかし、金工品の中でも帯冠の場合は、早くより、中央から分配されたものではなく、在地で模倣製作されたものと指摘されたことがある（朴普鉉 一九八七）。とくに、洛東江以東地域に分布する諸小国の中心古墳群が、弛まず発展するのをみると、六世紀前半まで、小国の自治的な傾向と競争的な成長が十分に認められる。新羅六部も自治的で、等質的であり、競争的な地域集団、すなわち部の結合のように、中央と周辺小国との関係も、一方的な支配と服属の関係ではなかっただろう。抑圧としての権力（power over）ではなく、関係としての権力（power to）の概念にもとづ

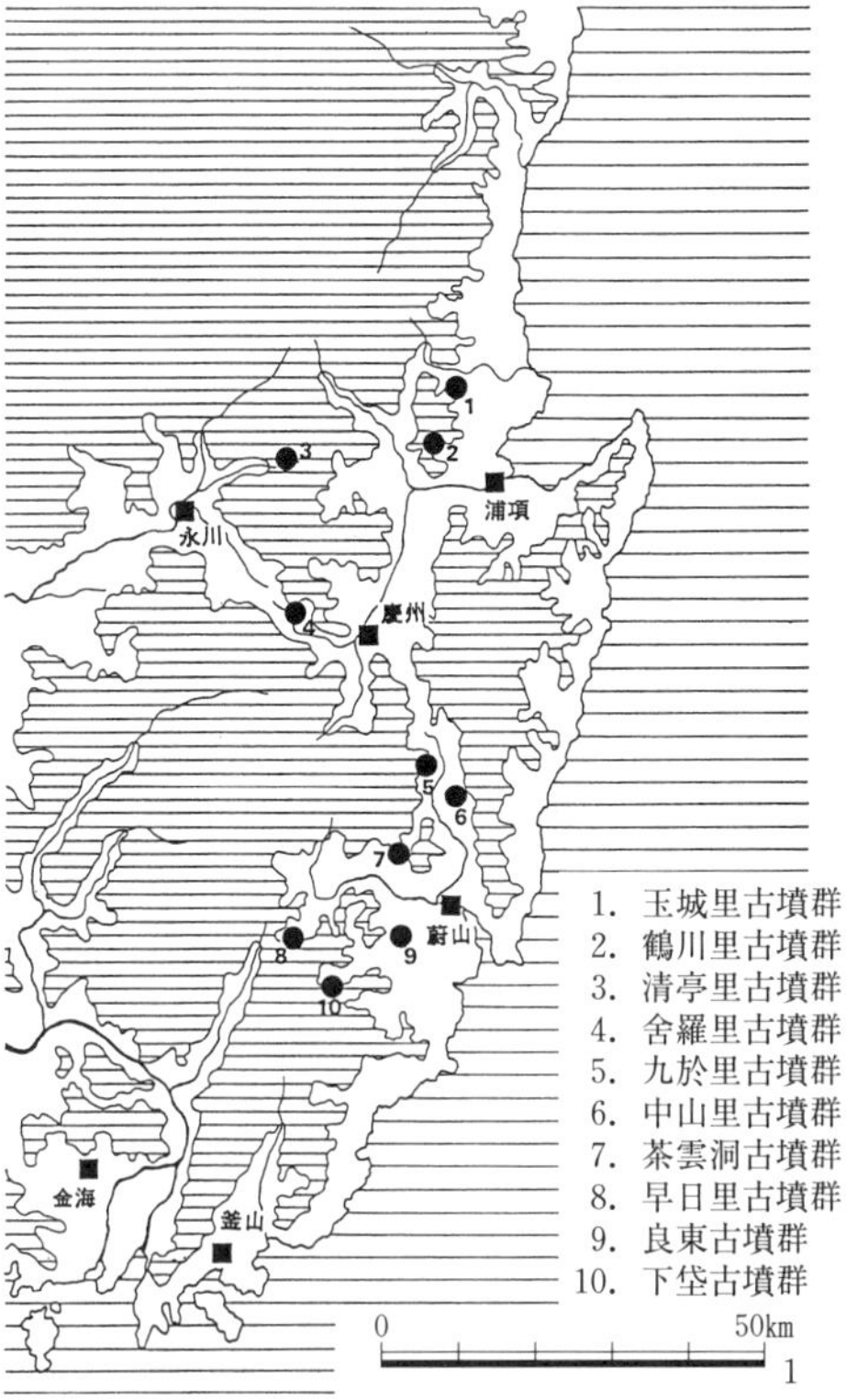

1：慶州様式土器の生産分配範囲内における古墳群

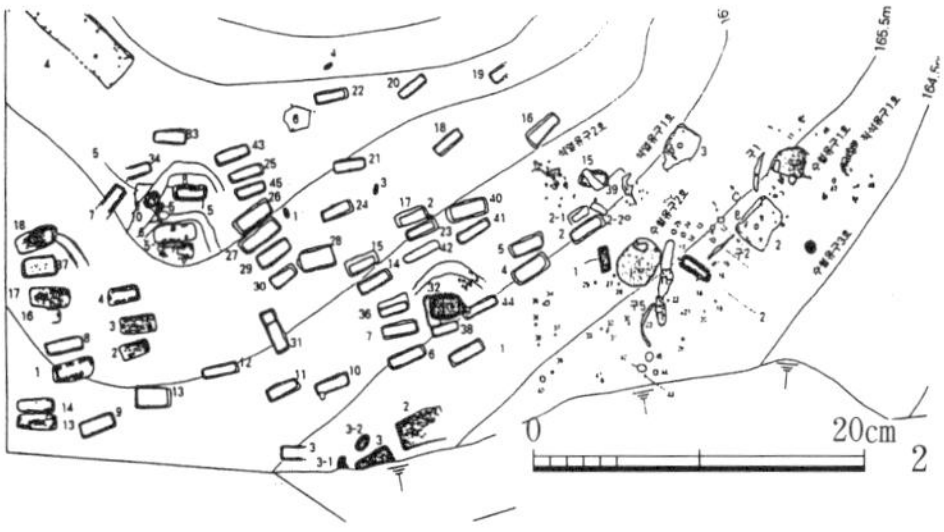

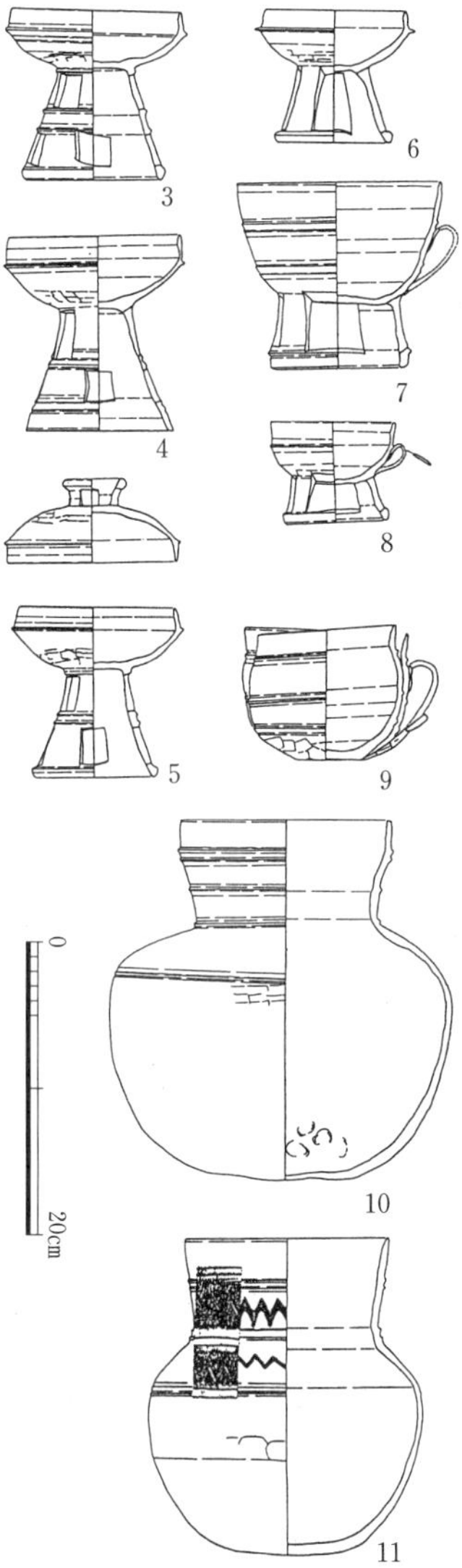

2～11：永川清亭里古墳群の遺構分布と出土土器（5世紀）

図6　斯盧国（新羅六部）のアイデンティティ（3）

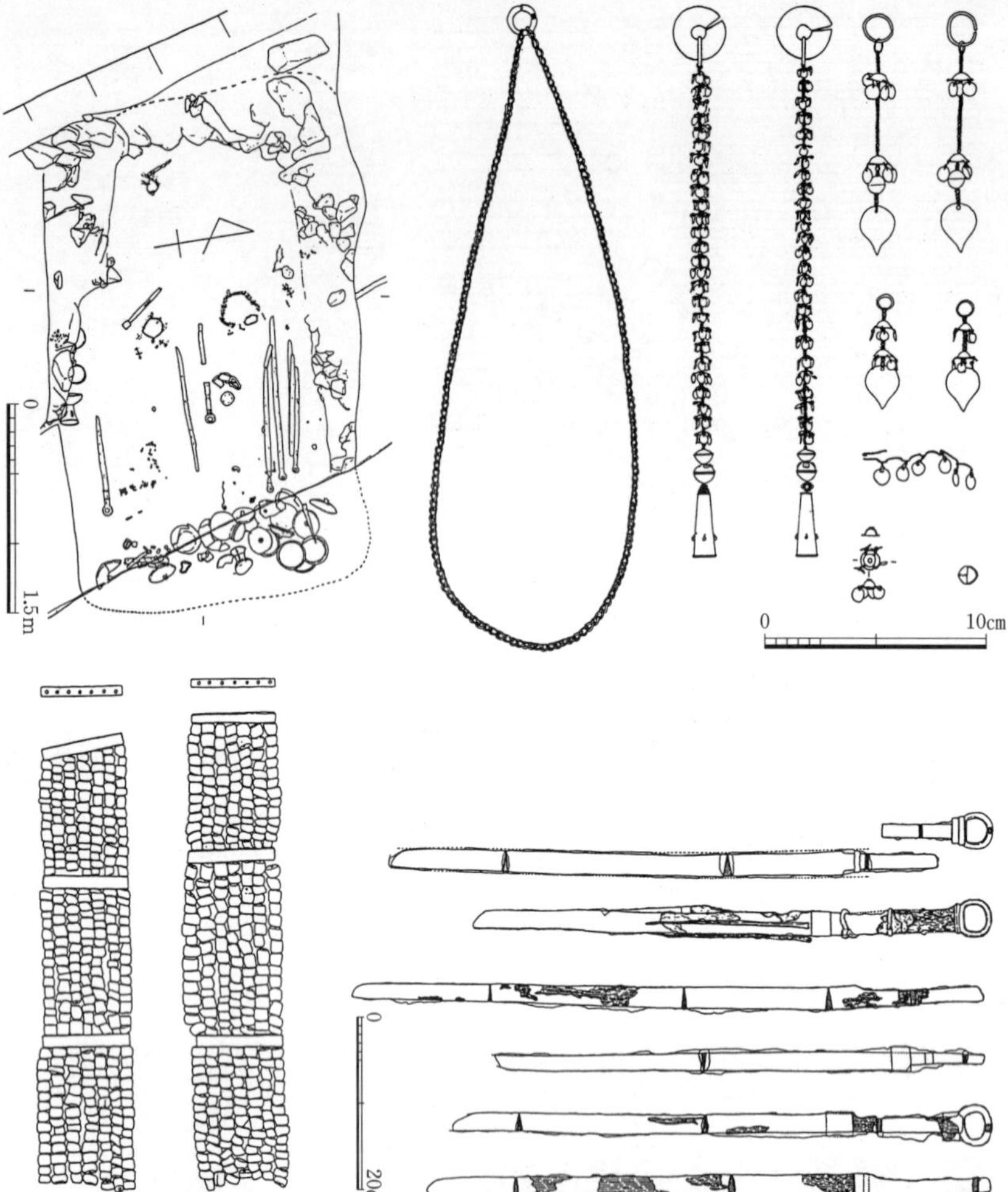

図7　金工品の発生（慶州月城路カ-13号墳と出土遺物）

くとすれば、新羅、つまり中央の統制に対して、周辺小国が一方的に服属する関係とは理解できない。すなわち、周辺小国の拒否と反発の問題にも焦点を合わせて論議しなければならないだろう。

樹枝形帯冠は、支配権力の象徴でありながら、新羅の社会的、理念的アイデンティティを表象する遺物と理解される（図8・9）。もちろん、モティーフと様式の定型化も、新羅中央から先に完成させたのであるが、この樹枝形帯冠は他の金工品とは違い、地方において競争的に模倣製作した。小国の支配者が樹枝形帯冠を使用するということ自体が、新羅のアイデンティティを表象するのであり、階層化された統合を肯定するものと理解できる。中央からの多くの金工品の賜与は、階層秩序の正当化のためにおこなわれていったのであり、小国の支配者もそのことを認識した。そうだとしても、小国の権力者が儀礼にそれを使用することや、帯冠を材質が異なるものによってでも模倣製作するということは、自律的権力に対する主張であり、小国のアイデンティティの表現と理解できる。

新羅六部と周辺小国が結合され、形成された五世紀の新羅は、中央集権化した古代国家ではない。しかし、すでに社会統合の理念的な装置として、新羅社会のアイデンティティが主張され、周辺小国もこれを共有していった。国家は、多様な規模と組織をもつ地域集団を広域に統合し、成立するようになる。この過程を裏付けるため、社会的、あるいは種族的なアイデンティティが拡散した。新羅のアイデンティティと関連する理念的な象徴は、新羅の中央から周辺の上位階層に拡散する。その中で、多くは新羅の中央において、原始宗教の祭祀長的な象徴として考案されたという樹枝形立華式冠は、周辺小国の首長によって積極的に模倣製作された。これは、小国の自律性に対する主張でもあるが、支配権力が新羅のアイデンティティに基盤をおき、維持されたことを物語っているだろう。

六世紀中葉以降、中心古墳群の地位とともに、小国のアイデンティティは消滅する。このときから、小国がある地域、ない地域にかかわらず、中心古墳群より格が低く、標準化した支配集団の古墳群が分布する。この古墳群は、過去の小国や邑落の中心地に立地したが、戦略的要衝地に新たに形成されることもある。これは、権力の空間的な分布

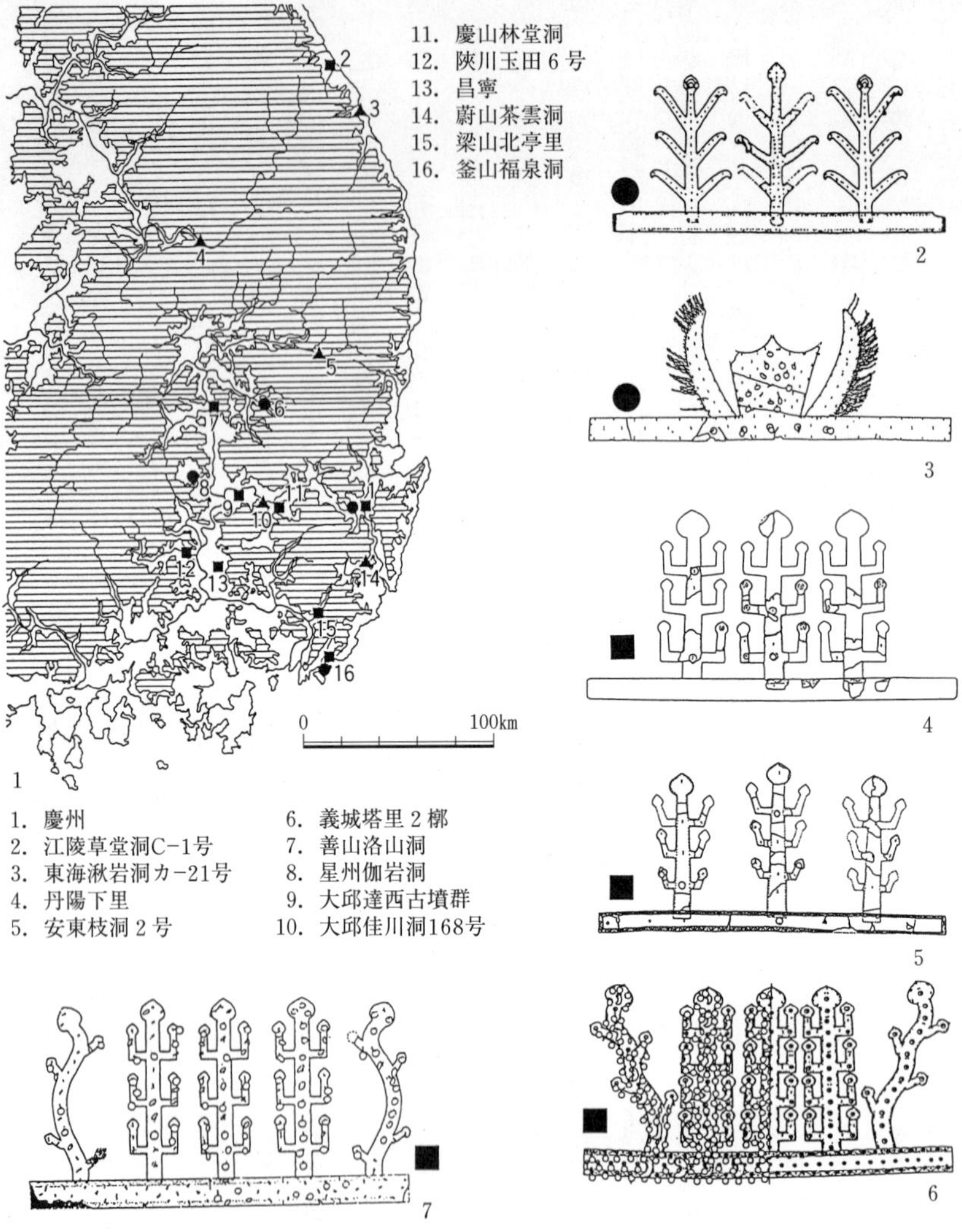

図８　新羅式帯冠の成立と分布

●：非定型の帯冠（２：福泉洞10,11号墳、３：皇南大塚南墳）

■：定型化した新羅式帯冠（４：皇南大塚南墳、５：CⅡ-１号墳、６：天馬塚、７：梁山夫婦塚）

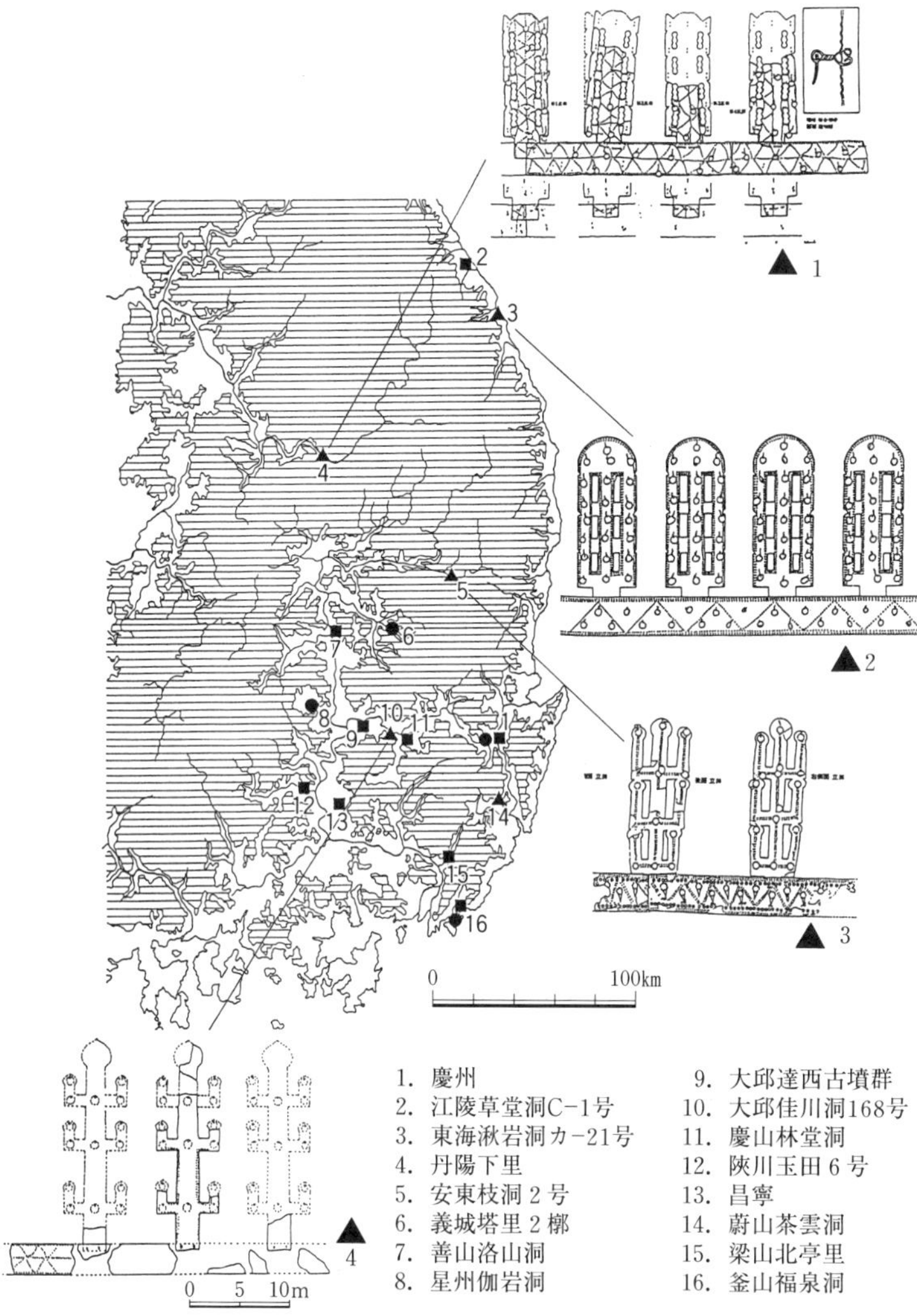

図９　新羅式帯冠の象徴性の推移

▲：６世紀中葉以降の新羅式帯冠（１：丹陽下里、２：東海湫岩洞カ-21号墳、３：安東枝洞２号墳、４：大邱佳川洞168号墳）

が大きく異なっていく過程と理解される。また、古代国家を完成させた新羅の再配置による結果とも理解される。横口、横穴式の中大型古墳群と小型古墳群などによって造成される場合が多いが、墳墓の構造や空間組織において、若干の変異を表すのは明らかである。しかし、副葬遺物のパターンにおいては、個別集団のアイデンティティが消滅し、同じ等級の古墳であれば、どの古墳群においても一律的な様相として現れる。墳墓の様相からみるかぎり、新羅古代国家の成立以降には、邑落、あるいは小国の自律性やアイデンティティに対する主張をそれ以上探してみるのはむずかしくなる。六世紀前半まで、小国の支配権力の象徴として使用された樹枝形帯冠は、それ以上の大型墓にはみられない。六世紀中葉以降には、むしろ中央から遠く離れた辺境から、そして中央に近い古墳群であれば、中下位墓から発見される。六世紀前半まで、新羅の支配権力と新羅社会のアイデンティティを表象した理念的象徴は、古代国家が成立し、仏教という高等な理念装置が導入されるや、その社会理念的な機能はきわめて速く局地化し縮小した。このような変化過程は、どのような社会的アイデンティティに対する表象も固定的ではなく、非常に流動的であるという事実をきわめて端的に示している。

結　論

これまで、新羅六部の統合と、五世紀の初期国家、六世紀の古代国家成立期まで、新羅の社会的アイデンティティとその表現に対する論議をおこなった。統合過程からみて、新羅六部のアイデンティティは、三世紀後半から四世紀にかけて、慶州とその周辺地域の古墳の様相に表現される。地域集団が国家的な統合をおこなっていく五世紀に、新羅の社会的アイデンティティは、広域に及ぶ古墳文化に現れるが、このとき、小国の自律的な支配権力に対する主張もともに現れる。五世紀と六世紀の古墳文化には、家族、あるいは親族、地域集団、小国、新羅国家のアイデンティティが、非常に複雑に重なり合いながら、古代国家完成期まで非常に流動的な状況が展開される。結局、古代国家の成立は、小国のアイデンティティの消滅にともない、地域集団とその内部の下位集団のアイデンティティにも変化をもたらすようになる。

新羅の国家形成期において、個人、親族、地域集団、小国および中央政府の権力関係と古墳文化に表現されたアイデンティティは、掘り下げて検討する価値がある。これまで、満足な説明ができなかったが、権力関係の変化にともない、個人および集団、国家のアイデンティティ表現は、深い関連をもって変化していくことを理解できた。しかし、今後検討しなければならないのは、このような空間的に分離した地域集団間の関係や、地域集団と小国、国家の関係のみではないようである。国家形成期に、空間を共有する集団内部において、年齢、ジェンダー、職能など、より個別化し、分化した単位の関係と、アイデンティティの表現を検討しなければならないだろう。

参考文献

姜鍾薫　一九九七「新羅六部体制の成立と展開」『震檀学報』八三　震檀学会　ソウル

慶南考古学研究所　二〇〇三『泗川梨琴洞遺跡』慶南考古学研究所　晋州

権五榮　一九九五「三韓社会『国』の構成に対する考察」『韓国古代史研究』一〇　三韓の社会と文化　韓国古代史研究会編　図書出版新書苑　ソウル

金大煥　二〇〇一「嶺南地方積石木槨墓の時空的変遷」『嶺南考古学』二九

金在弘　一九九六「新羅（斯盧国）の形成と発展」『歴史と現実』二一

　二〇〇一「四〜五世紀新羅の古墳文化と地域支配」『韓国古代史研究』二四　韓国古代史研究会編　図書出版書経　ソウル

盧泰敦　一九七五「三国時代の『部』に関する研究―成立と構造を中心として―」『韓国史論』二　ソウル大学校国史学科

　一九八八「五世紀の金石文にみられる高句麗人の天下観」『韓国史論』一五　ソウル大学校国史学科

　二〇〇〇「初期古代国家の国家構造と政治運営」『韓国古代史研究』一七　韓国古代史研究会編　図書出版書経　ソウル

朴普鉉　一九八七「樹枝形立華飾冠の系統」『嶺南考古学』四

一九九五「威勢品からみた古新羅社会の構造」慶北大学校大学院博士学位論文
李相吉　一九九一「昌原徳川里遺跡発掘調査報告」『三韓社会と考古学』第一七回韓国考古学全国大会発表要旨　韓国考古学会
李盛周　一九九八『新羅・伽耶社会の起源と成長』学研文化社　ソウル
一九九九「慶尚南道」『韓国支石墓遺跡総合調査・研究(1)』文化財庁・ソウル大学校博物館　ソウル
二〇〇三「金官加耶の国家的性格」『盟主としての金官加耶と大加耶』第八回加耶史学術会議　金海市学術委員会
李盛周・孫徹　二〇〇五「GISを利用した新羅古墳群の空間組織の研究」『韓国考古学報』五五
李漢祥　二〇〇三「墳墓資料からみた四〜五世紀代の慶州と周辺地域」韓国上古史学会編『国家形成期の慶州と周辺地域』学術文化社　ソウル
二〇〇四『黄金の国新羅』金英社　ソウル
李熙濬　二〇〇〇a「三韓の小国形成過程に対する考古学的アプローチの枠組み」『韓国考古学報』四三
二〇〇〇b「大邱地域における古代政治体の形成と変遷」『嶺南考古学』二六
二〇〇二「四〜五世紀における新羅古墳被葬者の服飾品着装パターン」『韓国考古学報』四七
全徳在　一九九六『新羅六部体制の研究』一潮閣　ソウル
朱甫暾　一九九六「麻立干時代新羅の地方統治」『嶺南考古学』一九
一九九八『新羅地方統治体制の整備過程と村落』図書出版新書苑　ソウル
崔鍾圭　一九八三「中期古墳の性格に関する若干の考察」『釜大史学』七
咸舜燮　一九九九「考古資料をとおしてみた韓国古代の冠」『三国時代の装身具と社会相』第三回釜山広域市立博物館福泉分館学術発表大会
Brumfiel, E. M. and J. W. Fox (eds) 1994 *Factional Competition and Political Development in the New World*, Cambridge: Cambridge University Press.

第三部　中国における国家の成立とアイデンティティ

二里頭遺跡から見た華夏初期国家の特質

許　宏
（徳留大輔／訳）

現在のところ、二里頭文化が紀元前二千年紀の前半に、どのように中原地域にそびえ立ったのかはっきりとはいえない。しかし、いずれにせよ、二里頭文化は東アジア地域で最初に出現した強大で先進的な文化で、その登場は我々に深い印象を与えた。このことは具体的に大きく二つの方面に及んでいる。一つは、都邑センターの膨張と複雑化、二つ目としては、これまでにはない広域に拡張した文化的範囲を有していることである(1)。この二つは東アジア地域ではまだ他に例を見ない。

このことを鑑みると、中国の国家形成がどの時代・時期まで遡るのかという問題については、依然として解決していない問題ではあるが、多くの学者は東アジアにおいて中原地区が最も早く正真正銘の国家が出現・成立していると考えている(2)（附表）。

初期国家は明確な領土の境界や、政治的領域は見出すことができず、考古学的に識別することができるか否か、意見が一致しない問題である。この問題について、〝一般に初期国家社会とは、特有の都市聚落形態を表現しており、そのうち都市は国家の最も重要な部分である(3)〟と規定する見解がある。かりに聚落間の階層的関係を通じて国家の存

附表　華夏初期国家と都邑の形成過程模式図

段階区分	時代区分	BC年	聚落形態	社会構造	聚落防御施設と構造	宮城宮殿宗廟	古典文献
新石器時代	仰韶時代前期	五〇〇〇〜三五〇〇	大体平等的聚落発展段階	原始状態前国家社会	円形環濠集落		
	仰韶時代後期〜龍山時代前期	三五〇〇〜二六〇〇	聚落の初歩的分化中心聚落と大遺跡群出現	前国家社会から国家段階への変革期	版築城址出現初現期は円形		
青銅器時代	龍山時代後期〜新砦文化期	二六〇〇〜一八〇〇	聚落の高度な分化大型中心聚落（初期都邑？）出現	紛争の激化・小国（？）林立	版築城址普遍化不規則な形態長方形多数	大型版築建築出現（初期宮廟？）	“執玉帛者萬國”（《左傳》）
	二里頭時代〜西周時代	一八〇〇〜七七一	極度の聚落分化超大型都邑の出現都邑の断続的巨大化	広域王権国家の成立	都邑の城墻未制度化内城・外城	宮殿建築基礎群、宮城出現：宮廟一体、廟機能	“邑有宗廟先君之主者曰都”（《左傳》）
鉄器時代	春秋戦国時代	七七〇〜二二一		諸侯国林立領域国家出現	城郭制度定型化	宮廟分離、宮としての機能が強まる（戦国開始）	“築城以衛君、造郭以守民”（《呉越春秋》）
	秦漢時代	二二一〜		帝国の成立	帝都の城郭規制の突破・首都圏の形成		

在を認識できるのであれば、かなり低次の集落が国家社会の成立以前に既に存在していたことになり、国家と前国家社会の区別はピラミッド形の階層構造が存在するか否かということになる。つまり都市センターあるいは都邑の存在が、初期国家段階に達しているか、否かを判別する重要な要素となってくる。

　二里頭遺跡は当時の東アジアにおいて最大規模の聚落であり、国家権力の中心である都邑の特徴を有しており、まさに新しい考古発見と研究の進展に伴い認識を深めるものとなっている。以下にいくつかの観点から、初期国家の特質の理解を深めることとしたい。

一　都邑の巨大化と人口密度の集中化

近年のボーリング調査による結果から、二里頭遺跡の現存面積は約三〇〇万㎡であることがわかった（図1）。遺跡の現存範囲の東、南、西端はだいたい本来の遺跡の端であると思われ、北部については洛河の旧河道により攪乱・破壊されていた(4)。北側の端については、現在の洛河の河道付近に達していたと考えられることから、本来の聚落面積は四〇〇万㎡前後になると考えられる。聚落形態の変遷過程から見て、二里頭遺跡所在の洛陽盆地は先史時代を通じて人口が密集する分布区であるが、しかし仰韶文化および竜山文化時期の最大規模の遺跡面積はわずか六〇余万㎡であり(5)（図2）、二里頭時期の二里頭遺跡とは大きな差異がある（図3）。

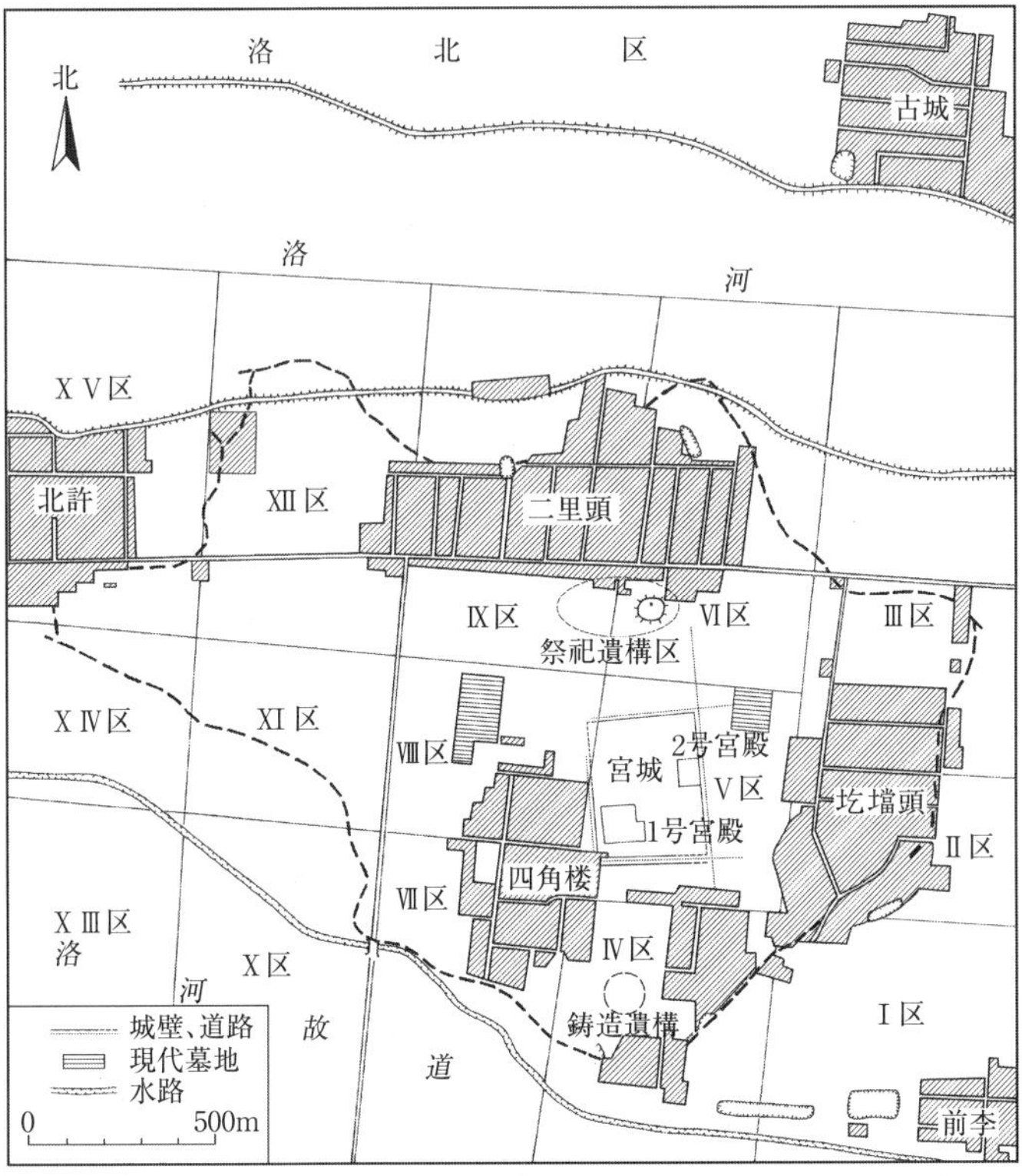

図1　二里頭遺跡平面図

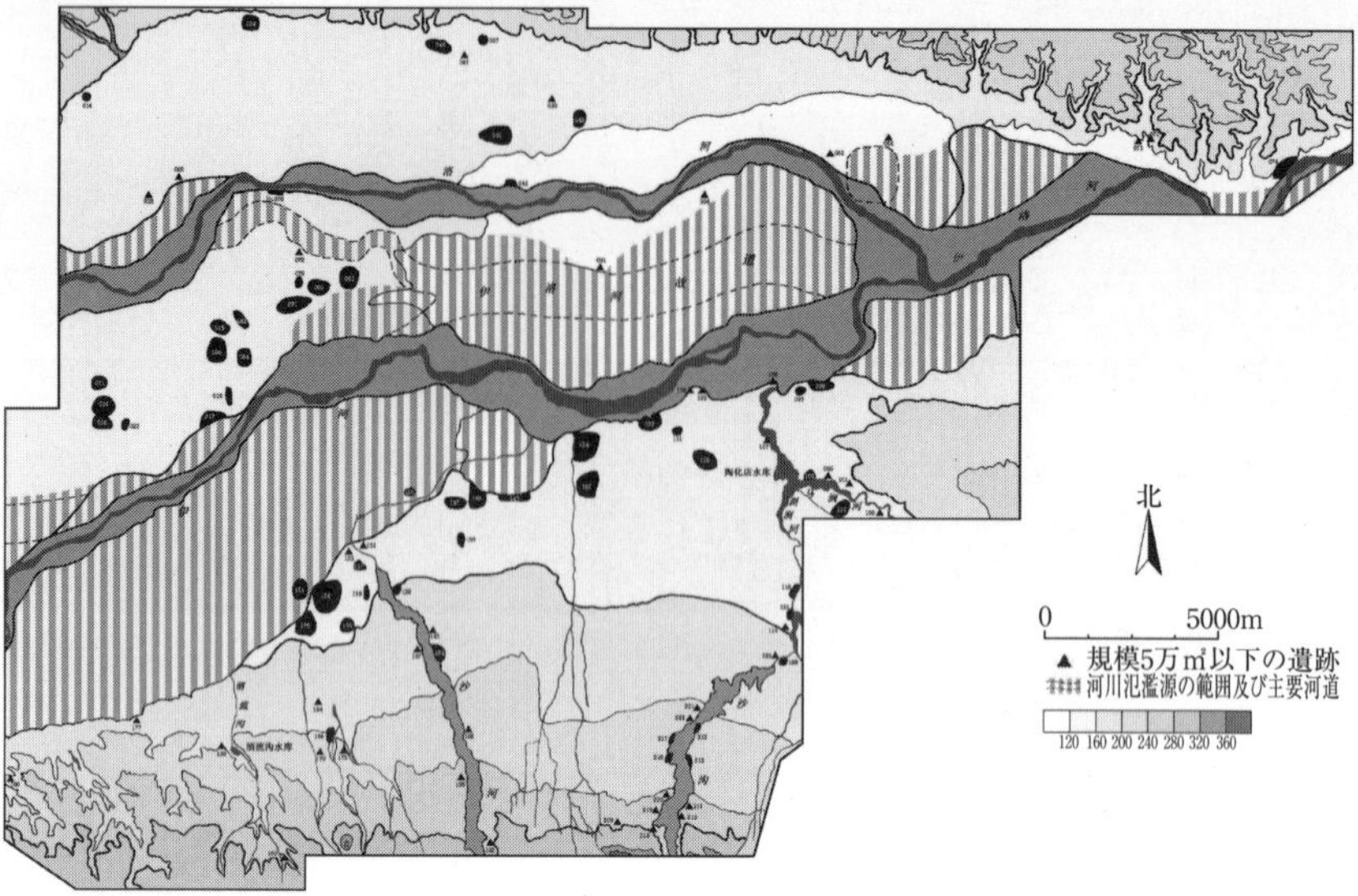

図 2　龍山文化遺跡分布図

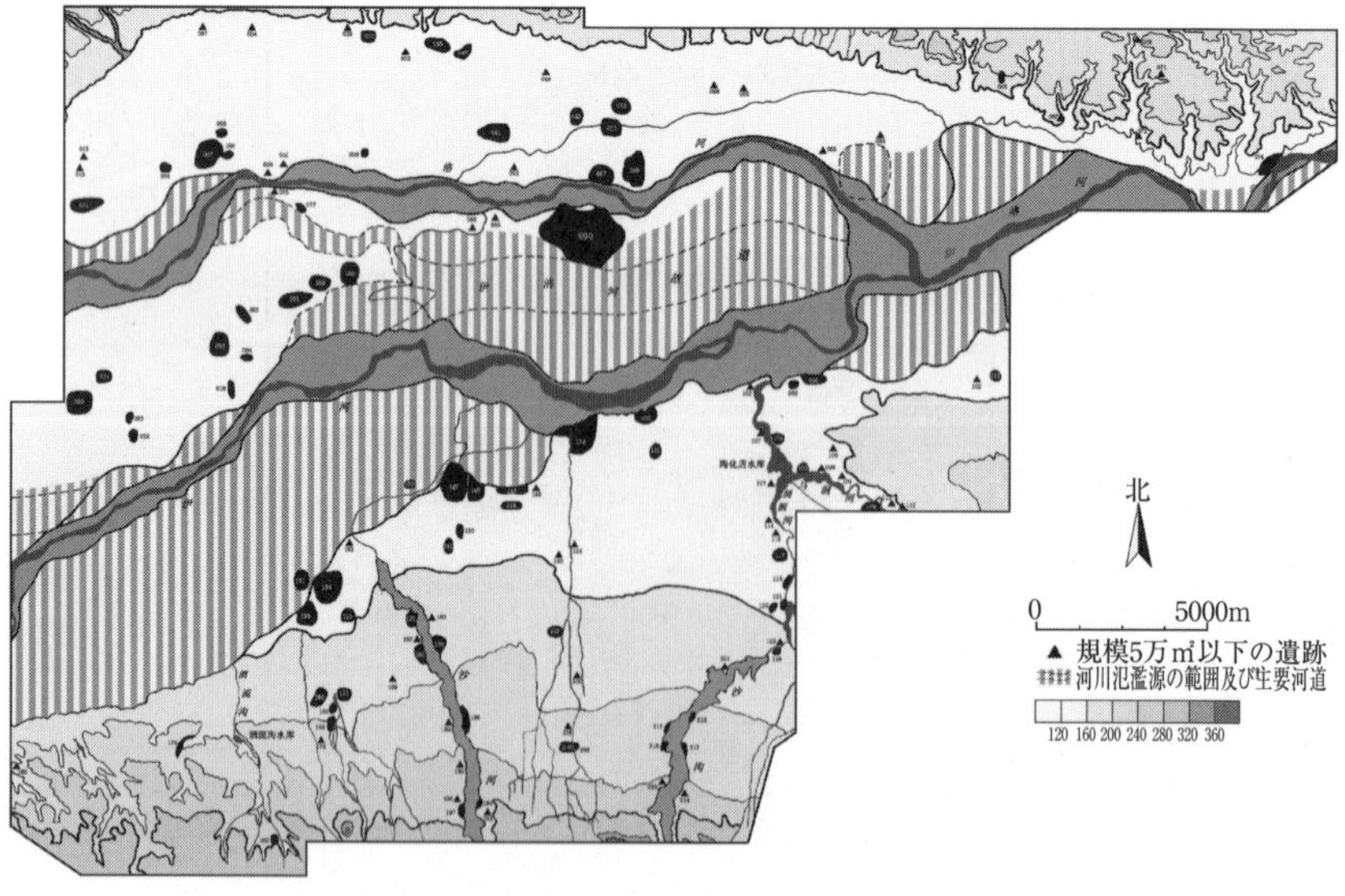

図 3　二里頭文化遺跡分布図

この二里頭時期の超大型の聚落の出現（二里頭遺跡）が中国の初期国家の形成の指標となる、とする見解もある。[6] すでに二里頭文化時期における二里頭遺跡の人口規模の試算も行われている。宋鎮豪は当時の人口が三万一〇〇〇人前後（遺跡規模は三〇〇万㎡で計算）になると推測している。[7] 王妙発は当時の人口は二万二〇〇〇〜二万八〇〇〇人（遺跡規模を三七五万㎡と推定）、[8] 王建華は二里頭時代には人口一人あたり占める面積は一四八㎡になると試算し、二里頭遺跡の人口を二万三〇〇〇人と想定している（遺跡規模は三〇〇万㎡）。[9] 人口規模の復元についてはかなり複雑な問題であり、試算を行う学者の用いる基準についても一定でなく、今後さらなる研究がまたれる。ただし注目しておきたいのが、上述の学者による二里頭遺跡の当時の人口の試算について、その方法は異なっているが、その数字には大きな差異はない。このことから、二里頭都邑には少なくとも二万人以上の人口があったと考えられる。

人口はこのように中心聚落（都邑）および近畿地区に集中し、東アジア地域で今のところ最初に見られるものである。人口の増加が社会の複雑化と国家出現の重要な契機となっており、人口集中の程度は国家社会の成熟度を反映する側面ともいえる。

二　都邑分布の規格性

近年の二里頭遺跡における一連の新たな発見で、二里頭遺跡は周密な規格性を有し、遺構の空間分布から大型の都邑であることがわかった。遺跡の中心区は遺跡の東南部から中央部一帯に及ぶ（図4）。その中心区は宮殿区、官営の工房区（鋳造工房とトルコ石の製作場所など）、祭祀活動区および若干の貴族居住地区から構成されている。一方で、遺跡の西部と北部は、小型の平地式住居や半地下式住居あるいは小型墓の墓域が広がっており、まさにこの区画は一般居

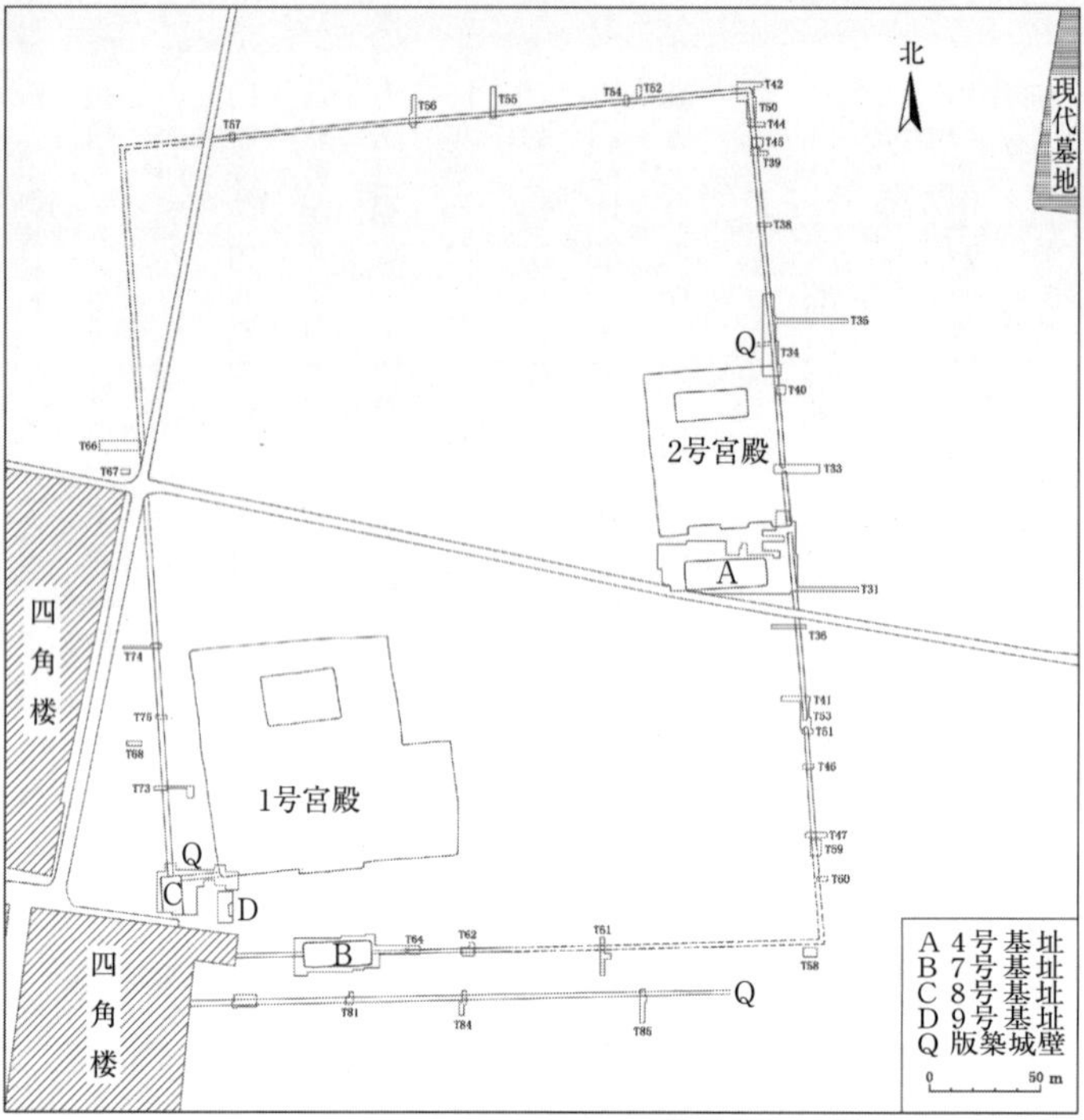

図 4　宮城城壁および関連遺構分布図

住活動区であるといえる。

その他に中心区には、都市の〝骨格〟である縦横に交錯している道路網も見られる。宮殿区は正方形に規格された城壁があり、宮城は長方形状を呈し、その規模はおよそ一〇万㎡にも及ぶ。これは東アジア地域で現在までに知られている中で、もっとも古い宮城遺構である。宮城、大型建築、道路ともに統一された方向性を有している。宮城内にはすでに二組、中軸線上にそって存在する大型建築基壇群が発見されている(10)。

この最古の都市、それは初期国家の権力のセンターとして出現しているのであるが、まさに政治性の特色を帯びた都市と位置づけることができ、〝王権都市(11)〟とも評価されている。この規格性の存在は、政治性都市の最も重要な指標と認識でき、この構造は東アジアの都市の重要な特徴の一つでもある。

これまで、二里頭遺跡は都市であるか否か

という疑問が存在していた。それは、長期にわたって当該遺跡の考古学的資料からは、王都として備えている規格性がはっきりしていなかったからである。二里頭遺跡における都邑に規格性が判明したことは、東アジアの都市と国家の起源に関する研究に対して重要な意義があるものといえる。

このことから、三千年以上続いた中国古代王朝の都城の規格性というものは、二里頭遺跡にその発端があったといえることがいえる。二里頭遺跡の聚落形態と陶寺遺跡、新砦遺跡などの先史時代末期の超大型の囲壁聚落あるいは環濠聚落との間には依然としてヒアタスがあり、また画期的な変化がある。むしろ鄭州商城、偃師商城あるいは後代の中国古代王朝の都城の様相と二里頭のそれは類似する。この都市の規格性というものが、国家権力センターの特質を表しているものといえる(12)。

三　大型儀礼建築と青銅、玉礼器の独占

現在のところ、二里頭遺跡の宮城内で中軸線上に存在する大型建築基壇が少なくとも二組検出された。この二組の大型建築基壇（1号、2号）は中心軸に沿って縦方向に並んでいる。1号、2号基壇の面積はそれぞれ約一万㎡、四二〇〇㎡である(13)（図5・6）。最近明らかになった二里頭文化前期の3号基壇は少なくとも約四五〇〇㎡である。このような規模の大型建築基壇は、東アジア地域ではもっとも古いものであり、二里頭時代でも二里頭遺跡以外では見られない。それは南北方向に中軸線があり、中軸線で左右対称、閉鎖式構造および土木建築の技術的工業技術などに当たって、後の中国古代の宮室構造の規格性と継承関係がうかがえる。建築基壇の構造と規模の違いは機能の違いを示していると考えられる。

二里頭遺跡宮殿区より南側の地域は、官営の手工業区である。この一帯での新発見は一周巡る囲壁施設の発見であ

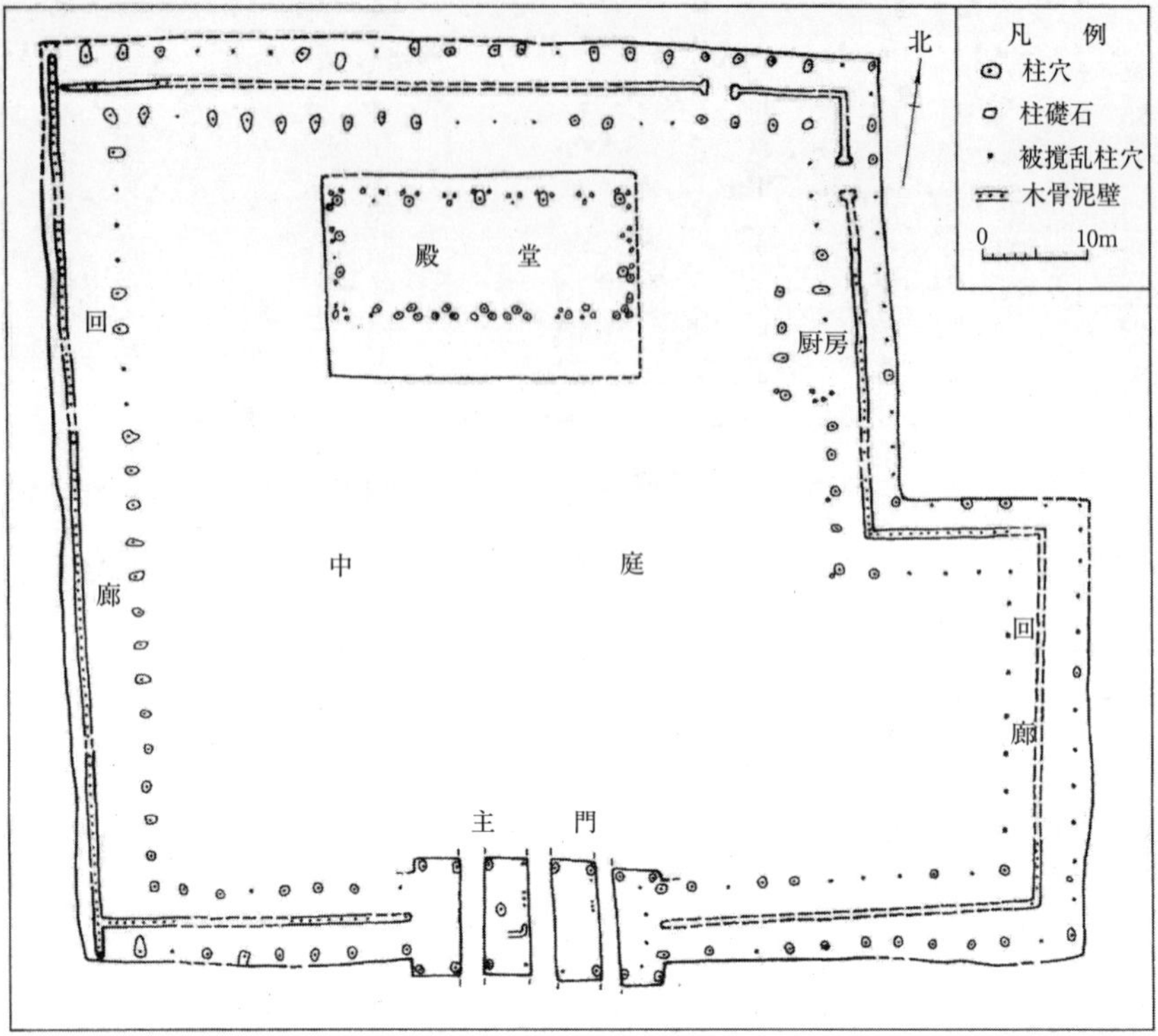

図5　二里頭遺跡1号宮殿

り、おそらく、南部の鋳造工房とトルコ石・石器製作工房を取り囲んでいたものと考えられる。二里頭遺跡の鋳造工房の規模は大きく、構造も複雑で長期間にわたり使用されたものであろう。現行の資料からすると、二里頭時代において青銅礼器を鋳造できる場所はこの工房一カ所のみであり、その礼器の使用できる対象も主に二里頭都邑の貴族にのみ限られていたものと考えられる。統計的には、すでに発掘された五〇〇基以上の二里頭文化の墓葬中、青銅器と玉器（儀器の一種）を出土した中型の墓葬はわずか二〇基であり、そのうち三基を除くと、すべて二里頭遺跡に所在している(14)。これらは儀礼行為において使用する青銅容器（酒器が主体）、武器と楽器で組になって出現しているが、中国独自の青銅礼楽文明を構成している（図7・8）。二里頭都邑の衰

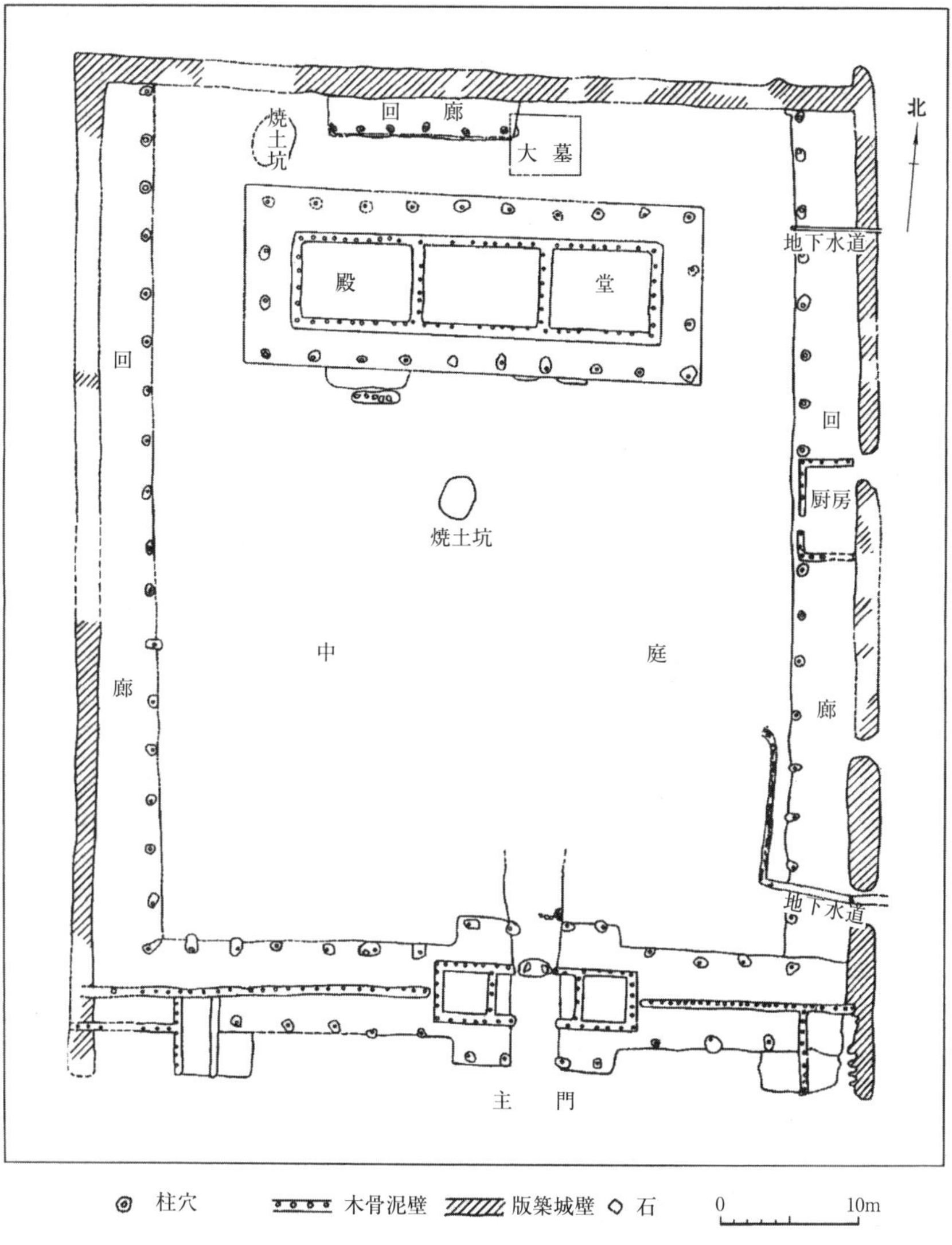

図6　二里頭遺跡２号宮殿

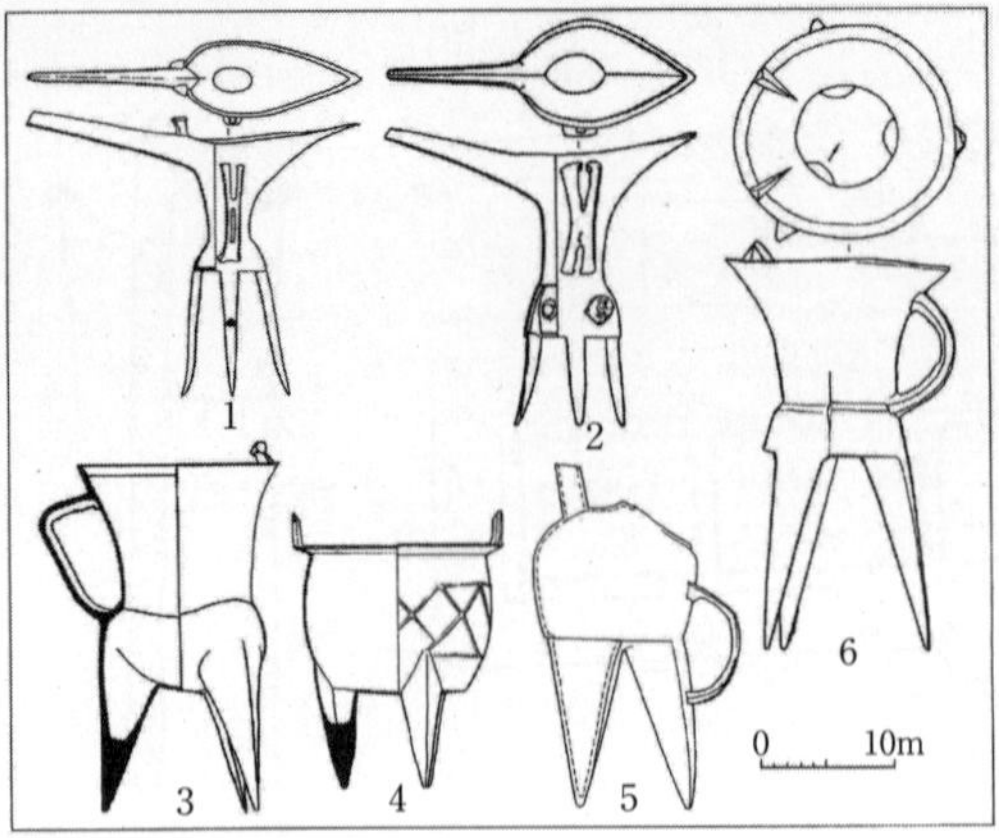

図7　二里頭遺跡出土青銅容器
1：爵（75ⅧM1：1）
2：爵（80ⅢM2：2）
3：斝（87ⅤM1：2）
4：鼎（87ⅤM1：1）
5：盉（86ⅡM1：1）
6：斝（84ⅥM9：1）

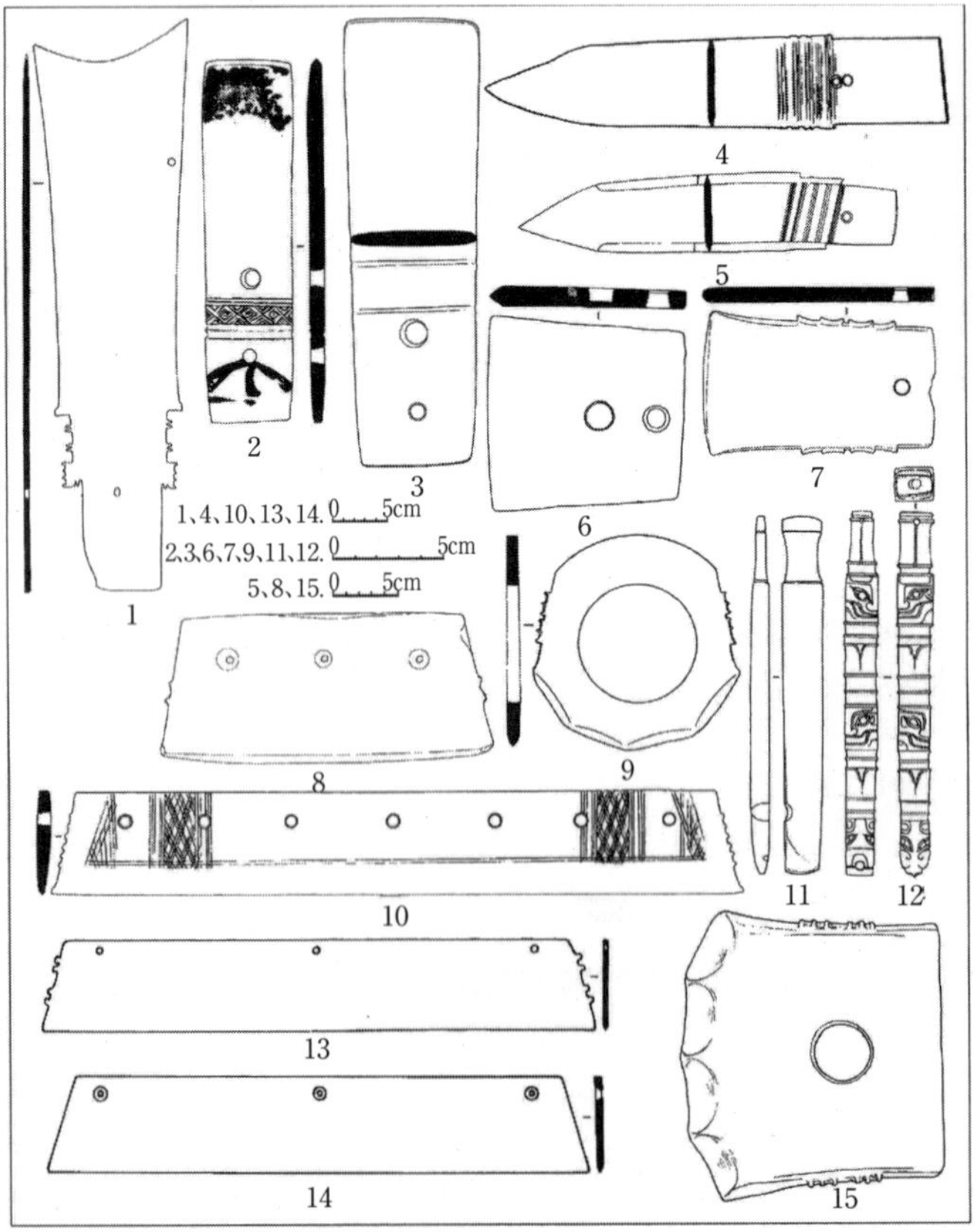

図8　二里頭遺跡出土玉礼器
1：璋(80ⅤM3：4)
2：圭(80ⅢM2：5)
3：圭(67ⅢKM1：3)
4：戈(87ⅥM57：21)
5：戈(75ⅥK3：11)
6：鉞(75ⅦKM7：2)
7：鉞(75ⅦKM7：2)
8：多孔刀(82ⅠXM5：1)
9：戚(75ⅥK5：1)
10：多孔刀(75ⅦKM7：3)
11：柄形飾(ⅥKM3：3)
12：柄形飾(ⅤKM4：1)
13：多孔刀(87ⅥM57：9)
14：多孔刀(67ⅢKM1：1)
15：鉞(81ⅤM6：1)

退以降、儀器を製作していた唯一の工房を鄭州商城に移動させており、二里岡時代においても、当時の国家の統治者は依然として青銅礼器を独占・保持している。このことは儀礼を行う建築物や銅・玉などの儀器の独占が国家の命脈であり、初期国家権力センターとしてのその特性なのである。

四　ピラミッド形の墓葬階層

現在まで、すでに述べたように、二里頭遺跡では二里頭文化期の墓葬が四〇〇基以上発掘されている(15)。墓葬形態は一般に竪穴土坑墓で、単人の仰臥伸展葬である。墓地は遺跡の範囲内において各所に見られ、長期間固定的に集中した墓地は見られないが、大多数の墓地は各墓域においてそれぞれまとまりが見られる。同一墓域の墓葬は一般に東西向きに広がり、墓坑は南北向きに掘られることが多い傾向を見せる。銅器、玉器、漆器を出土した中型規模の墓地は、宮殿区の周辺に集中して広がっている(16)。

二里頭遺跡では現在までのところ大型の宮殿建築に対応する大型の墓葬は未発見である。墓葬の規模、葬具の有無、副葬品の種類や数量から考えると、以下のように墓葬にはいくつかの種類があるといえる。

中型墓：墓坑面積二㎡前後、墓坑の幅〇・七m以上、葬具は木棺で、朱が施されている。副葬品は青銅器、玉器、漆器、土器など。副葬品は礼器が主体。現在一〇基余り検出されている。宮殿区内発見の副葬品としてトルコ石で形作られた龍形器などは、大変珍しいものであり、この貴族墓はその中でも身分のより高い者であったと考えられる(17)。

小型墓：さらに二つのカテゴリーに細分可能。

①墓坑面積一㎡前後、墓坑幅〇・六m前後、朱が施されたり、木棺が確認されるものもある。副葬品は土

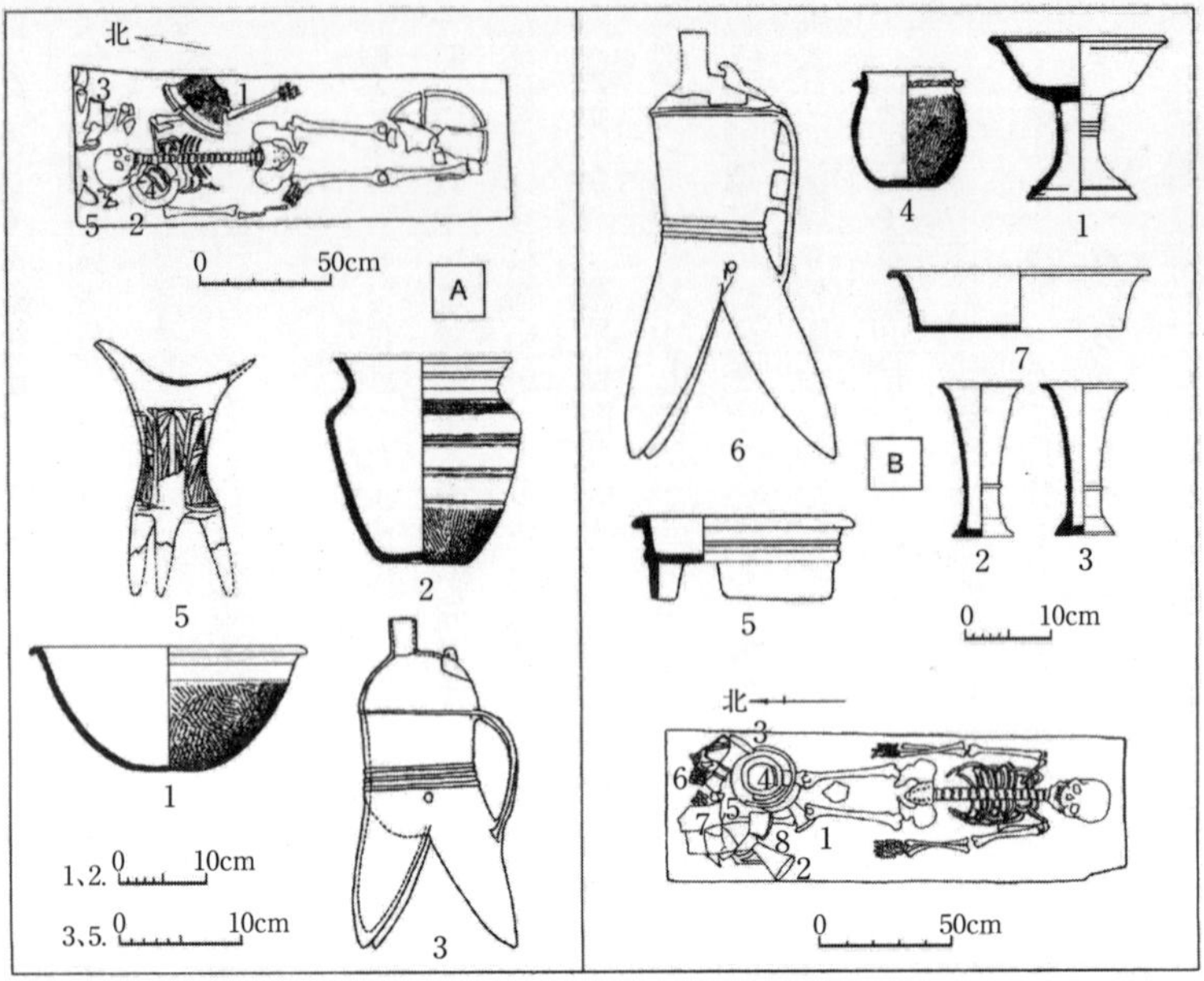

図9　二里頭遺跡Ⅳ区 M17、M18遺構図および副葬品

左：M17　　1：巻縁盆　　2：大口尊　　3：盉　　4：丸腹罐 5：爵

右：M18　　1：豆　　2：觚　　3：觚　　4：丸腹罐　　5：三足皿　　6：盉

7：平底盆　　8：平底盆

製の礼器（酒器が主）、漆器、玉器、銅鈴など。

この種類の墓はおおよそが正常な埋葬例。

②墓坑面積〇・八㎡以下、墓坑幅〇・五m以下、木棺も朱もなく、副葬品は日常土器、骨器などである。副葬品がないものもある。半分以上は正常な埋葬例。

非正常埋葬…祭祀場所における人の犠牲、

あるいは土坑内に廃棄

上述の墓葬の階層と数量の関係は反比例しており、ピラミッド式の社会構造を反映しているものと考えられる（図9）。

このほか、遠距離交易品は対外交流の範囲とその発達の度合いを示していると考えられる。このことも、二里頭国家の特質を理解する一助になる。

これらのことから、二里頭遺跡は高度な集

権的な組織管理システムが成立していたと考えられる。また一部で専業化された行政機構といえる。つまりこのことから初期国家としての特徴を有しているといえる。

註

（1）許宏 二〇〇四「略論二里頭時代」『二〇〇四年安陽殷商文明国際学術研討会論文集』社会科学文献出版社
（2）中国社会科学院考古研究所・中国社会科学院古代文明中心 二〇〇三『中国文明起源研究要覧』文物出版社
（3）Colin Renfrew and Paul Bahn. 2000. *Archaeology: Theories Methods and Practice.* Thames & Hudson Ltd: London.
（4）許宏・陳国梁・趙海濤 二〇〇四「二里頭遺跡聚落形態的初歩考察」『考古』二〇〇四年第一一期
（5）中国社会科学院考古研究所二里頭工作隊 二〇〇五「河南洛陽盆地二〇〇一—二〇〇三年考古調査簡報」『考古』二〇〇五年第五期
（6）陳星燦・劉莉・李潤権・華翰維・艾琳 二〇〇三「中国文明腹地的社会複雑化進程—伊洛河地区的聚落形態研究—」『考古学報』二〇〇三年第二期
（7）宋鎮豪 一九九四『夏商社会生活史』中国社会科学出版社
（8）王妙発 一九九九『黄河流域聚落論稿　従史前聚落到早期城市』知識出版社
（9）王建華二〇〇五『黄河中下流地区史前人口研究』山東大学博士学位論文
（10）許宏・陳国梁・趙海濤 二〇〇四「二里頭遺跡聚落形態的初歩考察」『考古』二〇〇四年第一一期
（11）伊東俊太郎 一九八八『文明の誕生』一三八—一三九頁　講談社
（12）許宏 二〇〇四「二里頭遺跡考古新発見的学術意義」『中国文物報』二〇〇四年九月十七日
（13）中国社会科学院考古研究所 一九九九『偃師二里頭（一九五九〜一九七八年考古発掘報告）』中国大百科全書出版社
（14）李志鵬 二〇〇五『二里頭文化墓葬研究』中国社会科学院研究生碩士学位論文
（15）許宏・陳国梁・趙海濤 二〇〇四「二里頭遺跡聚落形態的初歩考察」『考古』二〇〇四年第一一期
（16）中国社会科学院考古研究所 二〇〇三『中国考古学・夏商巻』中国社会科学出版
（17）中国社会科学院考古研究所二里頭工作隊 二〇〇五「河南偃師二里頭遺跡中心区的考古新発現」『考古』二〇〇五年第七期

挿図出典

図1　二里頭遺跡平面図『考古』二〇〇四年第一一期　二四頁　図一
図2　洛陽盆地龍山文化遺跡分布図『考古』二〇〇五年第五期　二四頁　図三
図3　洛陽盆地二里頭文化遺跡分布図『考古』二〇〇五年第五期　二五頁　図四
図4　二里頭遺跡宮城平面図『考古』二〇〇四年第一一期　四頁　図一
図5　二里頭遺跡1号宮殿址平面図『夏商巻』　六六頁　図二―三
図6　二里頭遺跡2号宮殿址平面図『夏商巻』　六七頁　図二―四
図7　二里頭遺跡出土青銅容器『夏商巻』　一〇五頁　図二―一〇
図8　二里頭遺跡出土玉礼器『夏商巻』　一〇四頁　図二―九
図9　二里頭遺跡小型墓葬事例『夏商巻』　一〇二頁　図二―八

礼制からみた国家の成立

岡村秀典

一　考古学と文献学

中国の国家形成についてみると、初期国家という段階を設定するか否かはともかく、同時代に書かれた文献がほとんどない夏殷周三代にたいし、はたして考古学と文献学との総合はできるのだろうか。清朝考証学の流れをうけた器名考証、文献にみえる王朝や事件を考古資料にあてはめる古史研究は、いまも中国でさかんにおこなわれている。とりわけ、後者の「事件史」的研究で用いられる文献は『史記』をはじめとする史書が圧倒的に多い。ところが、ひとたびその史書が書かれた時代背景や著作意図を検討して読めば、その安直な接合の危うさがすぐに認識できるであろう。拙著『夏王朝』(講談社 二〇〇三年)に論じたように、夏王朝をめぐる記録の多くは戦国時代以降に書かれたものであり、筆録された時代の歴史観をうかがう資料ではあっても、夏王朝の実在を確信させる記録はなにひとつとして存在しないのである。

そのような状況のなかで、わたしがあえて考古学と文献学の総合を唱えているのは、近年の日本の考古学において、文献学で積み重ねられてきた研究成果を無視したり、近接する時代の古典籍にみえる思考と抵触する議論が少なくないと思うからである。

たとえば、新石器時代の城郭集落が都市か否かをめぐって、近年の考古学で活発に議論されている。しかし、そこでは文献史学で議論されてきた都市国家論や邑制国家論はほとんど顧みられていない。文献史学のそれが殷周時代以後を対象としているのにたいして、考古学ではそれに先行する段階を議論することが多いとはいえ、新石器時代の城郭集落を、時空間の隔たった社会で組み立てられた「普遍的な」都市論に適合するか否かを論じるのではなく、つづく殷周時代の城郭都市への展開をみとおした長い歴史過程のなかで位置づけるのが先決ではなかろうか（拙稿「都市形成の日中比較研究」『文化の多様性と比較考古学』考古学研究会五〇周年記念論文集　二〇〇四年）。

また、葬送儀礼を祖先祭祀と関連づける意見がある。宮本一夫『中国の歴史01神話から歴史へ』（講談社　二〇〇五年）は、仰韶文化の「合葬墓という行為は、祖先祭祀と結びつきながら再埋葬行為を行うことによって、血縁的な紐帯を感じ取るもの」で、「主に家父長家族制が先んじて出現した黄河中流域では、祖先祭祀による社会秩序の安定を目指す宗教祭祀の確立があった」とし、二里頭文化において「宮殿と墓葬が一体化して祖先神の祭りが行われ」たことをもって王権が誕生したという。それは墓への葬送儀礼を祖霊観念や祖先祭祀と関連づける日本考古学の研究に少なからず影響されているのであろう。そして仏壇の前で祖先霊に合掌し、盆や彼岸に墓参りをするわれわれの習慣が、そうした考古資料の解釈に無意識のうちに投影されていないだろうか。時空間のかけ離れた中国古代の考古資料を、われわれの「常識」で解釈していないだろうか。

仏教以前の中国古代の礼では、葬送儀礼は「凶礼」にあたり、祖先祭祀などの「吉礼」と峻別されている。祖先祭祀は季節ごとに城郭内の宗廟においておこなわれ、不時の葬送儀礼とは礼の意味がまったくちがっていたからである。また、後漢の蔡邕『独断』下に「古へは墓祭せず、秦始皇の寝を出だすに至りて、これを墓側に起す」というように、墓で祖先祭祀が実施されることはなかった。しかも、たんに祖先祭祀というだけでは、祭祀対象となった祖先の範疇はきわめて曖昧である。

考古学ではとらえどころのない「祖先」や「祭祀」は、文献学ではどのように考えられているのだろうか。われわれは、古典籍にみえる「古代の思惟」を実在のものとして肯定するにせよ否定するにせよ、まずそれを正しく理解するところから出発しなければならない。ついで祭祀儀礼にかかわる甲骨・金文などの同時代資料によって、それを確かめなければならない。中国の古代はわれわれの「常識」が通用しない世界であり、考古学の仲間うちで議論するのならともかく、関連する文献学と対話するには、そうした手続きを明示しながら考古資料を解釈するべきではなかろうか。

二　甲骨・金文にみえる祖先祭祀

殷後期の甲骨卜辞には王朝の定期的な祖先祭祀がひんぱんに記されている。その祭祀がどこでおこなわれていたのかはまだ特定できないが、少なくとも殷墟西北岡の王陵区で発見されている夥しい数の犠牲坑は、動物の種類や犠牲のあり方が甲骨卜辞のそれとちがっているため、直接の関係はみいだせない（拙著『中国古代王権と祭祀』学生社　二〇〇五年）。しかし、殷墟後半期より「五祀」と呼ばれる定期的な祖先祭祀がおこなわれるようになったのは、王統と王権の確立、すなわち兄弟相続から父子相続への変化を反映しているのであろう。

伊藤道治『古代殷王朝のなぞ』（角川新書　一九七七年）は、殷墟卜辞に王（王朝）卜辞と非王（王室）卜辞とで祖先祭祀にちがいがあったことを指摘する。すなわち、王がとりおこなう卜辞では、父・母・兄などにたいする祭祀よりも、王位を継承してきた祖父以上の祖先にたいするものが多いのにたいして、王以外の族集団がおこなう卜辞では、祖先にたいする祭祀よりも身近な父・兄あるいは妣・母にたいするものが多いという。非王卜辞では自然神の祭祀が少ないのも、王朝の政治と無関係であったからである。落合淳思（「古代中国における氏族の成立過程」『立命館史学』二五　二〇〇四年）もまた、非王卜辞のばあい、輩行を記さない称謂をすべて二世代以上前の祖先と仮定しても、祭祀対象となっているのは三世代ていどをさかのぼる祖先までであったと論じている。つまり、甲骨卜辞をつかうような高位の貴族であっても、王のばあいは王権の正統性を明らかにする政治上の必要から、会ったこともない過去の祖先をまつったのにたいして、王以外は実際に生活を共にしたような記憶にある身近な親族だけをまつり、遠い祖先をまつるような必要はなかったのである。あるいは身近に接した肉親であったからこそ、その祭祀を怠らなかったのかもしれない。

祖先祭祀が王権や家系の確立と表裏一体の関係にあったことは確かであろう。殷末から西周時代の金文をみると、祖先祭祀のためにつくられた青銅礼器のほとんどは、祭主の亡父を祭祀対象としている（近藤聖史「西周金文に見える祖考の称謂について」『学林』第三六・三七号　二〇〇三年）。殷墟の非王卜辞と同じように、記憶にある身近な祖先だけをまつっているのである。ところが、西周後半期（中期後半）になると、陝西省扶風県荘白村の「史墻」盤（集成　一〇一七五）や眉県楊家村の「逨」盤など、ごく一部の金文に周王朝の創業より歴代の周王に仕えてきた祖先たちの事績が列挙されるようになる。殷墟卜辞とちがって、そのような祖先は祭祀対象として銘文に記されているわけではない。しかし、それは諸侯クラスの有力者が始祖にさかのぼる家系を意識するようになったことを示している。

いっぽう、王権の正統性は天命をうけた創業者に帰せられた。周王朝のばあい、それは文王と武王であり、文王が「受命」し、殷をたおした武王が「四方を匍有」したことが金文に頻出する。また、春秋時代の「秦公簋《き》」には「秦公曰く、輝かしいわが皇祖は、天命を授けられて禹迹に居を構えられた。それからの十二公は、帝のもとにあって、厳として天命をかたじけなくし、この秦を保ち、蛮夏を治めてこられた。わたくしは小子といえども、穆穆《つつし》んで明徳を引き継ぎ、烈烈桓桓として万民をこれ安んじ」と記し、秦のばあいは、諸侯に封じられた「皇祖」に王権の正統性が求められ、それ以後の秦侯は付随的に数だけが記されたのであった。

三　春秋・戦国時代の祭祀儀礼——盟誓と祭禱

春秋後期の山西省侯馬市盟誓遺址は、晋の有力者の趙鞅らを盟主として趙尼ら敵対勢力を打倒する盟約を玉石板に書き、犠牲をささげて神に誓った遺址である。判読できた与盟者だけで二〇〇人あまり、晋公の先君が祭祀対象であった。前四九〇年代、趙氏の内紛をきっかけに晋国は庶民を巻きこんだ動乱をむかえ、やがて韓・魏・趙の三氏によって晋国が分割される。盟誓はまさにこの社会変動の産物であった。侯馬の周辺ですでに三五〇〇基あまりの祭祀坑が発見されている。同時期の盟書は河南省温県武徳鎮からも出土している。それは韓氏による盟誓の遺址で、盟書の形や内容は侯馬盟書とよく似ている。とりわけ誓いの対象となる神が晋公の先君で共通していることは重要である。盟主のちがう侯馬盟書と温県盟書とがともに晋公の先君を神と崇めており、分裂の危機に直面していた晋においても、なお晋公を頂点とする祭祀共同体としての秩序を保っていたからである。

戦国前期になっても国人が国君を祭祀対象とする事例がある。河南省洛陽市の哀成叔墓から出土した銅鼎の銘文は、張政烺（「哀成叔鼎釈文」『古文字研究』第五輯　一九八一年）と林巳奈夫（「殷周時代における死者の祭祀」『東洋史研究』五五―三　一九九六年）の釈読を参考にすれば、およそつぎのような内容であった。哀成叔は鄭の国に生まれたが、若いときに父母のもとを離れて（異国で）暮らしていた。哀成叔は「わが主君はすでに安らかな状態にあるが、自分は地下の世界にいるけれど、この鼎を用いて康公を永遠にまつり、けっして休んだり怠けたりしないであろう」と遺言した、と。祭祀対象の康公とは、鄭国が韓国に併合されたときの鄭君乙（前三九五～前三七五）で、『史記集解』に徐広のいう鄭康公乙である。林巳奈夫が指摘するように、墓に副葬される青銅礼器は生者の被葬者にたいする祭祀具ではなく、被葬者が墓のなかで祭主となって祭祀をおこなうものであった。それと同時に注意すべきことは、哀成叔が君主である鄭公をまつる青銅礼器をつくらせ、死後の祭祀においても君臣関係をかたくなに守ろうとしたことである。この哀成叔墓は一棺一椁からなり、この銅鼎一器のほか「哀成叔」の名をいれた銅豆と銅舟を一器ずつ副葬するだけの小型墓であったから、士に相当する下位の貴族であったと考えられる。鄭国が滅び、哀成叔が亡命先の洛陽で没したという特殊な事情があったにせよ、国君を中心に束ねられた祭祀共同体のアイデンティティと国君の権威は、依然として強固に意識されていたことがうかがえる。

しかし、社会変動をへた前四世紀の戦国中期までには、このような古い祭祀共同体はほぼ解体する。前三一六年の湖北省包山二号墓から出土した「卜筮祭禱記録」竹簡は、楚王の分家筋にあたる墓主の邵𬶍が三年間にわたって神がみに病気の治癒を祈禱した記録であり、祭祀対象には祖先神と自然神とに大別できる。祭祀対象となった祖先神には、老僮・祝融のような伝説上の遠祖、楚が周王に封じられた熊繹、自立して王を称した武王などがあり、邵氏の分かれた昭王までは単系出自の系譜である。その世系をつぎに示す。

老僮―祝融…鬻熊…熊繹…武王…平王…昭王―恵王
　　　　　　　　　　　　　　　　　　　└文坪夜君―部公子春―司馬子音―蔡公子家＝新母―邵𬶍
　　　　　　　　　　　　　　　　　　　　　　　　　　　　　　　　　　　└東陵連囂子発
（兄弟無後者　邵良・邵乗・県貉公）

祭祀対象と犠牲の種類との関係をみると、楚の先王と昭王および祭主の祖父と父には牛、楚の遠祖には羊、傍流の祖先と近親者には豕が、それぞれ用いられた。祖先神のなかにも祭主の地位にかかわる宗族内の序列があり、それに応じて犠牲が使い分けられたのである。

いっぽう自然神の祭禱には羊と豕だけで、牛は用いられていない。このように楚の祭禱ではさまざまな祖先神と自然神がまつられるとともに、神がみが明確な階層秩序をもち、犠牲の牛—羊—豕という序列と整合的に相関するようになっている。神がみの階層化は、世俗社会における身分秩序の確立を反映しているのであろう。春秋時代の盟誓では晋の先公を唯一の共通の神としてまつる祭祀共同体の秩序が維持され、哀成叔鼎では戦国時代前期でもそれが持続していたが、同時に進行していた社会変動の結果、国君を中核とする共同体秩序が崩壊し、やがて楚の祭禱のような宗族共同体にもとづく個別の祭儀に分解していったのであろう（拙著『中国古代王権と祭祀』学生社 二〇〇五年）。すなわち、下位の貴族たちも、数世代におよぶ家系を明示する祖先祭祀によって「家」という観念をもち、同一家系内の関係性においても序列化をはかるようになったのである。ちなみに、そうした「家」の観念がひろく庶民層にまで定着するのは前漢後期であり（尾形勇『中国古代の「家」と国家』岩波書店 一九七九年）、鏡に「家常富貴」や「長宜子孫」という銘文が出現することと軌を一にしている。

以上の所論はおもに出土文字資料にもとづいている。つぎに、このような予察をふまえて考古学から墓地を分析し、王権や氏族制といった課題に挑戦してみよう。

四　「公墓」にあらわれた王権

『周礼』春官の冢人は「公墓の地を掌る」、墓大夫は「およそ邦墓の地域を掌る」という。王や諸侯を埋葬した「公墓」と一般の国人を埋葬した「邦墓」とに墓地が分かれていたというのである。

国人たちの「邦墓」と別に王陵区を設けた「公墓」は、すでに殷後期に実在していた。一九三〇年代に発掘された殷墟西北岡では、四方向（十字形）に墓道をもつ王墓が東西二群に分かれ、一〇〇〇基以上にのぼる陪葬墓や犠牲坑がともなっている。四方向に墓道をもつ一〇〇一号墓は南北七〇m足らず、二方向（中字形）に墓道をもつ武官大墓でも南北四五mの規模をもつ。墓室の規模も中字形の後岡四八号墓などほかの貴族墓とは隔絶した大きさになっている。しかも婦好ら王妃や一般貴族の墓地は王都である殷墟の別の場所に散在し、西北岡の王墓群はそれらから独立した王陵区を形成していた。張光直（K. C. Chang, *"Shang Civilization"*, Yale University Press, 1980）は、甲骨文から復元できる殷後期の殷王が、最後の帝辛（紂王）をのぞくと乙組の七王と丁組の四王とに二分され、ちょうど西北岡の西群に大墓が七基、東群に四基あることとうまく符合するという。王国維「殷周制度論」（『観堂集林』第一〇巻　一九二三年）がつとに強調しているように、兄弟相続による殷の王統は嫡子相続の周王朝と比べて未熟な王権であるが、それにもかかわらず、王墓が一般貴族墓とは隔絶した規模をもち、独立した王陵区を形成していたことは重要である。

西周時代では、二〇〇四年に陝西省岐山県周公廟（鳳凰山）の陵坡墓地で四方向や二方向に墓道をもつ大墓群が発見され、周王陵ではないかと話題になった。発掘された二基の大墓は、盗掘のためにめだった遺物は出土しなかったが、西周中期後半と考えられる。ただし、三二号大墓の灰釉陶器は底部に「自宮入□□」と読める刻銘があり、「宮」族からの貢納品と解釈するならば、被葬者が周王に比肩する高位にあったと考えられる。詳細は正式な報告をまたねばならないが、地望と墓坑の大きさから周王を補佐した周公一族の墓地とみるのが妥当であろう。二〇〇基近い中小型墓からなる一般貴族墓地は、谷を隔てた西側の白草坡（東八爪）という丘陵上にあり、大墓群だけが壁で囲まれたなかに独立していたのである。

いっぽう、西周時代から春秋時代にかけての晋侯墓地が山西省曲沃県北趙でみつかっている。墓地は国都の天馬・曲村遺址のほぼ中央に位置し、二方向または一方向（甲字形）の墓道をもつ晋侯墓とその夫人墓とが組になって南北三列に並んでいる。北列は四組、中央列は二組、南列は三組あり、計一九基の大墓からなる。晋侯の封建は周初にさかのぼるが、この墓地は西周中期が上限である。それは諸侯クラスにおいて家系を意識するようになった時期にちょうど暗合する。北列の東端から造墓がはじまり、東から西へ、南列に移って東から西端へと順番につくられた。この墓域内には晋侯墓とその夫人墓およびそれにともなう車馬坑と祭祀坑だけがあり、一般の国人たちの中小墓は天馬・曲村遺址の西端の曲村北につくられていた。

ただし、西周時代でも燕・衛・応などの外諸侯国では、国君墓と中小型墓が同じ墓地内に分布している。それは国君が血縁的な族集団から自立した権力を確立していなかったことを示している。春秋時代にそうした諸侯国は相次いで衰滅していることも、王権の未熟さに理由があるのかもしれない。

春秋前期の秦侯墓地は甘粛省礼県大堡子山にあり、東西の二方向に墓道をもつ大墓二基とそれにともなう車馬坑二基が確認されている。三号墓は全長一一五ｍ、初代の秦侯に封じられた襄公の墓と考えられている。それにつぐ二号墓は全長八八ｍである。立地だけでなく、規模の隔絶性もきわだっている。一般の貴族墓は大堡子山から河を隔てて三㎞離れた円頂山で発見されている。雍城（陝西省鳳翔県）に遷都してからの秦侯墓地は城郭の東南三㎞あまりのところに位置している。外溝の内側に、東西二方向に墓道をもつ中字形・目字形の大墓が計三三基、甲字形・凸字形・刀字形の大墓が計一〇基あり、矩形の内溝に区画されたなかに数基が組になっている。雍城に遷都してからは、晋侯墓地と同じように諸侯とその夫人墓が組をなすようになったのだろう。そのうち中字形の秦公一号大墓は、墓道をあわせた全長が三〇〇ｍにおよんでいる。一般の貴族墓地は雍城と秦侯墓地との間から雍城の南に分布している。

このように王や諸侯を埋葬した「公墓」と一般の国人を埋葬した「邦墓」とに墓地を分かつことは、遅くとも殷後期にはじまり、周代をつうじておこなわれていたのである。漢以後の皇帝陵では、功臣たちの墓を陵墓の近くにつくらせることもあるが、「公墓」の制度は基本的にそのまま受け継がれている。それは、王・諸侯の地位が定まり、兄弟相続か嫡子相続かは別として、その地位の継承にある種の規範が生まれ、王統が意識されるようになり、死してのちは「公墓」に埋葬するように決められていたことを暗示する。

五　「邦墓」と族集団

殷後期の王都の殷墟では、各所に中小型墓で構成される貴族墓地が散在している。墓地の集団構成を分析する試みは、九三九基の墓から四三点の有銘青銅器が出土した西区墓地の報告を契機とする（中国社会科学院考古研究所安陽工作隊「一九六九―一九七七年殷墟西区墓葬発掘報告」『考古学報』一九七九年第一期）。報告者の楊宝成・楊錫璋は墓の分布から墓地を八群に分け、群ごとに副葬土器の組成と青銅器の図象（族）記号が異なることから、各群は族を単位とする墓地であり、同一銘が複数の群にまたがってみられるばあいは、族間の婚姻ないしは政治的連盟と理解した。

しかし、Barnard（A New Approach to the Study of Clan-Sign Inscription of Shang, "*Studies of Shang Archaeology*", Yale University Press, 1986）が指摘するように、特定の族記号（Barnard のいう Clan-sign）が専有する第七群のほか、多種の族記号が混在する第三群など、その実態は複雑である。しかも、第七群で唯一墓道をもつ九三号墓の族記号は、同じ墓群の九〇七号墓のほか、第四群の一五二号墓と一一八号墓の族記号を複合したものである。Barnard はそれを氏族間の婚姻関係を示すものと考えたが、重要なことは、同じ墓地内に複数の族集団が墓をつくり、族間の結合がひんぱんにおこっていたことである。それは鄭若葵（「殷墟〝大邑商〟族邑布局初探」『中原文物』一九九五年第三期）が推測するような族集団の「住み分け」ではなく、むしろ族集団がひんぱんに離合集散していたことを示している。

殷墟西区における墓の頭位は、北向きが三九九基でもっとも多く、ついで南向きが三二八基、西向きが一〇七基、東向きが一〇四基であり、東西向きが全体の二三％を占める。大司空村墓地では小型墓一六六基のうち、北向きが八六基、南向きが四〇基、東向きが二八基、西向きが九基で、ここでも東西向きが全体の二四％を占める。殷前期の王都ではほとんどの墓が南北向きであるのにたいして、殷墟ではこのように四分の一ぐらいの割合で東西向きの墓が混在していた。王墓をはじめとする大中型墓はすべて南北向きだが、小型墓では南北向きの墓と東西向きの墓との間にあまり顕著な格差はなく、習俗の面でも大きなちがいはない。先行する時期の琉璃閣墓地や台西墓地など河南省北部から河北省中部にかけて東向きの墓が相当数ふくまれていたから、殷墟には中核をなす殷人とそうした在地ないしは非殷人系の族集団とが集住し、同じ墓地内に埋葬されたのであろう（拙著『中国古代王権と祭祀』学生社 二〇〇五年）。

このような小型墓の被葬者は、殷王朝においてどのような地位にあったのだろうか。殷墟西区の第七群で発見された一七一三号墓は、墓坑の長さが三ｍほどの小型墓だが、一棺一槨、三人の殉葬があり、青銅礼器一七点、銅鉞二点、銅刀二点、銅戈三〇点、銅矛三〇点をはじめとする副葬品があった（中国社会科学院考古研究所安陽工作隊「安陽殷墟西区一七一三号墓的発掘」『考古』一九八六年第八期）。武器の多さからみて、被葬者が武人であったのかもしれない。青銅礼器のうち鬲鼎には二一字の銘文があり、亞魚（作器者の名）が壬申の日に王から貝を賜ったため、兄の癸をまつる器をつくったことが記されていた。また簋と爵には一二字の同じ銘文があり、寝魚（作器者の名）が辛卯の日に王から貝を賜ったので、父の丁をまつる器をつくったことが記されていた。この爵の蓋には「亞魚」の銘文があり、別の爵には「亞魚父丁（亞魚が父の丁をまつる）」の同銘がある。「魚」は族名、「寝」は地名もしくは王宮を管理する官職名、「亞」も王室にかかわる官職名で、この「亞魚」と「寝魚」とは同一人物、つまりこの被葬者である「魚」族の家長を指すものと考えられる。「寝」や「亞」として王宮に出仕していた「亞魚」は、少なくとも壬申と辛卯の日の二度にわたり王から貝を賞賜されたのである。この貝は、字形からみて、おそらく南海産のタカラガイであろう。はるか南方からもたらされたタカラガイは、みやこでは王室が独占し、功績に応じて臣下に分配された。それを王から賞賜されることは、たいへんな名誉であり、銘文にあるように「亞魚」はそれを記念して亡兄の癸と亡父の丁をまつる礼器を別々につくったのである。墓の規模からみて「亞魚」の身分はさほど高くなかったと考えられるが、それでも王から直接貝を賜ることができたのである。

西周前期に下るが、北京市琉璃河二五三号墓から出土した圉甗（集成九三五）には圉が王都の成周（洛陽）で王より貝を賜ったことが記されていた。それが琉璃河の燕国墓地にあり、同時に出土した圉方鼎（集成二五〇五）に匽（燕）侯から貝を賞賜されたことが記されていたので、圉が燕侯に臣属していたことはまちがいない。外諸侯の家臣であっても、王から直接貝を賜与されることがあったのである。

殷から西周前期にかけて、貴族の身分はあるていど序列化されていたものの、王―諸侯の垂直的な距離に比べて、諸侯とそれに従属する貴族との垂直的な距離はさほど大きくなかった。琉璃河において燕侯墓と一般貴族墓とが同じ墓地内にあること、「公墓」としての晋侯墓地の成立が西周後半期に下ることは、そうした階層序列の実態を暗示するものであろう。

西周時代の王都には、王権による人の移住がみられた。陝西省周原遺址の荘白一号坑から出土した西周後期の史墻盤（集成一〇一七五）には、つぎのような微史族の歴史が記されていた。

静幽なる高祖（微史族の始祖）はもともと微（地名）の本拠におられた。武王が殷を討伐されたとき、微史の烈祖は武王のもとに来朝し拝謁された。武王はそこで周公に命じられて微史の家を周の地に定めて住まわせられた。

もともと殷に属していた微史族は、殷王朝の滅亡とともに周に従属し、王命によって微から周のみやこに移住したのである。

二〇〇五年八月の「〝周原考古与西周文化研究〟国際学術研討会」において、北京大学の雷興山氏は、周原遺址では墓地が居住区と同じところにあり、同じ族集団が一定の場所に住み続けたのではなく、墓の向きがばらばらで、墓どうしが複雑に切り合っていると報告した。王都の周原では、外地から多くの族集団が集住しただけでなく、族集団の離合集散がはげしく、居住者がひんぱんに交代していたことがうかがえる。

西周時代の王都である豊鎬遺址の張家坡では、墓道をもつ四基の「井叔」墓のほか、多数の小型墓や車馬坑・馬坑が発見されている（中国社会科学院考古研究所編『張家坡西周墓地』、中国大百科全書出版社　一九九九年）。「井叔」は西周後期の有力貴族であるが、それに先行してつくられた小型墓は、たとえば一八三号墓は「孟員」「唐父」などの銘文をもつ青銅器を副葬し、一七二号墓は北方的な洞室墓であった。同じ墓地内の北部にはとくに洞室墓が多く、その二八四号墓には「咸作」の青銅器があった。したがって、ここはもともと「井」族とは関係をもたない、外来の族をふくむ複数の族集団の墓地であり、西周後期に「井」族がここを占有したとみるのが妥当であろう。北向きの墓が多いなかで、「井叔」墓がわずかに西に振っていることも、それと関係しているのであろう。

王都への移住ではないが、江蘇省丹徒県煙墩山から出土した西周前期の宜侯夨簋（集成四三二〇）には、王が「虎」に封じられていた夨を「宜」に移封したとき、「宜」に住んでいた役人の「王人」と六〇〇人あまりの「庶人」を与えたほか、「鄭」から役人の「伯」七人と一〇〇〇人あまりの「鬲」を移住させている。また、『春秋左氏伝』定公四年には周公の子伯禽が魯に封建されたとき、周に滅ぼされた殷の六族が分与されたことが記録されている。外諸侯の封建にあたっても王権によって族集団の遷徙がおこなわれたのである。紀元前二千年紀になると、集団的な移動の活発化とともに、多くの族集団が集住する王都が出現し、新しい人的結合にもとづく国家秩序が生まれたことが推測される（拙稿「農耕社会と文明の形成」『岩波講座世界歴史』第三巻　岩波書店　一九九八年）。史墻盤や宜侯夨簋は族集団の移封や遷徙に王権が深く関与していたことをものがたっている。

殷・西周時代の一般貴族において、祭祀対象の祖先は身近に接した父母や兄にほぼ限られ、族墓地の継続性が乏しく、同一墓地内に複数の族集団が離合集散を繰り返していた。このことからみて、族内の結合は必ずしも強固なものではなく、始祖あるいは複数世代にさかのぼる家系の意識が希薄であったことがうかがえる。おそらく王や諸侯とちがって身分・財産・権力の世襲が顕著ではなく、それゆえ「公墓」や族墓地のような特定の家系だけが占有する墓域をつくらず、身分的な序列にかかわりなく殷墟西区一七一三号墓の「亞魚」や琉璃河二五三号墓の「圉」のような下位の貴族であっても王との個人的なつながりが生まれたり、宜侯夨簋の「王人」や「鄭伯」のように王命によって別の諸侯に分与されることがあったのであろう。それはまた王権の強大さの裏返しでもある。

六　初期国家論

以上の所論をふまえて、わたしは殷周時代の初期国家をつぎのように考える（拙著『中国古代王権と祭祀』学生社　二〇〇五年）。殷・西周王朝は征服と諸侯の封建をつうじて王と諸侯が階級的支配者となった。政治的に造営された王都・国都は一般村落から隔絶し、王・諸侯とそれ以下との身分的距離が大きくひろがった。王と諸侯はそれぞれ独自の家産組織と軍事組織とをもちつつ、王権はそうした族集団から隔絶した公権力として機能し、王と諸侯とは人格的な君臣関係をとり結んでいた。諸侯をはじめとする族長らは、王にたいしてさまざまな貢納をおこない、王権を維持する軍事や祭事に奉仕した。それにたいして王は、封建や職事の任命、儀礼用品の分配などの賞賜をおこなった。王と諸侯との君臣関係は、そのような双方向の贈与交換によって表象され、その結節点となった祭儀の場が王都であり王墓であった。王都には各地から素材を主とする貢納物が集められ、それをもとに王室の工房でさまざまな儀礼用品がつくられた。独立した「公墓」を形成した王墓の祭祀では、多数の族集団が参加する盛大な供犠がおこなわれた。田租・賦税は王室の直轄地においてもまだ萌芽的な段階で、祭儀を目的とした貢納と再分配にもとづく経済が基本であった。春秋時代に周王の求心力が弱まると、諸侯がかわりに公権力として機能し、卿大夫層の台頭する前五世紀まで諸侯を中核とする祭祀共同体の秩序が維持された。殷周時代の初期国家は、このように社会と経済が祭儀システムに埋めこまれており、わたしはそれを祭儀国家と規定する。

先行する酋邦社会の龍山時代は、文字資料が欠如しているために、殷周時代と対比した考古資料の分析が必要である。龍山時代になると、中国の各地で巨大な城郭集落や多数の精巧な玉器を副葬した大型墓が出現し、集落間の格差や集落内の階層化が明確になる。巨大な城郭集落を「都市」とみなし、精巧な祭玉を副葬した大型の墳丘墓を「王墓」と評価する意見があるように、大きさや形だけをみれば、初期国家の段階に到達しているかのようである。しかし、社会の内実についてみると、多くの点で未熟な段階といわざるをえない。集落規模に階層化がみられても、殷周時代とちがって住居や肉食生活には集落間に大差がなく、中心となる城郭集落でも居住者の大部分は農民であった。同じ墓地内に大型墓と小型墓が共存し、殷周時代のように独立した「公墓」で王墓の造営と祖先祭祀が継続する段階ではなかった。祖先祭祀によって王位の正統性を確認する必要もなかった。精巧な玉器がつくられても、身体を飾る佩玉や神まつりに用いる祭玉であって、宮廷儀礼に用いる瑞玉の出現は二里頭文化になってからである（拙著『夏王朝』講談社　二〇〇三年）。首長はまだ隔絶した権力を掌握するにはいたっていなかったのである。

いっぽう専制国家の秦漢時代は、殷周時代の家産制と貢納制が帝室財政として継承されるいっぽう、それとは別に中央集権的な官僚制・郡県制・租税制にもとづく国家財政が成立する。専売制の塩と鉄をのぞいて商業が活発化し、都市に市場が出現する。殷周時代には庶民は礼の秩序に包摂されなかったが、秦漢時代には庶民の成年男子にも爵が与えられて二十等爵の身分制に組みこまれ、軍役や徭役に徴用された。これが西嶋定生のいう個別人身支配である。このような専制国家は前五世紀の戦国時代に形成がはじまり、前漢の武帝代に完成されるのであろう。

殷周時代の研究について顧みると、かつての「氏族制」概念を前提とした前国家段階という理解は、文献史学でも近年ようやく再検討されつつある。吉本道雅『中国先秦史の研究』（京都大学学術出版会　二〇〇五年）は、「初期国家論は考古学者の独壇場であり、国家起源論は、もはや文献史学の手を離れつつあるといってよい」とまで発言している。従来のようにエンゲルスの国家論や欧米の人類学で組み立てられた「氏族制」論を考古資料にあてはめてるのではなく、本論では甲骨・金文などの出土文字資料に大きく依存しつつ、文献史学と対話できる考古資料の整理を試みた。

なお考えの熟さないところがあるけれども、今後、甲骨卜辞にかんしては殷墟花園荘東地で新たに発見された非王卜辞群の検討が課題になるだろうし、考古学では「公墓」と「邦墓」の実態とその分化のプロセスを解明する必要があろう。

中国における初期国家形成過程を定義づける

宮本一夫

はじめに

今日の考古学では、人類学における新進化主義に基づいて社会の発展段階を区分する方法を一般的に用い、エルマン・サービスが用いたバンド社会、部族社会、首長制社会、国家という社会の発展段階の区分を一般的に用いている。サービスですら、M・フリードの批判を受けて後にはバンド社会、部族社会、首長制社会という言葉を使わなくなったが、逆に考古学ではこうした社会区分をそのまま用いて今日に至っている（Chapman 2003）。また、社会区分はさらに細かい社会区分の欲求を生み、首長制社会をさらに単純首長制社会から複雑首長制社会へといった社会区分も生まれている。さらに首長制社会と国家社会との境界やその区分はますます曖昧になっているのが現状である（Chapman 2003）。しかし一方では、こうした区分が唯物史観による未開社会と国家（文明）の区分とは必ずしも一致するものではない。ここに実は差異があるということを、考古学的な社会区分を行う場合において、まず前提として注意しておく必要があろう。

さらに問題なのは、社会的な発展段階を考古学資料に対してどういう手段で評価するかにある。かつてヘンリー・

ライトは、首長制社会と国家社会との大きな違いを内的な統制の特殊性あるいは官僚制の有無に求めた（Wright 1977）。その違いが人間が居住する集落の大きさの違い、すなわち集落間の階層差における意志決定の差異に見られるとする。さらに比較研究によって、集落の階層差が五段階以上こそが初期国家段階であると主張する。ところでこの初期国家という概念は、H・クラッセンやP・スカールニク（Classen&Skalnik 1978）によって提示され、日本では都出比呂志（一九九一・一九九六）によって導入され、現在一般的な概念として学界において定着しつつある。弥生時代から律令社会に至る過程を首長制、初期国家、成熟国家という発展段階で眺めようというものである。一方で、東アジアを通してみた場合、氏族制の解体こそが国家の成立であるとする指摘が岩永省三からなされている（岩永 二〇〇三）。中国における氏族制の解体は戦国時代の領域国家における中央集権化であり、それが完成するのが秦漢統一帝国ということになる。こうした考え方は、エンゲルスの学説を厳密に読み解いたいわば唯物史観による国家の定義を当てはめたものである。同じような考え方として、氏族制による支配者共同体の解体から官僚的君臣関係への転換として、秦漢を国家段階と位置づける渡辺信一郎（二〇〇五）の考え方が見られる。これらの定義によれば、戦国後半期に成立する領域国家以前は首長制社会ということになる。あるいは岩永氏の呼ぶ前国家段階ということになる。さて、こうして定義された国家段階以前を、新進化主義に基づいて定義された首長制社会としてすべてくくることには問題があろう。先に述べたように唯物史観による国家区分と新進化主義による首長制から国家への転換が必ずしも一致するわけではないからである。

従来の中国におけるマルクス主義的歴史学による時期区分でいえば、この国家段階以前に原始、奴隷制、封建制が相当している。原始と奴隷制の境はおおよそ新石器時代から商代にあり、商・西周が奴隷制、春秋時代以降が封建制に相当するという考えが郭沫若などにおいて示されている（郭沫若 一九七六）。また、日本人研究者では、宮崎市定が春秋時代を都市国家とし、戦国時代に領土国家へ移行し、秦漢段階が古代帝国であるという発展段階を示している

（宮崎　一九七七）。また、松丸道雄は、殷・西周時代を氏族制的共同体に基づく邑の累層的関係として邑制国家と規定している（松丸　一九七〇）。秦漢以前の氏族制が社会構造の基本原理である段階を都市国家や邑制国家という名称でその発展段階を示そうとしているのである。

一方で、このような秦漢以前の社会を初期国家という名称で当てはめて眺める見方が近年急速に広がっている（岡村　一九九八、宮本　一九九九・二〇〇五）。むしろ積極的に初期国家と呼ぶことにより、新進化主義における社会区分である首長制社会と初期国家社会によって中国先史社会における段階区分を明らかにすることに意味があるのである。

一　中国における初期国家形成過程

中国新石器時代後期には地域社会単位で社会の複雑化が進行し、一般的には首長制社会に高まったと想定される。これらを大きく黄河中流域、黄河下流域、長江下流域、長江中流域に分けて見た場合、黄河中・下流域が先行する形ではあるが、これら四地域はともに新石器時代中期から後期にかけて男系による家父長的家族を母胎とする社会に移行したことは明確である（宮本　二〇〇五）。家父長家族による氏族単位での階層関係が社会発展の源になっていた。新石器時代後期には各地で登場した首長も家父長家族による階層上位者であり、その意味では世襲的に地位を獲得できるシステムにあり、定義上は首長制社会に達していたことも問題ないであろう。個々の地域で展開される巨大な建築物の出現は、これらの建設に見られる労働力の結集力から王権の登場を説く説（中村　二〇〇三）も見られるが、こうした建築物の登場はそれらが持続的に維持されるあり方として存続するわけではない。また、地域社会内での展開を見た場合、こうした首長は地域社会内で各地で登場しており、地域社会を横断した円錐クランの階層構造のトップを決して安定的に形成している状態にはないのである。

中国考古学では、蘇秉琦が氏族共同体から国家へのプロセスを古文化、古城、古国という社会の発展区分で示し、これを三歴程と唱える（蘇秉琦　一九九九）。そして多くの古国をまとめて政治的な中心となる古国を方国といい、さらに秦のような帝国に至るという、古国、方国、帝国という三部曲という考え方を提起している。この場合、新石器時代中期の紅山文化後期を古国と呼び、初期青銅器時代の夏家店下層文化を方国と呼び、遼西を中華文明の曙光と提起するところに主眼がある。新石器時代中期段階という部族制社会末期から首長制社会の始まる段階と私自身が考える時期を、既に古国という国家段階と規定することには、やはり違和感を覚えるし、無理がある。この他、同じようにかなり古い段階から国家段階と規定する研究者の一人に張忠培が挙げれる（張忠培　二〇〇五）。張忠培によれば、新石器時代中期末の黄河流域、長江中・下流域、遼西地域が既に国家段階に達し、文明段階に至っているとする。良渚文化ものその一つである。この場合、国家段階に達している根拠は、①父系家族を単位とする社会、②労働や社会の分業と階層化、③集落における階層差、④神権と王権の成立、といったものである。ここでまとめられた要素は、最後のものを除けば私自身が首長制社会に相当すると考える社会条件である。こうした見解の違いという意味でも、社会の段階制を明確に定義づける必要性が感じられるのである。

ところで、一般的に国家に至る社会区分を明快に示したのは張光直である。エルマン・サービスの社会進化の段階区分を用い、仰韶文化を部族社会、龍山文化を首長制社会、商代以降を国家と区分している（張光直　一九八九）。さて、筆者自身を含めたおおかたの日本人考古学者は基本的にこの説と同様であるが、商代以降を国家段階としてひとくくりにするよりは、やはり商代から、氏族制の解体が認められる秦漢社会に至る過程を同列に扱うべきではないであろう。その意味で、氏族制が解体した秦漢社会を都出比呂志が定義した成熟国家とするならば、商代から成熟国家以前を初期国家と呼ぶべきである。また、私自身は張光直の部族制社会から初期国家に至る段階区分を、さらに細かな段階的社会区分を指摘したことがある（宮本　一九九九）。

表1　商に関する初期国家モデルの諸例（Liu&Chen 2003を改変）

	都市国家	分節国家	領域国家と村落国家	考古学的事実
政治組織	商の領域は狭く、多くの地域政体である「方」国と商は共存する。	商の祭儀的宗主権は広域に拡大するが、政治的な宗主権は限定的である。	商王は広い範囲を巡幸する。広大な領域を維持するため首都を移動させ、農民層を遠隔地に移住させる。	広大な領域で政治的に中心化した政体が存在する。金属や塩のような重要な資源を管理するため、中央から周辺に政治的な拡大がみられる。
都市構造	商の都市は祭儀の中心として存在するが、農民が商の都市内に住んでいないという事実はない。	祭儀の中心として商の都市が存在する。	祭儀の中心であり専業手工業者を持つ政治的商王都を含みながら、相対的に少ない人口からなる。	宗教的、政治的、経済的な中心としての二里頭や鄭州のような主要な中心地の存在。貴族層、手工業者、農民を含む主要中心地での集住。
王都の防御能力	商の祭儀の中心は城壁を持たないが、多くの他の都市は城壁を持つ。		城壁を持たない王都が統一された広大な領域の中心に位置する。	城壁を持たない二里頭遺跡に対し、偃師商城、鄭州商城、洹北商城は城壁を持つ。
経済構造	商の官僚制は最小限のもので、農民が都市貴族層に税や労役を提供していたかは不明。	商の官僚制は最小限のもので、農民が都市貴族層に税や労役を提供していたかは不明。	貢納制で、商の集約的農耕生産のため頻繁に農民を移住させる。	市場や交易というよりはむしろ貢納経済で、威信財や日常用品を含む周辺地域からの貢納品からなる。

エンゲルスなどの唯物史観による国家の定義を厳格に読みとり、氏族制の解体を以て国家の成立とする岩永省三や渡辺信一郎らに対し、この段階を成熟国家と呼び換えるならば、商代以降を国家とする張光直との考え方には開きがあることになる。私を含め大方の考古学者がこの段階を初期国家として位置付ける由縁が、その開きを解消せんがためにある。また、中国社会でこれまで商・周代に対して使われた奴隷制という呼び方とは異なった名称で呼ぶことにしたのである。H・クラッセンやP・スカールニクが初期国家を提起した段階においてすら、中国に関する初期国家段階は、厳密な検討による結果ではないが、専制国家段階である秦・漢以前の商・周段階があてられている（Pokora 1978）。

さらに、欧米では、初期国家とした段階に対して様々なモデルからその国家形態に対する検討が行われている。都市国家モデル、分節国家モデル、領域国家モデル、村落国家モデルという大きく四つのモデルが既に提出されている（表1）。これらに対して二里頭文化から二里岡文化までの考古資料を検討した劉莉と陳星燦（Liu&Chen 2003）は、これらの中でも、考古学的資料の検討から、二里頭文化から二里岡文化段階は領域国家モデルに最も近いものであるとしている。分節国家モデルは商代中期や商代後期の政治的状況に近いものであり、都市国家モデルや分節国家モデルはもともと商代後期の甲骨文字の内容から想定されたものであるとする。

一方では、この段階は文献によれば夏王朝や商王朝が存在する段階である。商王朝は甲骨文字からその存在が証明されたわけであるが、夏王朝は文字資料からの証明は今のところ不可能である。さらに戦国時代以降に作られた文献に基づく夏王朝の内容は、その時期の価値観によって書かれており、その内容をそのまま信じるわけにはいかない（宮本二〇〇五）。王朝とされる国家機構の内容をそのまま当時の状況と認めるわけにはいかないのである。すなわち文献記述に存在する王朝を、そのまま国家と呼び換えるわけにはいかない。しかし、その社会が様々な考古学的証拠から新石器時代に比べより社会的に複雑性を帯びていることも否定しようない事実である。初期国家という概念を用いることにより、新石器時代より複雑性をもった社会であることを示すとともに、実体は不明ではあるが、文献でいう王朝という政治体制に相当する社会段階であることも意味しているのである。初期国家段階が、『史記』に記載されているような夏王朝の世襲制からなる王権を用いているかどうかは、考古学的な事実から示さざるを得ない。さらに、王と諸侯というような封建関係が確立し、完全な親子相続が可能となった西周社会を王権の確立期とするならば、この段階以降を以て王朝の完成期とすることができる。少なくとも兄弟相続を柱とする商は王権が確立した時期であることは、甲骨文字の内容からも肯首できるであろう。問題はこうした王権が確立した初期国家段階がどの段階まで遡るかである。

さて、首長制社会と初期国家の大きな区分は、定義上王権の確立を以て区別するのが最も適当であろう。しかし、何を以て王権が確立しているかを、考古学的にあるいは物質文化の側面から定義するのは難しい。

二　アジア的国家概念が可能か

クラッセンとスカールニクが定義した初期国家概念（Classen & Skalnik 1978）は、五一からなる指標によって定義づけられているが、都出比呂志はこれを簡単に七つの特徴によってまとめている（都出 一九九一）。①階層社会である。②階層社会が成立しうるほど多くの人口を擁する。③社会に恒常的余剰が存在する。④血縁でなく地域原理にもとづく成員を基礎とする。⑤中央政府をもつ。⑥社会の分裂を回避しうる強制力をもった政府を有する。⑦支配の正統性を支える共同イデオロギーをもつ。このうち既に中国で初期国家とした段階である商周社会は、社会が血縁原理から成る氏族をもとに構成された社会であることを述べてきた。その点では、上記した④の特徴を持たない社会である。したがって、④の要件をもたない点で初期国家概念からはずれることになるであろうか。

ところで、ジョナサン・フリードマンやM・ローランドは、新進化主義モデルによって中国の社会発展を以下のように述べている。仰韶文化・龍山文化を部族システム、二里頭文化・商代を「アジア」的国家、商代後期〜西周を威信財システム、東周を領域都市国家、秦を帝国（東洋専制国家）と区分している（Friedman & Rowlands 1977）。この「アジア」的国家というものは、王権を頂点とした血縁関係における氏族の円錐クランによる階層構造の成立と定義する。これが商・周社会に相当している。こうした特徴は、後に詳述するように、まさにクラッセンらが定義した初期国家の④の要件をもたないが、残りの要件は備えている初期国家の形態であるといえよう。フリードマンが使った「アジア」的国家（フリードマン 一九八〇）とはまさに「アジア」的初期国家として地域的な特殊性を備えた初期国家段階と定義できるかもしれない。

一方、嘗て侯外廬は、マルクスの遺稿『諸形態』を引きながら、アジア的生産様式の特徴を説明しようとした（侯

外廬 一九九七)。特に、古代すなわち国家形成期に至る過程としてアジア的古代と古典古代の形成過程の差違を示している。そこでは大きく以下の三つの要素を比較している。

1) 都市と農村との分裂の関係　アジア的古代の形態では都市と農村は同時に形成される。都市は宗族の政治的所在地として現れる。

2) 私有関係　アジア的古代には私有財産は存在しないに等しく、所有形態は貢納の形をとる。

3) 労働過程の占有関係　アジア的古代はこの方面で重要な作用をもたらすのが灌漑と交通であり、この場合、氏族首長のもつ伝統が継続し共同体が維持されるとする。

興味深い指摘であるが、侯外廬自信は、中国の国家形成に関しては第一の要素を重視し、階級支配が実現された都市国家をもって国家を考える。ある意味では先の蘇秉琦の古国に通ずる国家概念である。太田幸男によれば、これは王朝を国家とみない独特な国家認識とされる(太田 一九九七)。おそらくはアジア的生産様式とアジア的専制国家を不可分とみることを避けたことによると思われる。しかし、上記の三つの要素は社会の発展段階とアジア的な特質を語る場合には重要である。その意味では、血縁関係が国家組織の中で地縁関係に置き換わるということは、中国古代には存在しないし、それを以て国家と定義づけることができないのである。

さて、擬制的な紐帯関係は王権が確立している周代の盟誓行為にも見えるし、金文などにみられる周社会の封建も擬制的な同族関係に基づいている。商代後期の金文にも封建的な擬制関係が読みとれ、円錐クランによる王権が確立している商代の下部構造には、こうした擬制的血縁関係が存在していたと捉えるべきであろう。松丸道雄も商代を邑制国家と規定する場合、擬制的血縁関係に基づく商王室に対する「氏族」の服属を権力機構の基盤と位置付ける(松丸 一九七〇)。商王朝に服属した「氏族」すなわち族集団が擬制的に商王と親族関係を結び、族長が「子」と称していたと考えられている(平勢 一九九八)。したがって擬制的な首長制が存在したか否かはむしろ商代以前の段階に探し求めねばならない。

さらに商代後期の甲骨文字に見えるように、多子族は王の王子やその子孫からなる氏族集団であり、王を補佐する官僚組織であり、貞人も王に服属する地域から選ばれて卜占するものであり、宗教的な官僚組織ということもできよう。商代後期には王権を支える内的な統治組織が成立しているのであり、官僚組織が備わっているとすることができる。しかしそれらはそれぞれの血縁的な背景である氏族単位を代表するものであり、氏族の利益代表者でもあった。氏族の範囲を超えて直接王との個人的な盟主関係を示す体制にはない。

一方、軍事組織に関してであるが、近年商後期の銘文に見られる「亞」の字を、軍事組織の職掌とみなす見解がある（中国社会科学院考古研究所安陽工作隊 二〇〇四）。また、陳夢家は、甲骨に見られる「亞」、「犬」、「射」の文字を軍事官職名としている（陳夢家 一九五六）。これらの職掌も、それぞれの地域を構成する氏族を単位とする軍事面の職掌であり、それらが王権を支えるということになるであろう。そうした意味では王直属の常備軍的な軍事組織ではないにしろ、王権を支える氏族連合的な軍事組織は存在していたといえる。甲骨文の検討から、林澐も職業的な軍人の存在を認めながら、氏族集団を単位として徴兵制によって集められた兵員から商代の軍隊が構成されたことを想定している（林澐 一九九八）。

こうした官僚組織や軍事組織は、まさに古典的な国家観においてもその要件を備える特徴といえるのである。クラッセンらの定義する初期国家の要件に比べ、④の血縁原理ではなく地域原理によって成員が構成されるという要件を除けば、商代の組織体系はかなり高度なものということができるであろう。さらに殷墟の王陵区の出現などに見られるように階層格差は、血縁組織を単位としながらも、相当な段階に達している。

以上のように、中国の初期国家は氏族制の解体しないまま、そのほかの初期国家の要件を備えた世界的にも特殊な初期国家であった。氏族制が解体しないままに社会の階層化を迎えた日本の古墳時代も、その意味では「アジア」的国家とみなすこともできる。近年、古墳時代の前・中期を高度に発達した首長制社会として初期国家と定義づけたいとする和田晴吾の立場も存在する（和田 二〇〇四）。こうした中国や日本に見られる初期国家段階は、地縁的社会に転換していない氏族制が温存されたまさに「アジア」的な共通性が認められる。こうした意味において、フリードマンが定義した「アジア」的国家は意義がある指摘であると考えられる。

三　中国における初期国家の定義

ところで、クラッセンとスカールニクは初期国家の発展段階をさらに細分して未完成初期国家、典型的初期国家、推移的初期国家といった三つの段階を設定している（Classen & Skalnik 1978）。未完成初期国家とは氏族などの血縁関係組織や共同体が政治組織において依然強い段階であり、専属的特殊手工業者がまれで、税制も原始的、支配者と被支配者とが密接な相互関係にある。典型的初期国家は、氏族制と領域的政治組織が釣り合った関係にある。そして非血縁的官僚が政府組織の中心的役割をなすが、社会階層間の再配分はそのまま残っている。さらに推移的初期国家段階は、任命された官僚によって政府組織が運営される。生産手段において個人の財産が生まれるとし、成熟国家への発展段階への必要条件がそろった段階であるとする。これら初期国家内での発展段階には興味が持たれるものの、そのまま各段階の諸条件が中国殷周社会に当てはまるわけではない。ただこうした発展段階をあえて中国に当てはめてみるならば、未完成初期国家段階は二里頭文化から商代に、典型的初期国家は西周から春秋時代に、推移的初期国家は戦国時代後半期の領域国家段階に相当している。呼び名は異なるものの、段階設定に関してはフリードマンらの段階設定にも通ずるところがあろう。

そこで本稿は、このうち初期国家成立段階である未完成初期国家段階を中国において考えてみることにし、さらに中国での社会発展の特殊性という面も併せて考察してみたいのである。

仮に、二里頭文化から商代を未完成初期国家段階に相当する段階と提起してみたが、初期国家の形成期は蘇秉琦や張忠培のようにさらに遡る可能性もある。そこで、ここでは首長制社会と初期国家形成期の区分としては、クラッセンやスカールニクが定義した七つの特徴が有効となる。一方、「アジア」的国家の特徴である、氏族制の解体が見られないという意味では、クラッセンらの言う④の特徴を除外して検討すべきである。しかも、これらの条件が考古学的な条件として認められる必要がある。さらに概念的には、初期国家の成立条件として王権の確立をもって定義せざるを得ない。では、王権をどのように考古学的に定義するかが問題となる。私は以下の点で、クラッセンらのいう①〜⑦（④を除く）の初期国家の条件付けを踏まえながら、王権や初期国家を定義づけてみたいのである。

(a)　階層構造上の円錐状クランが、従来の生産と消費単位を超えた領域において、あるいは同列政体間関係にみられる諸地域の円錐状クランを統合する形で、さらに重層的な円錐状クランが形成された段階。これは①の階層社会であることを示すが、階層化は農耕社会の個々の地域社会において次第に発達することは一般的な傾向である。その階層化をさらに複雑にし、かつより大きな階層格差を生むのが、複数の地域社会を統合化しながら階層秩序が成立している段階にある。この階層化の画期こそが、王権に相当する階層上位者の成立を示し、初期国家成立の画期と考えたい。また、こうしたあり方は、⑥の社会の分裂を回避する強制力をもった政府を有するという条件を、考古学的に示す現象と考える。

(b)　こうした円錐状クランの最上位クランの所在地が政治的所在地として現れる。すなわち集落内での政治的権威をもった特殊構造の出現。また集落間の階層構造における特化的な大型集落すなわち都市の出現である。これが⑤の中央政府を持つという条件を示すとともに、階層社会が成立しうるほど多くの人口を擁するという②の条件を満たすことになる。

(c)　階層構造の発展にみられる社会の分業とともに、首長層が円錐状クランを維持するために従属的な手工業者を占有する。威信財の独占的な入手により円錐状クランを維持する。これは③の社会に恒常的余剰が存在するという条件を満たすものである。

(d)　円錐状クランを維持する上での正統性を示すための祖先祭祀の儀礼化。これは⑦の支配の正統性を支える共同イデオロギーを持つ条件に相当する。

(e)　儀礼行為に宗族や氏族を参加させる以外に、擬制的な同族関係として周辺首長の服属を示す青銅彝器の配布。擬制的な同族関係を確認し、同じ儀礼行為を共有する際に、その儀礼行為の貴重な道具である青銅彝器を下賜するという行為を示す。この行為は王としての存在を内外に示すものであり、王権の確立ということを示す考古学的な材料となろう。また、この内容は、⑦の共同イデオロギーを持つということを示すともに、⑥の社会の分裂を回避する政府を成り立たせるためのシステムであると考えられる。

(f)　広領域における支配システムの確立のための宗教や精神基盤の統合。これも、⑦の共同イデオロギーの共有とともに、社会の分裂を回避する政府を成り立たせるためのシステムである。また、(a)の定義を安定的に維持するためには、必要不可欠なものであり、考古資料によって認めることができる内容である。

四　中国における初期国家形成

既に述べてきたように、甲骨文字が出現する商代後期は、考古資料とともに甲骨文の内容から、官僚機構や軍隊など安定した政府を持つ段階であり、文字資料からも王権が存在する段階である。少なくとも上記した初期国家の定義を満たす要件を備えている。以上の定義が、さらに遡って初期国家形成期の初段階と考える二里頭文化に当てはまるかどうかを検討してみたい。

1　階層化社会

高度に階層化した社会を物質文化の側から定義する場合、安定した階層構造の円錐状クランが確立していることを示すべきである。これは、ある一定の経済領域や情報圏を共有する地域において、階層上の円錐状クランが存在するかにある。その点で見ると、階層化を示すものとして、副葬品や墓葬構造から見た墓葬分析による階層関係の明確化が示されるかにある。墓葬分析による階層秩序の析出は、長江下流域の良渚文化に見られる墳丘墓や副葬される威信財である玉器の多寡や種類によって示される（宮本 一九九六）。黄河中流域の河南龍山文化期では、陶寺文化前期における墓地群内でのピラミッド構造上の明確な階層構造が明らかになっている（宮本 一九九九）。また、陶寺文化中期には階層上位者の墓地が外城に接して拡張した小城の一定の場所に割り当てられ、その他の階層者の墓群とは明確に差別化が図られていく（中国社会科学院考古研究所山西隊ほか 二〇〇三）。まさに王族の族墓として下位階層の人々と区分される現象が認められるのである。同様な現象は、山東龍山文化期に認められる。階層構造と副葬品の種類との対応は既に大汶口文化期に始まり、酒器という祭祀容器が階層秩序と対応していく。さらに山東龍山文化期には酒器を中心とする祭器が、階層構造と相関しながら儀礼化し、より分層化していく（宮本 二〇〇六）。また、陶寺文化中期と同じように、山東龍山文化でも最上位階層の族墓が独立して営まれる朱封墓地群のような墓地も表れる。しかもその最上位階層墓は木槨構造から成り立っている。その後の殷周社会の階層上位墓の基本構造が出現しているのである。

しかしながらこうした階層化の動きは、従来の文化圏すなわち従来の地域社会内での階層化の高まりを示しているにすぎない。したがって、小地域内で円錐状クランの階層構造が確立した新石器時代後期を王権の確立期とは呼べない。例えば張忠培が国家段階とした良渚文化においても、良渚遺跡群においては反山墳丘墓を中心とした高い階層構

表2　二里頭文化の墓制からみた階層構造

	青銅器				玉器	漆器	土器			朱砂
	爵・斝・盉	牌飾	鈴	武器			鬹・盉（白陶）	爵	その他	
Aランク	○	○	○	○	○	○	○		○	○
	○	○			○		○		○	○
	○				○		○		○	○
		○	○		○	○	○		○	○
Bランク					○		○	○	○	○
Cランク							○	○	○	○
							○		○	○
Dランク								○	○	
									○	
Eランク										

造が認められるが、この階層関係が太湖を中心として江蘇省から浙江省に広がる良渚文化分布域内すべてに当てはまるようなピラミッド構造に達しているという証拠はない。反山墳丘墓は良渚文化中期段階に発達したものであり、その後には高い階層構造の上位者を示す墓地は良渚遺跡群内では存在しない。このような状況証拠からは、良渚文化全体を統括するような強力な階層構造は認められないのである。良渚文化という同じ文化や習俗あるいは精神的な背景を共有しながら、良渚文化内の個々の地域社会や地域集団には、地域集団内での階層化は進んでいても、地域集団を統括する階層構造は認められず、地域集団間では同列政体間現象のような関係しか認められないのである（宮本 二〇〇五）。こうした社会の発展段階は、上記した定義からすれば、初期国家段階に達しない段階と見なすことができる。

しかし、墓葬構造や威信財の配布関係に見える階層上の円錐状クランが二里頭遺跡を中心に二里頭文化領域に認められる。墓葬構造や副葬品の構成やその多寡から、二里頭遺跡や二里頭文化内には、新石器時代後期と同じような高度な階層化が認められる。表2に示すような、A～Eランクという五段階の階層化構造が認められるのである。さらに踏み込んでいえば、二里頭遺跡内での階層上位者は青銅器あるいは青銅彝器といった高度な威信財を副葬品に納めることができるが、周辺地域の首長は白陶の酒器は副葬できるものの、青銅彝器は副葬できないという階層秩序が地理的に認められるのである（宮本二〇〇五）。この格差は、今のところ私が二里頭文化内での階層格差を墓葬分析から示した五段階の階層区分において、周辺首長は第三段階（Cランク）の階層段階に相当し、第四段階（Bランク）や第五段階（Aランク）といったさらなる階層上位者は認められないのである。二里頭遺跡を中心とする階層上位者と、階層上の下部構造に見られる地域首長とは、明確な階層化関係における差異が認められる。社会階層の秩序が文化領域全体で統一的に認められる段階である。このような一定の文化領域を横断する形で階層上の円錐状クランが確立した二里頭文化期こそが、王権の確立する段階すなわち初期国家段階にふさわしいであろう。

以上のように、二里頭文化段階は、これまでの同列政体間現象を越えた求心的な社会発展段階に達しているのである。こうした社会現象の把握も、複雑首長制社会と初期国家との区分をする際の有力な考古学的証拠となるであろう。

2　政治都市の出現

階層上の円錐状クランの上位を占める人々が居住する場所が、政治的所在地として現れるという定義を考古学的に示すには、まずヘンリー・ライトが西アジアで示したような集落規模の絶対的格差を示すことにある（Write 1977）。新石器時代後期には、黄河中・下流域、長江中流域、内蒙古中南部と各地で城壁に取り囲まれた城址遺跡が出現する。長江中流域の湖北省天門県石家河遺跡のように、城壁の規模が一辺一㎞にも達する巨大城址遺跡も出現する。同様なことは黄河中流域にも認められ、山西省襄汾県陶寺遺跡はその後半期において一八〇〇×一五〇〇という巨大な城址遺跡が出現している。一方、二里頭遺跡は集落全体を取り囲む城壁は確認されていないものの、集落の面積は三〇〇万㎡に達し、上記した二つの城址遺跡より遥かに大きなものである。また、山東では新石器時代中期後葉において集落規模で大きく三段階の格差が推定され（欒豊実 二〇〇三）、これが新石器時代後期の大型城址、一般城址、一般集落

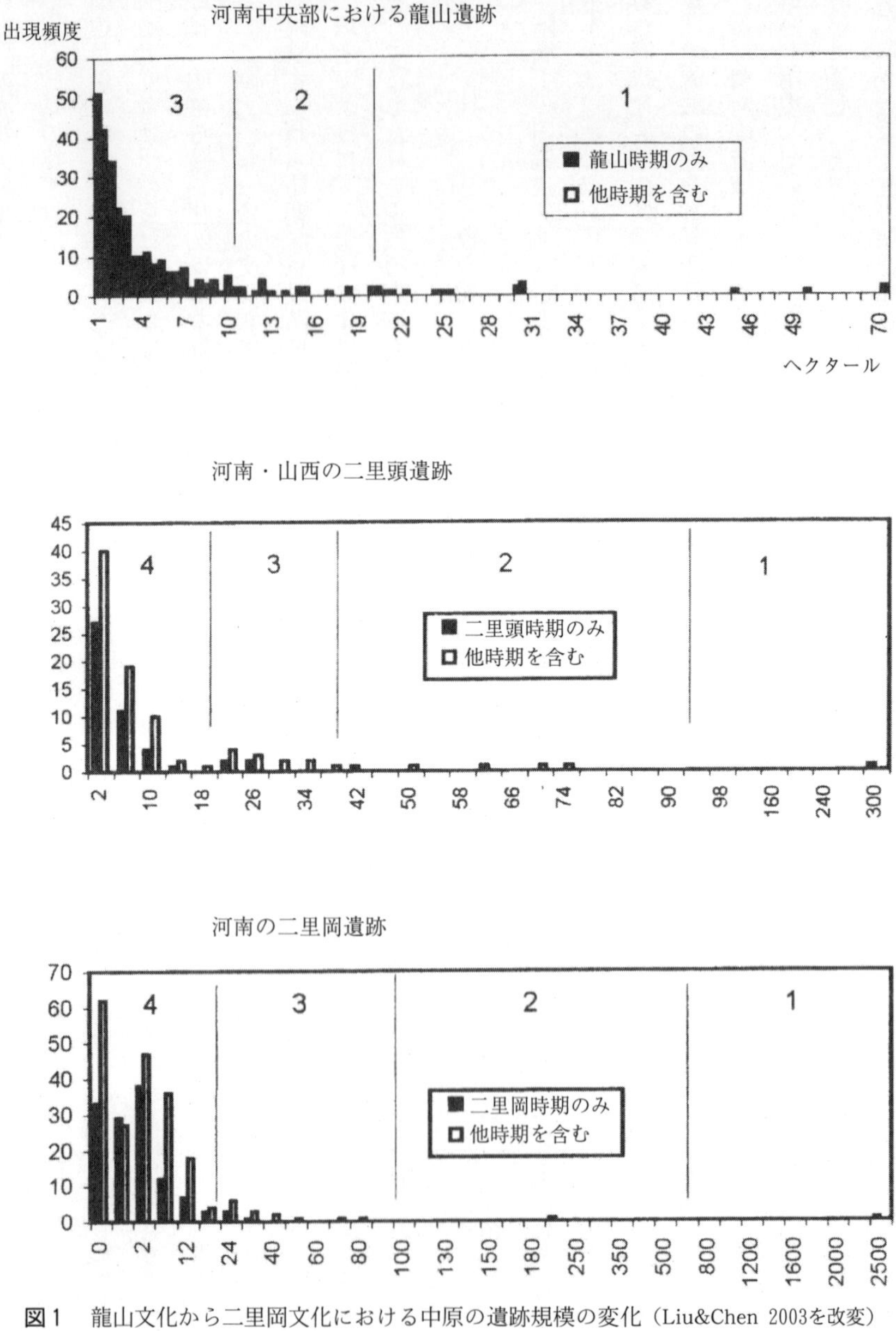

図1　龍山文化から二里岡文化における中原の遺跡規模の変化（Liu&Chen 2003を改変）

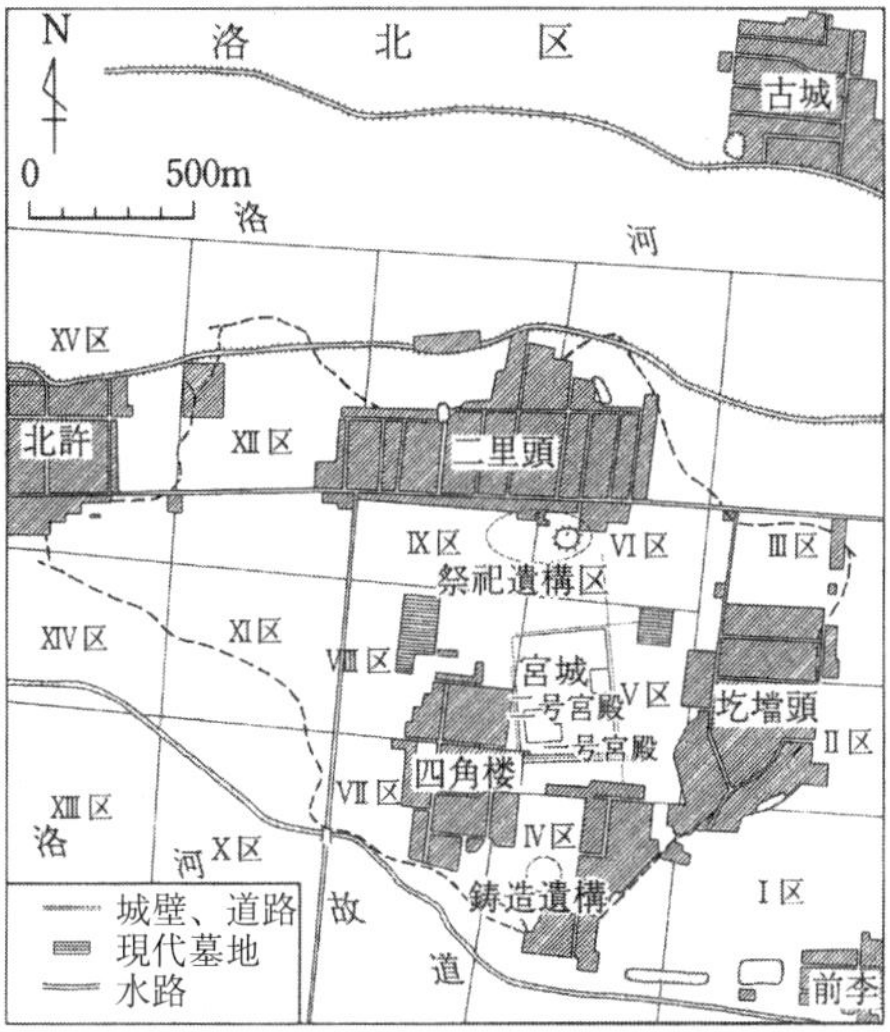

図２　二里頭遺跡の都市区画

という集落格差に繋がる（張学海　一九九六）。しかし、二里頭文化の場合さらに大きな集落規模の格差が見られる。劉莉らによれば、図１に示すような、四段階の格差が生まれており、新石器時代に比べ、格段に特化した集落が生まれているのである。この現象は、考古学的な政治都市の出現と見なす根拠となるであろう。すなわち、二里頭文化において、現象的には集落規模における明確な階層関係と中心都市の巨大化現象として示されるのである。

続いて注目すべきは集落構造である。二里頭文化２期以降において、後の殷周社会の王都に見られるような計画的に区画された道路網からなる都市構造が出現している。図２に示すように、碁盤の目のような道路網の一部が発掘によって明らかとなっている。さらに道路によって区画された場所には、基壇構造からなる建築物すなわち宮殿が配置され、宮殿区が設定されている。また、この宮殿区は、二里頭文化３期になると、城壁によって取り囲まれる、宮城に相当する施設に転換している（中国社会科学院考古研究所二里頭工作隊　二〇〇四）。規格的な都市区画や都市計画さらには宮城の出現は、二里頭遺跡が政治都市であることを示すに十分であり、二里頭文化２期以降に政治都市が出現したことは明確である。すなわち、二里頭遺跡という政治都市の出現も、この段階が初期国家に相当する根拠となり、それ以前の段階とは大きな格差が存在する。ちなみに遺跡の規模も二里頭文化１期では一五〇万㎢であったものが、二里頭文化２期には三〇〇万㎢と巨大化しており、そこには大きな格差が存在するのである。

二里頭遺跡は中心に宮城が存在し、その南側の地形的に幾分高いところに鋳造工房施設が発見され、宮城の北側には祭祀施設が確認されている（図2）。この祭祀空間は、文献に見られる「壇」や「墠」のような円丘状の高まりと祭祀土壙からなりたっている（中国社会科学院考古研究所 二〇〇三）。宮城以外にも祭祀空間と工房区が集落内に機能的に分化している点も、都市機能を有していると見なすことが可能である。

この点からすると、二里頭遺跡以前の大規模集落において工房区のような都市機能が存在していたかは明確ではない。良渚文化の良渚遺跡群でも塘山遺跡のように玉の未製品が出土するところから、玉生産の工房である可能性も考えられる（中村 二〇〇三）が、工房に相当する遺構や施設が発見されているわけではなく、工房区の証拠としては不十分である。また、陶寺遺跡においても陶寺遺跡の大城段階に工房区が想定されている（中国社会科学院考古研究所第二工作隊ほか 二〇〇三）が、今のところ発掘による考古学的証拠があるわけではなく、想像の域内にある。したがって、二里頭遺跡の出現は歴史的に大きな画期が存在するということができるのである。

3　専業手工業集団の出現

二里頭遺跡で青銅器鋳造工房区と考えられる地点からは、炉壁や鞴あるいは銅滓や未製品が、二里頭文化の各期に満遍なくさらに多量に出土している。銅滓や未製品が出土する地点はこの工房区にほぼ限られており、都市内で鋳造工房区が固定していたことは明確である。また、二里頭文化では、銅牌飾や二里頭遺跡3号墓内出土の龍の装飾文様には多量のトルコ石が使われている。トルコ石の加工地点は宮城の南側の隣接地で発見されている。これは一〇〇〇㎡に渡る工房区で少なくとも二里頭文化3期には操業が始まっている。青銅工房区とトルコ石工房区が明確に都市内で区分されており、都市としての管理体制を認めることができる。また、固定的な専業手工業集団が存在しているということを確認できるであろう。こうした集団はそれぞれに二里頭遺跡内で水平的に分割されており、専業手工業者が都市内で分化しており、分業体制がより明確化している段階である。

青銅器やトルコ石は、その原材料が二里頭遺跡周辺に存在するのではなく、遠隔地からもたらされ、都市内部で加工されるものである。貴重な原材料の獲得から運搬、さらにその加工から製品の管理に至る一連の過程には、首長層の強い関与が存在する。あるいは首長層の管理なくしてはこの一連の過程は成り立ち得ない。また、青銅器やトルコ石などの威信財を製作する技術集団は、首長層に従属した集団であり、首長層に独占されたものである。このような従属的手工業集団の出現は、これらの首長層が単なる首長という社会的な地位にあるのではなく、王権を持っている段階として認めることができるであろう。

4　祭祀の儀礼化

二里頭遺跡には先に述べたように宮城の北部の祭祀空間に祭壇などが存在し、恒常的な儀礼行為が行われていた可能性が高い。また、宮城内の2号宮殿址では、門を中心軸として見た場合に、2号宮殿址の北端に存在する墓葬の中心と宮殿址の中心軸が一致し、宮殿がこの墓葬を祀る場として使われたとする考え方がある（林 一九九八）。墓葬に関しては既に撹乱を受けており、本来墓葬であったかどうかという疑問も存在していた。しかし、近年では2号宮殿址などより古い二里頭文化2期において、3号宮殿址が発見された。この3号宮殿址は中庭を南北に三つ持つ四合院造りの宮殿址であるが、この中庭内から六基の墓葬が発見されている。そのうちの3号墓からは、青銅鈴とともに被葬者の肩部にトルコ石で装飾された龍の文様が発見されている（中国社会科学院考古研究所二里頭工作隊 二〇〇五）。その内容は上位階層者の墓であることを示している。墓葬と宮殿址が一帯となっており、先の2号宮殿址と同じ状況を示している。宮殿とそれに伴う埋葬施設は祖先祭祀を、宮殿内で儀礼的に執り行っていた可能性が高いと考えられる。

祖先祭祀は黄河中流域では既に新石器時代中期から存在すると考えられる（宮本 一九九九）が、これは集団の統合と連帯維持において必要なイデオロギー装置であった。このように新石器時代から認められる祖先祭祀が、宮殿址と一体化する二里頭遺跡の状況は、祖先祭祀を恒常的かつ規則的に行うという儀礼化を示している。また、この祖先祭祀が行われた3号宮殿址や2号宮殿址は、宮城内部の北東部に位置し、宮城内の奥部に位置している。宮城の南面に位置する1号宮殿などが政務や日常業務に使われるとすれば、これらの建物はプライベートな空間でもある。首長層一族の祖先祭祀が儀礼的にかつ秘儀的に行われることにより、王権の正統性を示すことができたのである。

5　擬制的同族関係

第一項目で既に述べたように、二里頭遺跡の首長層と周辺地域の首長層とには階層的な秩序が結ばれていたと考えた。そうした階層秩序を維持する上で想定されるのが、それらの周辺首長が二里頭遺跡の首長層の一族系譜に編入されることにある。すなわち擬制的な同族関係を結ぶことにある。では、このような擬制的同族関係を結んだとする考古学的証拠は何に求められるのであろうか。殷代後期から西周に見られる青銅彝器の銘文には、王が青銅彝器を介して下賜する行為が記されている。青銅彝器は下賜される対象物であり、これにより王と家臣としての紐帯関係が結ばれたことを意味している。その背景には、擬制的な同族関係としての紐帯が存在しているのである。その原理を二里頭文化に当てはめた場合どうであろうか。二里頭文化3期に出現する青銅彝器は爵や斝を中心とするものであるが、それらは二里頭遺跡の首長層に独占されていた。青銅彝器の分布で見た場合、二里頭文化3期までの青銅彝器の分布は二里頭遺跡に限られており、二里頭遺跡の首長層に独占されていたことを証明している。しかし、二里頭文化4期には、二里頭遺跡以外でも銅鈴や青銅彝器の分布が認められる。河南省滎陽市西史村や高村寺出土の斝、河南省新鄭望京楼出土爵、伝河南省商丘出土爵、伝河南省洛寧出土爵、伝安徽省肥西出土銅鈴などである。こうした青銅彝器の分布の拡大は、二里頭文化4期における青銅彝器の配布関係を示していると考えたい。青銅彝器の生産地は二里頭遺跡であり、二里頭遺跡の首長層に独占されたものである。青銅彝器は儀礼行為に使うものとして周辺首長層に配布されることにより、儀礼行為を通じた擬制的な同族関係が結ばれたと考えられるのである。

6　宗教・精神基盤の統合

さらに社会構造上の円錐状クランを安定させるための精神基盤を、これまでの地域基盤以外の地域のものを含め採用し、新たな統合的な精神基盤を構築している。祖先祭祀に関しては既に述べたが、このほか中原において新石器時代に祭祀に利用されたものとして楽器が挙げられる。これは陶寺遺跡において顕著であるが、陶鼓や陶鈴が楽器である。これらの楽器が単なる音の調べを楽しむものでないことは、こうしたものが階層構造の上位者と対応しているからである。陶寺墓地において墓葬規模・墓葬構造や副葬品構成から見なされるピラミッド型の階層構造の最上位階層のみに、陶鼓や陶鈴の副葬が認められる（宮本 一九九九）。これは楽器の所有が階層上位者のみ可能であることを示すとともに、楽器が祭祀行為などの特殊な道具として使用され、その管理が階層上位者によって為されていたことを示しているのである。陶寺遺跡では陶鈴からさらに銅鈴が生み出され、威信財の意味合いをさらに色濃くしている。このような銅鈴がさらに階層構造と結びついているのが二里頭文化2期以降の状況である。すなわち楽器が宗教祭祀や儀礼の道具として、さらに威信財として定着したことを意味する（宮本 二〇〇五）。

二里頭文化では、このほか爵や斝といった酒器が土器構成に認められる。これらの酒器は白陶で作られることにより、威信財化している。さらにこれらの陶製の酒器が、二里頭文化3期以降には青銅器に置き換わり、青銅彝器として最高の威信財に転換する。青銅彝器は儀礼行為に使われるものであり、その執行が階層上位者すなわち王族によってなされていたのである。ところで、このような酒器が階層構造と相関し、酒器を中心とする儀礼行為が社会規範となっている地域は、もともと中原にはなく、黄河下流域の山東にある。その出現は山東の大汶口文化から始まり、より完成したのが山東龍山文化である（宮本 二〇〇六）。大汶口文化は大汶口文化後期に黄河中流域にも影響を強め、河南龍山文化である王湾3期にも一定の要素が残っていく。王湾3期を母胎として生まれた二里頭文化において、酒器を中心とする副葬品構成と階層構造との相関を見るならば、山東龍山文化よりは大汶口文化に近いものである。これは二里頭文化の成立の文化的な系譜関係に由来しているであろう。ともかく二里頭文化において酒器が儀礼化していく背景は、山東に根ざした酒器の儀礼化を採用したものである。他地域に生まれた宗教祭祀といったものを採用し統合した結果の現象であると考えられる。

また、二里頭文化における玉器も、その系譜が他地域に求められるものがある。例えば玉璋は、骨鏟型玉器として黄河下流域で生まれたもの（林 一九九二）が、中原にもたらされたものである。また、玉刀もその出現は安徽省薛家崗文化の石包丁型玉器にある可能性があり、後に中原に広がったものである。このような玉璋や玉刀が二里頭文化で発達し、威信財や儀礼具として王権を構成しているのである。さらに長江中流域の石家河文化の玉器が二里頭文化にはそのままもたらされ、二里頭遺跡3号墓には副葬品として納められていた（中国社会科学院考古研究所二里頭工作隊 二〇〇五）。

このように、他地域の祭祀に由来する物質文化が二里頭遺跡では集合しており、さらにそれが王権を守る儀礼具や威信財として発達している。まさに宗教祭祀やイデオロギーの統合の結果を示しているのである。簡単に述べるならば、山東に由来する酒器を中心とした儀礼行為である「礼」と、陶寺文化の楽器による宗教祭祀である「楽」が統合され、新たな宗教基盤や儀礼行為が成立したのが二里頭文化であった。後の周社会における礼楽の基本原理が確立したのが二里頭文化であったのである（宮本 二〇〇五）。従来の祖先祭祀に礼楽を加えた王権の正統性の主張が、儀礼行為として都市内で制度化し宮廷儀礼が確立している可能性がある。このようなイデオロギーの統合も初期国家を示す重要な要素といえよう。

五　初期国家の出現

以上のように初期国家を定義づける要件を、具体的な考古学的な事実とその分析によって示し、二里頭文化こそが初期国家に相当することを述べてきた。二里頭文化はまさに初期国家の萌芽期であり、未完成初期国家段階に相当している。また、こうした段階こそ王権の確立期とすることができ、これまでの社会性とは一段と進化した段階として位置づけうる。ここでさらに初期国家と定義づける要件が二里頭文化においても段階的に進行していることを述べておきたい。

二里頭文化は1期から4期に細分されている。河南龍山文化である王湾3期から二里頭文化へ移行する過程で、新砦文化期が設定されている（張芝荃　一九八五）。また、王湾3期末期には河南省登封県王城崗遺跡で近年これまで確認されていた城壁の外側にさらに規模の大きな城壁が発見され、大型の城址遺跡であることが確認されている（国家文物局　二〇〇五）。河南省新密市新砦遺跡でも3重の環濠が巡る大型の城址遺跡が確認されている（趙青春ほか　二〇〇四）。王湾3期終末期から二里頭文化に至る過程で、中心的集落が王城崗遺跡から新砦遺跡、さらに二里頭遺跡へというように、次第に中心地が移動していることが確認される。しかしながら、集落都市の突出した巨大化は二里頭遺跡から認められるものである。また、新砦文化期と二里頭文化期は年代的に微妙に重なっている。微妙な年代差を脇に置いて大きな傾向で読み解くならば、新砦文化期と二里頭文化1期はほぼ重なっている。ここでは、二里頭文化1期を新砦文化期に含めて考えたい。また、二里頭遺跡自身も遺跡の規模が拡大しその内容が安定してみられるようになるのが、二里頭文化2期以降である。私自身は二里頭遺跡が規格された道路網をもつ都市として安定して利用されるのが二里頭文化2期以降と考えるところから、二里頭文化2期を大きな画期と考えている。また二里頭文化2期には土器様式としても大きな画期が認められる時期である（徳留 二〇〇四）。

ここで二里頭文化2期以降での初期国家の要件がどのように形成されているかを振り返りたい。まず、二里頭文化2期にはaからdまでの要素が出そろう。すなわち社会の階層化、政治都市の出現、従属手工業集団の出現、祭祀の儀礼化である。さらに二里頭3期になるとbやdの要素がより完全なものとなる。bの要件としては、道路網に区画された宮殿区において城壁が付設され宮城が完成する。dの祭儀の儀礼化としては青銅彝器が導入され、二里頭文化固有の儀礼具あるいは威信財として発達する。二里頭文化4期はeの要件である擬制的同族関係の確立期である。青銅彝器の周辺首長への配布による地域統合の新たな秩序が形成される段階である。

このように、二里頭文化内でも時間軸を通じて段階的に社会進化し、初期国家の内容がますます充実していく。この二里頭文化期を以て初期国家形成期とすることができる。その後の商社会との社会構造を比べるならば、官僚組織や軍事組織の不発達という意味では、二里頭文化期は初期国家形成における萌芽期と位置づけることができよう。特に商代にはfの要件である宗教祭祀の統合が完成していると考えられる。それは殷周社会を通じてみられる青銅彝器を中心とした礼制の確立である。青銅彝器の中心的文様である饕餮文は殷周社会の宗教や信仰のシンボルであるが、この文様の起源は長江下流域の良渚文化にある（林 一九八一）。私自身も饕餮文は長江下流域を祖とし、それが山東において変容したものが商社会において饕餮文として完成したものと考えている（宮本 二〇〇五）。また墓葬における棺槨構造もその起源は山東にあるが、これを本格的に採用したのは商社会以降である。このように農耕社会を基盤とする諸地域の宗教祭祀をまとめ上げたのが商代であると考えられるのである。また、商代後期には既に述べたように官僚組織や軍事組織も完成しており、商代は未完成初期国家の確立期とすることができるであろう。

おわりに

二里頭文化以降に確立した王権は、中央政府を持つ初期国家段階と認識するが、こうした初期国家は、西周期や春秋期を通じ段階的に変化し、最終的には戦国時代の領域国家を踏まえて成熟国家段階の秦漢帝国が生まれていく。しかし、以上に提起した二里頭文化以降の初期国家段階は、中央政府と地方勢力という構造的な政体が形成された段階ではあったが、その下位の社会組織は基本的に血縁的な氏族を単位とする結びつきであり、地縁的な構成員からなるものではなかった。あるいは王との直接的個人との関係で達成されたものではなかった。王との擬制的同祖同族関係を含めた氏族間の共同祭祀と貢納関係による政治的ネットワークが形成されていたのである。その意味で、こうした氏族制が解体されない段階での王権をもとととした初期国家段階こそが、社会構造的発達史におけるアジア的な共通性を示す可能性があるであろう。「アジア」的国家というフリードマンの言説には魅力を覚えるところであるが、それとともにこのようなあり方こそが、アジア的なモデルになる可能性があるであろう。

こうした段階的な社会進化のプロセスから見れば、王権が確立する以前の威信財システムをもつ首長制段階が、例えば玉琮などの配布関係に見られる良渚文化を指してみてもよい可能性がある。単純首長制社会から複雑首長制社会へというプロセスの解明は、物質文化からの分析において、今後さらに深めていかなければならないであろう。さらに、陶寺遺跡、王城崗遺跡、新砦遺跡、二里頭遺跡といった中原における段階的な中心集落の移動は、初期国家形成に至る過程を示しており、複雑首長制社会から初期国家形成の飛躍的な動きをもたらした社会的な要因を解明する必要性があるのである。

参考文献

岩永省三 二〇〇三「古墳時代親族構造論と古代国家形成過程」『九州大学総合研究博物館研究報告』第一号

太田幸男 一九九七「解説」『中国古代社会史論』名著刊行会

岡村秀典 一九九八「農耕社会と文明の形成」『岩波講座　世界歴史3　中華の形成と東方社会』岩波書店

郭沫若主編 一九七六『中国史稿』（第一冊）人民出版社

侯外廬（太田幸男・岡田功・飯尾秀幸）一九九七『中国古代社会史論』名著刊行会

国家文物局主編 二〇〇五「河南登封王城崗遺址考古新発現」『二〇〇四中国重要考古発現』文物出版社

ジョナサン・フリードマン 一九八〇「部族システムの動態と変換―カチン族の事例」『マルクス主義と経済人類学』（山崎カヲル編訳）拓殖書房

蘇秉琦 一九九九『中国文明起源新探』生活・読書・新知三聯書店

中国社会科学院考古研究所編著 二〇〇三『中国考古学　夏商巻』中国社会科学出版社

中国社会科学院考古研究所安陽工作隊 二〇〇四「河南省安陽市花園荘54号商代墓葬」『考古』二〇〇四年第一期

中国社会科学院考古研究所山西隊・山西省考古研究所・臨汾市文物局 二〇〇三「陶寺城址発現陶寺文化中期墓葬」『考古』二〇〇三年第九期

中国社会科学院考古研究所第二工作隊・山西省考古研究所・山西省臨汾市文物局 二〇〇三「二〇〇二年山西襄汾陶寺城址発掘」『中国社会科学院古代文明研究中心通迅』第五期

中国社会科学院考古研究所二里頭工作隊 二〇〇四「河南偃師二里頭遺址宮城及宮殿区外圍道路的勘察与発掘」『考古』二〇〇四年第一期

中国社会科学院考古研究所二里頭工作隊 二〇〇五「河南省偃師二里頭遺址中心区的考古新発現」『考古』二〇〇五年第七期

張光直（小南一郎・間瀬収芳訳）一九八九「夏商周三代の考古学から三代間の関係と中国古代国家の形成とを論ず」『中国青銅時代』平凡社

張学海 一九九六「試論山東地区的龍山文化城」『文物』一九九六年第一二期

趙青春・張松林・張家強・謝粛 二〇〇四「河南新密新砦遺址発現城墻和大型建築」『中国文物報』総第一一九五期（二〇〇四年三月三日）

張芝荃 一九八五「略論新砦期二里頭文化」『中国考古学会第四次年会論文集』文物出版社
張忠培 二〇〇五「中国古代文明形成」『中国考古学九十年代的思考』文物出版社
陳夢家 一九五六『殷墟卜辞綜術』科学出版社
都出比呂志 一九九一「日本古代の国家形成論序説—前方後円墳体制の提唱—」『日本史研究』第三四三号
都出比呂志 一九九六「国家形成の初段階」『歴史評論』No.五五一
徳留大輔 二〇〇四「二里頭文化二里頭類型の地域間交流—初期王朝形成過程の諸問題から—」『中国考古学』第四号
中村慎一 二〇〇三「玉の王権—良渚文化期の社会構造—」『古代王権の誕生I 東アジア編』角川書店
林巳奈夫 一九八一「良渚文化の玉器若干をめぐって」『MUSEUM』三六〇号
林巳奈夫 一九九一『中国古玉の研究』吉川弘文館
林巳奈夫 一九九六「殷周時代における死者の祭祀」『東洋史研究』第五五巻第三号
平勢隆郎 一九九八「殷周時代の王と諸侯」『岩波講座 世界歴史3 中華の形成と東方社会』岩波書店
松丸道雄 一九七〇「殷周国家の構造」『岩波講座世界の歴史4 古代4』岩波書店
宮崎市定 一九七七『中国史』上 岩波全書
宮本一夫 一九九六「長江下流域新石器時代の地域集団」『日中文化研究』第一〇号
宮本一夫 一九九九「中原と辺境の形成—黄河流域と東アジアの農耕文化—」『現代の考古学3 食糧生産社会の考古学』朝倉書店
宮本一夫 二〇〇五『中国の歴史01 神話から歴史へ』講談社
宮本一夫 二〇〇六「華北新石器時代の墓制上にみられる集団構造（二）—山東新石器時代の階層表現と礼制の起源—」『史淵』一四三輯
欒豊実 二〇〇三「大汶口文化的社会発展進程研究」『古代文明』第2巻
林澐 一九九八「商代兵制管窺」『林澐学術文集』中国大百科全集出版社
和田晴吾 二〇〇四「古墳文化論」『日本史講座第1巻 東アジアにおける国家の形成』東京大学出版会
渡辺信一郎 二〇〇五「百姓の成立—中国における国家の形成によせて—」『国家形成の比較研究』学生社
Chapman, Robert 2003 *Archaeologies of complexity*, Routledge, London & New York.
Classen, H. & Skalnik, P. 1978 *The Early State*. Mouton publishers, Paris & New York.

Friedman J. & Rowlands M. J. 1977 Notes towards an epigenetic model of the evolution of 'civilization' In *The Evolution of Social Systems,* edited by J. Friedman and M. J. Rowlands, Duckworth, London.

Pokora, Timouteus 1978 China. In *The Early State* :191–212, edited by Classen, H. & Skalnik, P., Mouton publishers, Paris & New York.

Liu, Li & Chen, Xingcan 2003 *State Formation in Early China,* Duckworth, London.

Wright, Henry 1977 Recent Research on the Origin of the State. In *Annual Review of Anthropology* 6 : 379–397.

第四部　東アジアにおける国家形成とアイデンティティ

四〜五世紀東アジアにおける天下意識
——中国政治思想の伝播との関連から見た——

川本芳昭

はじめに

周知のように、日本の皇統において第二一代の天皇とされる雄略天皇（倭王武）が四七八年、中国に朝貢した際、中国南朝・宋の末期の皇帝である順帝に奉った上表には、

順帝昇明二年、遣使上表曰「封国偏遠、作藩于外。自昔祖禰、躬擐甲冑、抜渉山川、不遑寧処。東征毛人五十五国、西服衆夷六十六国、渡平海北九十五国。王道融泰、廓土遐畿。累葉朝宗、不愆于歳。臣雖下愚、忝胤先緒、駆率所統、帰崇天極。……。（『宋書』倭国伝）[1]

とする記述が見え、倭王武が宋の順帝に対して臣と称し、中国の封建を受ける封国として中国のために周辺の夷狄を討伐し、中国の境域を拡大したとしている。当時、倭国王は宋の皇帝から倭国、新羅、任那など六国の軍政権を認められ、中国の東方を安撫することをその役目とする安東将軍の官に任ぜられていた。これらのことを踏まえると、前述の『宋書』倭国伝の記事は、倭国王が中国を中心とする世界、すなわち中国を中心とする天下において中国皇帝の

臣下であることを公言し、中国皇帝もそのことを認め、王朝の官職さえ付与していたことを示しているとされよう。

一方、埼玉県の稲荷山古墳、および熊本県の船山古墳から発見された、その倭王武（獲加多支鹵すなわちワカタケル）の時代のものとされる五世紀後半の鉄剣、鉄刀には銘文が刻まれており、そこにはそれぞれ、

A 辛亥年、七月中記。乎獲居臣、上祖名意富比垝、其児多加利足尼、其児弖已加利獲居、其児多加披次獲居、其児多沙鬼獲居、其児半弖比、其児名加差披余、其児名乎獲居臣。世々為杖刀人首、奉事来至今。獲加多支鹵大王寺、在斯鬼宮時、吾左治天下。令作此百練利刀、記吾奉事根原也。（稲荷山古墳出土鉄剣銘）(2)

B 治天下獲加多支鹵大王世、奉事典曹人、名无利弖、八月中、用大錡釜四尺廷刀、八十練六十捃三寸上好□刀。服此刀者長壽、子孫注々得三恩也。不失其所統。作刀者名伊太□、書者張安也。（船山古墳出土鉄刀銘）(3)

とある。この両者には「治天下」という記述が見えるわけであるが、このことは、五世紀後半の倭国の王が「天下を治める」王でもあったことを伝えているとされよう。

また、『隋書』巻八一倭国伝には周知のように、六〇七年に遣隋使の小野妹子が、

日出処天子致書日没処天子無恙。

とする国書を隋の煬帝にもたらしたため、煬帝の不興を買ったとされている。

以上のことは、五世紀後半から七世紀冒頭に至る間に、中国の皇帝に対して倭国の王が臣と称しつつ、同時に「天下を治める」王であるとも称された段階から、中国皇帝と同じく「天子」と称する段階にまで、その王権の質を変容させたことを示しているとされよう。

本稿では、倭王武の段階における「天下」の実態とそうした「天下」意識を古代の日本である倭国がどのような国際的動向のなかからもつようになったのかを追求し、さらにそうした国際的動向が東アジアというより巨視的な視座から見たとき、どのような歴史的意義を有するものであったかを明らかにしようとするものである。

一　中国における天下概念の拡大と倭国の天下意識

周知のように、そもそも天下とは広大な天の下に広がる地上世界を意味し、それは中国皇帝が支配する領域であった。そして古来よりその外側には四海がめぐっており、そこには四夷が居住するとされてきた。しかし、中国の東方、南方は海に面しているといえるが、北方、西方は陸である。そのため四海という表現は不可解であるが、その四海の海は晦にも通じていた。すなわち、海が闇、暗いを意味する晦であることは、四海が日月の照らすことのない暗闇の世界であることを意味しており、同時にまたそこは死者の世界であるとも想念されていた(4)。古来、夷狄の総称として使用された夷の字の古体が𡰥であったことは、四夷が同時に死者として想念されていたことを示しているのである(5)。

倭国・日本は、そのような中国における世界観、すなわち天下─四海（四夷）という世界観から見たとき、古来、東夷に位置づけられる存在であった。それだけに倭国・日本は四海に存在する夷狄であったといえる。倭国・日本が中国の正史において東夷伝の中に列せられる存在であることはそのことを明瞭に示している。

しかし、宋書倭国伝の倭王武の上表に見える倭国は中国の封国であり、その王は中国王朝の官爵を賜る存在でもあった。このことは、上述の中国（天下）─四海（四夷）の観点と食い違う面をもっているといえるであろう。何故なら、このように考えると倭国は中国的天下の域内の国であるということになり、その王が安東将軍などといった中国王朝の官爵に任じられるということは、倭国が夷狄の国でないことを一面では示していることになるからである。また、先に見たように倭国伝に見える倭王武の上表には、

東征毛人五十五国、西服衆夷六十六国、渡平海北九十五国。王道融泰、廓土遐畿。

とあり、累代の倭国王の武功によって、中国皇帝の王道は安泰となり、その境域は広がったとされている。すなわち、

倭王武の上表では倭国やその征服した毛人、衆夷、海北の地は王道の及ぶ「畿」内の地となった、換言すれば天下に含まれる地となったとされていることがわかるのである。

一方、例えばずっと後の時代のことではあるが、朝鮮の李朝時代の洪奭周の言として、

吾東方之士、北学於中国、而以文声天下、亦自崔公（崔致遠）始。（崔致遠の文集『桂苑筆耕』序文）

と見えるが、ここにも、時代は異なるが東夷である倭王武の上表文と同じく、古来より中国から東夷の地とされてきた朝鮮が、明らかに中国を中心とする天下に含まれるものであるとする理解が示されている。(6)

倭王武の上表や李朝時代における洪奭周の事例は、いずれも日本や朝鮮の側による、自国が中国を中心とした天下に含まれるとする認識の下に表された記述であるが、一方で、中国の側が四海の地さえも中国を中心とした天下に含まれるとした事例もある。例えば『冊府元亀』巻一七〇帝王部、来遠の条に、唐太宗の貞観二〇年（六四六）十二月の条に、鉄勒、ウイグルなどが闕に至ったときのこととして、

帝（太宗）謂之曰「……我今為天下主、無問中国及四夷、皆養治之。……」

とある。ここでは明らかに中国を中心とした天下に四夷は含まれるものとする認識が示されているのである。また、『日本書紀』巻二二推古紀、推古天皇十六年（六〇八）八月の条に、隋の煬帝が倭国に送付した国書を伝え、

其書曰「皇帝問倭皇（倭王?）。使人長吏大礼蘇因高、至具懷。朕欽承寶命、臨仰區宇。思弘徳化、覃被含靈。愛育之情、無隔遐迩。知皇（王?）介居海表、撫寧民庶、境内安樂、風俗融和、深氣至誠、遠脩朝貢。丹款之美、朕有嘉焉。稍暄、比如常也。故遣鴻臚寺掌客裴世清等、稍宣往意。并送物如別。」

とあり、天命を受けて區宇（天下）に臨む皇帝の徳化は遠い近いを隔てることなく、海表（海外すなわち四海）にある東夷の国たる倭国にまでも及ぶとしている。すなわちここでも中国を中心とした天下に四夷は含まれるものとしての認識が示されているとされよう。

ちなみに右の『日本書紀』に見える煬帝の国書は実際の国書をほぼ忠実に引き写したものと考えられる。この点については、拙稿「隋書倭国伝と日本書紀推古紀の記述をめぐって―遣隋使覚書―」(7)を参照されたい。

さて、先に見たように天下という語は、元々は中国の領域を指す語であり、その外側には四海が存在していた。しかし、中国の領域が拡大し、それまでの四海の領域にまで徐々に広がるようになると、かつては夷狄の地であるにもかかわらず、それをも含んで天下と称することが生ずるようになり、その夷狄が中国化されると拡大された天下が以後新たな天下として認識され、その外に四海が存在するとされるようになるのである。(8)

ではそうした流れとの関連で序節で取り上げた稲荷山古墳や船山古墳出土の鉄剣鉄刀に見える「天下」の意味について考えたとき、それは具体的には如何なる領域をさすのであろうか。先述のように宋書倭国伝に見える倭王武の上表には、

自昔祖禰、躬擐甲冑、抜渉山川、不遑寧処。東征毛人五十五国、西服衆夷六十六国、渡平海北九十五国。王道融泰、廓土遐畿。累葉朝宗、不愆于歳。

とある。ここに「廓土遐畿（臣らは皇帝様の支配の及ぶ領土を広げ、それを皇帝様の直轄地である畿内から遙か遠くにまで及ぼしました）」と見えることから、ここに見える毛人五十五国、衆夷六十六国、海北九十五国の諸国の地が倭国によって討伐された結果、中国を中心とした天下に含まれるようになったとして上表文の作者が記述していることは明らかである。

また、この上表文が稲荷山古墳出土の鉄剣銘文などと同じワカタケル（獲加多支鹵すなわち雄略天皇）の時代のものであることを踏まえると、鉄剣銘文に見える「天下」に倭国が自らの実力によって平定したと称する上述の五五国などは含まれず、この場合の「天下」とはこれらの諸国を平定する以前の倭国が領有した旧領のみを意味していたと考えることは出来ない。この「天下」には、倭国の旧領と共に、倭国によって新たに平定された地、あるいは倭国が平定

した と称する地（より具体的には倭国王が自称した都督号に見える百済、新羅、任那、加羅、秦韓、慕韓など）が含まれていたとすべきであろう。

二　中国政治思想の伝播

筆者はかつて、中国的中華意識のもと、四夷も天下に含まれるとする前節で述べたような天下意識は、古代朝鮮における高句麗にも存在したと考えられること、こうした天下・中華意識の形成は倭国独自のものではなく、当時の東アジアの動向に連なるものであり、その始源は匈奴や鮮卑などの五胡諸族が建国した華北の諸国にあることを指摘したことがある。(9)

とすれば、このような天下・中華という世界認識、政治思想がもともと中国起源のものであるからには、当然こうした思想、或いは制度は何らかの形で周辺の諸民族に伝播したものであるはずである。その場合、これら周辺の諸民族が中国の書籍を読むことによって、そうした思想や制度を導入していったということも当然考えられる。

しかし、筆者は魏晋南北朝時代には、これら周辺の諸民族に、こうした思想、或いは制度を伝えた人々が存在し、それは基本的には中国人、あるいはその文化の影響を深く受けた人々であったと考えるものである。周知のように、この時代は五胡の侵入に見られるように東アジア、あるいは北アジア、東南アジア、西域をも含めた広範な地域において人口の大流動が生じた時代である。その中心は華北にあり、戦乱を避けた人々は華北内部で移動し、さらにそれを越えて上で述べたような東西南北の地方へと移動していった。

『魏書』巻一一三衛操伝に、邪馬台国の卑弥呼と同時代に活躍した鮮卑拓跋族の始祖である神元皇帝拓跋力微が死去したのちのこととして、

始祖崩後、与従子及其宗室郷親姫澹等十数人、同来帰国、説桓穆二帝、招納晋人。於是晋人附者稍衆。桓帝嘉之、以為輔相、任以国事。

とある。ここには拓跋力微が死去してのち、漢族出身の衛操が、その親族の衛雄をはじめとした一族や同郷の姫澹ら十数人とともに拓跋部に帰属した際、当時の拓跋部のリーダーであった拓跋猗㐌（桓帝）や拓跋猗盧（穆帝）に西晋の人々（漢族）を招き入れるよう説いたこと、そのため中原の混乱を避けて拓跋部に帰属する漢族の数が徐々に増えていったこと、拓跋猗㐌が、このことを喜んで衛操を国相となし国事を任せたことなどが伝えられているが、これは換言すれば、当該時代における華北の戦乱を避けた中国人の一部が、万里の長城を越え鮮卑族の建てた国家へと流入していったことを伝えているのである。

こうした移民、難民の流れの最大のものは華北から江南への流れであったが、当然のこととしてそれは朝鮮半島にも及んだ。高句麗に帰した冬壽という人物の事例もそうした事例の一つである。周知のように当該時代における中原の混乱に乗じて、三一三年以降、高句麗は楽浪郡を領有するようになる。しかし、土着の漢人や官吏の中にはそのままそこにとどまるものが多くいた。そうした楽浪郡の故地から発見された壁画古墳に安岳三号墳がある。この古墳には、

永和十三年（三五七）十月戊子朔、廿六日癸丑、使持節・都督諸軍事・平東将軍・護撫夷校尉・楽浪相・昌黎・玄菟・帯方太守・都郷侯、幽州・遼東郡・平郭都郷・敬上里、冬壽、字□安、年六十九、薨官。

とする倭王武が任じられたような使持節都督号をもつ冬壽なる人物の墨書銘が残されている。この冬壽は、『資治通鑑』巻九五に、慕容皝に仕え、慕容仁の攻撃を命じられたが、仁に敗れて彼に帰属し、さらに三三六年には高句麗に亡命した人物として記されている佟壽と同一人物であると考えられる。つまり、冬壽の事例は先に見た拓跋部に亡命し、国相となった衛操と同様、漢族難民が非漢族国家で重きをなした事例の一であるということができるのである。

ところで、高句麗、百済、新羅、倭国には、その国制に共通して「部」という制度が見出される。具体的には高句麗の桂婁部、絶奴部、順奴部、灌奴部、消奴部と呼ばれる五部からなる部の制度、百済の上部、前部、中部、下部、後部からなる五部の制度、新羅の梁部、沙梁部、牟梁部、本彼部、漢岐部、習比部からなる六部の制度、日本の部民制がそれである。

ではこうした高句麗の五部、百済の五部、新羅の六部、日本の部などに「部」という用語の一致が生じたのは何故であろうか。単なる「ぶわけ」という意味の一致がこうした表現の一致を生んだのであろうか。しかし、古代の地域を異にした諸国において、こうした相似た用語の一致が出現したことをこうした理由のみに求めるとすれば、そうした理解は簡略の誹りを免れないであろう。「部」という用語の一致をはじめとして、そこには相互に何らかの関連があるとするのが従来の定説である。(10) 筆者はそこに先に見たこの時代における「中国の政治思想を伝えた人々」の問題が絡んでいると思うので、この点について少し考えてみよう。

上述の高句麗における五部は単なる区分、あるい部族や氏族などの血縁的地縁的集団を意味する「部」とはかなり異なった性格をもっており、そこには軍事的な、さらに行政区画的な性格が顕著で、部に属する人々はほとんど王都やその周辺に集まり住んでいたのである。(11) 百済の五部や新羅の六部にもそうした性格が顕著であるが、実はこうした体制はそれらに先立って中国にも存在していた。その一例は北魏の八部制である。

北朝の嚆矢としての北魏は建国後、当時の都である平城周辺に所属諸族を集住させて、彼らを八つの特別な行政区に再編し(八部)、北魏国軍の中核とする体制をつくりあげている。(12) こうしたことが北魏の独創にかかるものであるのかどうかはさらに研究を深める必要があるが、筆者はこうした体制は北魏が中原制覇の過程で滅ぼした後燕や後燕の前身である前燕にも存在したと考えている。(13)

古代日本や朝鮮諸国における「部」の制は相互に関係があるとする従来の見解に拠ると、古代日本や朝鮮諸国における「部」の制度の淵源は、日本における天下・中華意識の淵源を探る視角と同様に考えた際、高句麗の五部制に連なるという考えを生むことになる。

この高句麗の五部の名称に見える「奴」は古代朝鮮においては「原始的小国」を意味するが、とすると消奴部、絶奴部、順奴部、灌奴部、桂婁部の末語として付けられている「部」は、「原始的小国」を意味する「奴」の上に後からさらに付加された用語であり、「部」は「奴」の漢語表現ということになるであろう。

また、高句麗は五世紀になって、その首都をそれまでの国内城から南の平城へと遷し、その頃、それまでの血縁的関係の濃厚な五部制を方位に基づく東西南北内部の五部制へと再編している。そしてそうした改変は北魏における部の制の改変過程と軌を同じくするのである。(12)

「部」という用語にはこうした背景があるわけであるが、とすると高句麗の五部制が出現する直前の東アジアには、「部」とは、単に区分、あるいは血縁、地縁集団を指すのみではなく、軍事・行政の単位としての意味を持ち、その構成員は王権によって一定の地域内に集住させられ、しかも方位に基づいて区画されたものでもあるとする理解が存在していたことが窺えるのである。

ではそうした理解を高句麗に伝えた人々はいかなる人々であったのか、という点が次に問題となってくるであろう。つまり、先に見た鮮卑拓跋部における衛操や高句麗における冬壽の事例を想起するまでもなく、おのずとそれは「部」という漢語表記に基づいて一定のイメージを抱き得た人々ということになるであろう。先に述べたように、例えば、高句麗の五族は「奴」と本来は呼ばれていた。しかしそれに消奴部、絶奴部、順奴部、灌奴部、桂婁部のように「部」の語を加えたのは、漢語を自由に操れる人物であったはずであり、中国人が理解できるように「部」という語を付加したと考えられるのである。消奴部以下の部名に見える「消」「絶」「順」「灌」＋「奴」＋「部」という表記のような漢語表記と非漢族語表記との混在現象は、魏晋南北朝時代の中国の史書にあっては枚挙にいとまがないほど見出される。

このような観点から「部」という用語を用いたのはそもそもどのような人々であったのかということで問題としていることについて考えてみると、古代日本における「部」に対する「べ」の読みは、漢語「部」の字音「ブ」から転化したものであり、日本の古代において朝廷の記録をつかさどっていた百済の渡来人である史部が、百済の習慣に従い、漢語の「部」とその字音の「べ」を日本にも導入したことが想定されてくるのである。

つまり、「部」という語は当時の東アジアにおいて共通に用いられた。倭国でも、百済でも、そして百済の「部」制が範とした高句麗でも、さらには新羅においても用いられ、それは何れの国においても「ブ」あるいは、それが若干転化した「べ」などの音で読まれていたということになるのである。

周知のように九州の太宰府天満宮に中国の唐の時代に著された書物である『翰苑』の写本が所蔵されており、国宝に指定されている。この書物は中国ではすでに失われて今日に伝わらない貴重な天下の孤本であるが、そこに高句麗の五部制についての記述が見える。（以下の引用文の校訂は吉田光男氏に拠る）(14)

五部皆貴人之族也。一曰内部。即後漢書桂婁部、一名黄部。二曰北部。即絶奴部、一名後部、一名黒部。三曰東部。即順奴部、一名左部、一名上部、一名青部。四曰南部、即灌奴部、一名前部、一名赤部。五曰西部。即消奴部、一名右部、一名下部、一名白部。其北部如燕。内部姓高、即王族也。高麗称無姓者、皆内部也。

この記事は、いまだ血族集団的性格が濃厚であった三国時代段階の五族（消奴部、絶奴部、順奴部、灌奴部、桂婁部）が王権のもとに方位に基づいて再編成され五部（東西南北内部）制となって以降のことについて伝えたものであるが、ここに内部と東西南北部の別名として、黄部、青部、白部、赤部、黒部という陰陽五行説の方色に基づく名称が見えていることはいま問題としている、「部」についての理解を高句麗にもたらしたのはいかなる人々であったのかという問題との関連で注目される。

中国の陰陽五行説に拠れば、この世界を構成する五つの要素としての五行（木火土金水）はそれぞれ東、南、中央、西、北の五つの方位に対応するとされる。また、青、赤、黄、白、黒の五色もそれぞれ五行に対応するとされる。日本の相撲における青房、白房であるが、この対応は先の『翰苑』の記述と一致する。つまり、高句麗の五部制は明らかに五行説の影響を受けているのである。

また、高句麗に五部制がひかれたとき、まず内部と東西南北部が設置され、そののち黄部、青部、白部、赤部、黒部という五行の方色に基づく別称が生まれたとは考えにくい。なぜなら、もしそうであるなら、五方の部と五色の部とが古代朝鮮において、たまたま中国の場合と同じ対応関係を示したということを認めなければならなくなるからである。そのような偶然の一致は通例まずあり得ないであろう。

とすれば高句麗に五部制がひかれたとき、中国の五行思想を理解し、それを五部制に反映させ、しかも当時の華北に存在した「部」の制度を理解する人々が、当時の高句麗には存在し、その立案に携わったことが想定されてくるのである。つまり、それらの人々は、「部」が何処の地にあっても漢語の字音である「ブ」あるいはそれに近似した音で読まれたと考えられることと相俟って、中国渡来の人々（子孫を含む）であったと考えられてくるのである。

六世紀の頃の百済の状況を伝えた北史巻九四百済伝の記事には、

都下有万方（家?）、分為五部、曰上部、前部、中部、下部、後部。部有五巷、士庶居焉。部統兵五百人。……其人雑有新羅高麗倭等、亦有中国人。……

とあり、百済の五部の下に各部ごとに五巷が存在し、そこに士庶が住んだとしている。百済における士庶がいかなる区分によるものであったかははっきりしないが、ここに見える「巷」は一九九五年五月から六月にかけての百済後期の都である泗沘城の調査で出土した木簡に「西部後巷」という記述が見えることから、それが実在し、五巷が五部と同様、中巷、前巷、後巷、上巷、下巷に分けられていたことがわかっている(15)。

一方、同時代の南朝の都である建康にも烏衣巷などと呼ばれる巷が存在していた。百済の巷制が建康の巷制からどの程度の影響を受けたものであるのかの詳細は今後の研究を待たなければならないけれども、これまで見てきたことがらは結局、この時代の高句麗、百済などの諸国に中国文化を熟知した人々、あるいは中国人そのものが相当数存在していたことの反映ということができるのである。右で引用した『北史』百済伝の記事の末に、「人々の中には新羅や高句麗、倭国などの人々がまじっており、また、中国人もいた」と見えるのはその一端を示している。

また、北朝鮮で発掘された安岳第三号墳（冬壽墓）についてのこれまでの研究において、漢人冬壽が高句麗に亡命後も隠然たる勢力を保持していたこと、この時代における楽浪、帯方、および遼東郡の遺民たちが、本郡が滅ぼされたあとも東晋の年号を奉じていたことや、日本書紀が日本に始めて漢字を伝えた人物として伝える渡来人王仁の姓である王が楽浪郡に多い姓であること、『宋書』倭国伝に倭王の使者として宋に派遣された司馬の曹達は漢人渡来人と考えられることなどが指摘されている[16]。

また、最近の研究では、この時代の中国に広く見受けられる難民のリーダー（中国では塢主と呼ばれた）とその率いる集団と同質のものが、当時の楽浪、帯方、遼東の諸郡にも生じていたことなども明らかにされてきている（古代朝鮮では村主などと呼ばれている）[17]。

このような魏晋南北朝時代における東アジアの動向と、古代日本も無関係ではあり得なかったわけであるが、いまこうしたことが日本の場合どのようにあらわれているのかということについて、再度倭王武から中国の順帝に送られた上表を取り上げ、さらに追求してみよう。

『宋書』倭国伝に見える、四七八年に倭国から劉宋に奉られた上表の原文は次のようである。

順帝昇明二年（四七八）、遣使上表曰「a封国偏遠、作藩于外。……王道融泰、廓土遐畿、累葉朝宗、不愆于歳。臣雖下愚、忝胤先緒、b駆率所統、帰崇天極、c路逕（遥）百済、装治船舫、而d句麗無道、図欲見呑。掠抄辺

隷、虔劉不已。毎致稽滞、e以失良風。（アルファベットと傍線は説明の便宜のためにつけたもの）

この文章の前半部分はすでに序節（註①）において、「私が皇帝様から封じられている国（すなわち封国）は中国から見ますと偏って遠く（偏遠）はありますが、藩併（中国を守る垣根）を外に作っています。……私は身分は低く愚かではありますが（臣雖下愚）、私の先祖からの教えをついで、自分の配下のものを引き連れて、皇帝様のおられる天の中心（天極、具体的には南京を指す）に馳せ参じたいと思っております（駆率所統、帰崇天極）」として引用したものである。

そのとき引用しなかった傍線部c以降の後半部分で、倭王武はさらに高句麗の無道を糾弾し、「宋の都に参りますのには百済経由で船をしつらえる必要があります。それなのに高句麗は無道にも攻撃をしかけてきて我が臣隷を殺害して止みません。ために使節の派遣は滞り、中国へ向かうのによい風が吹く季節も逸してしまいます」と続けている。また、ここにもう一つ四七八年における倭王武の宋への上奏文との関連で、きわめて重要な意味を持つ、四七二年に当時倭国と密接な関係を持っていた百済から北魏に使節が送られた際、百済から北魏に奉呈された上表文が残されている。

延興二年（四七二）、其王余慶遣使上表曰「a臣建国東極、d豺狼隔路。a雖世承霊化、莫由奉藩。b瞻望雲闕、馳情罔極。e涼風微応、伏惟皇帝陛下協和天休、不勝係仰之情。謹遣私署冠軍将軍駙馬都尉弗斯侯長史余礼、……司馬張茂等、c投舫波阻、捜径玄津、託命自然之運、遣進万一之誠。……」（『魏書』巻一〇〇百済伝）

右がその原文であるが、この百済から北魏に送られた上奏で、百済王は「皇帝様の臣下である私は国を中国から見て東方の果てに建てています（臣建国東極）。山犬や狼のような高句麗は中国への道をふさぎ（豺狼隔路）、ために王化に浴そうと思っても藩となることも出来ません（雖世承霊化、莫由奉藩）。皇帝様の居られる雲にも至る御殿を望みつつ、はやる気持ちはつのるばかりです（瞻望雲闕、馳情罔極）。涼しい風が吹いてきたので（涼風微応）……長史の余礼や司馬の張茂らを派遣し船を波間に投じ、中国への道を玄き津に捜し（投舫波阻、捜径玄津）、命を自然の運に託し、遣わして万一の誠を捧げます」と述べている。

倭王武から順帝に奉られた上表文が極めて達意なものであることはすでに多くの論者によって指摘されてきた。しかし、この二つの上表文の類似については従来あまり注目されてこなかった。すなわち、上で宋書倭国伝からの原文の引用史料中、アルファベットと傍線を付した部分と、魏書百済伝の同じくアルファベットと傍線を付した部分とは検討の便のため筆者が書き加えたものであるが、両史書にアルファベットa、b、c、d、eを付したそれぞれ対応する部分は、例えばaの部分が両史書にそれぞれ「a封国偏遠、作藩于外。」(『宋書』)と「a臣建国東極」「a雖世承霊化、莫由奉藩。」(『魏書』)とあるように、極めて類似しているのである。

この類似がどのような原因で生じたのかを明らかにすることは、このときから一五〇〇年の日時をへた今日では最早かなりの困難をともなう。しかし、史料が極端に限られた時代にあって、これほど使用される用語や表現が酷似した上表が、四七八、四七二年という極めて接近した年次において、相隣接した倭国と百済から発せられていることは偶然の一致では片づけられないことがらであるといえる。当時両者の間にこのようなレベルにおいてさえ何らかの緊密な関係があったと考えるのが自然である。そして、この両上表文が達意な中国語で記されていることをも踏まえると、そこに朝鮮や日本に渡った中国人、あるいは中国文化の深い素養を身につけた人物の存在と、それらの人々の間における緊密な連携をうかがうことができるのである。

ところで、五胡十六国時代において非漢族を中核として拡大した五胡の政権は、その支配領域の拡大などにともなって新たな支配領域からの新附の人々を数多く包摂するようになる。当時の史書はこれらの人々を「新人」と称しているが、(18) 王権の強化を企図した五胡王権にとって、「新人」、とりわけ新たな国家制度の確立にあたって貴重な知識をもたらす中国人知識人の獲得はきわめて大きな意味を持っていた。先に見た鮮卑拓跋族の始祖である神元皇帝拓跋力微が死去したのちに拓跋部に参画していった衛操や姫澹ら漢族の事例もそうした事柄の一端を伝えたものである。

朝鮮半島の場合にも同様の現象が生じており、先に見た高句麗における冬壽の事例もその一例である。

倭国の場合、『日本書紀』は、宋書に見える倭王武の上奏文の執筆者との関係も想定される渡来人史部身狭村主青や桧隈民使博徳について、「雄略天皇（すなわち倭の五王の一人である倭王武ワカタケル）は専制的振る舞いが多く（原文：以心為師）誤って人を殺すことが多かったので、天下の人は誹謗して、大悪天皇と称した。天皇が寵愛したのはただ史部身狭村主青、檜隈民使博徳等のみであった。」（雄略天皇二年十月条）と記すが、このような渡来人の寵用、あるいはそののちに続く渡来人の進出もそうした観点から考察される必要があるであろう。

筆者はこれまでの考察で、当該時代の朝鮮、日本における古代国家建設の問題は、視野を広げ、華北に建国された五胡諸国家との関連の追求が必要であることを述べたが、国家建設のみに関わらず、中国文化の伝播という観点に拡大して考えれば、そうした伝播をもたらした、江南、福建、雲南・貴州、嶺南、東南アジア、北アジア、西域、朝鮮半島などの諸地域にまで広がる、当該時代における人口の移動の全容解明というさらに巨大な問題との関連が存在するのである。

三　魏晋南朝の世界秩序と北朝隋唐の世界秩序

所謂魏晋南北朝時代にあっては中国との間で冊封関係（朝貢関係）を結んだ周辺諸国のリーダー（こうした存在を外臣という）が、中国王朝の爵位のみならず官職をも受けて中国王朝の臣下（こうした存在を内臣という）となるという現象が見られた。倭国王が王号のみならず将軍号や都督号を与えられていることなどにもそうした現象が端的に示されているが、それはこの時代における中国の王朝権力の弱体化と、中国王朝がそうした状況を踏まえつつ周辺諸国をその体制へと取り込もうとした意図の存在とによって促進されたものである。

しかし、一方でこれを胡族をはじめとした諸民族の側から見たとき、それは諸民族の自立への動きと併行するものでもあったのである。すでに見てきたように五胡の侵入はその後、北朝の拡大へと展開し、北朝の拡大を懼れた南朝は北朝を封じ込めるための国際的包囲網の形成を企図する。四五〇年、北魏の世祖太武帝は五十万の大軍を発してそうした動きを示す南朝の宋を攻め、長江の北岸にまで達するが、その際、宋の太祖に手紙を送っている。太武帝はその中で、「この頃、関中で蓋呉という人物が反逆し、隴右の地の氐や羌を扇動しているが、それはお前が使いを遣わして誘っていることである。……またお前は以前には北方の芮芮（モンゴル高原にあった柔然のこと）と通じ、西は赫連（一六国の一・夏国を建国した匈奴赫連氏）、蒙遜（河西地帯にあった匈奴・沮渠蒙遜のこと）、吐谷渾（中国の西部・青海省の地にあった鮮卑）と結び、東は馮弘（十六国の一・北燕の主）、高麗（高句麗）と連なった。凡そ此の数国、我みなこれを滅したり。（『宋書』索虜伝）」と述べているのである。しかし、こうした南朝側の企ては時代を下るに従って徐々に崩されて行くのである。右で述べた四五〇年における北魏の長江北岸にまで至る南侵もそうした南朝の戦略の後退を生む上で大きな役割を演じることになった。それは南朝を中心とした体制の衰退へと連なって行くが、いまその一面を具体的に見てみよう。

さて、中国史の所謂南北朝時代における南朝と朝鮮をはじめとした東北アジア諸勢力との間の連繋において、山東半島は使節派遣の中継地として極めて大きな役割を果たしていた。[19] 四一三年から倭国の南朝への使節の派遣が始まるのも、東晋の将軍であった劉裕がその地にあって鮮卑慕容部が建国していた南燕を滅ぼし、山東の地を領有したことと関連することがらであるが、その山東半島の地は、四六九年正月以降、今度は北魏の領有するところとなるのである。

それまで南朝領であった山東半島を手中にした北魏は、早速その経営に乗り出している。すなわち、その翌年（北魏皇興四年）にはそこに新たに光州という州を設置し、その五年後の延興五年（四七五）には軍鎮を置き、その支配を一段と強化しているのである。以後北魏はここを基地として南朝へ朝貢する東夷の船舶を厳しく監視するようになる。そのため、東夷の諸国から南朝へ送られた使節や南朝からの答礼使が、山東の沿岸で遊弋する北魏の船舶によって拿捕されるという事態まで生じるようになっている。また皇興三年（四六九）二月には、柔然、高句麗、庫莫奚、契丹等の北アジア、東北アジアの諸国が相継いで北魏に朝貢しているが、これらの遣使は北東アジア地域の諸国が南朝に朝貢する際のセンターとしての役割を果たしていた山東の地がその前月に陥落したことに触発されたものであろう。これは逆に見れば山東半島が魏領となることが東夷諸国にとってどれほど重大な意味をもつものであったかを示している。また、高句麗はその二年後に皇帝の位についた北魏孝文帝のとき、それまでの貢献品の額を倍増しているが、このことも山東の陥落と無関係ではないであろう。

つまり、この五世紀の後半の時点で、南朝が目指した国際連携のもとでの北朝の封じ込めという施策は、その東部戦線においてその連環が断ち切られたことがわかるのである。

また、当時、西部の吐谷渾や河西回廊の勢力、さらには北方の柔然の勢力との連絡に大きな役割を果たしていたのは長江上流の四川の地であったが、この地も長い南北抗争の末、南北朝の後半には北朝の勢力の傘下に組み込まれることになる。それは西魏廃帝二年（五五三）のことであったが、このとき江南は梁末に勃発した侯景の乱によって生じた混乱の直中にあった。当時征西大将軍として四川の地にあった梁の武帝の八男である武陵王紀は五五二年八月、軍を率いて東下し、湖南の地を図ろうとした。当時湖南の地には武帝の七男である湘東王繹（後の元帝）がいたが、彼は憂慮して救いを北方の西魏に求め、四川の地を背後から撃つことを求めた。これに対し西魏では将軍尉遅迥を派して四川を討つ計を定め、翌年三月、軍を起こす。武陵王は防戦に努めたが、結局八月成都は陥落し、四川は西魏の領有に帰し、南朝は対北朝の国際戦略上の重要拠点である四川の地をこうして喪失したのである。

ところで、『洛陽伽藍記』巻三、龍華寺の条に、北魏が都を洛陽をおいていたときのこととして、

伊洛之間、夾御道、東有四夷館。一曰金陵、二曰燕然、三曰扶桑、四曰崦嵫。道西有四夷里。一曰帰正、二曰帰徳、三曰慕化、四曰慕義。

とする興味深い記載がある。この史料は五胡の一たる鮮卑出身の拓跋部が建国した北魏が、遷都後の洛陽に「四夷館」や「四夷里」を置いていたことを伝えているが、そこでは帰正（正しきに帰す）、帰徳（徳に帰す）、慕化（王の化を慕う）、慕義（正しきを慕う）の用語に現れているように、周辺の四夷は北魏の正義や帝徳、あるいは王化を慕って、その都である洛陽に至るものとする観念のもと、その館や居住区の名称が定められていたのである。即ち、そこには鮮卑という漢民族の中華思想からみたとき、夷狄に過ぎない種族が建国した北魏が、中華として自らを位置づけていたことが示されているのである。

このような流れを受けて、南北朝時代は最終的に北朝最後の王朝である隋による中国再統一へと帰結して行く。このことを南朝の側から見るとき、それは南朝を中心とした世界システムの崩壊を意味していたといえるであろう。

北朝の拡大、隋唐帝国の出現は南朝のみに影響を及ぼしたのではない。先に取り上げた北魏太武帝が宋の太祖に送った手紙にも見えるように、それまで南朝と連動、あるいはその傘下にあった柔然、吐谷渾、雲南爨蛮（雲南にあった南蛮勢力）、高句麗、百済などの諸勢力は唐代にかけて相継いで滅亡する。一方で、それら諸勢力の背後にあって勢力を蓄積してきていた突厥、吐蕃（チベットで興起）、南詔（雲南で興起）、渤海、新羅、日本などが興隆してくるのである。

夷狄であった五胡の中から出現した北魏が、北朝として中国の士大夫からも認知され、北朝を継受した隋唐が中国の正統王朝となるという華夷逆転の現象、隋唐の文化、国制に見出される胡俗文化の影響などに注目するとき、秦漢から魏晋へと受け継がれてきた中国史の流れはここにいたって一転し、従来非正統であったものが正統となるという、極めて興味深い現象を示しつつ、東アジアの諸地域に新たな諸中華、天下が叢生する時代へと展開したのである。

註

（1）上表の和訳は以下の如くである。「倭王武は順帝の昇明二年、使いを使わして上表して告げた。臣が皇帝様から封建されている国は中国から遠く離れておりますが、皇帝様の国（宋）を護るために海外にあって藩（かきね）を作っています。昔から私の先祖は自ら甲冑を身にまとい山や川を跋渉して休む遑もないほど皇帝様のために働いてまいりました。その過程で東の方では毛人の国・五十五国を征伐し、西の方では衆くの夷狄の国・六十六国を服属せしめ、海を渡っては海北の九十五国を平らげました。その結果、皇帝様の支配は安泰となり、臣らは皇帝様の支配の及ぶ領土を広げ、それを皇帝様の直轄地である畿内から遙か遠くにまで及ぼしました。臣の累代の先祖たちは歳々の貢ぎを怠ることもありませんでした。臣は身分は低く愚か者ではありますが忝なくも先祖からの教えを受け継ぎ、統べるところを率いて、皇帝様が居られる天の極み（具体的には宋の都である建康、現在の南京）に馳せ参じたいと思っています。

（2）訳文：辛亥年、七月中に記す。乎獲居の臣、上祖の名は意富比垝、其の児・多加利足尼、其の児・弖已加利獲居、其の児・多加披次獲居、其の児・多沙鬼獲居、其の児・半弖比、其の児の名・加差披余、其の児の名・乎獲居の臣。世々杖刀人の首となり、奉事し来りて今に至る。獲加多支鹵大王の寺が斯鬼の宮に在りし時、吾は天下を治むるを左（たす）く。此の百練の利刀を作らしめて、吾が奉事の根原を記す。

（3）訳文：治天下獲加多支鹵大王の世、奉事典曹人、名は无利弖。八月中に、大いなる錡釜びに四尺の廷刀を用い、八十たび練り六十たび捃じたる三寸上好□刀なり。此の刀を服する者は長壽にして、子孫は注々三恩を得るなり。其の統ぶる所を失わず。刀を作りたる者の名は伊太□、書せる者張安なり。

（4）山田統「天下という観念と国家の形成」（『山田統著作集』第一巻　明治書院　一九八一年所収。初出一九四九年）参照。

（5）中国六朝期の用語法に、南蛮の存在する郡県を左郡、左県と称すことがあるが、それは「夷」字の古体である𡰣が変化したものである。

（6）この点についてはなお、拙稿「崔致遠と阿倍仲麻呂―古代朝鮮・日本における「中国化」との関連から見た」（『九州大学東洋史論集』三一号　二〇〇三年）参照。

（7）『史淵』一四一輯　二〇〇四年所収参照。

（8）十二世紀の宋の時代になった『容齋随筆』に「古代の周の時代、中国の領域はもっとも狭かった。現在（宋の時代）の地理で考えると、呉（長江下流の江南地域）、越（同じく長江下流の江南地域）、楚（長江中流の地域）、蜀（四川省の地域）、閩（福建省の地域）はみな蛮族の地であり、淮南（長江下流の江北地域）はやはり蛮族の地であり、秦（関中、すなわち後の長安の地域）は戎族の地であり、河北の真定・中山の地域（現在の河北省の地域）は鮮虞、肥鼓などと呼ばれる異民族の地であり、河東（山西省の地域）には、赤狄、甲氏、留吁……などと呼ばれる異民族がおり、洛陽は天下の中心としての王の城の所在地であったが、それでも周辺に揚拒、泉皋、蛮氏、陸渾、伊雒などと呼ばれる戎族がおり、宋の都が後に置かれることになる開封の地には萊牟、介、莒などと呼ばれる夷族がいた。……当時中国といえるところはただ晋、衛、斉、魯、宋、鄭、陳、許の国のみで、全体でも……宋の時代の天下の五分の一にしかあたらなかった。」とあるが、この記述はそうした中国における天下の拡大をよく伝えている。なお、この点については、拙著『中国史のなかの諸民族』（世界史リブレット六一　山川書店　二〇〇四年）序節「中国史上の諸民族と漢民族」参照。

（9）拙稿「漢唐間における「新」中華意識の形成―古代日本・朝鮮と中国との関連をめぐって」（『九州大学東洋史論集』三〇号　二〇〇二年）参照

（10）池内宏『高句麗の五族及び五部』（同氏著『満鮮史研究』上世篇第一冊　一九五一年所収。『東洋学報』一六巻一号原載）、平野邦雄『大化前代社会組織の研究』（吉川弘文館　一九六九年）等参照

（11）拙著『魏晋南北朝時代の民族問題』（汲古書院　一九九八年）第五篇第三章「高句麗の五部と中国の「部」についての一考察」（原載『九州大学東洋史論集』二四号　一九九六年）参照

（12）拙稿「北朝国家論」（岩波講座『世界歴史』九巻　岩波書店　一九九八年）、同「北魏太祖の部落解散と高祖の部族解散―所謂部族解散の理解をめぐって」（『佐賀大学教養部　研究紀要』一九八二年）等参照

（13）前掲拙著『魏晋南北朝時代の民族問題』（汲古書院　一九九八年）第五篇第三章「高句麗の五部と中国の「部」についての一考察」一六〇〇頁参照

（14）吉田光男『『翰苑』註所引『高麗記』について」（『朝鮮学報』八五輯　一九七七年）参照。なお、高句麗の五部については前掲拙稿「高句麗の五部と中国の「部」の関係をめぐって」を合わせ参照されたい。

（15）田中俊明「百済後期王都泗沘城をめぐる諸問題」（『激動の古代東アジア―六・七世紀を中心に』帝塚山考古学研究所　一九九五年）九九―一〇〇頁参照

（16）岡崎敬「安岳第三号墳（冬寿墓）の研究―その壁画と墓誌銘を中心として―」（『史淵』九三輯　一九六四年）参照。

（17）韓昇『日本古代大陸的移民研究』（文律出版社　一九五五年）参照

（18）　前掲拙著『魏晋南北朝時代の民族問題』（汲古書院　一九九八年）第三篇第一章「北魏における身分制について」第五編第二章「四・五世紀の中国と朝鮮・日本」第四節「新人と旧人」等参照

（19）　拙稿「倭の五王による劉宋遣使の開始とその終焉」（原載『東方学』七六輯、前掲拙著『魏晋南北朝時代の民族問題』第五編第一章　汲古書院　一九九八年所収）

四～五世紀における東アジア世界の形成と東晋南朝

――中国側の史料を中心として――

張 学 鋒
（稲住哲朗・福永善隆／訳）

一 中国文化の受容と東アジアの民族の覚醒

内藤湖南博士（一八六六―一九三四）は文化史の立場から中国古代の歴史を上古・中世・近世という三つの発展段階に区分した。氏は有史以来後漢中期までは中国の上古時期であり、後漢後期から西晋に至るまでの第一の過渡期を経て、中国史の発展段階は中世に入り、中世社会は五胡十六国隋唐を経て、唐末五代に至って、第二の過渡期を迎え、宋代から中国史の発展段階は近世に入ったとみなしている(1)。

内藤氏の中国史学の中心は中国文化の発展変化の胎動を把握し、中国自身の歴史発展及びそれと周辺地域の歴史発展における相互作用を検討することであった。そのため、中国文化の創造力及びその発展動向が内藤氏の文化史観の基礎となった。内藤氏は上古時期を前後両期に区分し、前期は中国文化が本土で形成され、進展し充実していく時期であり、後期は中国文化が辺境の各民族に伝播し、東アジアの発展に向けて、変化していわゆる「東洋史」となる時期であるとみなした。第一の過渡期は中国文化がしばらく対外的発展を停止した時期である。そして、中世は中国文化の薫陶を受けた中国外部の種族が覚醒し始め、その勢力が逆に中国内部へ及ぶ時代であるといえる。第二の過渡期である唐末五代は中国外部の勢力が中国本土で絶頂に達した時期である。

周辺民族の覚醒の問題については、内藤氏が『支那上古史』第十章の一節「王莽の蛮夷統御の失敗と蛮夷の自覚」で、「王莽が蛮夷の統御を誤つたことは東亜全体の形勢に著しい影響を及ぼした。支那の歴史が東洋史といふ如きものになつたのは王莽の失敗によるといつても可い。此時まで即ち開闢より漢末までは支那の文化が四方に波及した歴史であつて、種族の異れる者もその影響をうけて支那化して来た。従来言語風俗の異なれる蛮夷も支那化し支那の言語風俗となつた所が多かつた。然るに王莽の失敗は支那文化によつて段々自覚に傾ける諸蛮夷に支那に対して抵抗することの難からざるを自覚せしめた。歴史に観ても、前漢の歴史には諸蛮夷が漢の勢力に帰服した事実は挙げらるるも、諸蛮夷が自国の由来を考へ、自国が独立せる一種族なることを自覚した形跡は更にない。」、「之を刺激して自覚を促したのは王莽が蛮夷を虐待したのに因る。後漢書になると諸蛮夷の開闢説を皆載せて居る。東洋の歴史が支那種族のみならず、種々の異れる種族より成るとするは後漢書より始まる。」、「この頃より東亜の歴史は各種族持合の歴史となり、単に支那文化が四方に拡がりそれに統一さるゝ歴史でなく、各種族の反動によつて支那本部が動揺するといふ大変化を来した。」というように、王莽の民族政策の失敗を通して、比較的詳細な説明を加えている。このなかで、内藤氏は中国史における重要な現象、すなわち王莽以降、長い間中国文化の影響下にあった周辺の各種族が、自分が何者か、自分の淵源はどこにあるのか等のような最も原初的な民族意識を自覚しはじめたことを指摘している。内藤氏による後漢以来の中国史の変動に関する論述は中国史の時代区分に理論的根拠を提供しただけではなく、私達が今日、東アジアの初期国家形成過程におけるアイデンティティの問題を検討する上でも重要な示唆を与えている。

歴史的事実に反映されているように、一世紀から三世紀に至るまでの地ならしを経て、四、五世紀になると、東アア地域の歴史に劇的な変化が生じた。地理的要因により、匈奴・鮮卑・羯・氐・羌を中心とする各民族が中国内部に侵入し、黄河流域を中心としてそれぞれ独自の政権を打ち立て、互いに抗争して、興衰常なく、伝統的な漢族政権は南遷を余儀なくされ、中国史の発展においてヨーロッパ中世初期と類似した現象が現出した。そして、遠く中国東北の高句麗、朝鮮半島の百済・新羅及び日本列島の倭人もそれぞれの境域において、民族の勃興期の高揚した闘志により、部族連合体・邑落連合体の政権形態から初期国家の政権形態へと移行し、しだいに、東アジア世界が形成されていった。

四～五世紀の東アジア世界の形成過程において、高句麗・百済・新羅・倭人の勢力の結集と民族の覚醒及び初期国家の形成と発展においては、一方では、強烈な内発的要素を有するが、他方では各政権と中国大陸の南北の政権との間で頻繁な政治外交関係が展開され、中国文化の中心的地位を共に認めるという前提の下で、中国王朝の承認と冊封をえて、勢力拡大において有利な地位を占めようとしている。そのため、中国王朝の態度及び冊封される等級はまた、各政権の勢力の一層の発展に影響したのである。

四～五世紀における東アジア世界の形成に関しては、中・日・韓三国の学者により、比較的多くの考察が加えられている。とりわけ日本の学術界では、自国史の角度からは勿論、東洋史の角度からも、あるいは考古学の角度からも広範な検討が加えられ、著作も非常に豊富である。本稿では、内藤氏による中国史の時代区分論の示唆を受け、試みに先学による研究を基礎として、東アジア初期国家の形成過程及びそれと中国王朝、とりわけ漢人政権である東晋南朝との冊封関係におけるいくつかの問題に関して、卑見を述べ、もって、読者諸賢の御叱正を乞いたいと思う。

二　封爵中の華夷の別

華夷の別は、中国においては文化的アイデンティティの上で多く表されるが、中国王朝は制度面においても華夷の別について依然として基本的な準則を有し、それには時代によって、異同が存在する。五胡十六国という民族紛争の時代にあって、中国王朝が授けた爵号は華夷あるいは彼我を区別する基準の一つだといえるであろう。

『晋書』巻八六 張軌伝付張重華伝に、東晋永和二年（三四六）に、涼州に割拠した漢人政権の前涼の君主である張駿が死去し、次子張重華が前涼の新たな君主となったという記載がある。張重華は即位した後、「自稱持節・大都督・太尉・護羌校尉・涼州牧・西平公・假涼王」した。西平公とは、張軌が河西回廊に割拠して以来、晋朝廷が前涼に授けた爵号である。公爵は人臣において最高の爵位である。張軌の子張寔、張寔の子張駿は皆西平公の爵号により晋王朝との臣属関係を保持していたのである。しかし、張重華が自称した官爵には重大な変化が現れている。それは「假涼王」である。当然のことながら、官爵を自称するには東晋王朝の認可を待たねばならない。しかし、後の任命において、「涼王」のことについては、前涼と東晋使臣との間で衝突が生じている。『晋書』張重華伝には、「詔遣侍御史俞歸拜重華護羌校尉・涼州刺史・假節」とある。俞帰が涼州に至ったときには、「重華方謀為涼王、不肯受詔」、腹心の沈猛を遣わし、俞帰に対して、「我家主公奕世忠於晉室、而不如鮮卑矣。臺加慕容皝燕王、今甫授州主大將軍、何以加（嘉）勸有功忠義之臣乎。明臺今宜移河右、共勸州主為涼王。大夫出使、苟利社稷、專之可也。」と言わせた。それに対して、俞帰は、「王者之制、異姓不得稱王。九州之内、重爵不得過公。……至於戎狄、不從此例。……故聖上以貴公忠賢、是以爵以上公、位以方伯、鮮卑北狄、豈足為比哉。」と答えている。結局、張重華は「涼王」の爵号に固執せず、引き続き西平公の爵号によって、東晋の正朔を奉じたのである。(2)

漢末の曹操父子、魏末の司馬昭父子、東晋の桓温、劉裕等の人々も皆王に封ぜられたが、これはすでに権臣の極みであり、禅譲を暗示させるものであるが、帝号を僭称するのを忌んだのである。そのため、朝帰を代表とする東晋王朝においてみると、随意王を授けてもかまわない勢力、あるいは王という爵号を自称するのが「蛮夷」あるいは「戎夷」であり、中国王朝の外部に遊離した政治勢力である。したがって、東晋周辺の政権あるいは勢力にいかなる爵号を授けるのかということが、実質的に中国王朝のこれらの政権に対する認識を反映し、同時に周辺政権自身の発達の程度も反映しているのである。

三　高句麗侯から高句麗王へ

高句麗という名称の初出は玄菟郡高句麗県という形で『漢書』地理志に記載されるものである。漢の武帝が衛氏朝鮮を滅ぼした後、元封四年（前一〇七）、遼河以東に真番・臨屯・楽浪・玄菟という四郡を設置した。玄菟郡が統治した地域は前後に比較的大きな変動があり、宣帝の始元五年（前八二）に、玄菟郡の治所は西の方、高句麗県西北の高句麗城に遷された。玄菟郡の附郭県である高句麗県は高句麗人を統治するための政治的な中心であったが、高句麗人の活動の中心はその東南、今の渾江流域と鴨緑江中流域の遼寧省桓仁と吉林省集安地区であった。王莽の時代には「高句驪侯騶」が出兵して匈奴を伐つことを拒みおびき寄せられて殺されたことにより、王莽は高句麗を改めて下句麗としたという記載がある。(3) 王莽の誤った民族政策は高句麗人をはじめとした各種族の反対を招き、後漢光武帝の建武八年（三二）十二月になって、後漢政府の懐柔政策の下で、「高句麗王」はようやく「遣使奉貢」したのである。(4)

「高句驪侯」という称号は、一九五八年に平壌市楽浪区域の土坑墓から発見された「夫租薉君」の銀印、楽浪郡治で発見された「夫租丞印」の封泥に反映される歴史的な事実と相近いものである。「夫租薉君」とは、夫租（沃租）県の薉（濊）人の君長である。君とは、西周時代には封土を領有する各級の統治者であったが、戦国以降には采邑を領有する公卿大夫の尊称となり、さらには漢代まで影響を与えた称号である。『漢書』巻九 元帝紀に、初元五年（前四四）春正月に「以周子南君為周承休侯、位次諸侯王」という記載がある。これについて、顔師固の注は文穎の言を引いて、「姓姫、名延年。其祖父姫嘉、本周後、武帝元鼎四年封為周子南君、令奉周祀」としている。ここから窺われるように、漢代に采邑を領有するものは制度上の等級があり、君の上位に侯があり、侯の上位が同姓の諸侯王であった。ここから「夫租薉君」は楽浪郡の領域内にあった比較的独立性が強い勢力であったということができる。それと同じように、「高句驪侯」も玄菟郡の領域内にあった比較的独立性の強い勢力であり、一県の令長に相当するはずである。また、漢朝の統治体制下では、「高句驪侯」の地位は「薉君」の上位にあった。ただし、両者はともに漢朝郡県制の体制下にあって、まだ未発展の「蛮夷」の王となったのである。このことも『漢書』の中にはまだ高句麗伝が見えない原因である。

「高句麗王」の初出は前掲の『後漢書』光武帝紀の建武八年（三二）の条の記載である。本紀以外に、『後漢書』巻八五 東夷伝高句麗の条にもまた、王莽が「更名高句驪王為下句驪侯」したが、「光武復其王號」したという記載がある。『後漢書』の記載には王莽が高句麗を貶めて下句麗としたと同時に、高句麗王を貶めて高句麗侯としたという記述があるが、そのことについてはほぼ同時代史料である班固の『漢書』王莽伝においては佐証となるような史料を見出すことはできない。結局、後漢に関する歴史記録はすべて三世紀半ば以降に出現したものであり、しかも、現行の『後漢書』は更に五世紀という「蛮夷」の君王が林立した時代に成書されたものであり、記載に問題があることは免れがたいであろう。高句麗に王号が現れたのは建武八年かあるいはさらに早いのか否かということは、現在のところでは即断できない。しかも、一般的な君長の意味としての王号と冊封の意味での王号との間には、その性質において、大きな隔たりがある。しかし、ともかく、後漢が成立した後の安定した局面のおかげで、高句麗はその勢力の未曾有の発展と拡大を果たし、後世の中原政権との抗争のために、十分な力を蓄えることができたのである。後漢の中後期には、高句麗はさらに中原王朝の勢力が衰退し、辺郡を顧みる余裕がないのに乗じて、積極的に勢力を拡大し始めた。これらの事実は『後漢書』、『三国志』などの中国側の史料及び『三国史記』の関連する記載により、実証することができる。

漢末三国時代の高句麗はまだ部族連盟の政権形態をとっていた。『三国志』巻三〇 東夷伝高句麗の条には、「本有五族、有涓奴部・絕奴部・順奴部・灌奴部・桂婁部。本涓奴部為王、稍微弱、今桂婁部代之。」と記載されている。桂婁部は各部の中の強者として、部族連盟の酋長（王）となり、部内部を統率し、各部を束ね、対外戦争では軍事指導者としての役割を果たしたのである。第十代目の高句麗王である伊夷模には子がなく、「淫灌奴部、生子名位宮。伊夷模死、立以為王、今句麗王宮是也。」とある。位宮は高句麗の第十一代目の王である東川王で、西暦二二七年に即位した。三国曹魏の時に、高句麗が依然として部族連盟の政権形態をとっていたことが窺われる。王の下には相加・對盧・沛者・古雛加・主簿・優台・丞・使者・皂衣・先人という十等官があり、高句麗の王権の基礎を形成していた。しかし、相加から古雛加までの四等の官は比較的自立性の強い各部落の首領に与えられるものであり、主簿から丞までの三等の官は王に直属する官ではあるが、その下位に位置する使者・皂衣・先人という三等の官は各部に等しく設置されていたものであろう。よって、高句麗の初期の十等官は高句麗王の一元的な統制を受けるものではなく、部族制の痕跡がまだかなり濃厚であったのである。

三世紀に、中原が軍閥が抗争する局面に陥ると、代々遼東に居住していた公孫氏はその機に乗じて自己の勢力を拡大させ、遼東に割拠した。朝鮮半島西岸の現在の平壌を中心とする楽浪郡は漢の武帝以来、ずっと漢朝の郡県体制下にあったが、公孫氏が遼東に割拠すると公孫氏の勢力範囲となった。公孫氏はさらに勢力を南に伸ばし続け、楽浪郡の南に帯方郡を設置した。曹魏が公孫氏政権を平定した後、公孫氏がもと支配していた地域に平州を設置し、遼東・

昌黎・玄菟・楽浪・帯方五郡を統轄させ、東夷校尉を襄平（治所は現在の遼寧遼陽）に設置し、支配を行った。このように、曹魏政府は直接遼河以東の広大な地域を統治したのである。公孫氏の北方に位置する高句麗は中原の征戦を傍観せず、自己の利害に基づき、積極的に自己の勢力を拡大させた。二三八年に、東川王位宮は司馬懿の公孫氏平定に協力した後、全力を傾けて遼東地域を攻略した。二四二年に遼東の西安平県（治所は現在の遼寧丹東）を攻略すると、曹魏政府の猛烈な反撃を招き、都城丸都は破壊され、東川王は沃沮の地に逃亡し、そこでわずかに高句麗の王族の命脈を保つことを余儀なくされた。

中原の西晋王朝の内乱とそれに引き続く五胡の不断の勢力拡大に伴い、しばらくの逼塞を経た後の高句麗は、また、民族の勃興当初に特有な軍事的攻撃性に基づき、西へ東へと征討を開始した。西暦三〇〇年に美川王が即位すると、高句麗の国家体制は飛躍的発展を遂げた。内政面では、旧来の十等官が大對盧・太大兄・烏拙・太大使兄・位頭大兄・大使者・大兄・褥奢・意俟奢・小使者・小兄・翳屬・仙人という十三等官に整備された。部族制的性格の濃厚な十等官に比べて、十三等官においては部族制の痕跡はすでに薄れ、基本的に国王を主とする一元的統治体制が形成され、後の高句麗のさらなる発展のための基礎が定められ、対外的軍事行動も次々と激化していったのである。三一一年には、再度鴨緑江西岸の遼東郡西安平を攻略した。三一三年に楽浪郡を占領すると、その後、さらに帯方郡を攻略し、高句麗の勢力のさらなる南進のための基地とした。楽浪・帯方二郡の失陥は、さらに四二〇年にわたる中国王朝による郡県制の経営の終わりを告げるものでもあった。

後の五〇年間における高句麗の主な敵は鮮卑慕容氏の前燕政権であった。とりわけ、慕容皝の治世には、高句麗の西への発展は阻止され、都城である丸都は再び破壊された。三四三年には高句麗はやむを得ず王弟を燕に入朝させ臣属し、三五五年には北燕の冊封を受けた。そのため、高句麗の勢力拡大の矛先は主に半島南部の百済と新羅へと向けられた。北燕が高句麗を冊封した封号は「征東大将軍、営州刺史、楽浪郡公、高句麗王」であった。征東大将軍は二品の将軍号である。営州は州という行政区画としては北魏にはじめて表れるが、北燕はまだ州を置いていない。それ故、当時においては実在する州ではなく、営州刺史は虚号にすぎない。郡公とは中原王朝の五等爵制のなかで最高のものである。高句麗王は先述したように中原の礼法の拘束を受けない「蛮夷」の王号である。高句麗という封号から当時の高句麗と北燕との国際関係が窺われる。北燕政権はすでに中国における正統王朝を自任していた。「楽浪郡公」という爵号を与えたのは、高句麗が依然として中国王朝の体制下にあることを示そうとしたためである。高句麗の側としては、冊封の意義は現在直面している北燕からの軍事的圧力を緩和し、雌伏して、自己の朝鮮半島経営のためにさらに有利な国際情況を作り出すことにあった。実際、北燕の冊封を受けたその年とその翌年に、高句麗は東晋に遣使しており(5)、以後長い間中国の南北朝の間をうまく立ちまわり、臨機応変な外交戦略を展開したのである。

四　半島の漢人社会の高句麗に対する帰属意識

半島西北部の楽浪・帯方二郡は、高句麗に攻略される以前には、比較的多くの高句麗・穢貊等の種族も存在したが、文化的な基礎は中原にあった。四世紀間の長きにわたる経営の中で、ここにはすでに王・孫・韓などの漢人地方豪族が形成されていた。中央から派遣された地方官や漢人豪族階層の周囲を取り巻く漢人社会は、中国王朝の臣民として、当然、漢・魏・西晋王朝に対して強烈な帰属意識を有していたであろう。しかし、高句麗が楽浪・帯方の二郡を占領すると、二郡にとどまった漢人社会に衝撃を与えた。その最たるものが高句麗の広開土王（好太王）の積極的な半島南部への勢力伸張である。長寿王が四二七年に平壌に遷都すると、その地の漢人社会の高句麗に対する帰属意識は急速に伸展した。

三五七年に葬られ、朝鮮黄海南道安岳郡五菊里で発見された安岳三号墳中で、次のような墨書された題榜が発見された。

永和十三年十月戊子朔廿六日癸丑、使時節都督諸軍事、平東将軍、護撫夷校尉、楽浪相、昌黎・玄菟・帯方太守、都郷侯、幽州遼東平郭都郷敬上里冬壽、字□安、年六十九薨官。

安岳三号墳墓の墓主の理解については、かつて朝鮮の学界で数年間にわたって論争された大問題であるが、冬壽の墓という説と高句麗王陵という説の二つの主な見解がある。墨書を悪筆とする学者としては田疇農氏がおり、かれは墨書は冬壽を追慕する人物が書いたものであり、冬壽と安岳三号墳および三号墳の墓主とは何の関係もないとみなしている。王陵説を主張する代表としては蔡熙国・田疇農両氏がいるが、冬壽墓と提唱する代表としては金容俊氏が挙げられる。一九六五年に出版された『美川王陵』においては、これについて高句麗王陵であるとし、それが朝鮮の学界の定説となった(6)。しかし、安岳三号墳壁には、墓主以外の人物の姿および身分は、通常赤書で人物の対応する位置に書かれている。例えば墨書された題榜の下方の人物の左上側に「帳下督」と赤書されており、その身分を表している。そのため、私たちは考古資料の一般的な準則を尊重し、墓主の画像のある側室南壁を占めている長篇の墨書された題榜は墓主の墓誌であるとみなさなければならない。ならば、該墓は「冬壽」の墓であろう。題榜に記載されている墓主の本貫の郷里組織などの内容からみると、冬壽は『資治通鑑』巻九五　晋紀成帝咸康二年正月の条に記載される佟壽であろう。佟壽はもとは北燕の慕容仁の麾下であったが、慕容皝との抗争で、慕容仁は敗れて死を賜り、配下の主な将軍「（佟）壽・（郭）充奔高麗」であった冬壽等敗将は、高句麗の政治的中心である丸都に投降せず、現在の平壌一帯の楽浪の故地に亡命したことから、この一帯の漢人社会が依然として存在し、冬壽はそこの漢人社会が自分を庇護してくれると確信していたことがわかる。安岳三号墳の規模と構造からみると、冬壽のものだという推測は的確なものであろう。単に考古類型学に基づき、墓葬の構造から素性を断定するのは、一面的だといわざるを得ない。

永和は東晋穆帝の年号であるが、十二年までしかなく、翌年（三五七）正月には穆帝の元服により改元されて升平元年となっている。よって、題榜中の永和十三年というのは、洛陽の故地ではその年改元されたということが知られていなかったためであろう。遼東郡平郭県は西晋・十六国時代には平州に属していた。幽州・平州はすでに分かれていたのである。題榜中の冬壽の職位は、いうまでもなく自称であり、実職ではないであろう。

安岳三号墳の墨書された題榜の意義は高句麗が楽浪・帯方二郡を攻略して半世紀近く後でも、二郡の漢人社会には依然として遠く江南の漢人政権に対する帰属意識があったということを示している点にある。しかも、これだけではなく、平壌駅構内で出土した「永和九年（三五三）三月十日遼東韓、玄菟太守領佟利造」などの磚銘にも、同様にそのような歴史的事実が反映されている。

一九七六年朝鮮平安南道南浦市江西地区徳興里で徳興里古墳が発見されたが、その壁画の墨書された題榜は二郡の故地の漢人社会の帰属意識にかなり大きな変化が生じたことを示している。墨書には、

□□郡信都県都郷□甘里釋加文佛弟子□□氏鎮、仕位建威将軍、国小大兄、左将軍、龍驤将軍、遼東太守、使持節東夷校尉、幽州刺史、鎮年七十七薨焉。以永楽十八年太歳在戊申十二月辛酉朔廿五日乙酉、成遷移玉柩。周公相地、孔子擇日、武王選時、歳使一良。葬送之後、富及七世、子孫番昌、仕宦日遷、位至侯王。造藏萬功、日煞牛羊、酒宍米粲、不可尽掃、旦食鹽鼓食一椋、記之、後世萬壽無疆。

とある。

墓主の姓氏は、墨書の欠損により、ただその名が鎮だとわかるだけである。朝鮮の学術界では墓主の本貫地（信都）・壁画の幽州十三郡の太守とする図像の題榜および高句麗式の職官号である「国小大兄」などの考察を通して、これを高い階級の高句麗人の墓葬であるとし、信都は高句麗の信都（現在の博川・雲田一帯）であり、一三郡とは高句麗が設置した幽州の管轄区域であるとされている。(7) しかし、行政地理区と郡県郷里制度の整合性からいうと、徳興里古墳の墓主が漢人の後裔であることは全く疑いようもない。信都県は中原の信都郡信都県（現在の河北冀県）であり、

四世紀後期の十六国時代には、幽・平二州が代・広寧・上谷・漁陽・燕・范陽・北平・遼西・昌黎・遼東・玄菟十一郡を管轄しており、それに高句麗に占拠された楽浪、帯方二郡を加えれば、一三郡となる。これは壁画に書かれていることとも一致する。とりわけ、壁画中の幽州についての「以十三郡属幽州、部県七十五、州治広薊、今治燕国、去洛陽二千三百里、都尉一部并十三郡」という説明からは、さらに墓主およびその周囲の人々の中原についての明確な記憶が窺われる。無論、「遼東太守、使持節東夷校尉、幽州刺史」などの職号もすべて自称であろう。徳興里古墳の墨書された題榜の重要な意義は「永楽十八年」という年号と「国小大兄」という高句麗式の職官号にある。永楽とは高句麗の広開土王の生前の王号あるいは使用された年号である。「太歳在戊申」は永楽十七年、西暦四〇八年であり、題榜中の「永楽十八年」とはややずれがあり、「国小大兄」という職号も現存する文献史料中には見えないが、半世紀前の安岳三号墳と比べると、高句麗的な性質がすでに非常に濃厚となっている。美川王が二郡を攻略してから二〇〇年近くを経て、二郡の漢人社会の帰属意識は遂にしだいに高句麗へと向かうようになった。このことはもう一面では高句麗政権の半島北部への統治が次第に完成してゆき、平壌遷都と長寿王（高璉）の極盛期を迎えたことを反映しているのである。

五　外圧下での百済・新羅の成長

中国文化の影響を長期に受け、三世紀以後の中原政局が動揺するに及んでから、高句麗は初期国家の発展の道筋を飛躍的に進むこととなった。高句麗が楽浪・帯方二郡を占領して以後、元来二郡と中国王朝との往来を行うことに依拠していた三韓邑落国家は、高句麗南進の動きの中で、周囲の勢力を結集して、高句麗と対抗できる勢力を形成した。四世紀中葉に至り、元々半島西南部の馬韓諸国中で「後漸強大、兼諸小國」(8)であった伯済が、帯方郡の故地の各邑落および一帯に居留していた漢人・倭人を結集し、漢山（現在の韓国の首都）を王都としてしだいに国家の雛形を形成し、百済の名で東アジアの国際舞台上に登場することとなる。

百済形成初期の国家組織は、史料を欠くために明確ではない。『北史』巻九四　百済伝には、「國中大姓有八族、沙氏・燕氏・劦氏・解氏・真氏・國氏・木氏・苗氏。」とあり、王族解氏は軍事主導権を、真氏は王妃となる一族の地位を世襲的に占めており、このことは百済の国家形成にあって、いまだ国家形態が部族連合の段階にあり、部族制の痕跡が非常に濃厚であったことを表している。

三七一年に、近肖古王と世子の近仇首は高句麗のさらなる南下を阻止し、軍を率いて平壌城を攻撃し、高句麗の故国原王はこれにより戦死している。翌年、近肖古王は「余句」の名で江南の東晋に遣使し、東晋政府はこれに対し「遣使拝百濟王餘句為鎮東将軍・領樂浪太守。」とした。「遣使」の二字より判断すると、東晋政府は百済の使者に同行して使者を百済に赴かせて冊封したものと思われる。これは、東晋およびその後継である南朝の対外関係史上極めて特殊な事例であり、百済と江南王朝との間の関係が特別であることを物語り[9]、以後の倭と南朝との関係にも影響を与えることとなった。近肖古王以後の歴代の百済王は、高句麗の暴行を責め、高句麗のさらなる南下を制止するように要求した四七二年の北魏への遣使以外は、六世紀中葉の北魏分裂以前まで、中国王朝との外交活動を全て東晋南朝とに集中し、このことは高句麗の外交とはっきりとした対比を成している。

百済と東晋南朝の外交往来は、一般的な遣使朝貢、すなわち父が死に子が継ぐ際に冊封を受けることを除いた以外に、さらに重要な内容を有していた。それは、南朝皇帝に自国内で私的に授けた王侯・将軍・太守の官職を「除正」（認可）してもらうということである。『宋書』巻九七　夷蛮伝百済の条には、大明二年（四五八）に百済王余慶（蓋鹵王）が上表して左賢王余紀等一一人を除正することを要求し、宋の孝武帝は詔して将軍号を認可し、除正された者の名簿には、余昆・余暈・余都・余乂・余爵・沐衿・麋貴・于西・余婁の名が見受けられる。『南斉書』巻五八　東夷伝百済の条は、散佚あるいは乱丁した部分があるが、現存する箇所には、百済王牟大（東城王）が「聴除所假」、「特賜除正」された上表文によって占められている。蕭斉王朝も牟大の要求に応じ、前後した四九〇年と四九五年の二回において、姐謹・余古・余歴・余固・高達・楊茂・会邁・沙法名・賛首流・解礼昆・木干那・慕遺・王茂・張塞・陳明等一五人を除正して、王侯・将軍・太守とした。百済王は先行して仮に官爵を授け、しかる後に除正されることを要求している。これは、すでに四世紀後半に百済が南朝に朝貢する主要な内容であった。このような事象は、百済は四世紀末に「為高句麗所破、衰弱累年」とあるような遷都を迫られる困難な状況にあり、依然として積極的に周辺地域、特に旧馬韓地域の力を結集しようとする中で、[10]王が地方邑落君長に仮に官爵を授け、その後に中国江南王朝の認可を獲得することによって、百済王の半島西南部における威望を大いに高め、軍事統帥権を増大させたことを示している。しかし、それは百済の政権形態が依然として部族連合の時代から抜け出ていなかったことも同時に示しているのである。

梁の普通二年（五二一）、百済王余隆（武寧王）は、「累破高麗」「更為強国」後に、[11]再び南朝に遣使して、さらに南朝文化を深く取り入れることになり、王の死後、新王余明の主導の下に、純南朝風の武寧王陵が建てられることになった。そして、四世紀末、五世紀初めの高句麗の攻撃に対抗する中で、百済の政権形態は困難な状況の中で目覚ましい発展を遂げ、最終的に左平を首とする十六等の品官制が形成されている。『北史』巻九四 百済伝に、この十六品官が整えられたことを記して、「官有十六品。左平五人、一品。達率三十人、二品。恩率、三品。徳率、四品。杆率、五品。奈率、六品。已上冠飾銀華。將徳、七品。紫帶。施徳、八品。皂帶。固徳、九品。赤帶。季徳、十品。青帶。對徳、十一品。文督、十二品。皆白帶。武督、十三品。佐軍、十四品。振武、十五品。剋虞、十六品。皆白帶。自恩率以下、官無常員。各有部司、分掌聚務。」とある。官品の高下に対応して冠飾と帯色が違い、この冠と帯が可視的な身分表示となって、十六官品制が百済王権下ですでに一元性を備えていたことを示し、百済王権の政権基礎を支えるものとなっていた。しかし、「自恩率以下、官無常員」という部分からは、この官制がいまだ完全な官僚体制ではなく、依然として発展段階にあったことがわかる。

新羅は、元々半島東南部辰韓諸邑落中の斯盧国であり、新羅王権の形成及び成長の道筋は百済と相似たものであり、その出発点はいずれも高句麗の南進による。三七七年、新羅の使者が前秦の首都長安に到着し、新羅は東アジアの国際舞台に姿を現すこととなる。三七七年の遣使は、高句麗と大いに関係があり、高句麗の使者に同行して遣使されたものと考えられている。四〜五世紀の新羅の初期国家形成の過程はかなり困難な状況下によるものであり、北には強大な高句麗政権があり、西には一歩先を行く百済政権があり、さらに海を隔てた倭人も絶えず海を越えて侵入していた。五世紀初頭に立てられた高句麗の「広開土王碑」は、新羅を自らの隷民と記し、五世紀前半に立てられた「中原高句麗碑」は、高句麗王と新羅寐錦（君主）を兄弟関係とし、寐錦以下の高官には高句麗の服装が均しく授けられ、高句麗が新羅国内にて兵役を徴発したことを記している。このような状況により、高句麗政権に服属することが長期に渉る新羅の基本政策となった。

長期にわたって高句麗に服属していた新羅は、五世紀中葉には転じて高句麗に対して軍事対抗路線を取るようになり、五世紀後半には、半島東海岸一帯が高句麗との係争地帯となった。六世紀以降になると、智証麻立干の時代（五〇〇—五一四）に、斯盧・斯羅・新羅など様々であった称号を新羅に定めて国号とした。また、以前君主を表していた居西干・次次雄・尼師今・麻力干等の称号も王に統一した。そして、法興王の時代（五一四—五四〇）における発展は、新羅の建国史上時代を画する意義を有している。すなわち、前代の王権強化に基づいて十七等の官位制を制定し、王権の一元統治下に各部族を統合し、五二〇年に「律令」を公布し、官位制・衣冠制・法制により国家法の形式が確定され、五二一年に中国江南王朝への遣使を開始して、東アジアにおける国際的な承認を獲得させている。五三六年には、始めての自国年号である「建元」を建て、国家の自立意識をさらに高めた。新羅は半島内の新興勢力として、その歩み出しはやや遅くはあったが、後の者が先の者を追い越すことで、最終的に朝鮮半島統一という大事業を担うこととなったのである。

六　倭人政権の性質

紀元前後より、日本の九州北部を中心とする倭人について中国の史籍中に見られるようになる。班固『漢書』巻二八 地理志に、ほとんど当時の人が話したことを記して「樂浪海中有倭人、分為百餘國、以歳時來獻見云。」とあり、『後漢書』巻八五 東夷伝倭人の条には、「倭在韓東南大海中、依山嶌為居、凡百餘國。自武帝滅朝鮮、使驛通於漢者三十許國、國皆稱王、世世傳統。其大倭王居邪馬臺國。樂浪郡徼、去其國萬二千里。」とあり、『三国史』巻三〇 東夷伝倭人の条にも、「倭人、在帯方東南大海之中、依山島為國邑。舊百餘國、漢時有朝見者、今使譯所通三十國。」とある。このような記載はすべていくつかの情報を伝えたものである。即ち、

(1)紀元前後より陳寿が『三国史』を著述する三世紀後半期までの間、決して広くはない九州北部地域に百余りの倭人邑落が分布し、その中で漢朝と往来があった邑落が三〇余りあり、そのような邑落には各々君長が存在していた。

(2)倭人と漢朝と間の往来では、漢朝が半島北部に設置していた楽浪郡を通過していたが、公孫氏が帯方郡を設置した後は帯方郡を通過していた。

(3)「其大倭王居邪馬臺國」という一文からは、倭人集団がすでに初期国家形成の動きの中にあり、邪馬台国の「女王」を以て緩やかな連合体の首長となし、首長は「大倭王」と呼ばれた。

とあるようなものである。しかし、倭人集団中の末盧・斯麻等二一国は女王国に統轄されているといっても、狗奴

国のように統轄下にないものもあり、相互間の連携はいまだ密接ではなく、「其餘旁國遠絶、不可得詳」というものであった。『三国史』東夷伝倭人の条よりわかる卑弥呼・台与等女王の行動より、この時の倭人集団は鬼道（巫政合一）による結合を通した精神文化共同体であった。

前・後漢代において、倭人は定期的に楽浪郡に遣使貢献していたことを除いて、ほかに二回首都洛陽に遣使し、博多湾の志賀島から発見された「漢倭奴国王」の金印は、後漢の光武帝が授与したものであると見なされている。中国の史料上に見える倭人社会の形態及びその中国王朝との関係は、曹魏西晋時期に至るまで、史籍中に見える頻度および朝貢の規模ともに増加したが、基本的な性質の変化はなかった。しかし、西晋泰始二年（二六六）十一月に「倭人來獻方物」があった後、東晋義熙九年（四一三）に至るまでの一世紀半の間、中国の史籍中には倭人に関する史料は見られない。この時期に、高句麗が楽浪・帯方二郡を攻撃し、三、四〇〇年続いた往来の形態を妨げたことは、百済勃興の契機を与えただけではなく、さらに元来二郡と大陸を通して経済・文化交流を行っていた倭人に勢力を結集する契機を与えるものでもあった。直接的な史料において証明することはできないが[12]、確実に言えそうなことは、この一世紀半は、倭人集団が初期国家を形成する過程において重要な時期であり、五世紀以後の倭人により記された史料中には、かつて『後漢書』『三国史』中に見えた多数の小国の形跡はすでに見られない。「自昔祖禰、躬擐甲冑、跋涉山川、不遑寧處。東征毛人五十五國、西服衆夷六十六國、渡平海北九十五國、王道融泰、廓土遐畿、累葉朝宗、不愆于歲[13]。」という記載は、劉宋昇明二年（四七八）の倭王武の上表に見えるものであるが、それは倭人集団の首長が東征西討して、勢力を結集した歴史を反映するものである。勢力を結集した後の倭人政権は、まず海を隔てた百済と連合して高句麗の南下に対抗し、続いて「倭王」という首長の名称を以て東アジアの国際舞台上に再び登場することとなった。

倭国の第一回目の東晋王朝への遣使は、義熙九年（四一三）であるが、記載は非常に簡単であり、「是歳、高句麗・

倭國及西南夷銅頭大師並獻方物。」[14]とあるのみである。[15]この遣使を高句麗の脅迫の下に行われたと考える意見もあり、『太平御覧』巻九八一が引く『義熙起居中』佚文が記載する所の倭国の朝貢品（貂皮・人参）にその根拠が求められている。しかし、中国の史書の記述形式と照合すると、この記載は高句麗・倭国・銅頭大師三国がこの一年に東晋に遣使したことを説明するのみであり、倭国と高句麗がともに遣使して東晋の首都である建康に至ったことを決して意味するものではない。その上、「広開土王碑」によれば、これ以前の三九一年に、百済・倭国連合軍が高句麗を潰走させている。以後数年の間に、高句麗は再度反逆し「与倭和通」した百済、および「倭人満其国境」「倭満其中」という状況にあった新羅に侵攻している。このような状況下にあっては、高句麗と倭国が共同して遣使したことは疑問であり、唯一の根拠とされている『義熙起居中』佚文も同様に疑わしいとされるだろう。[16]倭人政権は、その形成・発展の歴史において、百済と連合して高句麗の南下に対抗したが、これは倭人が一貫して採った方針であった。すでに東晋へ何度も遣使し、その上東晋から「使持節都督鎮東将軍百済王」を授与されていた百済は、倭人の遣使に重要な影響を与えたのである。

五世紀以後の倭人政権の形態に関しては、中国史料の中では、『宋書』巻九七　夷蛮伝倭国の条が最も主要な史料と言えるであろう。倭国は、劉宋一代に対して一〇度に渉って遣使を行っている。永初二年（四二一）二月に、『南史』には「倭國遣使朝貢」とあり、同年の詔として、「倭讃萬里修貢、遠誠宜甄、可賜除授。」と記されている。元嘉二年（四二五）、元嘉七年（四三〇）に、倭王贊は二度遣使し、表を奉り方物を献じている。元嘉十五年（四三八）に倭王贊が死に、弟珍が位を継ぐと、「自稱使持節・都督倭百濟新羅任那秦韓慕韓六國諸軍事・安東大將軍・倭國王」として遣使朝貢し、上表して除正されることを要求している。劉宋政府は、「安東將軍・倭國王」としてのみ除正し、倭王珍の求めに完全には応じなかった。さらに、倭王珍は上表文の中で、自分が除正されるのと同時に私的に授けた「倭隋等十三人平西・征虜・冠軍・輔國將軍號」の除正を要求し、劉宋政府は、この求めに対しては「詔並聽」として、完全に認めている。倭王珍は、二品の将軍号である安東大将軍を自称していたが、劉宋王朝が授与したのは、安東大将軍より一品低い安東将軍（三品）であった。ところが、倭王珍が倭隋など一三人に私的に授けていた、平西将軍・征虜将軍・冠軍将軍・輔国将軍はすべて三品の将軍号であり、とするならば劉宋政府は珍を倭国王に認めるとともに、倭隋等に与えた将軍号と同等の将軍号を授与したことになるであろう。このことは、倭讃、倭珍、続く倭済、倭興、倭武による兄弟または父子による世襲王権をすでに形成しながらも、地方部族の勢力が依然として強大であったことを示している。倭という統一名号の下、讃、珍、済、興、武という軍事指導者、対外交渉主宰者が存在する中で、倭隋のような強力な地方部族の長も存在したのである。百済王のように、倭王もまた周囲の地方部族たちに対して権威を示す必要があり、彼らのために中国王朝の将軍号を要求して、それによって自己の威望を高める以外になかった。

このことより、この時期の倭国政権は部族連合的性質が依然として非常に強かったと言えるであろう。倭隋は倭人集団中の一人名のように思われるが、古代の発音では「隋」は「堕」と読むことができる。したがって、「倭隋」は『後漢書』、『三国志』中の見える「倭奴」、「伊都」、「倭土」という地名、もしくは「怡土」、「糸島」等の現代の地名にまでもつながる可能性がある。もしこの仮説が成立するならば、倭隋などの一三人は単なる倭王配下の一三人の官員ではなく、倭王を中心とする部族連合体の主要部族の代表であるはずである。元嘉二十八年（四五一）に、倭王済は劉宋に遣使し、再び二三人の除正を要求している。確かなことは言えないが、このことからは、三世紀以後、倭人集団は初期国家形成の道筋に大きく足を踏み出して、倭王を中心とする王権の雛形が現れていたが、五世紀以前にあっては、その政権形態は依然として部族連合であり、倭王による一元的国家体制は未だ形成されていなかったことがわかる。

宋の昇明二年（四七八）に、倭王武が最後の一回となる遣使を行い、ついに「都督倭新羅任那加羅秦韓慕韓六國諸軍事・安東大将軍・倭王」の封号を獲得する。この後、隋朝に至るまで、倭国と中国王朝との交流は一三〇年間の空白が生じることとなった。その原因はあるいは多方面に渉るであろうが、奈良盆地を中心とした畿内政権の勃興と発展、およびその勢力と倭国との争い、即ち列島内部での勢力争いが主要な原因であろう。

七　東晋南朝の冊封が東アジア世界に与えた影響

漢朝の郡県体制下における高句麗侯から、四～五世紀に高句麗・百済・倭国等の東アジア諸国がしだいに形成されるに至るまで、その過程では中国王朝が大きく影響を与えている。一点は、各国の政治目的によるものである。初期国家発展途上にあった各国は、なお不安定な王権に対する中国王朝の認可を必要とし、それによって自己の権威を高めて王権を強固にし、自己の国際環境を調整し、空白地を求めて外へ拡大した。別の一点は、分裂状態中の中国王朝にあって、もちろん中原王朝とはいまだに江南王朝のことであり、外交手段を通じて諸国を引きつけることを必要とし、できるだけ周辺の「蛮夷」政権を自己の体制下に置いて、自己の正統性を誇示したことである。さらに、歴史の進展とともに、東アジア文明の中心である中国として、文化上の求心力をそなえた。このことより、四～五世紀は不安定な時代であったといっても、東アジア各国間の往来は非常に頻繁に行われることになった。この頻繁な往来を通して、中国王朝と東アジア諸国との間には「冊封体制」という特殊な国際関係が次第に形成され、東アジア世界の形成に深く影響を与えることとなるのである。

いわゆる「冊封体制」の内容は、中国周辺の各国君長に中国皇帝の王公の封爵号を授与し、中国王朝の権威を承認し、朝貢の交流形式を通して政治・外交上の関係を維持することである。この体制は一種独特の歴史的背景において産み出された国際関係であり、前近代まで東アジア地域に存在し続けた。冊封の形式は、中国王朝にとって多くの財物を必要としたが、心理的な満足感を得、同時に周辺諸国の君長の権力や勢力範囲を認可した。このことより、積極的な意味において、冊封を受けることは、この地域の国家体制が相当に発展し、しだいに強大になり、自立に向かって進んでいることの一つの象徴であった。

最も早く東晋南朝から冊封を受けたのは百済である。咸安二年（三七二）正月に、百済は始めて東晋に遣使し、同年六月に、東晋政権は遣使して百済王余句（近肖古王）を「鎮東将軍、領樂浪太守」とした。その前年である三七一年は、ちょうど近肖古王と世子の近仇首が高句麗のさらなる南下を阻止し、軍を率いて平壌城を攻撃し、高句麗の故国原王がこれにより戦死した年に当たる。このことより、第一回目の遣使はこの戦争の勝利を受けてすぐ行われたものであろうと考えられる。自国が勝利したことの宣告、あるいは高句麗が同盟している中原王朝に敵対している江南王朝への道義上の支援等々が、遣使の重要な目的であったであろう。「領樂浪太守」という職掌からは、百済が代わって楽浪郡の故地を取り戻し、百済に暫く管理を委ねようと東晋が認識していたことがわかる。鎮東将軍は三品の将軍号であるが、「鎮東将軍・領樂浪太守」という官職からは、余句の封爵はなお東晋王朝の体制内において与えられたものであることがわかる。太元十一年（三八六）四月の記事には、「以百濟王世子餘暉為使持節・都督・鎮東将軍・百濟王。」とあるが、これは東晋が初めて百済を正式に冊封したものであり、第一回目の遣使から一五年を距てた後のことであった。持節都督としての鎮東将軍は二品とみなされるが、さらに重要なことは以前有していた「領樂浪太守」を取り除かれていることである。また、新たに「百濟王」の封号が増されているのは、東晋がすでに百済の独立を完全に認めていることの表れである。以後、百済王が代替わりしても、冊封は続けられた。義熙十二年（四一六）には、余映が使持節・都督百済諸軍事・鎮東将軍・百済王に封じられ、劉宋が建国された永初元年（四二〇）には、鎮東大将軍（二品）に進められ、宋・梁両代を通して、百済王余毗・余慶・牟大は基本的に余映の封号を継承している。東晋南朝の冊封体制下にあって、百済は余毗、余慶（毗有王・蓋鹵王に当たる）の時代にあたり、政治・文化において急速な発展を遂げることとなった。

高句麗は、咸康二年（三三六）に東晋に遣使してより以後、一貫して半島の経営に追われ、広開土王の時代（三九二―四一二）の大規模な領土拡大を経て、その子である長寿王の時代（四一三―四九一）に至って、高句麗は一時強勢を誇った。長寿王（高璉）の即位の年は、東晋に遣使し、「使持節・都督營州諸軍事・征東将軍・高句驪王・樂浪公。」に封じられた年である。征東将軍は三品の将軍号であり、持節都督は二品とみなされる。「高句麗王」の封号は、高句麗を国家として認めていることをあらわしている。ただし楽浪公の爵号は、依然として東晋の体制内にあるという意図を含んでいる。劉宋が建国された永初元年（四二〇）には、百済と同様に、将軍号が昇格され征東大将軍（二品）となり、永初三年（四二二）に、都督の範囲に平州が加えられた。この後、高句麗はほとんど「毎歳遣使」、「貢獻不絶」という関係にあった。大明七年（四六三）に、高璉は「車騎大将軍・開府儀同三司」に号を進めたが、車騎大将軍は重要な将軍号で一品であり、開府は公に次ぐ位である。ここに至って、高句麗の授与された将軍号はすでに加えるものがないほどの最高等級に達し、百済より地位が上であることを明らかにするものであった。劉宋は高句麗に対してこのような高位の官爵で冊封したが、その目的は北魏の力を直接的に牽制しようとするところにあったのである。

倭王の冊封は、あきらかに百済・高句麗のようには順調ではなかった。先述したように、元嘉十五年（四三八）に、倭王珍は「自稱使持節・都督倭百濟新羅任那秦韓慕韓六國諸軍事・安東大將軍・倭國王」として遣使朝貢し、上表して除正されることを要求している。しかし、劉宋政府は、「安東將軍・倭國王」としてのみ除正し、倭王珍の要求に完全には応じなかった。封号中には某公の爵号が無く、劉宋が当初より倭国を体制外の存在として見ていたことがわかる。元嘉二十年（四四三）に、位を継いで間もないと推測される倭王済が再度劉宋に遣使したが、劉宋は加封せず、「復以為安東將軍・倭國王。」としている。問題は元嘉二十八年（四五一）の遣使で加封したかどうかである。『宋書』本紀中には、「安東將軍倭王倭濟進號安東大將軍。」とあるが、『宋書』倭国伝中には、「加使持節・都督倭新羅任那加羅秦韓慕韓六國諸軍事・安東將軍如故。」と記されている。本紀と列伝の間では齟齬をきたしていることは明らかであるが、大明六年（四六二）に、「倭國王世子興為安東將軍・倭國王。」と冊封されたこと、(17)および『宋書』倭国伝昇明元年（四七七）の条に、「興死、弟武立、自稱使持節・都督倭百濟新羅任那加羅秦韓慕韓七國諸軍事・安東大將軍・倭國王。」などの記載中、特に『宋書』倭国伝の記述自体が矛盾したものになっていることから考えると、元嘉二十八年の「加使持節・都督倭新羅任那加羅秦韓慕韓六國諸軍事・安東將軍如故。」という一文は、沈約の書き誤りと解釈しなければならず、おそらく倭王済の自称を封号として記載したのであろう。このことより、四七七年まで一貫して、劉宋王朝が倭王に授与した封号は、すべて「安東大將軍・倭國王」であったとされるだろう。

劉宋の倭国及び朝鮮半島南部諸小国に対する関係は、その一部を明らかにすることはできるのだが、結局の所詳細は不明のままである。しかし、倭王済と倭王武が自称した封号を、劉宋が数度に渉り認可しなかったという問題より、いささか推論することができるだろう。

第一に、倭王の自称していた都督六国あるいは七国中で、倭国本国を除いた他はすべて半島に位置している。新羅・任那・秦韓・慕韓四国は、劉宋は国として認知していなかったが、百済は劉宋から冊封を受けた国であり、早々に劉宋の認知するところであって、両国の関係も密接なものであった。したがって、百済を自国の都督範囲に置くことについての認可を得ることは難しいものであったであろう。

第二に、倭国が百済を自国の都督範囲に置いたということは、倭国と百済の軍事同盟、或いは種族上の原因による可能性がある。四世紀後半から高句麗の南下連合して対抗してより、七世紀中葉に唐・新羅に対抗するまで、倭国と百済の同盟関係は一貫して存在した。倭国は半島南部の戦略防御を自国の使命として絶えず有していた。種族上から見ると、半島西南部における確かに倭人の活動は少なからず見られるが、それは決して倭国が半島に植民していたことによるものではなく、鯨面紋身の稲作民が均しく大陸東南の百越系統からくるものであり、そこに人種的なある種の親近感があったのかもしれない。

しかし、国際政治と外交の舞台にあって、このような感情は倭国の一方的なものであり、劉宋王朝が認可した倭国の勢力範囲は列島を出ることはなかった。しかし、四七八年に大きな変化が生じることとなった。四七八年五月に、倭王武は前年の遣使に引き続いて、再び遣使して除正されることを要求した。この遣使において、劉宋政権は「開府儀同三司」の自称以外、その他すべてを認可し、倭王武は「使持節・都督倭新羅任那加羅秦韓慕韓六國諸軍事・安東大将軍・倭國王」を獲得することとなった。この年は、劉宋政権の最後の年であり、権臣蕭道成はすでに完全に政局を支配しており、その禅譲は間近なものであった。このような政局の中で、倭王珍以来四〇年をかけて倭王の東アジアにおける国際的地位が確立したのである。翌年に蕭斉が建国されたときの詔書中に、特に「新除使持節・都督倭新羅任那加羅秦韓慕韓六國諸軍事・安東大将軍・倭國王」としているのは、その特殊な状況を表している。

四七九年に、蕭斉が建国され、高句麗、百済、倭国の封号に対して調整がはかられた。すなわち、高句麗王高璉を使持節・都督営州平州諸軍事・驃騎大将軍（一品将軍号）・開府儀同三司（位従三公）・楽浪公（人臣一等爵）・高句麗王に、百済王牟大を使持節・都督百済諸軍事・鎮東大将軍（二品将軍号）・百済王に、倭王武を都督倭新羅任那加羅秦韓慕韓六國諸軍事・安東大将軍（二品将軍号）・倭國王とした。その中では、高句麗王が最高の等級であったが、依然として中国王朝の体制下の色彩を有しており、百済と倭国は同等であった。これにより、五世紀末江南王朝における東アジアの国際秩序が基本的に完成されることとなった。六世紀初頭に蕭梁が建国された後の冊封においても、将軍の名号が若干変化することはあっても、基本秩序は大きく変更することはなかった。七世紀に入ると、東アジア世界は再び激しい変動の時代を迎えることとなるのである。

以上は内藤湖南による中国史の時代区分論及び民族覚醒理論に啓発を受け、中国史料を基にやや広い視野から四・五世紀の東アジア地域の高句麗・百済・新羅・倭国の初期国家形成の過程、及び東晋南朝の冊封体制下の東アジア国際秩序の形成の進行を考察検討しようと試みたものである。最後に再度述べておきたいのは、本論文で論述したいくつかの問題は東アジア初期国家形成過程中のいくつかの側面を論じたに過ぎず、熟考を重ねた論文にはほど遠いものである。この一点については、読者のご寛恕を乞うものである。

註

(1) 本文中の内藤湖南氏の中国史に関する論述は皆その著書『支那上古史』(『内藤湖南全集』第十巻　筑摩書房　一九六九年)に見える。中文版は夏応元編、監訳『中国史通論―内藤湖南博士中国史学著作選訳』(上)(社会科学文献出版社　二〇〇四年)に載録。

(2) 関連する論考としては川本芳昭(鄭紅・牟発松訳)「関于五胡十六国時代的「正統」王朝」(『北朝研究』第二輯　北京燕山出版社　二〇〇一年)

(3)『漢書』巻九九　王莽伝

(4)『後漢書』巻一　光武帝紀

(5)『三国史記』巻一八　高句麗本紀には故国原王一三(三四三)年に、王がその弟を遣わし、燕に臣属、入朝した後すぐに、「遣使如晋朝貢」し、『晋書』巻七　咸康二(三三六)年「三月庚申、高句驪遣使貢方物」という記載がある。

(6) 朱栄憲著(有光教一監修、永島暉臣慎訳)『高句麗の壁画古墳』(学生社　東京　一九七二年)参照。

(7)『徳興里高句麗壁画古墳』(朝鮮民主主義共和国社会科学院　朝鮮画報社編)。日本語版は高寛敏訳(講談社　東京　一九八六年)

(8)『梁書』巻五四　諸夷伝百済の条、『南史』巻九七　東夷伝百済の条

(9)『宋書』巻九七　東夷伝、『南史』巻九七　東夷伝百済の条には、南朝劉宋元嘉二年に宋の文帝が「遣兼謁者閭丘恩子・兼副謁者丁敬子等宣旨慰勞」としたと記載され、『南斉書』百済伝には、「兼謁者僕射孫副策命(牟)大襲亡祖父牟都為百濟王」と記載されている。

(10) 武田幸男編『朝鮮史』(山川出版社　二〇〇〇年)「第二章　三国の成立と新羅、渤海」(李成市執筆)参照。

(11)『南史』巻九七　東夷伝百済の条

(12) 倭人の活動の中心地については、日本の学界では長きにわたって、「近畿説」と「九州説」の対立する見解がある。漢から唐の中国史料のみから見ると、「九州説」が有力である。筆者はどちらかといえば後者をとるものであり、倭人政権の形成を考察する

上では、ひとまず七世紀に近畿大和政権によって編纂された日本史料を考慮しないこととする。
(13)『宋書』巻九七　夷蛮伝倭国の条
(14)『晋書』巻一〇　安帝紀
(15)池田温『東アジアの文化交流史』(吉川弘文館　二〇〇二年)関連部分を参照。
(16)後に編纂された史料として、『南史』巻七九　夷貊伝倭国の条と『梁書』巻五四　四夷伝倭の条には、均しく「晉安帝時、有倭王讃遣使朝貢。」と記載されている。
(17)『宋書』巻六　孝武帝紀、『宋書』巻九七　夷蛮伝倭国の条、『南史』巻二　宋本紀中には均しく「安東将軍・倭國王」と記載されている。

東アジア世界論と冊封体制論

金子修一

はじめに

本稿は、今日の時点で西嶋定生氏の東アジア世界論[1]を我々がどのように批判的に継承し、また発展させていくかという問題を簡単に考察したものである。骨子の一部は、二〇〇一年十月九日に九州史学会で発表した「東アジア世界論の現在」に拠っており、その後同報告を活字にする機会もなかったので、その時に提示した史料も本稿で併せて紹介することとした[2]。

一　「冊封体制」論の意義と限界

李成市氏の『東アジア文化圏の形成』（山川出版社　二〇〇〇）は小冊子ではあるが、冊封体制論を軸とした西嶋氏の東アジア世界論を全面的に紹介し、かつ批判的に検討した好著である。その批判として、例えば西嶋氏が東アジア世界を構成する指標として最も重視する漢字について、氏のいう東アジア世界の範囲が流動的であることや、近年の研究成果によって高句麗から新羅、そして新羅から日本という形の漢字の伝播経路が想定され、漢字の伝播が必ずしも中国王朝と異民族王朝との直接的関係に因らないことなど、大変興味深い指摘をしている。李氏の挙げる具体例についてこれ以上触れることは割愛し、本稿では以下のように冊封体制の理解に直接関わる論点を紹介しておきたい。

李氏によれば、西嶋氏の冊封体制論では次のような点が問題となる。即ち、西嶋氏は冊封体制という政治構造が中国文化を「東辺諸国」に拡延させた事実を前提にして、あとは論証抜きで地域と時代とを拡大、延長させ、冊封を媒介にした文化圏の形成を論じている。(3) しかるに、西嶋氏が冊封という官爵授与による中国文化の拡延について論じているのは、わずかに高句麗・百済・新羅・渤海の四国のみである。（冊封は東アジア諸国以外にも行われたが――金子）「東辺諸国」以外の地域の国々との具体的な関係に基づいた、冊封を媒介とする政治関係が中国文化を拡延させたという事実は全くといってよいほど検討されていない。ヴェトナムについても中国の直接支配があったと指摘するのみで、ヴェトナムへの中国文化の伝播と拡延については全く言及がない。しかしながら、ヴェトナムの中国化が進むのも、それに伴って中国王朝との政治関係が深化するのも、中国の直接支配から脱した一〇世紀以降のことである。また漢字以外に、西嶋氏が東アジア世界を構成する指標とする儒教・仏教・律令の日本における本格的受容は六世紀以降であるが、それ以後八世紀までの倭は中国王朝といかなる冊封関係にもない。よって、少なくとも日本とヴェトナム地域に関しては、冊封関係と中国文化の拡延との間に不可分の関係は見出せない。西嶋氏は、冊封という官爵を媒介とする中国皇帝と周辺諸国の首長との政治関係によって中国文化圏が形成されたことを、金科玉條のごとく説いてきた。しかしながら、冊封とは中国皇帝と異民族王朝との関係のあり方の一部に過ぎず、それが周辺諸民族との関係を規定するわけではないのである。

以上の要約は『東アジア文化圏の形成』（四四〜四七頁）に拠ったが、最後に示した冊封が中国王朝と異民族王朝との関係の一部に過ぎない、という判断は堀敏一氏の論に依拠している。周知のごとく、西嶋氏が冊封体制論を提起すると堀氏は逸早くこの問題に取り組まれ、今日に至るまで積極的な発言を続けられている。李氏が引かれるように、秦漢以来中国皇帝と異民族首長との関係は広く羈縻と呼ばれていたことを堀氏は指摘する。よって羈縻には多様な形態があり、冊封・羈縻州・和蕃公主・朝貢関係等はいずれも羈縻の一形態と理解し得る。そして堀氏は、冊封体制が広汎に通用した重要な時期は魏晋南北朝であったと判断される。これに対して西嶋氏は、冊封体制は唐代東アジア世界を規律する国際秩序と考えており、典型的な冊封体制の現れる時期についても西嶋氏と堀氏との間に理解の相違がある。なお、異民族の領域を中国の府・州・県といった行政区画に編入する羈縻州の体制が始まったのは唐代のことと思われ、歴史的な「羈縻」の用語を単純に羈縻州と同内容に考えてはならないことも注意しておく必要がある。(4)

また、李氏は特に触れていないが、堀氏の場合は秦漢時代に強力であった遊牧勢力と中国との抗争や交渉の中から東アジア世界の原型が作られたとして、中国を中心とする東アジアの歴史は北アジアないし中央アジアの諸民族との関係を抜きにしては語れない、とする（註〈4〉所掲『中国と古代東アジア世界』「はしがき」V頁）。そして、中国北方の遊牧民族には原則として、例えば大将軍・遼東郡公・高麗王や上開府儀同三司・帯方郡公・百済王（以上隋代の例）のような中国王朝の官号は与えられず、隋や唐中期までの突厥や唐中期以後の回鶻は可汗号を授与された。堀氏は、このように中国王朝から漢語を交えた可汗号を贈ることも冊封に違いない、とする（註〈4〉所掲『東アジアのなかの古代日本』六三～六四頁）。後にあらためて述べるが、西嶋氏の東アジア世界論の基底には、日本の歴史展開を東アジアの視野で考えることの必要性が常に意識されていた。もちろん堀氏もそのような意識は共有しているが、羈縻州・和蕃公主の存在に対する関心や、東アジア世界と中国との交渉の原型として北アジア等の遊牧民族と中国との交渉を考慮する点など、中国と周辺諸国との関係全体の中で東アジア世界の特質を考えようとする姿勢が、西嶋氏に比べて堀氏には顕著である。そのような観点は筆者にも共通しているが、中国国内の君臣関係における爵制的秩序が周辺諸国に拡延したという西嶋氏の論点に従う限りでは、爵位の範疇に入らない可汗等の称号は冊封の事例の対象としては除き、王や郡王等の爵号やそれに伴う将軍号等の称号に冊封の範囲を限るべきではないか、と筆者は考えている。

二　「冊封体制」の論証とその前提

このように現在の段階では、西嶋氏の冊封体制や東アジア世界の理解について、氏の見解を咀嚼した立場から提示された疑問点も少なしとはしないのである。例えば、冊封体制が典型的に現れる時期をいつと把えるかは別として、「六―八世紀の東アジア」で西嶋氏が冊封体制の存在を積極的に論証したのは四世紀半ば以降の時代に限定される。しかしその結論部分では、西嶋氏は栗原朋信氏の内臣―外臣の区別に基づいて、冊封体制の存在を一気に漢代まで溯らせている。栗原氏は「漢委奴国王」金印の真偽を弁別するために、同様に真偽弁別の問題の附き纏う伝世印によらず、敢えて文献に依拠して秦漢の印章制度を検討することから出発し、外臣の王侯が内臣の王侯に比べて一段階低い待遇を受けるという、漢代における内臣と外臣との区別を発見したのである(5)。栗原氏のこの研究は一九六〇年代では注目を集めたものであったし、唐代でも史料上では「外臣」の用語は存在する。しかしながら、木簡・竹簡に印章を押した漢代と紙に押すようになった唐代とで印章の役割が変化したこともあるが、唐代では外臣に対して内臣より一等低い待遇を与えた事例は知られていない。またその後、後漢初頭の「広陵王璽」の発見によって、栗原氏が文献から駱駝鈕と判断した内臣の王印が外臣の王印と同じ亀鈕であることが明らかとなり、栗原氏のいう内外臣を区別する規格は一種類を減ずることとなった。栗原氏が漢代における印章制度の変化を意識せずに論を進めていたことも指摘された。さらに、伝世印に関わることではあるが、近年の印譜や図録には印面だけでなく材質・鈕形も記されるようになり、漢初を始めとする内臣の蛇鈕印も数多く知られるようになった。このようなことから、漢代の印章制度に依拠した栗原氏の内臣―外臣論も、今日ではあらためて検討し直す必要が生じているのではなかろうか(6)。

また、栗原氏の内臣―外臣論は決して東アジア世界に限られるものではなく、漢代の国際世界全体に及ぶものであるが、西嶋氏の論証の関心は東アジア諸国以外には及んでいない。「六―八世紀の東アジア」の「結語」では、唐と突厥との父子関係、回紇（回鶻）との兄弟関係など、唐と突厥・吐蕃・回紇との関係は冊封体制とは別の形式のもとに展開され、従ってそこには冊封体制とは別の体制と論理の存在が規定される、と記している。しかしその後の西嶋氏は、東アジア諸国以外の周辺諸国と中国王朝との関係について、それを規定する論理を考察することはなかった。西嶋氏が「東アジア世界」を提唱した一九七〇年代には日中国交が回復し、また日本・中国・韓国で、古代の国際関係の理解にも関わる高松塚を初めとする歴史的な文物の発見が相継いだ。西嶋氏は、社会的にも注目されるようになったこのような文物の検討を通して、一般の人々にも冊封体制論の有効性を説き、東アジア世界設定の必要性の理解を広めることに主力を注いだようである。晩年には文献批判に立ち返ったが(7)、東アジア以外の国々における冊封体制以外の国際秩序の検討は遂に試みられなかった。

しかしながら、西嶋氏の東アジア世界論に、この地域以外の諸国と中国王朝との国際関係の実態に関する論証が欠落していることを指摘しても、生産的な意味は余りない。李成市氏は、一九五〇年代に西嶋氏が上原専禄氏との高校世界史の教科書の作成に関わり、ヨーロッパによって世界が一体化される以前の、互いに独立した複数の歴史的世界の存在を積極的に認めようとする立場を共有し、その当時の極めて現実的、実践的な課題に取り組んだ上原氏の構想を継承し、それを前提として東アジア世界論を構想した、と考察する。そして、中国・朝鮮・ヴェトナム・日本の四カ国の地域は、アメリカのヴェトナム戦争を媒介とする国家矛盾・民族矛盾の対立が具体的に現象する共通の場としての地域世界を形成しており、一九六〇年代の現実と向き合う中で、四カ国が密接に関わりあった地域が東アジア世界と認識され、そのことが一九七〇年代に発表される東アジア世界論の前提になった、と指摘している。西嶋氏の東アジア世界論がこのような形で上原専禄氏の世界史像と結びついている筋道を見出したのは李氏の炯眼であり、氏の編集した『古代東アジア世界と日本』の中に、一見関係の稀薄な「世界史像について」（第二次『岩波講座世界歴史』第二五巻月報　一九九七）が収められている理由は、以上のような上原氏との関わりを西嶋氏の言葉で示すためであったからに他ならない。従って、西嶋氏の立論の根拠をこの点に求める限り、氏の東アジア世界論に中国王朝と北アジア諸国や、中国の西に当たる中央アジアの諸国との具体的な関係の考察の無いことを批判するのは、かえって批判する側の問題意識の乏しさを表明することにもなりかねないのである。

ただし、西嶋氏の東アジア世界論が以上のような問題意識に発することを認めたとしても、それが冊封体制を軸として組み立てられている、ということについてはまた別の議論が必要である。中国古代史家としての西嶋氏を代表する業績は『中国古代帝国の形成と構造――二十等爵制の研究――』（東京大学出版会　一九六一）である。本書は漢代における民爵の存在に着目し、漢代には庶民の住む里の内部の秩序も、国家による民爵の賜与を媒介として年長順に整序されていることを明らかにした。そして、国家権力によって国家的身分が編成、維持され、国家が庶民の社会秩序維持の鍵を握ることで、漢代の皇帝支配が庶民からも支持される形で存在することを明らかにしたものである。本書の発表は一九六一年であるが、大和政権と全国の地方首長との政治的関係の成立を前方後円墳の発生から説き、古墳に基づく大化前代の政治史的研究に重要な問題提起をした「古墳と大和政権」（『岡山史学』第一〇号）が発表されたのも同年のことであった。同論文を再録した『現代のエスプリ』第六号（至文堂、一九六四）に寄せた「私の古墳遍歴」には、当時の西嶋氏の問題関心が日本における中国史研究の存在意義に向けられ、現在の我々を規定する歴史性の把握のためにも日本史研究と絶縁した場で中国史研究を取り扱うべきではなく、中国史研究はその直接的結果により、或いはそこで把握された方法で日本史研究に奉仕しなければならないと考えた、ということが記されている。そして、その頃課題としていた中国古代帝国の構造に関する研究から得た方法を古墳研究の場に試みたのが「古墳と大和政権」であった、と述べられているのである。(8)

ここには、日本の中国古代史研究は我々のいる現在の日本という場を離れては考えられないこと、従って日本史研究と無関係に中国史を研究することも想定しがたいこと、そして「古墳と大和政権」は当時の西嶋氏の従事していた中国古代帝国の構造に関する研究方法、つまり爵制的秩序による皇帝支配の解明という手法を日本史研究に応用したものである、ということが同時に表明されている。そして、西嶋氏が東アジア世界における冊封体制の存在を初めて提唱した「六―八世紀の東アジア」の発表は一九六二年であって、中国古代帝国における爵制的秩序の歴史的意義の究明と、日本における古墳のあり方の解明に関するその方法の適用と、中国における爵制的秩序の周辺諸国への拡延である冊封体制によって古代東アジアの国際関係を把握しようとする論証とは、同時並行で行われていたのである。その数年後に発表された「古墳出現の国際的契機」（『日本の考古学』Ⅳ古墳時代（上）月報4　河出書房　一九六六）では、高句麗や倭・百済・新羅という東アジア諸国王がそれぞれ中国王朝の官爵を得て、中国王朝の礼法に従ってその墳墓を築造し、それによって国内に権威を示現することで、古墳を始めとする高塚墳墓が東アジアに伝播、普及したのではないか、と述べられている。そこには、関係する論文として「六―八世紀の東アジア」が挙げられている。このようなことから西嶋氏の冊封体制論は、六〇年代までの西嶋氏の中国史研究における主要テーマであった爵制的秩序による国家的身分編成の問題と繋がり、そうした中国古代の皇帝支配の特質を日本に及ぶ国際関係の中にも検証しようとして見出した論理であった、と認めることが出来るのではなかろうか(9)。

三　「冊封体制」論再検討の課題

以上、初めに西嶋氏の冊封体制について種々問題が指摘されていることを挙げ、次いで西嶋氏が冊封体制は漢代以来の体制であると主張した根拠となる栗原朋信氏の内臣―外臣論について、今日の時点では論証に不十分な点のあることを指摘した。さらに李成市氏の論に拠って、中国・日本・朝鮮・ヴェトナムを範囲とする西嶋氏の東アジア世界論が一九五〇～六〇年代の氏の問題関心から発していることを述べ、最後に東アジア世界における冊封体制の存在に注目した視点が、西嶋氏の中国古代帝国における爵制的秩序の存在への関心と通底していることを指摘した。このように、西嶋氏の冊封体制論と東アジア世界論とが、それらが発表される前の氏の学問的営為と繋がっているのであれば、今日の我々は氏の東アジア世界論をどのような形で継承し、そして発展させていけばよいのであろうか。

実はそこに一つの大きな問題が存在するのである。筆者は正史しか検討していないが、唐以前の正史で冊封の語が見られるのは、以下に掲げる『新唐書』南蛮伝の⑴南詔伝上、および⑵室利仏逝伝の二例のみである。それは、唐以前の史料に「冊封」の用語を見出すことがきわめて困難である、という事実である。

⑴　後五年（貞元九年〈七九三〉南詔異牟尋）乃決策遣使者三人、異道趨成都、遺皋（韋皋）帛書曰、（中略、吐蕃の）神川都督論訥舌使浪人利羅式眩惑部姓、発兵無時、今十二年、此一忍也。（中略）訥舌等皆冊封王、小国奏請、不令上達、此二忍也。

⑵　（開元年間以降）後遣使入献、詔宴于曲江、宰相会、冊封賓義王、授右金吾衛大将軍、還之。

これらのうち、⑴は南詔の異牟尋の使者が韋皋に差し出した文書の中に吐蕃の行為として冊封が語られているものである。⑵は唐代唯一の「冊封」の事例であるが、「冊して賓義王に封ず」とも読め、「冊封」が熟語として定着した例とも言い切れない。五代の例を『旧五代史』『新五代史』に求めても、五代の諸王朝が十国の王を封じた例を含めて用例は両書それぞれ数例に止まるのみである。(10) 明や清が琉球を冊封したことから知られる通り、冊封は基本的に明清の用語なのである。

以上のように、唐以前においては冊封は史料の用例に則った用語ではなく、あくまで学術上の用語に止まる。当時の中国王朝と周辺諸国との君臣関係を表すのに、西嶋氏がなぜ冊封の語を用いたのかは今となっては問う術もないが、冊封の語を用例から帰納的に定義していくことは少なくとも正史においては不可能なのであり、逆に漢代以来の国際関係総体の中から再定義していかなければならないのである。その仕事は、残された我々の仕事でなければならない。その場合注意しておきたいのは、漢代では異民族に対する武官の称号授与の例が多く見られることである。[11]また後漢では度遼将軍のように、辺境の武官が異民族に対する行政官の役割を果たした例もある。[12]これまでの研究史では、西嶋氏の冊封体制論の影響が強かったせいか、倭の五王の諸問題に関係する南朝から周辺諸国に授与された将軍号の意義の分析[13]を除いては、東アジア世界論や中国古代の国際関係の議論において、武官の称号の授与はそれほど問題とされてこなかった。しかし例えば、南朝の異民族に対する校尉の授与のあり方も、当時の国際関係の特質を考える上では十分に意味のある分析対象となり得る。管見では、当時の国際関係における校尉の性格について日本で発表された論文は一篇に止まるが、[14]筆者の関係した卒業論文で異民族に対する南朝の校尉授与を扱ったものがあるので、この機会に内容の一端を簡単に紹介しておこう（佐藤加代子「南朝の校尉に関する一考察」山梨大学教育学部卒業論文　二〇〇一年一月提出）。

佐藤加代子氏に拠れば、南朝と継続的に交渉を行いその冊封を受けていた周辺諸国には、東方では高句麗・百済・倭、南方では林邑、西方では北涼（河西）・仇池・吐谷渾（河南）・宕昌・鄧至がある。このうち、南朝が「校尉」号を与えたのは、鄧至を除く西方勢力（『梁書』諸夷伝にいう西北諸戎の一部）である。すなわち、北涼の西夷校尉・西域戊己校尉、仇池の平羌校尉、吐谷渾の領護羌校尉、宕昌の東羌校尉である。一方、北朝の北魏・北周からは、異民族では高句麗に対してのみ東夷校尉が授与された。かつて坂元義種氏は、南朝の周辺諸国に対する将軍号授与の情況を整理し、その全体的傾向から南朝の重視した周辺諸国は、五世紀半ばに滅亡する河西（北涼）を除くと、上から高句麗—河南（吐谷渾）—百済—倭—林邑・宕昌—鄧至—武都の順となる、とした。そして、南朝外交の中心課題である北魏封じ込めに重要な位置を占める東の高句麗と南の河南（吐谷渾）とが高い位置を占めるが、北朝にも朝貢する高句麗に対してはその南方の百済に高句麗牽制の役割を期待し、その結果、倭の五王の都督……諸軍事の除正要求から百済は常に除かれることになった、と述べられた。筆者はこの坂元氏の議論に接した時、宕昌・鄧至・武都という小国の西北諸戎が南朝の将軍号授与の対象となることが腑に落ちなかった。しかし、これを佐藤氏の整理した校尉号授与の結果と照らすと、南朝は吐谷渾を中心とする西北諸戎に北魏牽制の役割を期待していたものと推測し得る。一方の北朝は、東に隣接する比較的大きな勢力で、しかも南朝にも通交する高句麗に東夷校尉を授与して、南朝の動きに対抗したものと解することができよう。

佐藤氏の成果からは、当時の国際関係に関して他にもさまざまな解釈を引き出すことができるが、ここではこれ以上触れないことにする。しかしながら、中国王朝と周辺諸国との関係の動きを深く理解するためには、王号の冊封のみならず種々の関係を追究する必要のあることは、すでに明らかであろう。冊封体制論は、漢代以降の中国王朝と異民族との交渉の多面的な分析からあらためて検討され、その内容が深められていかなければならない課題なのである。

おわりに

本報告では、西嶋定生氏の冊封体制論、東アジア世界論の形成過程および今日の時点で見たその問題点について述べてきた。おそらく、若い研究者には西嶋氏は初めから東アジア世界論の提唱者として知られているであろうが、その論の基底にはそれ以前の二十等爵制の研究があったのである。西嶋氏には別に奴婢制・良賤制に関する専論もあり、国家身分の編成という問題は、氏にとって中国史研究の主要なテーマの一つであったのではなかろうか。論文の形では余り残されなかったが、筆者の大学院生時代には西嶋氏は『後漢書（続漢書）』礼儀志や祭祀志を講読しており、中国の礼制にも強い関心を持っていた。礼制の主要な役割は身分差の儀礼化、身分制の視覚化にある。東アジア世界には律令法のみならず礼制も伝播したが、以上のように礼制の根幹には身分制が存在する。西嶋氏の東アジア世界論の発想には、国家を越した東アジアレベルでの身分制の遍在に対する関心があったのかもしれない。また李成市氏は、西嶋氏のいう「日本」が明治以降に仮想された「西洋」の眼差しで発見された「日本」であることも、一方で指摘している。つまり、古代の日本の歴史展開が日本のみで閉じていなかったことを論証しながら、その「日本」には明治以降の国民国家としての日本が投影されていた、というのである。

このように、現在の観点から西嶋氏の論の限界を見出すのはそれ程難しいことではない。しかしながら、その多くは一九五〇〜六〇年代の氏の実践的な課題や研究上の制約から生じた限界であった。一九八〇〜九〇年代に、日本を始めとして儒教文化圏という言葉が盛んに用いられた時期があった。これは、それまで世界の経済発展から取り残されていたように見られていた韓国・台湾・香港のアジアＮＩＥＳ諸国がその前に急速な経済発展を遂げたことから、欧米の学者がこれら諸国に共通する背景として儒教の存在に注目したことに端を発した用語である。経済発展に資する要素が儒教にあると再評価されたものであるが、そうした問題提起にはマックス・ウェーバーの『プロテスタンティズムの倫理と資本主義の精神』の議論の枠組が意識されていたことは誤りない[15]。しかしながら、その後この地域の経済成長が鈍化すると、儒教文化圏論・儒教ルネッサンス論はさしたる批判も無いままに影を潜めてしまった。このように、時の動きによって短期間で意義を失ってしまう学問的試みに積極的な意味は余りないであろう。これに対し、西嶋氏の冊封体制論や東アジア世界論は、それまでの氏の学問的営為と関連しながら今日でも学界に強い影響を与えている。つまり、それだけ普遍性、持続性を有した論だったのである。我々がその限界も含めて冊封体制論や東アジア世界論を発展させていくには、東アジアをめぐる今日の情勢を見据えながら、なおかつ学問としての普遍性、持続性を有する論理を再構成し、鍛え上げていかなければならないであろう。

註

（1）西嶋定生氏は、初め「六―八世紀の東アジア」（戦後第一次の『岩波講座日本歴史』第二巻所収　岩波書店　一九六二）で、唐代までの東アジア世界を成り立たせる国際秩序としての「冊封体制」の存在を指摘した。次いで、第一次『岩波講座世界歴史』第四巻「古代4東アジア世界の形成Ⅰ」（岩波書店　一九七〇）の「総説」で「東アジア世界」という歴史的世界を設定することの必要性を説き、また冊封体制が唐代までの東アジア世界を成り立たせていたと述べた。この両篇の論文は、今日に至るまでの東アジア世界論における基本的な位置を占めるが、両篇を再録した著書としては西嶋氏の『中国古代国家と東アジア世界』（東京大学出版会　一九八三）と、氏の没後に李成市氏の編集した『古代東アジア世界と日本』（岩波現代文庫　二〇〇〇）とがある。これらに収録された「六―八世紀の東アジア」は西嶋氏によって改訂が施され、「東アジア世界と冊封体制――六―八世紀の東アジア――」と改題された。当初の題名にはなかった「東アジア世界」の用語が本題とされ、本来の題名が副題となったことは、西嶋氏の東アジア世界論が六〇年代以降に構想されたことを物語っている。なお、『西嶋定生東アジア史論集』第三巻「東アジア世界と冊封体制」・第四巻「東アジア世界と日本」（岩波書店　二〇〇二）にも関連した論考が収められているので、参照されたい。

（2）以下にも述べるごとく、西嶋氏の東アジア世界論の最大の問題点は「冊封」の用語が唐以前の正史に見られないことにあるが、このような点を中心とした西嶋氏の東アジア世界論の再検討すべき課題については、前註所掲『西嶋定生東アジア史論集』第四巻の筆者の解題、およびそれに基づいた拙稿「日本から見た東アジア世界と中国から見た東アジア世界」（『白山史学』第三九号　二〇〇三）でも述べておいた。

（3）「文化圏」という語は李成市氏のものである。西嶋氏は恰も水が高い所から低い所に流れるように文化は伝播するものではなく、文化の伝播にも冊封を中心とする国際的な論理が機能していた、と主張している。李氏が文化圏の語を用いたのは、依頼された『東アジア文化圏の形成』という書名に対する配慮が一つの理由であろうが、「東アジア」の範囲が確定し得ないのに対し、漢字文化圏としての東アジア文化圏は地域を確定できる（同書三四～三五頁）という点に対する配慮がいま一つの理由であろう。

（4）一九六〇年代以降の堀氏の東アジア世界に関する論考は、『律令制と東アジア世界――私の中国史学（二）』（汲古書院　一九九四）に収録されている。また、東アジア世界に関する堀氏の専著には『中国と古代東アジア世界』（岩波書店　一九九三）、及び『東アジアのなかの古代日本』（研文出版　一九九八）がある。

（5）栗原朋信「文献にあらわれたる秦漢璽印の研究」（同『秦漢史の研究』所収　吉川弘文館　一九六〇。増補版　一九六九）。

（6）蛇鈕印を中心とした栗原氏以降の漢代の印章論については、拙稿「漢代蛇鈕印に関する覚書――最近の蛇鈕印研究に寄せて

――」（拙著『隋唐の国際秩序と東アジア』所収、名著刊行会　二〇〇一。初出は一九九九）参照。関連する諸氏の論文についても同稿を参照されたい。なお、その後阿部幸信氏が漢代の印綬の制度に関する論文を精力的に発表しておられるが、主に国内の官僚制度に関わるものなのでここではその紹介は割愛する。

（7）日本を中心とした東アジア世界に関する西嶋氏晩年の考証は、『倭国の出現東アジア世界のなかの日本』（東京大学出版会　一九九九）に収められている。

（8）「私の古墳遍歴」は註（1）所掲『西嶋定生東アジア史論集』第四巻に収録。なお、「古墳と大和政権」は同書および註（1）所掲『中国古代国家と東アジア世界』のほかに、歴史科学大系3『古代国家と奴隷制』下巻（校倉書房　一九七二）にも再録されている。

（9）西嶋氏の冊封体制論と二十等爵制研究との関連については、註（1）所掲『西嶋定生東アジア史論集』第四巻の筆者の解題でも簡単に触れておいた。

（10）『旧五代史』巻七七晋書三　高祖本紀天福三年（九三八）十月庚子條に「于闐国王李聖天冊封為大宝于闐国王」とあるのが、五代における異民族冊封の唯一の例であり、また「冊封して……と為す」というように、冊封が熟語として用いられたことが明瞭な唯一の例である。ただし、「冊封為」という用語については、「為」字を脱している版本もある（中華書局標点本同巻校勘記〔9〕参照）。

（11）熊谷滋三「後漢の異民族統治における官爵授与について」（『東方学』第八〇輯　一九九〇）参照。

（12）小林聡「後漢の少数民族統御官に関する一考察」（『九州大学東洋史論集』第一七号　一九八九）参照。

（13）倭の五王と関連して異民族に対する南朝の将軍号授与に触れた論文は極めて多いが、ここでは本論と関係する坂元義種氏の『古代東アジアの日本と朝鮮』（吉川弘文館　一九六八）を挙げるに止めておく。

（14）三崎良章「東夷校尉考」（西嶋定生博士追悼論文集『東アジア史の展開と日本』所収　山川出版社　二〇〇〇）。

（15）以上、溝口雄三・中嶋嶺雄編著『儒教ルネッサンスを考える』（大修館書店　一九九一）参照。

第五部　シンポジウム古代国家とアイデンティティ

はじめに

溝口

二日間にわたり、四つの非常に充実したセッションを行ってきたわけでありますが、それぞれ日本列島、半島、中国と異なる地域を対象とし、扱われました時代も多岐に渡ります。ただ、なんとかテーマに即して一定の共通認識、またできますれば、何がしかの新たなる認識に到達したい。そのことを目指しまして、司会を務めさせていただきたいと思います。

まず、本日のディスカッションの方向性でありますが、これまで行われた報告を整理いたしますと、まずAといたしまして、社会の複雑化、もしくは階層化の過程・程度をどのように把握するのかという問題系があったかと思います。それからBといたしまして、社会組織とアイデンティティとの関係性を如何に把握するのかに関わる問題系、これにつきましては、このワークショップのタイトルに即しまして、少し牽強附会の傾向もあるわけですけれども、以上二つの問題系といったものへと分類できるかと思います。で、当然のことながら、この両者は相互に影響しあう、すなわち相互媒介的なものであります。ですから、これらのどちらかに意図的に力点をおいて議論をするというのは難しく、また、不適切なのですが、一つの感触として、Aの方がかなり論点として白熱するのではないかという予感がいたします。しかしながら、私どものCOEプログラムのタイトル、テーマとしまして、「アイデンティティの研究」というものを強く謳っております以上、たとえAの議論というものが全体の議論に対して基盤的な役割を果たすとしても、Aのみに論議が集中することは避けたい、A・Bバランスよく議論を進めてまいりたいと思う次第であります。

そのようなことを念頭におきつつ、まずBの問題系、すなわち、「社会組織とアイデンティティの関係性を如何に把握するか」の問題系に関して、私の方から概略的見取り図を提示させていただきます。続きまして、Aの方の問題系、すなわち「社会の複雑化、また社会の階層化の過程・程度を如何に把握するか」という問題系について、一定の時間をとってディスカッションを行おうと思います。そして、その後にAとBの相互媒介的な関係について、様々な具体的ケースをピックアップしながら議論を深める、全体として、そのようなかたちをとらせていただきたいと思っております。

そこで、まず交通整理でありますが、アイデンティティというものを、これまでのワークショップの議論の成果も考慮しながら、最大公約数的に、かつそれぞれの問題意識の横断が可能な枠組みにまとめますと、次のようなことが言えるのではないかと考えます。すなわち、アイデンティティとは、「ある特定のコミュニケーションを可能かつ円滑化する共有前提の一つである」と。ここで「コミュニケーション」と申しますのは、日常の発話や所作から、政治的等、さらに制度化された相互行為までを含むわけであります。ですから、血縁関係にある者同士が、日常的対面や定期的な会合を通じて、自分たちはどのような集団、「一族」であるのかを体で感じてゆくようなタイプの認識から、倭の首長が中国王朝に遣使を行った際に、使節と、応対する官僚たちのそれぞれが相互に、どのような文書を携え、どのような所作でもってどのように振る舞い、どのようなことがらがどのように確認されるのか等に関する、高度に言説的、かつ政治的な相互認識、そのようなことまでを含む、多様な共有前提が内面化されたものがアイデンティティであると、そのように考えることが可能であるかと思います。そのような意味で、例として「役割期待」という言葉をここでは出しておきますが、役割期待に基づく相互予期、すなわちどのような場面でこの人ないしはこの集団はこのように振舞う、もしくは、このような場面で自分はこのように振舞うと期待されている、そのような認識、それは内面化していると同時に言葉として呼び出される場合もあるでしょうが、そのような認識こそが「アイデンティティ」である、と言えるのではないかと思います。ですので、これは当然、「自己観察」の結果であり、「他者観察」の結果でもある。また、自己観察を通じて分節化されるものであり、また他者観察を通じて分節化されるものでもある、というふうに整理が可能であるかと思います。

以上のような基礎的認識に基づきまして、アイデンティティの「諸タイプ」というものを、このワークショップで出てまいりましたものを中心として、若干まとめてみました。そうしますと、おそらく、第一に、〈「行為」を通じてのみ表出する自己認識としてのアイデンティティ〉というものがあるのではないか。それから二つ目としまして、〈「問題化」によって、言葉で表されるかたちで表出される自己認識としてのアイデンティティ〉というのがあるのではないか。それから三つ目としまして、これは第二番目の「問題化」によって表出されるアイデンティティのバリエーションとなりますけれども、先ほど述べた〈「自己観察」、それから「他者観察」を通じて表れてくるアイデンティティ〉というものがあるのではないか、そういうふうな整理というものが考えられるわけであります。

手短に解説をいたしますと、第一番目の、「行為を通じてのみ表出する自己認識としてのアイデンティティ」といいますのは、言うなれば「原基的」とでも申しましょうか、非常に基礎的な、これがないと私どもが社会生活を営めないような種類のアイデンティティであります。すなわち、言い換えるならば、「実践的な知識」というような言い方もできるわけでありまして、年齢でありますとか、性別、それから血縁集団結合、それから田中先生の報告で出てまいりましたが、いわゆる「ソダリティ」、これを「非居住共同集団」というふうに私は訳しますが、そのような、日常生活の中で基本的に面《つら》つき合わせて自分たちはどのようなものであるということを、言葉にはしないながらも、認識しながら相互行為を行っていくような中で培われるアイデンティティというものが一つあると思います。

それから二つ目の、「問題化を通して表出するアイデンティティ」、これは右に述べたような「原基的」なアイデンティティ集団どうしの間に、さまざまな資源の使用、それへのアクセスをめぐる「競争」でありますとか「軋轢」でありますとか、また、その帰結を基盤としてあらわれてくる「圧迫」または「支配」などというような「問題」が生じ、それにより、ある種強制的に、かつ「言葉」でもって、「自分たちはどういうものである」ということが、「言説的自己認識」のかたちとして表出されるようなアイデンティティとして整理できるかと思います。これには当然、その単位として、血縁集団結合・非居住共同集団結合というような「原基的」なアイデンティティのカテゴリーというものも含まれてまいりますが、これらよりさらに抽象度、もしくは恣意性・社会的構築性の高い、例えば「部族的」といえるような結合、それから「民族」・「国民」といったものを主に含みます。部族・民族・国民の諸カテゴリーにつきましては、近代領域国民国家の誕生とともに「問題化」し、生成したという側面が強調されることが多いわけでありますけれども、このワークショップにおきましては、殊に昨日の第四部において、「古代国家」ないしは「帝国」というものが現れてくるのと並行して、「民族的認識」もしくは「民族的アイデンティティ」というものが、すでに問題化し、現に言葉で表現されるような形で表れてきているということについて我々は確認したかと思います。

それから、第三番目の「「自己観察」・「他者観察」を通じて現れてくるアイデンティティ」、これは、先ほども述べましたとおり、第二番目の「問題化」を通じて現れてくるアイデンティティのバリエーションでありますけれども、しかし、アイデンティティの一類型として特に分けておいた方がよいのではないか。殊に、このたびのワークショップでは、「天下」でありますとか、「東夷」でありますとか、「四海」、また「倭」といった様々な分類概念が、まさに「自己観察」・「他者観察」の結果として出てくることを詳細に確認したわけであります。

付け加えますならば、これら1、2、それから3というよりは2′、これらすべてに広義の「権力」の問題、すなわち、それぞれのアイデンティティが生成し、維持される中で、それが権力的社会関係、これはかならずしも身分の上下のみにとどまるものではないわけですが、そのようなものと避けがたく結びついてゆく、そのような問題がありま す。この、「アイデンティティと権力」の問題についても論じていけたらと考えます。

また、以上のようにまとめた「アイデンティティの諸類型」を、その発現の順に時間の流れの中に位置づけますと、1→2→2′という流れになるわけですが、この推移といいますのは、アイデンティティの「抽象度」、それからアイデンティティが言葉で捉えられ表現される程度、すなわち「言説化度」の上昇の諸段階として扱い得るのではないかとも思います。言い換えるならば、基盤をなす社会の「複雑性」もしくは「階層分化」の度合いの上昇とともに、突出するアイデンティティの型が、1→2→2′というふうに移り変わっていく、そのようなことが言えるのではないかということも考えております。

以上のような全体の見通しに基づきまして、次のような議論の項目が成り立つのではないかと思います。すなわち、まず、①どのような状況、すなわち、どのような「競争」、「軋轢」ないしは「外圧」などのもとで、もしくは、②どのような「社会の複雑度」、「階層分化度」のもとで、③どのようなアイデンティティが、④どのようなかたちで「問題化」し、「表出される」ようになったのか。また、⑤それら個々のアイデンティティにはどのような「権力関係」が投影されているのか。以上のような五つのポイントが、議論の論点として挙がってくるのではないかと考えるわけであります。ただ、これは私の願望でありまして、どのような方向で議論が進展するかということに関しましては、流れに乗って、そのつど最良の論題と論点を模索するかたちで進めてまいりたいと思います。

また、最後に強調したい点があります。金子先生の報告のなかで、西嶋先生の「冊封」認識に、西嶋先生御自身の同時代社会への「埋め込まれ方」といいますか、同時代の「アイデンティティ空間」の中における西嶋先生の立ち位置というものが強く投影されているというお話がありました。そのようなことを実例として一つの手がかりとしながら、我々は、このシンポジウムのテーマのような分析を行う我々自身のアイデンティティ、すなわち二十一世紀初頭において、東アジアの一隅で、研究者としての社会生活を営んでいる者としての自己のアイデンティティの批判的な検討という領域にも、もし踏み込めますならば踏み込んでいきたいというふうに考えております。

以上、若干差し出がましい整理をさせていただきましたが、このようなことを念頭に置きながら議論を進めていければと思っておりますので、宜しくお願いいたします。

それでは、先に述べたようなアイデンティティ認識というものを基盤として、具体的議論に入りますが、まず、社会の複雑化であるとか、階層化の過程・程度というものをどのように把握するのかという問題について、セッションの中で、既に議論が若干深められております。また、その中でいくつか、対立すると申しますか、交錯する意見というのが出されてきているかと思います。特に申しますならば、第一部におきます岩永先生のモデルの提示でありますとか、それから第三部の諸ペーパーなどがそれにあたります。

そこで、どなたかに、この議論の口火を切っていただきたいと思う次第でありますが、如何でしょうか。岩永先生の方でかなり包括的なモデルをご提示をいただきましたので、他のペーパーへのコメントということも含めまして、そのあたりのお話をまとめていただいてから、ディスカッションに入っていきたいと思いますが、宜しくお願いいたします。

一　社会の複雑化・階層化をどう把握するか

岩永　第三部で岡村先生、宮本先生が出されました中国における国家形成過程のお話と、私が申し上げましたところと若干食い違っているかに見えますが、案外そうでもないんだという話を申し上げたいと思います。実は岡村先生のご報告を伺いまして、何と申しましょうか、目から鱗が落ちると申しますか、そういう感を強くいたしました。非常に重要なご指摘が目白押しでございまして、それを伺いまして、これですっきりしたぞ、これでいけるんだという感を深くいたしました。例えば岡村先生の、「諸侯クラスの有力宗族では、西周後半期にようやく数世代にさかのぼる家系が意識されるようになった」という指摘があります。家系が明確化してくるということは、父系の継承の安定を背景に、親族集団の中から家族が明瞭に姿を現したということ、それが諸侯クラスにおいても、そんなに遡らず西周に下るのだというご指摘で、重要であると存じます。

さらに、春秋までは祭祀共同体の秩序が維持されていって先君のみが祀る対象になっていたのに対して、社会変動によって国君を中核とする共同体秩序が崩壊し、戦国時代には祭祀共同体が解体して宗族個別の祭儀に分解したとあります。そして、下位の貴族たちも、数世代に及ぶ家系を明示する祖先祭祀によって「家」という観念をもつに及び、同一家系の中の関係性においても序列化を図るようになったという重要なご指摘があります。岡村先生はこれを氏族制の下級貴族への拡張と評価されまして、氏族制社会が通説あるいは岩永が言っているようには解体しないのだとおっしゃいましたが、これぞまさしく氏族秩序の解体の表れの一つであろうと私は考えます。支配者集団の中で継承の安定を基礎に大きな族的集団の中から析出した特定の家系群が、父兄原理を基本に宗族を結集し、漠然とした先君ではなく祖先を明らかにし、それを祀る祭祀を行い集団の結束を高める。そういう新たに二次的に再編された族的集団の結成、これがまさしく日本で言えばウヂの結成に当たるわけで、そういうものが中国の戦国期に見られる。日本で言えば五世紀後半以降の様相で、私がA・B・C・D・Eいう五段階を設定したうちのC段階ぐらいに当たる現象がパラレルに起こっているということですね。

それから「同一家系内の関係性においても序列化をはかるようになった」ということ、これは、コニカルクラン的な構造をもった二次的な擬似親族組織としてのウヂの形成とパラレルである。

それから、宗族の確立が身分制の成立と関係することも指摘されました。宗族が明確化されてそこに序列が設定されるというのは、まさしくウヂに対してカバネの秩序を設定していくのとパラレルな現象であると思われます。

そしてさらに、世俗社会における身分秩序の確立が神々の階層化をもたらす。これは倭におきましても各ウヂ同士の関係あるいはそれぞれのウヂと大王家との関係というものが、七世紀の後半に至るまで、まあ八世紀の初頭に国家的に確定されるまでだと思いますが、そこに至るまでに神話の中での祖先神同士の系譜関係として表現・系列化されていったという現象とまさにパラレルである。

つまり春秋から戦国の中国と、五世紀から六世紀の倭で同じことをやっている。

大変重要な研究成果を拝聴いたしまして改めて御礼申し上げたいと思います。それで岡村先生のご議論からちょっと離れますが、初期国家論が、議論のネタになりそうですので、若干それに関わる補足をさせていただきます。現在の考古学界では、サウゾールの環節国家、セグメンタリー・ステイト概念が用いられることがあります。これは川田順造さんが『無文字社会の歴史』の中で紹介して有名となりましたが、中身をよく検討しますと首長制そのものなのです。そして、宮本先生もご紹介になりましたフリードマン&ローランズがいうところのアジア的国家というものも、中身を吟味しますと国家という言葉は入ってるのですが、首長制そのものだと思われまして、そこが要注意点です。

フリードマンはミャンマーの、エドマンド・リーチが『高地ビルマの政治体系』の中で紹介した有名なカチン族のグムラオ型部族システム、すなわち世襲的な首長をもたない平等主義的な形態の部族組織から、いわゆるグムサ型部族システム、つまり貴族制を周りにもった世襲的首長の権威下における位階構造的な形態への構造変換がもしそのまま順調に拡張されて、グムサからグムラオへの退行が起こらずに生産関係の垂直化が進めば、グムサ型部族構造から円錐クラン的な構造が出現し、拡張された「アジア的国家」が直接的に進化し得るということを述べ、商および周の王朝をそれに当てた。しかしながら、彼が述べているアジア的国家の中身は、首長制そのものなのです。ですから私は、殷周の段階は国家の初期段階としての初期国家ではなくて、前国家段階と評価すべきであって、その段階の統治組織がそのまま国家機関になったと考えるのではなく、それが春秋～戦国期に氏族制社会の崩壊、あるいは激しい人口の集中や移動によって、都市の族的構造がぐちゃぐちゃに変わってしまう、あるいは社会的分業の発展、商品経済の進行、そういった様々な現象によって機能不全に陥って一回破砕され、原理転回を余儀なくされて、戦国期以降に、特に秦の商鞅の変法などの模索を経て国家機構が充実されたというように、これは文献史学界における通説に近く目新しいことではないのですが、そういうふうに考えたらよいと考えております。

さて、宮本先生が王権の定義をされまして、aでは重層的な円錐クランが見られる。bは飛ばします。cでは従属的な手工業者を首長が占有する。そして威信財を独占的に入手する。dでは祖先祭祀を儀礼化する。eでは服属した周辺首長との間に擬制的な同族関係を設定して青銅彝器を配布していく。fは広域の宗教や精神基盤を統合する、ということを書かれています。これらはまさしく、サーヴィスが掲げている首長制の内容にばっちりはまってくるものです。例えばaの重層的な円錐クランが見られるというのは、サーヴィスの『未開の社会組織』では、首長の地位の上昇が連鎖反応的に首長の家族から親族集団、さらに他のリニージへと拡張していって社会全体のランキング形成に至る場合があり、その構造が、地方へも拡張していく、と述べています。それからcにつきましては、優れた技能者が首長のコントロールする再分配センターからの助成を受けて専業化・世襲化して、洗練された製品を作ってそれを首長が独占すると。これはまさに、古墳時代の王権直属部民の編成に相当する現象だと思います。それからd・e・fにつきましては、儀式・祭式が増加する、神の系譜的な格付け、祖先崇拝が起こってくる、これらは首長制の属性だと記述されている。

その上で、二里頭期をどうみるかということに照らしてみますと、二里頭期に円錐クランが成立していた保証はない。商代ですら、王族が本当に血縁関係がきちっと確定した円錐クランを形成したかどうか極めて疑わしく、西周代に王族と諸侯との関係として実質を伴う円錐クランに近い関係が形成されていき、それが春秋以降形骸化して、戦国期に至ってそれらとは別に円錐クラン的な構造を持った二次的な擬似親族組織が形成されていったと見たらどうかなと思っております。私が発表しました論点に関わる若干のコメントは以上です。

溝口　岩永先生、ありがとうございました。コメンタリーというかたち、特に第三部のお二方へのコメンタリーというかたちをとりまして、「首長制」、「初期国家」というものの概念の整理に関する論点を提示していただいたわけですけれども、コメントの対象となりました先生方、何かございましたら宜しくお願いいたします。

岡村　まだ熟さない文章を読んで頂いてありがとうございます。私の立場を少し説明しておきますと、考古学から氏族制を議論することは容易ではないから、しばしば時空間のかけ離れた欧米の社会理論をあてはめることが行われていますが、むしろ実証的な歴史学の立場から、甲骨・金文などの同時代の文字資料を中心として、どこまで証明できるかというところに主眼を置きました。つまり、ア・プリオリに氏族制が殷周時代にあったということではなくて、殷周時代の社会の全体が如何にあったかということが、どこまで証明できるかという議論をしたつもりです。それで、現在残っている資料からいうと、殷代については甲骨文から王および王族について復元が可能ですが、それ以下の階層については王族と同じ氏族制であったかどうかはわからないわけです。西周時代になって王と諸侯はわかるけれども、それ以下の階層については金文などの資料がないために宗族が成立していたかどうかはわからない。春秋時代末から戦国時代初めでも、いわゆる卿・大夫層が関わった盟書や洛陽の哀成叔鼎の金文などをみると、やはり国君を祭祀対象にする祭祀共同体の秩序が維持されていることはわかるのですが、はたして宗族が確立していたかどうかはわからないわけです。それで、つじつまをつけるならば、自分ではまだ十分に整理できてないと思っているんですけれども、時系列的に並べてみると、私がお話ししたような筋書きになるように思います。

一方、岩永先生をはじめ、これまでの氏族制の議論では、どちらかというと社会全体を一様なものと考えてきました。殷墟卜辞では殷王室の体制のことだけがおぼろげにわかるだけなのに、それを社会全体に敷衍してきたようです。また、マルクス、エンゲルスの考えに従うならば、一般人民の社会編成が議論の中心になるのだろうと思います。国家が成立する段階については、一般人民に対する社会編成、戸籍であるとか、軍事的な徴兵制とか、あるいは漢代の場合でしたら人頭税という租税を課する、というような人民の編成を議論の中心にしてきたと思います。そして、国家以前はそういう段階ではないから、人民の直接的な編成、西嶋定生さんの言葉を借りれば、個別人身支配という段階には至っていない。したがって、殷周時代は国家以前であって、マルクス、エンゲルスの考えに従えば氏族制であったに違いないという、そういう議論だったと思います。それに対して私は、もうちょっと資料に即して議論するならばこういう風になるという話をしたつもりです。答えになったかどうかわかりませんけれども、以上のように考えております。

溝　口

ありがとうございました。宮本先生にリコメントをお願いする前に、ちょっと重要な論点が出てまいりましたので、どなたかに、少し深めていただきたく思うのですが。それは「氏族制」といいますのを把握する場合、いわゆるクランないしはリニージ的な、実態的な血縁集団の編成原理として捉える位相、それから、もう一つの位相として、先程の私の用語を使うならば、氏族というグループ、もしくは氏族という表徴のもとに束ねることができるような性質の集団の存在を、意図的かつ政治的に「問題化」し、いわゆる人民支配の装置としてそれを用いる、そのような二つの位相がありまして、これらがどうも岩永先生の議論と、岡村先生の議論では複雑に絡み合っている、ないしはその認識に関連して相互に齟齬が出てきている部分がある、そのようなことを感じるわけです。すなわち、「実態的な」血縁原理に基づく集団の編成と、それが、いわゆる社会の複雑化の増大とともに「形骸化」し、支配原理に組み込まれていくという流れに関する細かな認識の問題・ズレなのだと思うのですが、岩永先生、もしくは田中先生もそのあたりのことを報告の中で触れられたんじゃないかと思いますので、整理をお願いできればと思うんですけれども。

二　氏族・首長制・初期国家？

田中　ストレートな答えになるかわかりませんけれども、エンゲルスが『起源』の中で未開の高段階を設定したというのは、未開の中段階までに成立した氏族共同体の構成原理を残存させながら階層化が進展していくという状態、当然そこには王も存在するし貴族も存在するわけですけれども、なおかつ理屈としては氏族共同体がそのまま残っているという、そういうものが国家以前にあるんだということを強調したわけですよね。ですから、氏族制というふうな言い方をしてしまうと、氏族が存在する段階を全部言ってしまうようなところがありますけれども、エンゲルスの整理で言えば未開の中段階と高段階というのは、はっきりとした違いがあるわけです。で、新進化主義でそのへんのところを首長制社会という段階でくくっているわけですけれども、首長制社会の示す内容というのは未開の中段階のある段階ぐらいから高段階を含むちょっと幅の広いものだと思います。サーヴィスとかファースやサーリンズといった首長制の提唱者たちはポリネシアの調査をベースに首長制を考えたわけですが、ポリネシアの社会自体は国家形成を遂げなかった社会なわけです。したがって、首長制にも様々な段階があって、なおかつよりプリミティブな社会が首長制のモデルとして挙げられてきているということが指摘できると思います。

ちょっと話が飛びますけど、都出比呂志先生が初期国家として挙げられている諸点というのは、首長制というもののプリミティブな姿の部分、つまり、前期首長制とでもいうようなより実質的な親族集団を温存しているような社会というものを首長制と呼ばれて、むしろエンゲルスが未開の高段階として挙げたような諸属性を初期国家と呼ばれているという、そういうふうに私は理解しております。したがいまして、首長制には様々な段階があって、より高度な、そして親族原理というものが擬制的に編成されていくというぎりぎりまでそれでやっていって、それがもたなくなって親族組織の外部に国家機構を作っていくという、そういう理解でいいのではないかと思います。

溝　口

ありがとうございました。おそらく議論は、「首長制」といった言葉・概念にかえて、「初期国家」という言葉・概念を当該時期の社会に対して使うのか否かということを巡って、「血縁原理」の変容ないしは変質の過程をどのように捉えるか、また、それが外部機構に利用される在り方をどのように捉えるかに、問題の核心があるというところに移りつつあると思います。特に、この「氏族制」という岡村先生の概念につきましては、これはすでに「ナマな親族原理」というものが、社会の複雑性の増大に伴って変質し、ある種の社会統合のために「道具化」しつつあるような段階の現象である、すなわち、一定の変質を被った親族集団が「氏族」というかたちで文献には出てきているのではないか、というのが田中先生のご指摘ではないかと思います。しかし、このような性格を持つ集団をインフラとする組織を「初期国家」と呼ぶべきなのか、それとも首長制と呼ぶべきなのかは重大問題であり、田中先生・岩永先生は首長制と呼ぶべきだという立場を学説史的に推されているように聞こえました。ここで岡村先生如何でしょうか。

岡　村

質問の趣旨が十分理解できないところがあるんですけれども、私自身は初期国家という区分論を採用しております。先ほど申しましたように、社会編成の一つの装置として国家を考えておりまして、都出さんのいう成熟国家、中国では専制国家と言うことが多いのですけれども、西嶋定生さんのいう個別人身支配が成立する戦国から秦漢帝国の時代といいますのは、完成された国家であって、社会編成が人民にまで及んでいます。しかしながら、それ以前の殷周時代でも、私が報告いたしましたように、王と諸侯との身分的な秩序があり、貢納を中心とした君臣関係が生まれている。また、一般の庶民も含めて、諸侯の封建のときには人々を強制的に移住させるということが青銅器の銘文に記されています。人々がどういう単位で動かされたのかということはよくわからないのですが、少なくとも一般の住民もなんらかのまとまりをもって移動させられているようです。その新しい土地ではいろんな人々が集住する新たな人的結合が生まれたわけで、殷・西周時代というのは新たな社会編成が半強制的に生みだされた段階だということで国家とみなしてよいだろう、だから初期国家として私は理解しております。そうした社会段階を如何に呼ぶかということは別にして、それぞれの共同体の狭い世界が崩壊し、新たな社会編成が成立している段階であり、その次に人民を直接個別に編成する新から時代の専制国家の段階にいたるというプロセスを考えています。

溝口　ありがとうございます。いまのご発言を伺っておりまして、先程田中先生がちょっと触れられましたポイントがとても気になりました。すなわち、現在の人類学における首長制のイメージ、ないしはモデルというものは、比較的複雑性の低い社会を素材として構築されている。それから、中国における国家形成というのはいわゆるプライマリー・ステイト・フォーメーション、すなわち一次的な、すなわち自律的に国家形成というのが成し遂げられたプロセスであるのに対して、おそらく人類学で首長制というものが措定されている地域というのは、どう転んでも、いわゆるセカンダリー・ステイト・フォーメーション、すなわち二次的な国家形成を体験した、もしくはそこまで「行かなかった」地域であって、既に「一次的ステイト・フォーメーション」が行われた地域の〈外縁〉に分布する。そして、日本列島、それから韓半島も、もちろん二次的なステイト・フォーメーション、すなわち二次的国家形成の地域になるわけでありまして、そこのところで、もしかすると、中国では初期国家という段階をあえて措定したいという気分がでてくる（笑）。我々は日本などの縁辺とは違うんだ。そして周辺地域としての日本列島などでは、まあ首長制でカテゴライズしておこう、学説史との関わりは微妙ですが、そういうふうな学統的「気分」の違いもあるのではないかというような気が少しいたしました。そこで、金子先生、中国の国家、特に西嶋先生などが扱っておられます「成熟した国家」というものがひとつの確かな形としてありますときに、中国を中心として東アジアをご覧になる立場から、いわゆる「初期国家」というものを、独立した段階として措定した方がいいのか、それともそうでもないのか、そのことについて伺えればと思いますが。

金　子

日本や朝鮮の話とうまく接続できるかわかりませんけれども、結局、中国の場合は地域が非常に広いということで、その広い地域がそれこそ自分たちが中華であると認識すれば――そういう認識がアイデンティティだと言われますけれども――それが昨日の川本さんの話にありましたように、中華と夷狄という考え方に関わってくるわけです。そこでは中華の広がりというのがありますけれども、その点は今の田中先生の首長制の話だと到底カバーできないもっと広い地域の問題となるのではないでしょうか。中国と日本・朝鮮と比べるという場合には、常に広がりの違いというのが問題となってくるんで、そこのところで比較するのが非常に難しい気がするんですね。中国の場合には、例えば西嶋さんの考え方ですと、要するに皇帝制というものが二〇〇〇年続いたということで、今日に繋がる中国の歴史の原型はやっぱり皇帝制の成立であると考えるわけで、その段階ですと、現在でも普通我々が中国だと意識する東北だとか新疆だとかを除いた地域がすでに漢代にはチャイナ・プロパーとなっていたわけで、そういう中国と、それこそ殷周時代の青銅器なんかの分配を通じながら、殷代ですと殷王と服属氏族、周代ですと周王と諸侯とが結びついていくという、そこのところに随分違いがあると思うんですよね。ですから中国の場合、いま岡村先生のいわれる初期国家の段階と、それこそ個別人身支配の段階とでは明らかに違いがあるわけです。逆にそういう言い方をしちゃうと、日本と朝鮮などとはなかなか簡単には比較できないということになるので、随分話が難しくなると思うのですけれども、やっぱり中国の場合にはそういうことで、常に地域的な広がりの統合が可能になったかということを考えないといけないという気がしているんですけれども。岡村先生にはそのへんの地域的な広がりというものをどのようにお考えなのでしょうか。

岡　村　地域的、空間的な広がりもたいへん重要な問題ですけれども、私はむしろ社会の実態というか社会編成をこれまで重視してきたものですから、あまり考えていないわけです。ただし、殷代でも諸侯に相当する「侯」であるとか「甸」であるとか、爵制的な秩序というのは生まれつつあったということは、西周金文からわかりますので、方国の首長が、方国というのは殷と同盟になっていた国なのですけれども、諸侯として位置づけられていたのではないかと考えております。

話をそらして申し訳ないのですが、テーマのアイデンティティという問題に関して少し補足しておくと、周の時代では自らを周人だという認識はどうもしてないだろうと思います。ただし、都の名称としては、周族が基礎を築いた周原が「周」、今の西安の近くに文王・武王が造営した「宗周」、東方を制御するために洛陽に設置した「成周」と大きな都が三つあり、いずれも「周」という名をつけています。その王都の名称でもって王朝名を「周」と呼んでいるのです。先ほど許宏先生とお話していたのですが、殷王朝の場合も自ら「殷」と呼んだわけではなくて、周の人が「殷」と呼んだのです。殷の人は自ら何と呼んでいたのかというのはよくわからないのですけど、殷の最後の都が大邑商と甲骨文に出てくるのですが、ひょっとして「商」と呼んでいたのかもしれない。ただ、それはあくまでも王都の名称です。そして、それぞれの諸侯はそれぞれの土地の名前で呼ばれていたのですね。ですから、当時の領域観念というのは、自分たちの住んでいる都の非常に狭いテリトリーだけを自己の領域だと考えていたようですね。それで、二里頭遺跡が夏王朝だというのも、同じように彼らが自分たちをなんて呼んでいたのかはまったくわからないわけで、戦国時代の人があれは「夏」だと勝手に呼んでいるだけなのですね。「殷」にせよ「周」にせよ、自分たちをどういうふうに認識していたのかということは、結局のところ、ごく狭い王都の名称でしか我々は認識できないということです。

溝口

ありがとうございました。社会の複雑性ないしは統治機構と自己認識、括弧つきではありますが、古代国家の「国民」の自己認識と言いますか、そういうもの相互の相関関係の問題を深めるという方向で、このまま突っ走って行きたいところではありますけれども、ちょっと一呼吸おきたいと思います。ここで、量の問題、「クオンティティ」の問題を基準として社会の性格を評価する視点、この場合はいわゆる「統合領域」の広がり・スケールの問題ですが、初期国家と古代国家の統合領域がスケール的に明確に異なるという指摘をいただきました。そして、それに対して、それらの構成員個々の自己認識においては、統合領域との明瞭な対応がなかなか認めづらいという応答がありました。これは、やはり「古代国家」は広大な領域を統合しているのに対し、「初期国家」というものはそれとはどうも質的に異なるのでは、領域的に小さすぎるのでは、という見解と、統合領域と自己認識の問題はズレるので、統合領域のスケールを基準にして初期国家と古代国家を明瞭に区分するのは難しいのでは、という二つの立場間のやりとりであったかと思うのですが、ここで、許宏先生に一つご質問いたします。先生が、二里頭遺跡は都市である、そして都市というのが国家のひとつの重要な要素であるとおっしゃるときに、それ以前の遺跡と比較した際の二里頭遺跡のスケールの巨大さということを、宮殿的な区画の存在とともに強調されたかと思います。そのあたりを中心に、先生の国家というものに対する考え方と、二里頭遺跡の性格付けとの関連性についてもう一度整理していただき、中国の現在の考古学ないしは歴史学の研究において、国家というものがどのように捉えられているのかについてお教え願えたらと思うのですが。

許　宏　この問題は私にとってとても難しいですね。何故なら皆さんご存知のように、私は、大学学部生から一貫して考古学を専攻しています。初期国家という問題は人類学の立場からも議論されていますが、私は学術的な背景が異なっていますので、ここでは具体的な考古学的現象を中心に議論したいと思います。現在、中国の歴史学界や考古学界では、初期国家の問題を考えるに当たって、二里頭遺跡をはじめとする二里頭文化において、その出現が中国の早期の歴史において極めて画期的な変化があると考えられています。つまり二里頭時代と前二里頭時代ではかなりの大きな差があります。そして、今の論争の焦点はやはり二里頭と夏王朝との関係で、この二〇〜三〇年以来はそういう議論が続いております。私としましては、もし二里頭遺跡でその当時の文字が発見されれば、そういう問題は徹底的には解決できると考えます。ところで、現在の中国の考古学者は、一般的に、夏王朝の存在を積極的に認めております。夏王朝は文献からみれば、王朝であり、国家であることはもちろんです。二里頭文化は、その考古学的な内容からはまさしく夏王朝に相応しいものです。もし慎重な見方をすれば、少なくとも二里頭文化は殷王朝以前の有力な権力構造であります。それはたぶん疑いないことだと思います。そうしますと、今の中国の学者は、二里頭文化は王国であり、二里頭文化から王国時代であり、秦王朝から帝国時代と考えます。これを肯定的に考えれば、その前の段階の龍山時代は、おそらく二里頭国家の原型ではないかという考え方があります。つまり二里頭文化という大きなまとまりの前の段階に、二里頭国家出現に至る何らかの基礎構造が考えられるわけです。二里頭文化の前段階は、しだいに社会の複雑化の過程の中で、ある程度原始的で未成熟な国家段階に当たるという考え方があります。そうしますと中国のいわゆる初期国家に関して、現在多くの学者がこの初期国家の上限が少なくとも龍山時代であると、さらには、例えば故宮博物院の院長であった張忠培先生は、良渚文化から、つまり良渚文化後期から国家がすでに出現していたという説を提唱しています。

中国の大体の研究の状況を紹介致しました。あとの様々な問題は更なる検討の必要があるだろうと思っております。

溝　口

どうもありがとうございました。二里頭の重要性ということを夏との関連なども含めながらお話いただきましたが、宮本先生は、二里頭の重要性というものを、やはりその背後にある社会構造の推定と相関させながら強調されて、先生なりの初期国家の定義というのを展開されたわけです。これに対する岩永先生それから田中先生のコメントについて、リコメントも兼ねて発言いただければと思います。

宮　本

これまでの発言の違いは、社会の発展段階における段階性の捉え方の違いであると思います。許宏さんのお話に関して問題なのは、夏王朝がおそらく戦国時代以降の価値観の中で体系づけられた王朝国家であり、本当に国家社会の段階に達していたかは保障の限りではないということです。したがって、われわれはどうしても文献を史料批判しながら、考古学的な資料や考古学的証拠のみから、二里頭時期あるいは夏王朝に相当する時期というものを判断し、解釈しなければならないというのが現状であります。その意味で、二里頭文化という時期を社会発展段階の様態あるいは社会発展段階の変化の中において、どういう段階に位置づけられるのかということを私なりに整理してみたところです。また、岡村さんも発表されてきましたように、中国の先史社会から古代にいたる社会の変化過程を段階的に見ていかないといけないと思います。社会の発展段階を捉えることによって、社会がどのように変容、変化したかを解釈できます。そしてそれがどういう原因の中で起きていったのかということを探るために、段階的な区分をしているわけであります。

さて、私が初期国家という形で捉えた内容は、例えば人類学的な区分でいった場合に、その区分の要素は確かに先ほどおっしゃったように、首長制社会の範囲に収まるということであれば、そうかもしれません。ですが、現在の欧米の研究状況からいっても、複雑首長制社会と初期国家の区分はますます曖昧になっているのが現状です。また、国家というものをいわゆる成熟国家段階以降を国家、要するに氏族制の解体をもって国家といわれる岩永さんの定義に従えば、そうせざるをえないかもしれません。しかし、この議論は成熟国家以前と首長制社会の間に初期国家という概念をおくかどうかという議論とも関係しているわけです。ですから、社会の発展段階において、それぞれ段階性があり、その段階性の中のどの段階をもって初期国家や国家というかという考え方の違いではないかと思います。私どもが段階性をもって整理した中国の社会発展段階と、日本の先史社会、特に古墳から古代にかけての社会発展の段階性というものが、ある程度相似して見られるということは、社会の発展段階を内容的に詳細に分析しているからであります。しかし、相似性があるからといって、時空間の異なる社会発展段階を一律に線引きして良いかどうかは、慎重にならざるを得ません。

話しを元に戻しますと、中国の場合、マルクス主義的歴史学の中で社会発展が検討され、従来、原始社会そして奴隷社会、そして封建社会という区分がありました。奴隷社会というのが今日的な定義でいえばおそらく商と西周あるいは春秋くらいまでで、先ほどの氏族制の解体の直前までだと思います。郭沫若はかつて奴隷制国家という名称をも使っています。その奴隷社会という言葉を嫌っているというのが、今の中国の歴史学界にもあるだろうし、考古学者の中にもあると思います。それに代わる名称として最近用いられているのが、早期国家すなわち初期国家であるというふうに思われます。時代名称や時代区分に関しては、中国の歴史学の内部の学問的な変化とも関係していると思います。初期国家といういかにも世界を通してみたときの共通名称と感ぜられるものを使いながら、グローバルスタンダード的な歴史的発展段階を示そうというわけです。ただし、中国ではこの初期国家の概念に関して、考古学的な綿密な議論はほとんどなされていないように思われます。

さて、ここで農耕社会を基盤としながら初期国家ないし国家へと発展していく地域は、主にいえば黄河の流域から長江流域にかけてであります。私は、黄河の上流域あるいは長城以北というのはまた別の中国世界であるということを常に言っております。農耕社会と遊牧社会では大きく異なった社会の変化過程があると考えますし、その境界地帯が長城地帯であります。その意味でいいますと、中国というものをもっと大きな範囲で見たときに、社会の発展過程の段階性は長城以北にもあるわけであります。ところで、長城以北の国家というものは一般的に匈奴以降と考えられておりますから、そういう意味では何かおもねるような言い方になりますけども、トータルな中国を見た国家成立段階ということになりますと、秦、漢のいわゆる帝国といわれる段階にこそ中国全体は国家段階になるといえるでしょう。大きく農耕社会と遊牧社会という二つの対峙する社会状況があったとすれば、それらを通した国家段階というのは、岩永さんがおっしゃったように秦・漢帝国段階に相当しているということになると思います。

溝　口

どうもありがとうございました。やはり、先ほど指摘いたしました第一次的な国家形成、第二次的な国家形成というもののテンポの違い、またそれを通じて出てまいります統合領域といいますか、同様・均質な考古学的文化というものの広がり・スケールや、文献に一つの名前で表示されている人間集団の広がりといった点で、周辺の地域すなわち、列島・半島での認識とのずれがかなり出てきているのではないかと感じました。

この後の話しの展開としまして、やはり特定の社会の仕組みというものとそれに対応するアイデンティティ、先ほど括弧付きの国民というようなことも申し上げましたが、そういうものがどのように出現してくるのかという方向で、おそらく今まで発言していただけなかった、半島における社会の複雑化とアイデンティティでありますとか、そのような方向にも話しを進めていけるのではないかと思います。

田　中

議論が対立的に進行しているような誤解があるといけないので少し整理しておきたいのですが、要するに統合規模の拡大とか社会の複雑化にともなって統合原理が変化していく、またそれが段階的に起こっているということを、それぞれが言っているわけです。それが用語の問題として「初期国家」が妥当かどうかという議論なわけですよね。だからエンゲルスが設けた未開の高段階や、サーヴィスが首長制という言葉で設けた段階の中が、もっといくつもの段階に分かれるだろうということを言っているのだと思います。「初期国家」という言葉は、冗談で言ったのですけど「ノンアルコール・ビール」みたいなもので、要するにビールと言っているけどビールではありませんという性質のもので、言語矛盾があるだろうということですね。別の用語で表現した方がいいのと、それから英語圏で使っている「early state」という言葉との互換性がどの程度あるのかというのもあると思います。というのも、サーヴィスが最初に「early state」といったのはインカの社会のことで、後には結局これも国家なのだと彼は書いているわけですね。そういったものとのズレが起こらないような形で用語というものは整理していくべきだろうと思います。それはまた別の問題ですね。ただここでは発展段階というものがいくつもの段階があって、それが日本でも中国でも時間も空間も違うけれども、似たようなプロセスを辿ったのだということを確認しておけばいいと思います。

溝口　どうもありがとうございました。ただ、ここでこのテーマを切るというわけではありませんで、発展させながら、そして特に初期国家という存在の概念規定との関連で申しますと、「領域性」の問題、「領域支配」の有無の問題と、やはりearly stateの理論と定義の中で強く出てまいります。そのことと関連づけながら、半島における新羅や百済など、文献に比較的早くから「政治体」の名称が出てくる地域において、その内部の社会構造がどうだったのか、また、社会構造と、外部からの「名付け」、自発的「名乗り」との間に一定の相関関係はあるのか、といった問題について、議論を進めてゆきたいと思います。

三　「名付け」と「名乗り」、中心と周縁

吉井

質問に対してお答えする前に、少しお話しさせていただきたいことがあります。国家の形成過程の問題を議論するにあたって、今回の各部門のうち、第二部だけ少し違うなあ、という違和感がありましたので、そのところだけ少し言わせていただきたいんです。中国と日本に関する部門では、一つの地域において、いろいろと名前が変わったり、範囲が変わったり、社会構造が変化したりする一連の変化を段階的にたどった上で、その中のどこからが初期国家だ、あるいは国家だ、首長制だという議論がされたわけです。それに対して、第二部の朝鮮史の場合、三国という限られた時代の、さらにその中で分割された特定の地域の研究をしている者が選ばれて、その中で発言・発表をしたために、他の部門と議論がかみ合わないように感じました。私自身、百済史を勉強していて思うんですけども、百済の始まり、あるいは百済の発展という問題だけで、朝鮮半島における国家形成過程の全てを議論することは難しいだろうと。非常に難しい問題があるのですが、三国時代以前の、たとえば古朝鮮といわれるような集団の問題をどう考えるのか、あるいは文献に出てこない、細形銅剣や遼寧式銅剣に特色づけられる文化や、それに象徴される集団を、朝鮮半島における国家形成過程において、どのような段階に位置づけるのかを検討しなければ、中国や日本において今回おこなわれているような議論と同じ舞台に立つことはできないだろうと思います。この点について、休憩中に少し議論をしていたのですが、古朝鮮の問題にしても、金賢淑先生は文献史ですから、それに国家や王権の存在を認められる立場のようです。一方、李盛周先生の場合は、現状としては、考古学的に古朝鮮が国家段階にあることを証明することはできない、というお考えのようでした。こうした評価の裏には、実情として、古朝鮮の中心地域における考古学的調

査が進んでないので確かめようがない、ということも含まれているわけですけども。また、こうした見解の違いは、後の方で出てくるかも知れませんが、各研究者が、朝鮮史に対してどのようなアイデンティティを感じているのか、という問題とも深く関わっていると思います。日本人による朝鮮古代史研究の中では、朝鮮史における国家形成過程の問題は、三国時代から始めればいいんだと考えることが一般的だと思いますが方も、韓国や北朝鮮の研究者は、自分たちの民族の歴史という枠組みの中で、国家の起源をできるだけ遡らせようと考えがちです。そうした研究意識のずれが、他の地域での議論とうまくかみ合っていかない理由の一つではないかと感じております。

さて、ご質問の名づけと名乗りの問題ですが、百済の場合、百済という名称で文献に現れる集団がどこまで遡りうるのかということと、百済と名乗った集団やそれに帰属しようとする意識が、実態としてどれくらいの広がりをもっていたのかを、どのように整理していくかが大事であると考えます。これまで、百済の考古学的研究は、文献的に想定された百済の領域の範囲の中でみつかった考古資料は、すべて百済という集団を反映しているのだ、という前提により検討されることが多かったわけです。しかし、今回はそうではなくて、考古学的証拠をもとに、狭い意味の百済といえる中心勢力と、それ以外の勢力を区分してみたわけです。百済の中央勢力は、中国に朝貢したり、倭といろいろな交渉をもつ際の中心であったと考えられますが、中国の文献で見る限り、自分たちは百済だと言ってるわけです。つまり中国側からの名づけに対して、みずから名乗ることによって、対外交渉が成立するわけですが、そこに見出される「百済」という意識がどれほどの範囲で共有されていたのかを、考古学的に少し考えてみたいと思ったわけです。

一方、それでは、最初に「百済」という名乗りをあげた集団が、どのように出現することになったのかについては、少し難しいところがあって議論ができませんでした。百済の王が高句麗から南下して百済を建国した、という始祖神話をもとに、この集団を北方系であると考える説が根強いわけですが、そうした説がどこまで正しいのかを、考古学的には十分詰め切れていないところがあります。それから、百済中央勢力が出現する時期の問題についても、朴淳発先生が考えられる三世紀後半というのは、個人的には都合がいいと思っているのですが、日本では百済の本格的な出現は、楽浪郡・帯方郡が滅亡してからであるという考え方が一般的で、一〇〇年近くのずれがあります。逆に韓国では、三国史記の初期記録をもとに、百済の出現をさらに古くみる考え方もあります。この問題も、考古学的にはなかなか検証しにくい部分でありまして、もう少し事実を積み上げていきながら考えていく必要があると思っています。

溝口

どうもありがとうございます。半島の場合、今のお話しをうかがっておりますと、「名づけ」と「名乗り」が同時に起こってくるわけではない。それぞれの発現にかなりの時間差があって、しかも、名づけたり名乗ったりするという事態の背景に、とても複雑な様相が出てきているのではないかと思います。そのような意味で濱田先生、いわゆる「名づけ」の方ですね、「外から観察され、名づけられた集団」につきまして整理をいただいたわけですけれども、外からの「名付け」、すなわちここにはこういう集団が住んでいるという認識・記録と、現在までの歴史学の成果とがどのように整合しているのか、それとも整合していないのか、そのような点につきましてうかがえたらと思いますが。

濱田

なかなか難しい質問ですが、ちょっとその質問は預かっておいて、吉井先生の前半の問題指摘と関係しますが、岩永先生が中国と日本とでは五、六世紀のズレ、時間差が相当あるという指摘がございました。そしてまた金子先生から中国をもう少し広域的に段階的に拡散していって捉えるという指摘がありました。私は朝鮮史の講義をするときに考古学の時代区分に従って旧石器時代あるいは新石器時代、青銅器時代と遺跡を紹介しながら、考古学の表面をなぞった授業をせざるをえないのですが、吉井先生あるいは李盛周先生が三国時代の『魏志』韓伝に出てくる小国家連合あるいは小国家が分立している段階とそれ以前をどう説明できるのかをまずうかがって、先ほどの名乗りの問題に連続させたいと思います。

溝口　今の問いかけについて、青銅器時代以前に、その後の「名乗り」ないしは「名づけ」の対象になるような「集団」、漠然としておりますがそのようなものが認められるのかどうかというところを中心に、李盛周先生にお話しをいただければと思いますが。

李盛周（通訳：能登原）

『三国志』の『魏志』東夷伝には「国」とか、いろいろな政治体の名前が出てくるのですけれども、それ以前の国家形成について、考古学資料からどのようなことがいえるのか、についての質問を受けたと理解しております。現在、北朝鮮の方では、考古学的にそのようなことを議論できるような資料というのが、いまだ公開されておりません。韓国では最近さまざまな調査が行われておりまして、そのような問題にも接近できる資料が増えております。青銅器時代の注目すべき資料としまして三種類ぐらいのものがございます。一番目としましては長期間、すなわち一〇〇年から二〇〇年間ほどかけて作られました記念物的な支石墓群です。二番目としましては集落で、特別な環壕とか木柵、そのようなものをもった集落が挙げられます。それから、考古学的にうかがえます戦争などに関する資料です。このような三種類の様相というのは新石器時代の後期あるいは晩期ぐらいから世界的に見られる現象です。そして、三韓時代以前における、韓半島南部地方での国家形成について語ることは、今の段階ではまだ難しい状況です。韓半島南部、それから北部の考古学的な様相を見ますとかなり様相が異なります。

北の方では、紀元前四世紀の末から三世紀の初めにかけまして、燕の国が鴨緑江流域まで南下してくるということが知られております。そういう事件があったために、韓半島の北部、それから南部地域では大きな差があるということが指摘できます。古代史を研究している方の間では、古朝鮮というものを国の最初であるというふうに考えるのが一般的です。先ほど吉井先生が、古朝鮮の中心地というものを考古学的な資料からは探すことができない、という私の話を紹介してくださいました。それは事実なのですけども、実際に半島北部の鉄器文化をいち早く導入し普及した地域と、それより南の韓半島南部では大きな文化的な偏差というものがあるのではないかと考えています。『三国志』の『魏志』東夷伝を見ましても、そのような北と南の差というのが大変大きなものであったということがうかがえます。先ほど「名づけ」という話が出てきましたけども、『魏志』東夷伝を見ますとそのような政治体、つまり、いろいろな習慣とかを共有する政治体に対していろいろな名前がつけられております。「韓」というのがつきますと部族とか族の名称で、「百済国」とか「斯盧国」とつきますと政治体の名前となります。「高句麗」といいますのは族の名称でもあり政治体の名称でもあります。「新羅」がそれからどんどん成長していきますのも、統合過程においてそのようなことがなされた結果と理解できます。すなわち、政治体がそれから国家などに統合しながら成長していくといった様相が見られます。そのような動きといいますのは、隣接した部族とかそのようなものが統合していく過程として自然に理解ができます。朝鮮という名称が先秦の文献に出てくるということは広く知られております。しかし、それが一般的な部族の名称であるのか、それとも政治体としての名称であるのかということに関しましてはまだわかりません。後半部分には、漢と戦争をしていたという政治体としての朝鮮というものが描かれております。このように、考古学的にはまだ理解はできていないんですけども、文献の方を見ていきますと、明らかに古朝鮮というものが最初の国家として存在したということを理解することができます。

溝　口

ありがとうございました。おそらく名乗りの単位というものが、先生は「自然に」という言葉を使われましたが、自主的に出てくるのに対しまして、その時その時の外部的事情、すなわち外圧ないしは競争を通じて人工的な「名づけ」という圧力がかかってくる。そうすると、その二つのずれ、すなわち「名乗り」と「名づけ」の事情・背景と、「名乗り」・「名づけ」の単位のズレが生じてきて、そのことが、かなり複雑な様相を形作ってくるというふうにも聞こえたのですけれども、そのあたり濱田先生いかがでしょうか。

濱田　李盛周先生が説明されたように、朝鮮半島の古代国家形成の多様なあり方、確かに古朝鮮といいましても中国の文献にあらわれる古朝鮮というものは燕の頃、あるいは箕子の東遷伝説にあるような中国遼西の方からの移住民を母体とした朝鮮、それからいやそうじゃないんだと、北朝鮮の学界の定説であるように、今日の朝鮮族の遠い先祖がすでに朝鮮半島西北部を中心に国家を形成していたというような見方もあります。また一方、李盛周先生がおっしゃったように、朝鮮半島の南部、私はさらに東北の方とも差異があろうかと思うんですが、そういう多様な国家の発生があるということを私も同感なのです。そこで、今、溝口先生からお話しがあった名づけについて強制される面があるのではなかろうかという指摘がありました。これは名づけが早くからあらわれるのはやはり『魏志』韓伝であり、五四カ国あるいは二四カ国あるのですが、漢字で表記されている名前をよく見てみますと、固有の韓族の言語、自称した言葉を漢字で音写して表記した部分、これとは別に楽浪郡なりの中国の知識人が名づけた、あるいは韓人からの言葉を漢語に翻訳して小国名として記録したのではなかろうかと言う、二つに分かれると思うんですね。その根本は何かといいますとやはり文化の発展段階とか習俗そういうものが韓語音そのままに記録するか、あるいは漢語に翻訳して記録するか、そういう判断があるのではないでしょうか。緩やかな中国化、大胆に言えば、中国化の進展具合によって名づけが行われたり行われてないのではなかろうかということを推測したりいたします。先ほどの吉井先生の百済でありますけど、『三国志』の『魏志』韓伝では伯済国です、伯爵の「伯」に、「済《す》」むですが、それが四世紀の半ばに自ら百済国、「数多くさかんな国」だというような名称に変わるのです、『魏志』韓伝では伯済国と、自ら主張すれば百済国と現れます。そこの違いに大胆な比較ですが川本先生、吉村先生が話題にされた倭国から日本国への国号の改称に先行する事例が「伯済国」から「百済国」への改称にも見て取れるのではないかという一つの解釈が提示できるかなと思うのです。

溝　口　ありがとうございました。李先生と濱田先生のお話しで非常に興味深いこと、今後の議論に繋がってゆく問題が出てまいったかと思います。一つは、名乗りの単位としての成熟と、名づけの単位、すなわち中国王朝からの名づけの対象・単位になりうるということの間に、ある種の「相関関係」というのが認められるのではないかということですね。それで二つのことをお聞きしていきたいのですけれども、一つは川本先生、中国が四夷といいますか、そういうふうなものに対して名づけをしていくということは、当然それを名づけるに足る集団として認める、すなわち文化的政治的観察の単位として分節するということであると思うのですが、そのときに何かそのための「基準」といいますか癖といいますか、そういう何か制度的な「名づけの基準」といったものがあるのかというのが一つであります。それからもう一つは、これはどなたにお答えいただいてもよろしいのですけれども、中国から見て「名づける」にふさわしい状態とはどのような社会の複雑性の段階であったのか。先ほど来、問題になっております社会の発展段階というものと対比したときに、どういうふうな発展段階に「名づけ」という事態が起こっているのか、それともそれはその時々の歴史的な事情によって異なるものであって、場合によってはかなり未熟な集団が「名づけ」られたりするということもあったのか、以上二つのことについて、まず川本先生から先ほどの質問についてお願いします。

川　本　私も今まで聞いていて感じた全体的なお話しを少しして、司会者の方から与えられました問題にお答えしたいと思います。まずやはり、中国の四川とか広東とか、一つの地域全体が朝鮮半島とか日本とかぐらいの大きさがあるわけです。中国が秦の時代に初めて統一されて帝国ができ、その領域が天下となる。このような広大な領域を天下とするといった理念なり実態は日本や朝鮮にはない。これは第四部の共通題目を決める際に、他の各部ではすべて国家の成立という格好になっていますが、第四部の場合、成立では少し報告をまとめにくいので、国家の形成という曖昧な形でまとめました。帝国としてできあがったときの天下というのは一つの世界ができあがった、日本や朝鮮ほどの大きさを持つ多数の地域を含めて包み込むような世界ができたと。それは朝鮮とか日本とかという点で同じ位相では論じられない。これは金子先生が前におっしゃったことだろうと思うのですが、もう一度中国史の立場から指摘させて頂きました。

そういう中で周辺諸国に名称を中国側がつけるわけですけど、当初は夏の国といいましょうか、天の下の国が中国で黄河の流域にできたとき、周辺はすべて夷狄です。夷狄であるとか蛮であるとかよくいわれるけれど、もともとの言葉はすべて夷という言葉から始まるのです。夷が総称です。後には中国の拡大に伴って南の方に蛮がいるとかこっちの方にミャオ（猫）族がいるとか、個別名称が生じるようになりますが、もともとの言葉は夷という言葉です。そういったものは四海とか暗闇、死者、禽獣の世界に住むと観念されましたから、名前をつけるときには大体ろくな名前をつけない。犭へんをつける、魚へんをつけるなどの形で名づけるようになる。ただし絶えず抗争関係を続けることはできないわけです。例えば華夷の認識というのはいつもちゃんとしているわけではなくて、最初期の中原の国ができあがって以降、しばらくするとその周りの斉であるとかそういうところが諸夏と呼ばれるようになる。当初はそこにいる人々もすべて夷狄であったわけですが、しばらくすると擬制的な婚姻関係とか、盟約関係とかを通じてですね、単に夏国であったものが、今度は諸夏というような、一つの広がり、つながりをもつようになるわけです。私の専門は南北朝なのですけど、例えば匈奴とか鮮卑とか呼ばれるものは、倭国の場合も私とか我とかいう言葉から音は取ったとしますけど、字面自体は、議論があるところです。例えば匈奴は中に凶悪であるという字を組み込んでいるわけですね、それに奴隷の奴をつけて。あるいは鮮卑の場合だと魚へんをつけて、そしてさらに卑しいという字をくわえるとか。もともとの鮮卑という言葉は祥瑞とか、あるいはバックルとかいう意味だといわれていますが、その音を取りながら、彼らは伝統的な天下とは違う世界に住んでいる人々であると考えていた。というより人間とも考えていなかったかもしれませんけれども。強弱がありますが、中国人の世界観はまず自分たちが人間の世界であって、夷狄は人間の世界に住んでいるわけではないと。しかしこの両者は完全に断絶しているわけではなくて、そこにいた人々が中国化されれば、自分たちの仲間として認めて行く。そういう格好での名づけの原理があると私は考えています。

溝　口

ありがとうございます。ちょっとご質問したいのですが、夷の国の中での取り扱いの違いに関して、先ほど濱田先生は「自然にできあがった部族名」みたいなものをそのまま記載、分節している国名と「翻訳の対象」になっているような国名とが、半島において混在しているということを指摘され、そのようなちがいと、名づけられた各国間の社会・文化の発展段階との相関というものを推測されたわけですが、川本先生、夷の国の中でも等級づけ的なものがあり、名前にそれが反映しているというようなことは実態としてあるのでしょうか。

川　本

名前としてあるかどうかというと、基本的にはそれはないと思います。ただいろんな夷の中で一番北方系が、そもそも中国の中へ入って中国を支配することもありますので、ランクとしては中国の人も、夷狄の中では上だというふうに考えています。その次にくるのが東夷の国なのでしょうか、三国志などの記述には、古くからの中原の文化をよく伝えているというように褒めています。このようなかで南の方はもう一段未開のように語られます。そのような意味での等級分けはしているということはあると思いますが、そんなに細かく何かを規定しているわけではないと思います。

岡　村

名づけに関して「倭人」と「人」の字が付いているのは特異なのですけど、これについてはいかがでしょうか。

川本　人がついているのはいいと言っている方がおられますが、果たしてそこまで言えるのかなと、卑弥呼、邪馬台国という呼称もありますので。それは金子先生あたりが詳しいのではないかと思うのですけど。

金子　ただ人べんというかたちで限定すれば私には何とも言えませんが、『三国志』では、朝鮮史の人には申し訳ないのですけど韓国よりは倭の方を重く見ているという気はしますね。『三国志』の東夷伝の中で見ると倭人は特別視されたという気が私はします。

溝口　どうもありがとうございました。もう一つの質問、どなたにお答えいただいてもよろしいのですが、中国の中原から周辺に向かって同心円的に下降していくようなコスモロジーと、それから北、南の軸を中心とした「方角」に関連するコスモロジー、これらと夷の等級づけは、どのように関連するのでしょうか。コスモロジーの方が優先されるのか、それともやはり国の人々の振る舞いであるとか、中国、中央に対する恭順のあり方とかが等級づけにより強く出てくるのか、その辺りはいかがなものなのでしょうか。

金子　中華に対する夷狄という点ではおそらく意識の上では平等というか、変な言い方ですけど、そう見るという点では平等だと思うのです。それはそれで、やはり現実の問題はあるわけで、先ほど川本先生がおっしゃったように、匈奴という言葉自体は決していい言葉ではないのですけども、漢王朝の手紙の遣り取り、国書の遣り取りなどを見ると、明らかに匈奴の方が自分の方が上に出ようとして、それを漢の方が黙認せざるを得ないというか、何ともできないという時期があるわけです。ただ、中国と異民族との交渉全体っていう感じで歴史的に見ていきますと、先ほどの宮本先生の話ではないのですけど、やっぱり北との関係というのが圧倒的に強いですね。昨日私もお話ししましたけれども、南朝の外国伝というのはある意味で非常に特異なので、あれだけ東南アジア諸国との関係が克明に書かれている外国伝は、中国の外国伝の中では少ないわけで、これが隋、唐になって中国が統一されてしまうと、やっぱり北の突厥とか、突厥が崩壊した後はウイグルとか、同時期の唐代ですと吐蕃、ですから現実の問題としては北アジア諸国の影響っていうのは強いし、それから昨日はどこまでを冊封と考えるかっていう話をしましたけども、名づけの話とも関係しますが、異民族の首長の主張をそのまま認めて呼ぶというのは、例えば北アジアの匈奴ですと単于、突厥ですと可汗、そういった国々に対してはそのまま呼んだりします。ところが東アジアですと、それが王という称号あるいは楽浪公など、王とか公とかいう爵位の称号になるわけです。ですから現実の交渉相手として、相手をどう評価するかという問題は、どんなふうな称号を中国が相手に強要するか、あるいは相手に対して発するかという問題と結びついてくると思います。大雑把に言うと、そういう点では北との関係が圧倒的です。中央アジアとの関係は、評価の仕方がちょっと難しいですね。交易の相手としては、おそらく唐代までは相当もっと思うのですけれども、それと政治的な関係がどの程度結びつくのだというと、ちょっと私も測りかねますね。その点からいうと、東アジアというのは、やぱりある程度関係が安定していると言い得る、一つ一つの国の存続期間も長いですし。東南アジアについていいますと、時々の貿易で中国と関係し、それから南朝では他の時代以上に注目された、というふうな感じで収まっているんじゃないかなっていう気がします。中国の国際関係には、理念の問題と現実に形成された問題とのギャップがあるわけです。

濱　田　名乗りについての一例では、王莽の時代に高句麗が下句麗などと高から下というふうに落とされて、これを挽回するのにかなり外交的な苦労があったということがありますが、新羅の前身は『魏志』韓伝では斯盧国ですが、やがていというのが東アジアにいくつか事例がある。このことは倭国も含めてみられるのですね。

金　子　質問いいですか。百済という名もやはり南朝との交渉と関係するわけですか。名乗りの。

濱　田　百済という名乗りが最初に出てくる、今日得られる資料というのは例の三七二年に倭に贈られた七支刀においてです。自ら伯済ではなくて百済と掘り込んだ。倭に対して自らを百済と名乗ったのですが、これに先立つ南朝の東晋との外交関係にもそのことを見ることは可能だと思いますね。

溝　口　ありがとうございました。そこで、あらためてみなさんに少し考えていただきたいのは「名づけ」「名乗り」の単位の変容と社会の成熟度の相関関係です。要するに、国家形成の問題にまた少し戻ってみたいわけですが、その時に今、百済の話しが出ましたが、「倭」が「日本」になるということをめぐる百済と列島との相互関係の問題には、まさにこの問題が凝縮されております。今までの話しをすべて総合するような形で、「名づけ」、「名乗り」、「自己認識」、これらアイデンティティの諸地平に対して、それぞれの統合単位「内部」の「政治」、それから「東アジアの地域間」の「政治」というものがそれぞれどのような影を落としているのか。それぞれの先生方に、いわば古代国家をめぐる「アイデンティティの政治」の影についてお話しいただきたい。また、そのような影を研究者として観察する自分自身に影を落としている現代の政治の状況、社会の状況というのもあるかと思いますので、その辺りのことまで含めてお話いただき、まとめに持っていければと思います。

宮　本

一つだけ、ここでは直接関係のないことかもしれませんが、名づけと名乗りも社会の発展段階の段階制と関係しています。名づけという概念は商代からあるわけです。例えば、動物を象っているという意味で、羌という羊の頭をした人からなる字形で表された民族名は、商の人々の差別の対象となっています。名づけとしての差別感はすでに商代からあるわけです。その場合、自分たちの集団と違うという族的なアイデンティティとともに、おそらくは商社会にとっての銅鉱石や塩など資源確保がうまくいかない交渉相手に限って、夷狄という名づけをしていると思われます。また、商の人々にとって夷狄と名づけた人々の地域にも、商の青銅彝器が出土します。商の人々が資源確保を目的に何らかの族的な関係性を結ぶために自らの威信財を供与したわけです。そういう資源確保のための人的な関係性を結ぶための族的アイデンティティと、社会が発展した戦国時代の領域国家以降の直接領土支配における、支配地域や周辺地域との関係性は異なっていると思われます。食料などの生産性が高まり、税に基づく生産の直接支配、すなわち土地の直接支配という段階における、名づけや名乗りは異なっていくと思われます。ここでは、社会の発展段階の段階的な違いによってもアイデンティティが異なっていく可能性があるということを申したいのです。先ほどの話にも出てきた戦国時代の燕という国は、燕山を越えて鴨緑江にまで支配領域を広げて行きます。その段階の領域支配における隣接地域との関係は、先ほどの商代の関係とはかなり違うわけですね。族的アイデンティティから地縁的アイデンティティへと移行していくこともあったかもしれません。そこら辺りを押さえた上で、次の話題へ展開していただければと思います。

溝口

名づける方の立場の異なりというのが、名づけられる方の扱いに当然影響を及ぼしてくるということですね。その辺りのことも含めまして最後のパートではまとめていけたらと思います。

まとめ——古代国家・アイデンティティ・現代

溝口　それでは、日本列島からはじめて、端から真ん中の方へという形で、また必要であればそこから端の方に戻るという、そのような順番で、よろしくお願いします。

田中　社会の成熟度に応じて、「名乗り」、「名づけ」が変わっていくような例といいますか、例えば「蝦夷」という言葉自体はもともとは「毛人」ですよね。毛人と書いてエミシと読んでいたのが、斉明朝あたりから虫偏の、「蝦夷」に変わるわけです。もともとはエミシというのはわりと、パワフルな人たちというか、強い男性という、そういうような肯定的な意味で使われていた節があって、なんせあの蘇我の本宗家の、惣領息子にエミシと名づけているくらいですから、悪い言葉ではなかったのが、異人視されることによって、その虫偏の蝦夷に変わっていくという、そういうことがあるわけですね。それから、まつろわぬ民というか、反抗的な人間・集団というのは、「土蜘蛛」と呼ばれるということがあって、九州にはわりと土蜘蛛がたくさんいるわけですけども、これは遺跡から見ると古墳文化を持っている普通の集団なんです。ところが、中央との関係によって、土蜘蛛と呼ばれてしまうという、そういった異人視が行われたというのがあるわけです。基本的には、斉明、天智のあたりからそういうことが始まっていって、外国の使節団での饗応の場に、彼らを引きずり出して、それで天皇のもとにこういう蛮族がやってきたのだという、そういう小中華の舞台装置に使われる。隼人も同じです。そういうことがあって、日本の場合には国家形成過程において、小中華を作るための必要な装置として彼らを使っていく、あるいは作るという、そういうことをやっているようなところがあると思います。それから名乗りの問題ですけども、稲荷山の鉄剣の銘文をみてもわかりますけど、五世紀の後半の段階でまだ氏名（ウヂナ）を持っていないということが見受けられます。五世紀段階で三国史記に出てくる倭人の名前というものは名前だけですね。サチヒコとかいった名前だけでして、百済人がモクラコンシとかいった姓名で出てくるのと、非常に対照的なような気がします。それが六世紀代になると、氏名を持っているというようなことになると思うんですけども、そういうところでも、氏というものがしだいに形成されていって、そして名づけられたり、あるいは名乗るという、その名乗るときにも名づけられるときにも、ほとんど地名あるいは職掌で語られていくという点に大きな特徴があるのではないかと思います。

溝　口

ありがとうございました。各地域の特質、共通性というものが浮き彫りになってくればと思います。そのような点も念頭に置きながら、ご発言いただければと思います。半島のほうでどなたか同様の趣旨でご発言いただけませんでしょうか。

金賢淑（通訳：吉井）

日本語がよくわかっていないところがありますので、的確にお答えできるかどうかわかりませんけれども、外的な条件によって、自分たちの名づけとか名乗りとかがどのように変化していくのかという質問だと理解してお答えします。外的要因としては、中国の郡県との関わり方、またそれに対する抵抗ということが、高句麗の成立ということに大きな、外的な影響として考えられるのではないかと思います。名称とかそれに対する発想の変化についてお話しますと、高句麗は最初に句麗という名前で呼ばれていたわけです。句麗というのはもともとクリョという形で満州語にも共通する言葉があるようですけれども、城ということをおそらく意味するような言葉が語源になっているのではないかと思います。そういう城を拠点として人々が集まって結合していくというような背景があって、それが種族の名称としてつながっていったのではないかと思います。そして、その中心集団が鴨緑江の中流域を中心として、政治的な結合がある程度すすんだ段階で、それがさらに集団として大きくなったということで、高いという言葉をつけて、高句麗というような名称へと変化をしていくのではないかと思います。そういうような名前に対する意識というものは、王莽のときに高句麗に対して、下句驪というような名称をつけられるということでも、そのような名前の背景を理解することができるのではないかと思います。ですから、その高句麗という名前は、名乗りを上げてくるという段階が、ある程度社会の発展段階が進んだ、そういう段階であると評価することができるのではないかと思います。少し新羅のことについても申し上げますと、国名、王名の変化というものが、社会的な発展とある程度対応しているのではないかと思います。新羅の王名は最初に居西干、次次雄というように名前が変わっていくわけです。そこから麻立干という言葉を通じて、王、そしてさらに領域が広がっていくに従って大王という名称が出てくるわけです。そういうような王号の変化が小国から、小国の連合体、そこから国家、そしてさらに集権化が進んだ国家へという発展段階を、ある程度反映しているのではないかと思います。

濱　田　朝鮮の場合を一つ付け加えますと、内的、外的な圧力、発展によって、基盤の変化あるいは社会のそういった発展度に従って名乗りが発達するといいますか、変化するのではないかと考えられます。そこで、古代神話について考えてみますと、いくつかの名乗りが出てきましたが、そういった名乗りを保障するものとして、王権神話がかなり整理されてくる、あるいは完成してくるという面がみえるのではないかと思います。高句麗の場合がそうでしょうし、また百済の王権神話ですね、これは高句麗との関係でどう解釈するかという問題もありますし、その高句麗、百済の王権神話と、今度は異質なものとしての新羅の王権神話があるわけです。そういったものが国家の発展やその中心にある王権の完成度に従って並行的に、王権の必須の装飾物として機能をもつ神話が体系化する、完成してくるという面が見られるんではないかと思います。これは日本史についても同様に見られるかと思います。

溝　口

ありがとうございます。王権神話のことに関しましては、おそらく血縁集団の意図的・政治的整理等の問題と絡んでくるかと思いますので、後ほどその辺りのことにつきましては時間が許せば議論を願いたいと思います。それでは中国のほうからこのようなテーマで何かご発言いただけませんでしょうか。張先生いかがでしょうか。

張

今日、興味深く皆さまの発表を聞かせていただきました。ここで、何か言おうと整理していないので、聞いてわかる程度までがもう精一杯でした。名乗ると名づけのことですが、中国の場合、あまり盛んにされていないと思います。一つの傾向としては、今の現代中国人は現代中国語に慣れていますから、どうも現代中国語の文字の意味で古代民族やグループの名前を理解するわけです。一つの例を挙げてみますと、春秋時代、江南に呉の国がありまして、呉の王の名前は、蝦夷のように、中国人の名前らしくないという研究があります。そして、漢字でつくった呉国の王の名前は全部一律にして、その先生の結論はこういうふうに下しました。その漢字の組み合わせからわかるように、やっぱりいい意味、その先生の考え方では、人の名前をつけるときにはやっぱり意味がある。そしてその呉王の名前からは、現代中国人が思っているいい意味は全然ないんだと、だから野蛮人だと、そういうふうな発展段階はまだ遅れていきます、というような研究は、呉文化研究会という学会がありますけれども、案外高く評価されていました。でも私は、古代の周辺グループは、集団民族の表記で、現代中国語で理解できるかどうかという異論を唱えました。この例から考えますと、いま中国国内ではあまりこのような問題について深く考えられてはいないのです。そしてその周辺地域の民族名および地名を深く考えるのはやっぱりモンゴル史を専攻とする先生方です。これは広域世界ですから、だいたいロシアの北部、魏晋南北朝以来の地名、族名はよく研究されています。そして彼らの業績および普段勉強した知識から考えますと、さっきの話題の一つ、発展段階によって命名されるというような発想はあるような気がします。例えば呉の時代、孫権が兵士を台湾あたりに派遣したのですけども、そこで結局何も得ることなく、帰国したのですが、そのときは、夷州というような地名のようなもの、名前をつけるのですが、あそこに住んでいるグループがどんな人かまったく言及していません。そしてもう一つの例は、例えば唐の時代、いまのオホーツク海のあたりの、大変遠いところの人が、何回も通訳を通して唐の都まで来たという記録があります。それはやっぱり唐側が名づけたのですけれども、それは流鬼と書きます。それはぜんぜん知らない世界、あるいは集団らしい集団がまだ存在していない場合は、この二つの例からわかるように、命名しています。一方、対照的に、匈奴、ウイグルの地区の高昌では、より積極的ないい漢字を使っているんじゃないか、特に高昌、高昌国はもちろんいま多くの中国人はたかい・さかんというような漢字で理解していますけども、でもこれはやはり音訳ですね、本来の発音ですけども、突厥とかそれほど相手を蔑視する漢字は、少なくとも私は感じられないです。

さっきも話題となったのは、倭という字ですね、日本史を読んで初めて倭という字には良くない意味があるのだというふうに感じました。そして倭という字はほとんどの中国人は読めないかもしれません。この字は倭の場合にしか使わないのです、現代中国語で、この字は背が低いというアイという字によく似ていますから、ある種の誤解だと思います。倭という字が読めなくて、意味がわからなくて、背の低いというアイという字で理解しているのじゃないですか。倭という字を中国人が書いたときに、どういう発想で書いたかと、それは確かに興味のある問題ですけれども、一説には倭という発音は呉越の呉の発音と越の発音と同じだと。それから、もう一つ話題を引き出したいと思いますが、それは金子先生に教えて頂いたのですけれども、例えばどういうふうにワカタケルという発音に対応したかといいますと、さすが丁寧に万葉仮名とかを使って対応したんですが、それはすばらしいと思います。かえって中国側は漢字そのものの発音の変化が大きいですから、その当時の発音に戻して読んだらどういう結果が出るかと、もちろん一文字一文字全部その当時の発音で読むこともできないし、東アジア関係の族名とか地名を、むかしの発音でできればよかったなと個人的には思っています。そしてもう一つは匈奴とか鮮卑とか、二十四史の『南斉書』、北族について人の名前と官職、そして地名、そして族名ですね、民族史の先生から教えられたんですけども、ほぼ完璧に発音のまま記録しました。そしてその名づけにあたっては、相手の発音が最も重要ではないかと思います。いまその東夷伝を読んで、文字の並び方を、中国語から考えますとほとんど意味のない表記です。それはやっぱり発音中心です、それはもちろん発展段階によってのちに変わる可能性も十分に考えられています。最初の段階に並んだ族名か国名はやっぱり発音ではないかと思います。もう一つの発展段階、例えば高句麗とか百済とかいうような立派な名前ですね、韓の下の何十カ国の名前の間は確かに段階性が見られます。もうひとつはどうも、先ほど諸先生から話しがあったように、中国歴代王朝は北方か西方、西方はある程度新しい文明の源ですけども、北方は農耕と遊牧の摩擦は多いですけども、それはやっぱりお互い進歩、発展を促進させる要素もあります。だから匈奴、例えばテングリコットというような発音は史記にも全部書いてですね、一方、北方、西方は重視、尊重、そして南の民族は相対的に発展段階は遅れていますけども、後々の時代になって、例えば猫（苗）とか、みんな犭のへんがついていますけども、こういう南北の相違から、それぞれの地域の国の発展段階は違うかなと、今考えたのですけども。私はこういうことです。

溝口　どうもありがとうございます。まとめにも等しいような様々な視点をご提示いただいたと思います。要するに、ある制度的な組織、その典型的なものが国家でありますけれども、それが、自らの働き、機能性というものを内的・外的に高め、洗練していく過程というのは、一つの把握の方法として、言語的に、まず「他者」がどのように把握、分節されてゆくのか、そして、言語的に「内部」と「外部」、すなわち自分たちと他者とを、これも言語的にどのように対照、対比してゆくのか、そして「内部」においては自分が、親族関係の「出自」とは違う意味でここではこの言葉を使用しますが、どのような出自でここにいたったのかをどういうふうに分節してゆくのか、このような三つの分節作用の複合の結晶、クリスタライゼーションとして捉えられるのではないかということであったと思います。そして、張先生の話ですと、そのような諸作用の進行の各段階において、個別の言葉のもった意味であるとか表記の復元、それから発音の復元、こういったことを着実におこなうことが古代国家とアイデンティティの形成・変容を考える上で非常に重要になってくるということ、以上のように私は理解しました。

ここで最後に現代と何とかつなげたいと思うんですけども、どうぞ。

辻田

張先生の倭の話を聞きまして、いくつか考えておりましたところを述べさせていただきたいのですけれども、三世紀までは中国諸王朝が列島社会に対して、倭人・倭国という名づけをしているわけですが（卑弥呼も親魏倭王）、五世紀になるとむしろ逆に倭人の側が、自ら倭国王（例：安東大将軍倭国王、あるいは倭王武）と名乗るという変化が認められるということができると思います。かつまた列島内部に向けては「治天下大王」という名乗りを行うといったように、「倭」を名づけられた語から、対外的に自称する語へと変化させ、列島内部向けの自称とは使い分けるといった二重性がより顕著に認められるようになるのは大きな画期だと思います。これは、五世紀代の対外的な緊張関係の中であらわれたものと考えます。そして、その背景としては、田中先生のお話にもありましたように、五世紀後半以前の各地域社会の諸集団が、未だウヂ名を持たない双系的なあり方から、世代間の系譜を父系で表現する段階へ変化することとも密接に関わる問題であろうかと思います。

この問題を考える一つの視点として、私は威信財システムという点から議論を行ったのですが、その場合、大きく古墳時代中期（五世紀代）までの列島各地の上位層同士の関係性は、ヤマト政権を中心としながらも、政治的に強固な支配体制というより、威信財の分配／入手・使用・消費を媒介として、各地の上位層の世代交代を契機に、いわば各世代ごとに政治的諸関係を取り結ぶ、不安定で流動的な過程と捉えました。そして、五世紀後半〜六世紀代を通じて、より実質的な中心—周辺関係が形成されるものと理解しています。

問題は、威信財を配る側の論理のみならず、威信財を受け取る側がどう考えていたか、いわば受け取る側の論理という点が、各地域社会のアイデンティティを考える上で重要と考えます。すなわち、治天下大王の「天下」の中に入っていた人たちが、どのように自分自身をアイデンティファイしていたかという問題といえるのではないかと思います。

そしてこうした「倭王」・「倭国王」／「治天下大王」の段階から、律令国家成立の段階では、対外向けに自らを「日本」と名乗り「天皇」と称する、そして内外での使い分けや二重性といったあり方から脱却していくという変化があるわけですが、これがやはり長期的に見た場合の最も大きな転換点の一つではないかと思います。

溝口

そうですね、今の辻田先生のお話は、ある統合単位の内部において「原基的」というか、自然なアイデンティティというのはずっと残りつづけていく。そして、それが外部との接触によって「先鋭化」する、ということですね。すなわち「外部」との接触と、それが不可避的にもたらす「問題化」、すなわち言説的に分節される集団アイデンティティの明確化につれて、内部の「伝統的原基的アイデンティティ」もある種の変容を遂げていかざるを得ない。そのような点に関するものでありました。この具体的過程につきましては、本日はちょっと時間的制約のために深めることができませんでした。しかし、今後非常に重要な問題として、各地域それぞれの考察に関連してくる問題かと思います。

最後になるのですけれども、いわゆる「古代帝国」の崩壊、ないしは変質の後に、再び制度的に非常に整った形で、しかも人工的な組織として出てきて、今日の我々の生活というものを決定的に規定しておりますのは「領域国民国家」でありますとか。日本でありますとか中華人民共和国でありますとか。しかしその作動、働きを見てみると、どうも「古代国家」形成と、その再生産の過程のなかでの様々なアイデンティティの析出と変容と、構造的にはどうも同じようなことが起こっているという思いがいたします。要するに、外部的には「他者」という存在を創造し、分節し、意味づけすることによって、政策の決定や、臣民、市民の誘導に「他者」の存在を利用していくというようなこと。それから、内部的には「近代」という社会編成の誕生の象徴である古い領域国民国家の一例である、例えば連合王国／イギリスなどにおいて、その市民が堂々と、国家という「有機体」の連続性の象徴として「王家」があるのはいいことだというような、聞きかたによっては、「王あっての私」というような、古代帝国臣民かおまけの発言をする。そのような状況が常態的に存在するという意味で、古代帝国と近代領域国民国家の間には、アイデンティティということを軸にして見ますと、実は、とても類似している点が多々ございます。そのようなことも含めまして、できれば参加の先生方に一言ずつ、現代社会をめぐるさまざまな問題と、古代国家や周辺社会におけるアイデンティティの析出と変容の問題とをどのように結び付けていくことができるのかということを締めくくりにお話し頂いて、このプログラムは終わりにさせていただきます。ご自由にご発言ください。

濱田　日本古代史研究において、西嶋先生と同時代に石母田正先生が、日本の律令国家は、小中華意識、あるいはその意識のもとで古代帝国像を説明されましたが、私も七〇年代にその説に魅かれて、すっかり古代の東アジア像が読めたと思い込んだのですけども、最近、日本古代の小帝国意識について、かなり懐疑的になってきています。注意して石母田説に当たらなければいけないという思いがしているのです。日本古代の小中華意識は極めて日本列島内といいますか、日本列島の西日本の部分について、しかも古代の官僚の意識です。新羅、あるいは渤海から使者が来た場合、そういう対応をしていくわけです。では自ら遣唐使が国書を持っていく場合には大中華との摩擦があったわけです。

こういう矛盾に満ちた小中華意識というもので、これはまたその意識がずっと後まで続き、近代の朝鮮と日本との関係にまで、あるいは現代の日本人のアジアを見る目まで、あの小中華意識が古典を通して継承されてきているのではないかという危うさをみるわけです。ですから古代の小中華意識、あるいは日本の古代国家の小帝国像というのは、もう少し慎重に検討しなければいけない、朝鮮の古代史から日本のこの小帝国意識に対してどう切り込んで行くことが可能かという課題が、最近の私の関心なのです。

溝口　非常に重要なご発言だと思いますが。そんなこととも関連しながら他にどうぞ。

宮本　これは私個人の感想ですけれども、中国における中華とか天下という概念、あるいは中国という概念が成立したというのは、やはり戦国時代以降の、単純に言えばやはり直接土地支配というかたちでの領域国家出現以降だと思います。そういうときに、農耕社会を基盤とする社会の一つの領域的枠組みの中で、そういった概念が出現してくるものだと思うわけです。そういう形は、漢代における一つの大きな社会的枠組み、周辺に広がる外臣を含めた世界観や社会秩序であったわけです。しかし、西嶋定生先生を初めとして、時代を超えてスライドして、そういうものを投影しながらある地域の社会構造をみようとしたというところが、大変問題であったと思われます。われわれはそういうところを区別してみないといけないし、漢代における中華という概念を現在に投影しては行けないと思います。領域国民国家としての現在の中国は、やはり皆さんがおっしゃっているように清朝で形成された領域国民国家を基として成立しているわけで、それが現在の中国に繫がっているわけです。現在の中国としての意識と、それをかつてあった漢代の中華の意識と一緒にしてはいけないというのが、私の個人的な見方です。

溝口

ありがとうございます。他に先生方ございませんでしょうか。川本先生。

川本　倭国が日本に名前を変えていく過程ということについて、今まで議論、あるいは発表とかを聞いた限りは、基本的に東アジア全体の関連の中から、朝鮮の場合も同じなのでしょうが、そういう事柄が生じてきたと。だから日本の中だけで起こったことではないと。で、それが国家の建設と関わっていたということだろうと思います。それが皆さんの共通認識としてあるんだろうと私は思います。それをどういう格好でさらに細かく解明していくのかというのは、いろんな面でなされているとは思いますが、私の場合、そういうところに行き着くまでの情報がどういうふうに伝わっていくのかということが、東アジア世界をつくっていくときの非常に重要なファクターになると思うんですが、そのなかで情報が伝わっていくときに、従来書物とかそういうところが多いわけですけど、伝えていった人々といいましょうか、そういうところにもっと目が向けられていけば、新しい国家形成というのが何なのかというのがみえてくるのではないかと。溝口さんのおっしゃった現代における研究の位置というのは、私の考え方をすればこういう場で私たちがこういう研究をしているわけですけれども、結局東アジアとか世界とかこういうものの関係の中で、日本人であるとか韓国人であるとか中国人であるとか、各エリアがどうという関係性を築き上げていけるのかということに、ある意味ではかかっているんじゃないかと。そういう点では先ほどから先生方がおっしゃっているように、古代と現代との共通性はあるかなという格好で思っているところです。

溝口　どうもありがとうございました。個人的には、方法的または認識において、本ワークショップのテーマのような課題をめぐって広く東アジアを横断して大きな枠組みを共有できる可能性を強く感じました。またここでの共有は、それはもちろん単純な方法的統一ではなくて、多様かつやわらかな接合の可能性という意味での共有なのですが、これ

を実現してゆくために、学問的対話を積み重ねていくことの重要性を痛感します。そして、それが保障されるならば、認識はどんどんと、もっと深めていくことができるであろうということも感じます。

司会の力不足、不手際で、ご発言いただく先生方の不均等が生じましたり、また様々な積み残しというものがあったかと思います。深くお詫び申し上げます。どうもありがとうございました。

（平成十七年六月二十九日、於文学部四階会議室）

執筆者・訳者紹介（現職）――執筆順

田中良之（たなか　よしゆき）　↓別掲
辻田淳一郎（つじた　じゅんいちろう）　九州大学大学院人文科学研究院専任講師
吉村武彦（よしむら　たけひこ）　明治大学文学部教授
岩永省三（いわなが　しょうぞう）　九州大学総合研究博物館教授
坂上康俊（さかうえ　やすとし）　九州大学大学院人文科学研究院教授
濱田耕策（はまだ　こうさく）　九州大学大学院人文科学研究院教授
金　賢淑（キム　ヒョンスク）　㈶高句麗研究財団研究委員
一宮啓祥（いちのみや　はるよし）　九州大学文学部四年生
吉井秀夫（よしい　ひでお）　京都大学大学院文学研究科助教授
李　盛周（イ　ソンジュ）　韓国江陵大学校人文大学教授
岡田裕之（おかだ　ひろゆき）　九州大学大学院人文科学研究院学術（ＣＯＥ）研究員
許　宏（シー　ホン）　中国社会科学院考古研究所研究員・中国社会科学院大学教授
徳留大輔（とくどめ　だいすけ）　九州大学大学院比較社会文化学府博士後期課程
岡村秀典（おかむら　ひでのり）　京都大学人文科学研究所教授
宮本一夫（みやもと　かずお）　九州大学大学院人文科学研究院教授
川本芳昭（かわもと　よしあき）　↓別掲
張　学峰（チャン　シュエフォン）　南京大学歴史系教授
稲住哲朗（いなずみ　てつろう）　九州大学大学院人文科学研究院修士課程
福永善隆（ふくなが　よしたか）　九州大学大学院人文科学研究院修士課程
金子修一（かねこ　しゅういち）　国学院大学文学部教授

田中良之（たなか・よしゆき）

1953年生まれ。九州大学大学院文学研究科博士課程中退後、同大学医学部解剖学第二講座助手、文学部助教授をへて、94年4月より同大学 大学院比較社会文化研究院 基層構造講座 教授。文学博士。著書に『古墳時代親族構造の研究』（柏書房）、『発掘を科学する』（共著、岩波新書）など。第5回雄山閣考古学賞受賞（1996年）。

川本芳昭（かわもと・よしあき）

1950年生まれ。九州大学大学院文学研究科博士課程単位取得退学後、佐賀大学教養部教授、九州大学文学部教授をへて、九州大学大学院人文科学研究院教授。著書に『中国の崩壊と拡大』（講談社）、『中国史のなかの諸民族』（山川出版）、『魏晋南北朝時代の民族問題』（汲古書院）など。

編者紹介

東アジア古代国家論
—プロセス・モデル・アイデンティティ—

2006年4月25日第1刷発行

編　者　田中良之・川本芳昭
発行者　高橋雅人
発行所　株式会社 すいれん舎
〒101-0052
東京都千代田区神田小川町3-10 西村ビル5F
電話03-5259-6060 FAX03-5259-6070
e-mail:masato@suirensha.jp
印刷・製本　亜細亜印刷株式会社
装　丁　篠塚明夫

ISBN4-902871-77-7　Printed in Japan